L'autorité de la chose jugée au pénal à l'égard des décisions européennes

Essai de droit comparé franco-italien

Logiques Juridiques

Fondée par Gérard Marcou
Dirigée par Jean-Claude Némery et Thomas Perroud

Le droit n'est pas seulement un savoir, il est d'abord un ensemble de rapports et pratiques que l'on rencontre dans presque toutes les formes de sociétés. C'est pourquoi il a toujours donné lieu à la fois à une littérature de juristes professionnels, produisant le savoir juridique, et à une littérature sur le droit, produite par des philosophes, des sociologues ou des économistes notamment.

Parce que le domaine du droit s'étend sans cesse et rend de plus en plus souvent nécessaire le recours au savoir juridique spécialisé, même dans des matières où il n'avait jadis qu'une importance secondaire, les ouvrages juridiques à caractère professionnel ou pédagogique dominent l'édition, et ils tendent à réduire la recherche en droit à sa seule dimension positive. À l'inverse de cette tendance, la collection « Logiques juridiques » des éditions L'Harmattan est ouverte à toutes les approches du droit. Tout en publiant aussi des ouvrages à vocation professionnelle ou pédagogique, elle se fixe avant tout pour but de contribuer à la publication et à la diffusion des recherches en droit, ainsi qu'au dialogue scientifique sur le droit. Comme son nom l'indique, elle se veut plurielle.

Dernières parutions

Bamba Nonféni Michel ZARATIONON, *Les mesures provisoires de la CourADHD. Le contentieux du provisoire devant la Cour Africaine des droits de l'Homme et des Peuples*, 2023.
Jean LEFEBVRE, *Le droit du financement participatif (crowdfunding). Deuxième édition*, 2023.
Lucie CLUZEL-MÉTAYER et Arnaud SÉE (dir.), *Eléments de droit public du numérique*, 2023.
Komla BASSAH, *Le pouvoir de décision du Comité des droits de l'homme des Nations Unies, Entre légitimité, autorité et effectivité, 2023.*
Erick LWAMBA MAYANGA, *La passation des marchés publics infra-nationaux en RD Congo*, 2023.
Louis-Marie AUDRERIE, *Le droit hiérosolymitain dans l'Orient latin du XIe au XVIe siècle. Les « Assises de Jérusalem »*, 2023
Xavier LABBEE, *Le droit français et l'avènement du matriarcat*, 2023.
Togbé Agbessi ALANGUE, *Le Togo et les traités internationaux, La pratique conventionnelle togolaise de 1960 à nos jours*, 2023.
Paraclet NKUTI, *Le droit à la liberté religieuse en RD Congo. Étude juridique des fondements, implications et perspectives africaines*, 2023.
Samir ZIME YERIMA, *Le droit face au surnaturel. Approche juridique de la question sorcellaire en Afrique*, 2023.

Caroline Peloso

L'autorité de la chose jugée au pénal à l'égard des décisions européennes

Essai de droit comparé franco-italien

Préfaces de Valérie Malabat et de Serena Quattrocolo

L'Harmattan

UNIVERSITÉ FRANCO ITALIENNE | UNIVERSITÀ ITALO FRANCESE

UNIVERSITÀ DEGLI STUDI DI TORINO

université de BORDEAUX

UCLy LYON CATHOLIC UNIVERSITY | UNITÉ DE RECHERCHE confluence SCIENCES ET HUMANITÉS EA1598

5-7, rue de l'Ecole-Polytechnique, 75005 Paris
http://www.editions-harmattan.fr
ISBN : 978-2-336-41585-7
EAN : 9782336415857

Caroline Peloso

L'autorité de la chose jugée au pénal à l'égard des décisions européennes

Essai de droit comparé franco-italien

Préfaces de Valérie Malabat et de Serena Quattrocolo

L'Harmattan

UNIVERSITÉ FRANCO ITALIENNE
UNIVERSITÀ ITALO FRANCESE

UNIVERSITÀ DEGLI STUDI DI TORINO

université de BORDEAUX

UCLy LYON CATHOLIC UNIVERSITY
UNITÉ DE RECHERCHE confluence SCIENCES ET HUMANITÉS EA1598

5-7, rue de l'Ecole-Polytechnique, 75005 Paris
http://www.editions-harmattan.fr
ISBN : 978-2-336-41585-7
EAN : 9782336415857

À mon mari et à mes parents,
pour votre amour et votre soutien indéfectibles

Abréviations

AFDI : Annuaire français de droit international
APen. : Archivio penale
BIDH : Bulletin d'information sur les droits de l'homme
Bull. : bulletin des arrêts de la Cour de cassation (France)
CPP : Code de procédure pénale (France)
c.p.p. : Codice di procedura penale (Italie)
C. Civ. : Code civil
Cass. pen. : Cassazione penale
Cass. : Cour de cassation (Italie et France)
CDDH : Comité directeur pour les Droits de l'homme (Conseil de l'Europe)
Corr. giur. : Corriere Giuridico
Conv. EDH : Convention européenne des droits de l'homme
Cour EDH : Cour européenne des droits de l'homme
Cour de justice de l'UE : Cour de justice de l'Union européenne
CM : Comité des ministres
D : Recueil Dalloz Sirey
Dig. Disc. Pen. : Digesto discipline penalistiche
Dir. pen. cont : Diritto penale contemporaneo
Dir.pen.proc. : Diritto penale e processo
Enc. Giur. : Enciclopedia giuridica
For. it. : Foro italiano
Gaz. pal. : Gazette du Palais
Guida dir. : Guida al diritto
Giur. cost. : Giurisprudenza Costituzionale
Giur. it. : Giurisprudenza Italiana
Giust. pen. : Giustizia penale (la)
JCP : La Semaine juridique édition générale
LPen. : Legislazione penale
LPA : Les Petites Affiches
Proc. pen. giust. : Processo penale e giustizia
PUF : Presse universitaire de France
Quaderni cost. : Quaderni costtiuzionali
Quest. giust. : Questione giustizia

Rass. trib. : Rassegna tributario
RIDPP : Rivista italiana di diritto e procedura penale
Rep. Droit. Pén. Proc. Pén. : Répertoire droit pénal et procédure pénale
Rev. dr. pén. : Revue de droit pénal et de criminologie
RBDPP : Revista Brasileira de Direito Processual Penal
RFDA : Revue française de droit administratif
RDH : Revue des Droits de l'homme
Riv. dir. inter. : Rivista di diritto internazionale
Riv. it. dir. pubbl. com : Rivista italiano diritto pubblico comunitario
Riv. It. Dir. Proc. Pen. : Rivista italiana di diritto e procedura penale
Riv. trim. dir. proc. civ : Rivista Trimestrale diritto processo civile
RTD Civ. : Revue trimestrielle droit civil
Riv. it. dir. e. proc. pen : Rivista italiana diritto e procedura penale
RDP : Revue de droit public
RSC : Revue de Sciences criminelles et de droit pénal comparé
RTDE : Revue trimestrielle de Droit européen
RUDH : Revue universelle des droits de l'homme
RTDH : Revue trimestrielle des droits de l'homme
Vol. : Volume

PRÉFACE

La construction d'un espace européen -qu'il soit celui de l'Union européenne ou celui des droits fondamentaux défendus par le Conseil de l'Europe- n'a pas fini d'épuiser les difficultés juridiques, tout particulièrement en droit pénal, discipline marquée par son caractère régalien et, partant, national. C'est à l'une de ces difficultés, parmi les plus redoutables, que Mme Peloso a consacré sa thèse de doctorat qui a été soutenue le 15 mars 2019 à l'université de Bordeaux. Elle a en effet examiné l'autorité de la chose jugée au pénal à l'égard des décisions européennes sous l'angle de la comparaison entre les droits français et italiens, ce qui revient à confronter le droit européen des droits de l'homme avec les décisions rendues par des juridictions répressives internes qui lui sont contraires mais n'en sont pas moins revêtues en droit interne de l'autorité de chose jugée.

Elle livre donc ici un travail essentiel sur un sujet aussi difficile que fondamental en ce qu'il propose une réflexion aboutie sur les modalités d'agencement des ordres juridiques européens et nationaux en matière pénale. Si les questions de coordination et d'intégration sont assez souvent traitées, même en matière pénale, la thèse de Mme Peloso en renouvelle et en approfondit l'étude sous un angle indispensable à celui qui ne veut pas se contenter d'exposés théoriques sur ces points mais entend les confronter à des analyses techniques de droit positif. C'est en effet la grande force de la thèse proposée que de maîtriser à la fois la complexité théorique de son sujet liée au pluralisme normatif et la complexité technique de celui-ci qui implique de traiter des mécanismes procéduraux qui président à l'incorporation des décisions européennes individuelles dans les systèmes nationaux et à sa conciliation avec l'autorité de la chose jugée au pénal.

La thèse de Mme Peloso est ainsi à la fois une réflexion très poussée sur l'effectivité des décisions européennes mais aussi sur la résistance des décisions nationales à cette effectivité. Loin de se contenter d'exposer ces deux questions séparément, elle les confronte en se posant la question de la remise en cause de l'autorité de la chose jugée au pénal à l'épreuve de la protection juridictionnelle des droits de l'homme par la Cour européenne des droits de l'Homme. Cette question, fondamentale pour qui veut analyser concrètement, juridiquement et judiciairement comment les ordres internes et européens s'articulent en matière pénale, est traitée de manière claire et logique. Mme Peloso étudie en effet dans la première partie de sa thèse les données de ce conflit entre effectivité de la décision européenne et autorité de la décision pénale interne pour analyser ensuite, dans la seconde partie, les méthodes proposées par les droits français et italiens pour résoudre ce conflit.

Ces développements ne se limitent jamais à une description des règles applicables mais livrent une étude aussi approfondie que stimulante. La première partie pose ainsi le cadre de la réflexion en interrogeant de manière très pertinente et inédite les fondements et la valeur de l'autorité de la chose jugée. Il en ressort une analyse très fine de ce principe sur lequel souvent les pénalistes ne s'interrogent plus alors que la thèse révèle à son lecteur combien le principe de l'autorité de la chose jugée au pénal est plus relatif qu'on ne le présente habituellement. Ce faisant Mme Peloso accompagne son lecteur le long d'une réflexion très riche sur les notions de justice, de justesse, de vérité, réflexion intégrée dans la problématique de l'intégration du droit européen – et plus précisément des décisions européennes – dans les ordres juridiques nationaux. La thèse analyse plus spécifiquement le mécanisme de réouverture du procès interne comme un outil permettant l'interpénétration entre ordres juridiques national et européen. La seconde partie révèle ainsi comment fonctionne ce mécanisme dans les deux droits étudiés selon que les droits qui ont été violés par la décision pénale interne sont substantiels ou procéduraux mais elle propose aussi des pistes pertinentes d'amélioration de ces dispositifs.

La réflexion de Mme Peloso présente une maturité juridique et une pondération à souligner chez un jeune chercheur : alors que son étude de l'autorité de la chose jugée au pénal l'avait amenée à remettre en cause la valeur absolue généralement accordée à ce principe, elle le maintien comme nécessaire à la stabilité des systèmes juridictionnels mais le concilie avec la nécessité de concilier procéduralement les décisions pénales internes avec les décisions européennes protectrices des droits de l'homme.

La soussignée avoue ici la chance qui a été la sienne d'accompagner, avec le professeur Serena Quattrocolo de l'Université de Turin, un tel travail, innovant à la fois sur un ordre juridictionnel dont l'importance n'échappe plus à aucun juriste mais aussi sur le pouvoir juridictionnel en général. Elle se réjouit de la publication de cette thèse garante d'une diffusion nécessaire.

Bordeaux, le 2 novembre 2023

Valérie Malabat

Préface

Dans le panorama du droit comparé, les thèmes du procès pénal sont tombés assez tard sous l'attention des chercheurs. Néanmoins, grâce à l'influence de la Convention européenne des droits de l'homme, on a commencé à rapprocher, confronter les différents principes, les règles hétérogènes, les procédures sur lesquelles se fonde le droit procédural pénal dans les différents systèmes juridiques nationaux. Au-delà de la tradition du droit commun, qui a dépassé les frontières de l'Europe continentale, les codes de procédure pénale représente, comme rappelé aussi par ma collègue, Mme la Professeure Valérie Malabat, des constructions nationales capables d'exprimer la souveraineté étatique et qui se prêtent peu à la circulation, à l'hybridation, à l'harmonisation. C'est, en effet, dans les circuits du Conseil d'Europe, d'abord, et de l'Union européenne après que, outre l'intérêt porté par certains chercheurs sur le sujet, l'on a commencé à découvrir, comprendre, comparer les règles et les procédures des États membres, afin de trouver des solutions partagées qui conviendraient aux différents pays.

Le travail qui suit représente un véritable exemple de comparaison entre deux systèmes juridiques, très proches dans leur histoire, et, pourtant, extrêmement différents, quant à l'obligation de se conformer aux arrêts définitifs de la Cour européenne des droits de l'homme. La thèse s'efforce de reconstruire les racines du principe de l'autorité de la chose jugée dans chacun des ordres juridiques analysés afin de comprendre les raisons des différents choix faits (ou longuement retardés) par les législateurs italien et français qui permettent la réouverture de la procédure afin d'assurer l'exécution des arrêts supranationaux. La comparaison demande de plonger dans l'étude des ordres juridiques que l'on prend en considération ce que Mme Peloso fait dans son travail, qui est le fruit de la compréhension profonde de deux systèmes de justice pénale et, ainsi, de deux cultures juridiques…

L'objet de la comparaison ne pouvait déboucher sur une conclusion plus intéressante : le moyen de réaliser un équilibre final entre la 'chose jugée' et l'intérêt supérieur (?) à la réalisation d'une justice concrète, représenté par les décisions de condamnation de la Cour européenne des droits de l'homme. C'est au fil des nouveautés législatives et juridictionnelles que le travail de Mme Peloso s'est déroulé en suivant, pendant de longues années, l'évolution d'une matière qui offre au lecteur l'appréhension du degré de maturité des rapports entre les États membres du Conseil d'Europe et la nécessité d'assurer l'effectivité de la justice pénale supranationale.

Cet essai offre alors un exemple d'effective et efficace comparaison en matière procédurale pénale qui tire son inspiration à partir d'un véritable esprit de partage culturel entre chercheurs et entre institutions représentant, sans doute le sens plus authentique de l'acquis européen.

Torino, le 2 novembre 2023

Serena Quattrocolo

INTRODUCTION GÉNÉRALE

« *Il est dans la nature des choses et dans les limites des capacités humaines qu'à un moment donné – une fois que l'on a recouru à tous les moyens existants pour supprimer les causes d'injustice, le procès débouche sur une décision irrévocable, comme les vagues agitées d'un fleuve ambitionnent à se jeter dans le calme reposant de l'estuaire* »[1].

« *L'acte de juger est, en effet, de l'ordre du pratique : un arrêt de la Cour européenne des droits de l'homme n'est pas une fin en soi : il est la promesse d'un changement pour l'avenir, le début d'un processus qui doit permettre aux droits et libertés d'entrer dans la voie de l'effectivité* »[2].

Ces deux citations évoquent le conflit, que l'on va progressivement illustrer, qui semble s'être instauré entre l'autorité de la chose jugée en procédure pénale et la mise en œuvre de décisions de la Cour européenne des droits de l'homme (ci-après « Cour EDH » ou « Cour européenne »). Il s'agira en particulier d'étudier quels instruments processuels ont été utilisés par le droit français et italien pour exécuter les arrêts des juges de Strasbourg qui insistent sur des situations juridiques désormais « couvertes » par une décision irrévocable afin de garantir l'effectivité des droits et libertés contenus dans la Convention européenne (ci-après « Conv. EDH »).

L'autorité de la chose jugée, institution commune au droit processuel pénal tant italien que français, exprime en effet la stabilité de la décision de justice et joue un rôle essentiel de « *fermeture* » du procès pénal afin d'éviter son prolongement et de satisfaire ainsi aux exigences fondamentales de la justice pénale. Néanmoins, le « *mythe* » de la chose jugée[3] a connu un processus d'érosion face à l'importance croissante reconnue aux droits fondamentaux de l'individu dans le procès pénal[4]. En effet, les systèmes processuels européens, parmi lesquels aussi celui italien et français, ne peuvent se considérer comme existant par eux seuls : ils sont désormais insérés au sein d'une pluralité d'ordres juridiques, tel un « *réseau* », où ils ont une constante relation avec le niveau supranational, porteur

---

[1] LEONE G. *Il mito del giudicato*, dans *Riv. Dir. proc. pen.* 1956, p. 167

[2] TULKENS F., *L'exécution et les effets des arrêts de la Cour européenne des droits de l'homme*, *Le rôle du judiciaire*, dans *Cour européenne des droits de l'homme, dialogue entre juges*, Conseil de l'Europe, Strasbourg, 2006, p. 12.

[3] Du « mythe » de la chose jugée a parlé, pour la première fois, LEONE G. *Il mito del giudicato*, op. cit., p. 167. L'expression a ensuite été utilisée notamment par UBERTIS G., *Diritti umani e mito del giudicato*, in *Riv. It. Dir. Proc. Pen.*, 2012, p.787.

[4] Bien que la jurisprudence italienne ait souvent souligné la valeur fondamentale de la chose jugée, cf. Cass. Sez. Un. 6 février 2006, Catanzaro, in *C.E.D., Cass.*, n. 232610 ; Cass. Sez. Un., 7 mai 2014, *Ercolano*, in *C.E.D., Cass.*, n. 258650 ; Cass., Sez. Un., 17 mars 2017, *Nunziata*, in *C.E.D., Cass.*, n.269789.

d'une véritable culture européenne des droits de l'homme. Ainsi, les ordres supranationaux, mettant en œuvre une centralisation de l'individu et une attention à la protection de ses droits et libertés, se sont progressivement greffés aux ordres internes et dessinent un système complet de protection dont l'impact sur le droit interne est considérable.

Cela a eu lieu lorsqu'en 1950 fut signée la Convention de sauvegarde des droits de l'homme et des libertés fondamentales et fut créée une Cour européenne des droits de l'homme dont les arrêts ont, selon l'article 46 de la Convention EDH, une force obligatoire envers les États qui sont parties des litiges et qui sont donc obligés d'exécuter des arrêts de la Cour[1]. Mais si le préambule soumet les gouvernements signataires, membres du Conseil de l'Europe, à « *une conception commune et un commun respect des droits de l'homme dont ils se réclament* », la Convention témoigne aussi du respect de la souveraineté des États (« juridiction ») envers les citoyens, en affirmant que : « *Les hautes Parties contractantes reconnaissent à toute personne relevant de leur juridiction les droits et libertés définis au titre I de la présente Convention* » (art. 1). Ainsi, le système conventionnel suit une logique de protection subsidiaire, consacrée aussi dans son volet procédural à l'art. 35 § 1 de la Convention EDH, qui affirme que « *la Cour ne peut être saisie qu'après l'épuisement des voies de recours internes* » et donc uniquement une fois que le jugement national a acquis la nature de chose jugée[2]. C'est ainsi que la question des rapports entre le jugement ayant acquis force de chose jugée en droit interne et l'obligation faite aux États d'exécuter les décisions de la Cour EDH est devenue particulièrement importante et cruciale : l'enjeu demeure l'effectivité de la décision conventionnelle afin d'assurer la *restitutio in integrum* de la personne ayant souffert la violation des droits conventionnels et cela même en dépit de l'autorité de la chose jugée[3]. Cette « entorse » à la chose jugée ne peut cependant avoir lieu de façon indiscriminée, devant, au contraire, être soumise à une précise appréciation : le Comité des ministres dans sa Recommandation (2000) 2 précise des critères justifiant la réouverture, en considérant que « *le but de ces critères additionnels est d'identifier les situations exceptionnelles dans lesquelles l'objectif de garantir les droits de l'individu et la mise en œuvre effective des arrêts de la Cour l'emporte sur les principes qui sous-*

[1] La Conv. EDH signée par les États membres du Conseil de l'Europe 1e 4 novembre 1950 et entrée en vigueur le 3 septembre 1953 et la Cour européenne des droits de l'homme instituée en 1959 par le Conseil de l'Europe ayant pour mission d'assurer le respect des engagements souscrits par les États signataires de la Convention européenne des droits de l'homme, cfr. BUCKLEY C.M., KAMBER K., MCCORMICK P., *The European Convention on Human Rights – Principles and Law,* Council of Europe, 2022.

[2] DE SALVIA M., *Contrôle européen et principe de subsidiarité : faut-il encore (et toujours) émerger à la marge d'appréciation ?* in *Protection des droits de l'homme : la perspective européenne. Mélanges à la mémoire de Rolv Ryssdal*, Carl Heymanns Verlag KG, Köln, 2000, p. 373.

[3] PILKOV K., *Reopening Cases Following Judgments of the European Court of Human Rights: Room for a European Consensus?,* in *Access to Justice in Eastern Europe*, 12 oct. 2022, p. 10 ss.

tendent la doctrine de la res judicata, en particulier celui de la sécurité juridique, nonobstant l'importance indéniable de ces principes »[1].

D'ores et déjà, il est donc possible de considérer que l'avènement des systèmes supranationaux détermine un renforcement de la protection exigée en matière de droits fondamentaux aux États membres avec un impact considérable sur le procès pénal interne. C'est d'ailleurs ce dernier, en particulier, qui est visé par notre étude, car au sein de la procédure pénale, les valeurs fondamentales de la vie de l'individu, à savoir sa dignité, sa liberté individuelle et son honneur, sont en jeu. Il s'agit alors de savoir si la création d'un droit européen, fondé sur un noyau essentiel de principes fondamentaux de l'individu, produit un effet sur le sort procédural des individus qui sont soumis aux juridictions de droit interne et, dans l'affirmative, si les modalités utilisées par les juridictions internes sont suffisantes et peuvent s'articuler avec les notions du droit processuel pénal tout en étant respectueuses des principes fondateurs de l'ordre étatique, tel que le principe de légalité processuelle. La thèse propose d'alimenter cette réflexion par une approche comparée entre le droit français et le droit italien. La comparaison des instruments processuels utilisés en Italie et en France, pays du droit civil, pour exécuter les décisions de la Cour EDH permet d'observer les solutions respectivement élaborées par chaque pays et de fournir des propositions *de iure condendo.*

Ainsi, une fois dessinées les coordonnées au sein desquelles s'insère la thématique traitée, il est nécessaire d'introduire l'autorité de la chose jugée en tant que notion essentielle tant au sein de la procédure pénale italienne que française, qui exprime la nature définitive de la décision juridictionnelle **(I)** et dont le rôle doit désormais s'appréhender à la croisée de l'enchevêtrement des ordres juridiques internes et supranationaux **(II)**. Le développement des aspects cités présente un intérêt de recherche **(III)** qui justifie le présent ouvrage.

I.
L'AUTORITÉ DE LA CHOSE JUGÉE AU SEIN DU SYSTÈME PROCESSUEL PÉNAL ITALIEN ET FRANÇAIS

L'autorité de la chose jugée caractérise l'objectif vers lequel, idéalement, tend l'activité procédurale : cette dernière est l'ensemble des actes accomplis par les personnes légitimement autorisées afin de placer le juge dans la position lui permettant de se prononcer sur le bien-fondé de l'accusation dirigée à l'encontre d'une personne déterminée en relation à une infraction[2]. La chose jugée est donc

---

[1] Recommandation (2002) 2, §10.

[2] CHIAVARIO M. *Diritto processuale penale*, Utet, 2019, p. 7, parle de « *decision di merito* » (décision sur le fond) qui se prononce sur le bien-fondé de l'objet qui doit être jugé (la « *regiudicanda penale* »). Aussi CARRARA F. *Programma del corso di diritto criminale*, Il Mulino, 1886 (2004), p. 64 parlait du procès comme « *une série d'actes solennels, par lesquels des personnes autorisées, observant un ordre et une forme déterminés par la Loi, connaissent des délits et de leurs auteurs, afin que la peine s'enlève des innocents et s'applique aux coupables* » (traduction libre).

l'expression du jugement final faisant suite à l'enchaînement des phases et actes procéduraux découlant du pouvoir reconnu à une autorité juridictionnelle de trancher un litige qui lui a été soumis[1]. Une fois prononcée une décision[2], celle-ci, à l'issue du passage possible par les voies de contrôle ordinaires prévues par l'ordre processuel interne, acquiert un caractère définitif et irrévocable[3] devenant « *res iudicata* »[4], littéralement, « *la chose qui a été jugée* »[5]. L'étude littérale de l'expression « *autorité de chose jugée* » se décompose dans le mot « *auctoritas* » - du latin « *auge* » - correspondant au fait d'attribuer de la valeur à la « *res* », un fait historique présentant des limites subjectives et objectives. La chose étant jugée (« *iudicata [est]* »), une relation existe entre la délimitation subjective et objective de la « *res* » et le jugement rendu, ce qui conduit à l'inadmissibilité d'une nouvelle action de « *eadem re* » en application du principe *ne bis in idem*. En effet, aucun recours - sauf les moyens de recours « *extraordinaires* » - ne peut être exercé à l'encontre de la décision définitivement rendue. Le « *dictum* » prononcé par le juge à l'issue de la procédure est donc doté d'une force, voire d'une autorité. En raison de l'autorité qu'il possède, l'on considère ce qui a été établi définitivement comme étant vrai, selon l'adage latin « res *iudicata pro veritate habetur* ». La notion de « *res iudicata* » s'accorde aux dénominations que chaque ordre juridique lui attribue : elle se montre parfois difficile d'appréhension

---

[1] CORDERO F., *Riti e sapienza del diritto*, Laterza, Bari, 1985, 760.

[2] Cette décision peut correspondre à la définition du « jugement », qui est d'ailleurs générique. En France, l'expression jugement peut englober celle d'« *arrêt* » renvoyant aux décisions issues de toute juridiction portant le nom de Cour, alors que la notion de « *sentence* » est utilisée pour indiquer certains types de jugements, notamment les décisions des tribunaux d'instance, mais également pour indiquer au sens générique la décision de justice tout court. En Italie, pour indiquer la décision de justice prononcée pour trancher une question entre deux ou plusieurs parties, on emploie le mot « *sentenza* ». Le Code de procédure pénale italien prévoit à ses articles 523 à 543 c. p.p. différentes appellations selon que le juge prononce une « *sentenza di non luogo a procedere* » (art. 425 c. p.p.), « *sentenza di proscioglimento* » (art. 529 e 530 c. p.p.), o « *sentenza di condanna* ».

[3] Le terme « irrévocabilité » normalement employé lorsque l'on aborde le thème de la « res iudicata » peut être entendu en deux sens : dans son interprétation stricte, il correspond à l'impossibilité de défaire un acte juridique, ce qui indique que, lorsque l'on parle d'irrévocabilité de l'acte juridictionnel, on veut indiquer ce qui est inattaquable ou incontestable ; cependant, l'usage du terme irrévocable renvoie également à une décision qui n'est plus susceptible de voies de recours, voir BOUTY C., *L'irrévocabilité de la chose jugée en droit privé*, Thèse, Aix-Marseille, 2007, p. 35-36.

[4]« *Sentenia trasit in nome rei iudicateaie* », expression issue de la *Summa trecensis,* représente la plus antique indication du passage en force de chose jugée : voir PUGLIESE G., *Giudicato civile* (Storia), *op. cit.*, 766 ; également MERLIN P. A., *Rép. un. et raisonné de jurisprudence*, sub. « *Chose jugée* » IX, Paris, 1813, II, 316 : en 1667, l'ordonnance civile anticipait la définition moderne « *c'est ce qui est décidé par un jugement en dernier ressort, ou par une sentence dont il n'y a ou ne peut y avoir d'appel, soit parce que l'appel n'est point recevable, ou qu'il y a un acquiescement à ce que porte la sentence de condamnation, soit parce qu'on n'en a point appelé dans le temps, ou que l'appel a été déclaré périmé* ».

[5] L'expression « *cosa giudicata* » dérivée du latin « *res iudicata* » indique l'objet du jugement. Dans son acception plus large, elle désigne donc la controverse, le litige qui est décidé : voir DE LUCA G., *Giudicato (II, diritto processuale penale)*, *dans Enc. giur.*, XV, 1988, Roma, 1 ; PUGLIESE G., *Giudicato (dir. civile)*, dans *Enc. giur.* XVIII, Milano, 728.

puisqu'elle a fait l'objet d'élaborations théoriques quant à ses appellations, qui se révèlent assez hétérogènes et dont la « *reductio ad unum* » paraît impossible, confuse et pas forcément souhaitable[1].

1§. La notion de chose jugée, profils italo-français comparés

Le droit italien se réfère au terme de « *cosa giudicata* » ou, simplement, par le participe passé du verbe juger, au « *giudicato* ». Ces deux appellations font l'objet d'une superposition alors qu'une différence existe en ce que la première se réfère plutôt à la décision alors que la seconde indique le commandement de la décision susceptible d'exécution[2]. Le droit français emploie plutôt le terme général de « *chose jugée* », correspondant à ce qui a été tranché par le juge pour mettre fin à une contestation. Mais, également, on fait référence à la notion d'« *autorité de la chose jugée* » ou encore de « *passage en force de chose jugée* ». La première définition renvoie à « *l'ensemble des effets qui sont rattachés à la décision juridictionnelle, telle la force de vérité légale* »[3] : elle indique une qualité attribuée par la loi à tout jugement qui tranche une contestation et qui empêche, sous réserve des voies de recours, que la même chose soit rejugée avec les mêmes parties dans un autre procès[4]. Cette appellation se distingue de la deuxième, qui se réfère plutôt à « *l'efficacité particulière qu'a - ou obtient - une décision de justice lorsque, n'étant pas - ou plus - susceptible d'une voie de recours suspensive, elle est - ou devient – exécutoire* »[5]. Par ailleurs, le passage en force de chose jugée peut être entendu comme fin de non-recevoir par une « *exception de chose jugée* » : sur le fondement de cette exception, le plaideur pourra invoquer l'autorité de chose jugée qui intéresse le jugement rendu, par exemple, dans un autre procès, ce qui oblige le juge à déclarer la demande irrecevable[6].

Les références normatives de la notion de chose jugée se retrouvent, en Italie, aux articles 648 et 649 du Code de procédure pénale (ci-après « *c. p.p.* ») de 1988. Ces deux articles définissent les deux volets – formel et matériel – caractérisant la chose jugée en tant qu'expression de l'extinction du pouvoir juridictionnel attribué au juge[7]. L'article 648 c. p.p. fait référence à l'« *irrévocabilité* » qui

---

[1] GIOVENE A., *Giudicato,* dans *Dig.Disc. Pen.,* 1991, 424 .

[2] Sur cette distinction, CRISTIANI A., *La révisione del giudicato nel sistema del processo penale italiano,* Milano, 1970, 53 ; LOZZI G., *Giudicato (diritto penale),* in *Enc. dir.* XVIII, Milano, 1969, 912 ; MANCUSO E.M., *Il giudicato nel processo penale,* in *Trattato di procedura penale,* XLI.1, Giuffré, Milano, 4.

[3] CORNU G., voir « *Chose* » Vocabulaire *juridique,* 2018, 174.

[4] CORNU G., voir « *Chose* », dans *Vocabulaire juridique,* cit. 174.

[5] CORNU G., voir « *Chose* », dans *Vocabulaire juridique,* cit., 174.

[6] De façon analogue en droit italien, la forclusion découlant du jugement sur le même fait peut être soulevée pendant une procédure sur le fond au titre de la violation de l'interdiction *bis in idem* et donc telle une *erreur in procedendo,* cf. Cass. crim., 27.11.2012, n° 47983.

[7] En particulier, le phénomène de formation de la chose jugée est déduit du rapport processuel qui s'instaure à la suite de l'exercice de l'action pénale qui détermine la condition de consommation du pouvoir juridictionnel, dont la consécration en tant que jugement a lieu avec la prononciation d'une décision définitive. Selon certains auteurs, le pouvoir juridictionnel du juge produit son « extinction »

découle de la stabilisation de la décision juridictionnelle[1] : est irrévocable, selon cet article, une décision juridictionnelle à l'encontre de laquelle il n'est plus possible de former des recours de type « *ordinaires* »[2], mais uniquement d'user de moyens « *extraordinaires* »[3]. L'autre effet qui découle de la chose jugée est également la notion d'« *esecutività* » (« caractère exécutoire ») qui indique l'aptitude de la décision à être exécutée de façon contraignante, même contre la volonté de la personne intéressée[4]. En droit italien, l'article 650 § 1 c. p.p. confère force exécutoire aux jugements et arrêts de condamnation pénale contre lesquels les voies de recours ordinaires n'ont pas été exercées ou ont été épuisées. Cependant, avec l'expression « *sauf disposition contraire* », la disposition, à côté de la règle selon laquelle la force exécutoire et l'irrévocabilité coïncident, rappelle les hypothèses dans lesquelles il existe une divergence entre les deux termes. Il s'agit des décisions non irrévocables définies comme immédiatement exécutoires par une disposition législative, comme les ordonnances en matière de liberté individuelle, ou par une déclaration expresse du juge, comme les ordonnances d'application provisoire de mesures de sécurité. En outre, l'exécution du jugement qui n'est pas encore totalement irrévocable est permise lorsque l'enquête sur les intérêts civils est toujours en cours, comme on peut le déduire de l'article 573, paragraphe 2, du Code de procédure pénale.

- ROCCO A., *Trattato sulla cosa giudicato come causa di estinzione dell'azione pénale*, Foro Italiano, p. 193 ; TONINI P., *Lineamenti* di *diritto processuale penale*, Giuffré ed. 2018, p. 580 ; DELLA MONICA G., *Giudicato*, in *Dig. Disc. pen.* 2008, 384.

[1] Ainsi l'article 648 c. p.p. traduit la notion de chose jugée « *formelle* » : GIOVENE A., *Giudicato*, *op.cit.*, 426.

[2] Il faut préciser que l'article 648 C. p.p. – en ce qu'il prend comme critère pour établir l'irrévocabilité la référence aux moyens de recours utilisables – fait référence uniquement à la révision, en tant que moyen de type extraordinaire : affirmant ainsi que « *Sono irrevocabili le sentence pronunciate in giudizio contro le quali non e' ammessa impugnazione diversa dalla revisione* » (trad. « *sont irrévocables les décisions prononcées dans le jugement contre lesquelles il n'est pas possible d'utiliser un moyen de recours autre que la révision* »). En réalité, l'article ne fait pas référence aux autres moyens de recours extraordinaires, à savoir, le recours pour erreur matérielle ou de fait, (introduit par la L. n. 128/2001 à l'article 625 bis c. p.p.) et la rescision de la chose jugée (introduit par la L. 67/2014 et désormais codifiée à l'article 629 bis c. p.p.).

[3]Le terme moyen de recours utilisé en France est une appellation générique qui en italien se traduit par « *impugnazione* ». En italien, en effet, les termes d'appel et de recours ont une signification plus précise. L'« *impugnazione* » indique le terme général pour se référer au moyen pouvant être saisi par une partie dans le but d'éliminer une décision juridictionnelle défavorable par le biais d'un contrôle opéré par un juge différent de celui qui a prononcé la décision contestée. CHIAVARIO M. le définit comme un « *acte d'une partie, par le biais duquel on critique la décision du juge en demandant l'enlèvement ou la modification totale ou partie*lle », dans CHIAVARIO M., *Diritto processuale penale*, Utet, Milano, 2017, p. 677.

[4]La décision définitive est donc intimement liée à la phase exécutoire du procès pénal qui prévoit l'application de la peine à la personne jugée coupable : le projet préliminaire au Code de procédure pénale italien souligne ce lien étroit affirmant qu'à la base de l'exécution il y a la notion de chose jugée correspondant à « *la décision irrévocable et exécutoire qui constitue le point de départ de l'exécution pénale* » : LOZZI G., *Lezioni di diritto processuale*, Giappichelli, Torino, 819 ss.

De son côté, l'article 649 c. p.p. contribue à définir l'autre effet principal de la chose jugée, c'est-à-dire l'effet du « *ne bis in idem* » qui se rattache à l'existence d'une décision, devenue définitive au sens de l'article 648 c. p.p., portant sur un même fait et à l'encontre d'une même personne. D'une part, le « *ne bis in idem* » traduit l'effet « *preclusivo* »[1] de la chose jugée, ce qui implique que l'accusé acquitté ou condamné ne peut plus être soumis à une procédure pénale pour le même fait[2]. D'autre part, l'effet est « *vincolante* » (« contraignant ») imposant de considérer comme vrai l'événement historique ayant fait l'objet de la vérification juridictionnelle[3] et entraînant, en conséquence, l'impossible modification de l'analyse portant sur l'existence du fait illicite et de la responsabilité personnelle de l'accusé pour ce même fait. Comme l'a précisé la jurisprudence, aux fins de la forclusion liée au principe *ne bis in idem*, l'identité du fait existe exclusivement dans le cas où il existe une correspondance d'un point de vue historique et descriptif dans la configuration de l'infraction, considérée dans tous ses éléments constitutifs et au regard des circonstances de temps, de lieu et de personne[4].

De son côté, le Code de procédure pénale français ne codifie pas la règle de la chose jugée. Celle-ci a donc été traditionnellement identifiée en se référant aux textes relevant du droit civil et, notamment, à l'article 1355 du Code civil qui indique les conditions de réalisation de la chose jugée. Cet article affirme en effet que « *l'autorité de la chose jugée n'a lieu qu'à l'égard de ce qui a fait l'objet du jugement. Il faut que la chose demandée soit la même ; que la demande soit fondée sur la même cause ; que la demande soit entre les mêmes parties, et formée par elles et contre elles en la même qualité* ». Cependant, la référence à l'article du Code civil est considérée par la doctrine comme inadaptée au procès pénal[5]. La notion en matière pénale est alors définie par les effets qu'elle produit : son action s'exerce de façon interne à la procédure, en conséquence, l'action publique – engagée une première fois pour des faits ayant fait l'objet d'une décision définitive et à l'encontre de l'accusé – ne saurait l'être une seconde fois et est donc

---

[1] Le terme « préclusif » fait référence à l'effet de « *bloquer, empêcher* ». Cet effet empêche donc un autre juge de commencer un procès envers un même individu pour un même fait historique.

[2] L'interdiction prévue à l'article 649 du Code de procédure pénale italien est soumise à deux exceptions : en vertu de la première, identifiée à l'article 69, paragraphe 2, du Code de procédure pénale, la décision de ne pas poursuivre à cause de la mort du prévenu, même après qu'elle est devenue irrévocable, ne s'oppose pas à l'ouverture d'une nouvelle procédure pénale sur la même affaire, s'il est ultérieurement « constaté que la mort du prévenu a été déclarée à tort ». La deuxième exception, prévue par l'article 345 du Code de procédure pénale, concerne la sentence d'acquittement pour cause d'absence d'une des conditions de poursuite. Un tel jugement, bien qu'irrévocable, n'empêche pas l'ouverture d'une nouvelle procédure sur le même fait, cf. MANCUSO E. M., *Il giudicato nel processo penale,* op. cit., p.486.

[3] Par vérification juridictionnelle, on entend l'activité de reconstruction factuelle réalisée par le juge, avec les moyens attribués par le droit processuel, pour mettre en œuvre le droit pénal substantiel dans le but d'atteindre « l'accertamento della colpevolezza », c'est-à-dire la vérification de la culpabilité, cf. FERRUA P., *Il giusto processo*, Zanichelli, Bologna, 2012, p. 20 ss.

[4] Cour de cassation criminelle, 6.12.2012, n° 4103.

[5] DESPORTES F.-LAZERGES L., *Traité de procédure pénale*, Economica, 2013, p. 746.

épuisée conformément à l'article 6, al. 1 C.P.P. Cet article est donc considéré comme l'expression du principe du *« ne bis in idem »* de la chose jugée au criminel sous son aspect négatif. Le second effet produit par la chose jugée est externe au contentieux et positif : il réside dans le principe que la décision pénale s'impose au juge administratif et civil en ce qui concerne la constatation des faits matériels et de la culpabilité[1].

Aussi, en droit français, l'autorité de la chose jugée est liée à son immuabilité, qui découle de l'épuisement des voies de recours[2] et à sa force exécutoire correspondant à la possibilité, à défaut d'exécution spontanée, de faire exécuter le jugement sous astreinte[3]. Les deux aspects allant généralement ensemble, une décision est exécutoire lorsqu'elle a acquis la force de chose jugée[4]. Les décisions du juge répressif peuvent donc être contestées par des voies de recours : d'ailleurs, le droit français fait, comme le droit italien, la distinction entre « *voies ordinaires* »[5] et les voies de recours « *extraordinaires* »[6] qui peuvent être empruntées dans les cas limitativement énumérés par la loi et lorsque les voies de recours ordinaires ne sont plus utilisables[7]. Parmi les voies de recours, une distinction est faite entre celles qui sont compatibles avec l'autorité de chose jugée et celles qui ne le sont pas : alors que les premières contiennent toutes les voies de recours ordinaires, telles que le pourvoi en cassation dans l'intérêt des parties tendant à empêcher une décision d'acquérir l'autorité de chose jugée, les voies « *extraordinaires* », pouvant être formées à l'encontre de la chose jugée, le pourvoi en Cassation dans l'intérêt de la loi – par le Garde des Sceaux ou le procureur général près la Cour de cassation – articles 620 et 621 C.P.P. – et les recours en révision et réexamen, prévus aux articles 622 C.P.P. et suivants[8]. De son côté, le droit processuel pénal italien énonce les moyens de recours dans le

---

[1] PRADEL J., *Procédure pénale,* Cujas, 2015, p. 954.

[2] La « *voie de recours* » correspond à un moyen juridictionnel tendant à la réformation, la rétractation ou la cassation d'une décision de justice. Le terme désigne l'institution du recours – l'appel, l'opposition, etc. – ou la procédure une fois que le recours est exercé – ordinaire ou extraordinaire : v. CORNU G., *Voie de recours*, dans *Vocabulaire juridique*, cit. p. 1080.

[3] CADIET-JEULAND, *Droit judiciaire privé,* Litec, 2006, p. 467 ss.

[4] Par exception, les jugements répressifs étrangers peuvent avoir en France l'autorité de chose jugée, mais non la force exécutoire, BOULOC B., *Procédure pénale*, cit. p. 948.

[5] CORNU G., « *Ordinaire* », dans *Vocabulaire juridique*, cit. p. 717 : qualifie de voies de recours ordinaires celles qui sont toutes naturelles au regard des garanties élémentaires de bonne justice – principe du contradictoire et du double degré de juridiction.

[6] CORNU G., « *Extraordinaires* », dans *Vocabulaire juridique*, cit. p. 444 : désigne les voies de recours qui, ordonnées à une finalité particulière et débouchant sur un contrôle spécifique ne sont ouvertes que dans les cas spécifiés par la loi au sens de l'article 580 C.P.C. et sont démunies d'effet suspensif d'exécution.

[7] Le droit processuel français tend par ailleurs à distinguer entre voies de rétractation – lorsque l'affaire revient devant la même juridiction que celle qui s'était déjà prononcée (telle l'opposition) – et de réformation, par laquelle l'affaire est soumise à une juridiction supérieure, notamment dans l'appel et les voies de recours extraordinaires.

[8] Pour approfondir les moyens de recours en droit français : BOULOC B., *Procédure pénale*, cit. p. 949 ss. ; DESPORTES F.-LAZERGES L. *Traité de procédure pénale*, cit. 2121 ss.

livre IX du Code de procédure pénale et opère une distinction entre moyens de recours « *ordinaires* » (regroupant l'appel – article 593 c. p.p. ss. – et le recours à la Cour de cassation – article 606 cp.p. ss. – pouvant être saisie selon les délais prévus par l'article 585 du Code de procédure pénale) et « *extraordinaires* » (comprenant la révision – article 629 c. p.p. ss. – le pourvoi en Cour de cassation pour erreur matérielle ou de fait – article 625-bis c.c.p. – et la rescision de la chose jugée – article 629 bis c.p.p.)[1].

2§. Fondement de la chose jugée dans la dynamique du procès pénal

Dans les codifications du XXe siècle suivant la période illuministe, basées sur un modèle libéral, le fondement politique de la chose jugée est lié à la certitude du droit et à la sécurité juridique de l'individu acquitté de façon définitive[2]. Il est nécessaire d'assurer la crédibilité de la fonction juridictionnelle ainsi que la liberté individuelle, ce qui implique la nécessité de poser des limites au pouvoir répressif de l'État et à la contestation indéfinie de la « *res iudicanda* »[3]. En conséquence, la vérification du fait illicite et l'établissement de la responsabilité de l'accusé de façon définitive pourront être remis en discussion uniquement dans des hypothèses précises et exceptionnelles[4] telles que typiquement l'hypothèse de la révision pénale. Le procès doit, en effet, toujours tendre « *à la vérification ou à la falsification de l'hypothèse de l'accusation* »[5] dont les contours subjectifs et objectifs sont établis à l'égard d'un fait historique déterminé en relation avec la personne accusée[6]. La tenue d'un procès qui ne poursuivrait pas une telle finalité

---

[1] BARGIS M., *Impugnazioni*, in CONSO G.-GREVI V.-BARGIS M., *Compendio di proc. penale*, Cedam, 2016, 801.

[2] CALLARI F., *La firmitas del giudicato penale, essenza e limiti*, Milano, 2009,p. 95 ss.

[3] À la formation de la chose jugée est d'ailleurs reconnu un effet de « *sanatoria* » quant aux vices de nullités qui se seraient vérifiés au cours de la procédure pénale et qui rendraient invalides les actes en ce qu'ils divergent du modèle normatif prévu par le droit positif. La décision définitive serait un acte conclusif autonome ayant une efficacité supérieure à l'acte invalide : cela répond à une volonté de l'ordre juridique de ne pas « contaminer » l'acte définitif avec des nullités encourues lors du procès afin de garantir stabilité à la décision définitive : GIOVENE A., *Giudicato,* cit. p. 441.

[4] ROCCO A., *Sul concetto di diritto subiettivo di punire*, in ID, *Opere giuridiche*, III, Roma, 1933, p. 139 ss. ; MANZINI V., *Trattato di diritto processuale penale italiano*, a cura di G : CONSO, IV, Torino, 1972, 584.

[5] MANCUSO E.M., *Il giudicato nel processo penale*, op. cit. p. 26 : le procès tend à « *la vérification ou falsification de l'hypothèse de l'accusation, voué à une vérification définitive sur l'existence ou pas de l'élément matériel de l'infraction et des conditions de la punissabilité* ». Met également en valeur ce rapport : PRONIER J., *La procédure de révision et l'autorité de chose jugée,* obs. sous Cass. Crim., 20 juillet 2011, n° 10-87236, AJ Pénal 2011, p. 474 : « *les notions d'autorité de chose jugée et d'arrêt définitif démontrent que notre système judiciaire considère l'épuisement des voies de recours comme marquant du sceau de vérité la dernière décision rendue* ».

[6] Notamment, quant aux limites subjectives et objectives de la chose jugée, en Italie, la doctrine s'est positionnée différemment sur la question de savoir si la chose jugée au pénal pouvait exercer son efficacité envers des personnes autres que celle envers laquelle la décision irrévocable avait été prononcée. En principe, on affirme la règle que le « *ne bis in idem* » ne vaut que pour la personne à laquelle se réfère la décision irrévocable, mais selon certains auteurs, dès lors que la décision d'acquittement affirme « *il fatto non sussiste* » alors la chose jugée aurait effet *erga omnes,* car elle

cognitive empruntée à la vérité conduirait à la consécration d'une justice arbitraire et irrationnelle[1]. Ce n'est donc que s'il existe de nouveaux éléments de preuves, susceptibles de remettre en cause la décision sur la responsabilité de la personne imposant son acquittement, que l'ordre juridique admet la remise en question de l'autorité de chose jugée[2]. La nature absolue de la chose jugée est ainsi l'image de la certitude du droit, garantie par une présomption quasi absolue de vérité au cœur de la vérification juridictionnelle[3].

Néanmoins, la nécessité d'une valorisation des droits de l'homme au détriment de l'immuabilité et de la nature absolue de la chose jugée s'instaure[4]. La vérification juridictionnelle ayant pour finalité d'atteindre le but de vérité processuelle est désormais soumise, dans un État de droit, au nécessaire respect de l'ensemble normatif qui gouverne les règles de fonctionnement de l'enchaînement procédural[5]. Elle est alors le résultat d'un processus qui doit pouvoir se définir comme *« juste »*, en ce qu'il est le fruit d'une action menée devant une juridiction dans le respect des garanties de l'individu, conformément au canon du *« procès équitable »* consacré à l'article 6 de la Conv. EDH[6].

La notion de procès équitable évoque, en effet, l'idée d'une procédure où les règles procédurales doivent respecter un ensemble de principes fondamentaux proclamés au niveau interne et supranational, se référant à une exigence globale et conceptuelle concernant l'ensemble de la procédure. La doctrine italienne parle,

---

indique que les personnes n'auraient jamais pu commettre ce fait puisque le fait ne subsiste pas. Dans un sens critique, LOZZI G., *Lezioni di procedura penale*, cit., p. 819. La chose jugée possède également des limites objectives qui interviennent selon le fait que le nouveau procès doit avoir comme objet le même que celui pour lequel a été prononcée une décision irrévocable, même s'il est considéré différemment par ses titres, degrés et circonstances.

[1] MAZZA O., *Verità reale e verità processuale*, dans *Dig.disc. pen.*, Utet, 2014, p.713-726 ; aussi CAPRIOLI F., *Verità e giustificazione nel processo penale*, dans *Riv. It. Dir. e Proc. Pen.*, 2013, n.2, p. 608 ss.

[2] En droit italien, outre l'hypothèse de révision pénale, existent également d'autres hypothèses que celles que l'on a indiquées, justifiant le recours contre la chose jugée ; par ailleurs, en droit italien, bien que la chose jugée soit non modifiable, la peine peut être modifiée lors de la phase d'exécution de la décision quand la peine est modifiée dans ses modalités exécutoires (à raison du mérite du condamné à bénéficier de peines alternatives à la détention) ou lorsque la peine est illégale.

[3] MANCUSO E.M., *Il giudicato nel processo penale*, cit. p. 11 ss.

[4] UBERTIS G., *Diritti umani e mito del giudicato*, op. cit. p.787 ; TROISI P. *Flessibilità del giudicato penale e tutela dei diritti fondamentali*, in *Dir. Pen. Cont.*, 2 aprile 2015.

[5] Sur cet aspect, FERRUA P., *Il giusto processo*, cit., p. 31 sur la relation entre débat contradictoire et vérité dans le procès, l'auteur reprend la notion entre reconstruction de la Vérité matérielle, typique du procès inquisitoire comme correspondant aux faits tels qu'ils se sont produits et la Vérité formelle typique du modèle accusatoire, qui est le fruit d'une reconstruction et manifeste sa faveur pour la méthode dialectique.

[6] Déjà, HELIE F., dans son *Traité de l'instruction criminelle*[2], t. 1, 1866, 4 soulignait l'idée d'équilibre à la base du procès « *entre deux intérêts également puissants, également sacrés, qui veulent à la fois être protégés, l'intérêt général de la société qui veut la juste et prompte répression des délits, l'intérêt des accusés qui est lui aussi un intérêt social et qui exige une complète garantie des droits de la collectivité et de la défense* ».

à cet égard, de « *garantisme* »[1], ayant codifié la notion de « *giusto processo* » à l'article 111 de la Constitution (ci-après « Cost. ») s'inspirant des garanties énoncées à l'article 6 de la Conv. EDH. Ainsi, l'article 111, al. 1 Cost. affirme que « *la juridiction est mise en œuvre par le biais du procès équitable régi par la loi* »[2]. Pareillement, à la suite d'une modernisation de la procédure pénale, le législateur français, ayant comme « *ambition première d'intégrer dans notre droit positif des objectifs philosophico-politiques* »[3], a codifié, dans l'article préliminaire du Code de procédure pénale, les principes directeurs du procès pénal en s'inspirant de l'article 6 Conv. EDH. Un procès pénal dont l'équité de la procédure est un principe fondamental est celui qui sait conjuguer les exigences de vérification juridictionnelle et le respect des règles qui garantissent les droits de l'individu.

II.
LA CHOSE JUGÉE DANS LE SYSTÈME MULTINIVEAU DES SOURCES JURIDIQUES

Ainsi, l'autorité de la chose jugée, expression de l'exigence de stabilité des décisions juridictionnelles et de la capacité de l'État souverain d'exercer son pouvoir juridictionnel en tranchant définitivement l'affaire qui lui est soumise, est fortement liée à l'enchaînement processuel dont elle constitue l'aboutissement naturel. Néanmoins, l'affirmation d'une culture européenne des droits de l'homme **(1§)** provoque un processus d'érosion incontestable de son caractère irréfragable, si bien que la chose jugée est au centre d'un conflit déterminé par sa position à la croisée des ordres juridiques **(2§)**.

---

[1] PRADEL J., *Procédure pénale*, cit. p. 331.

[2] Une partie de la doctrine italienne a mis en évidence le rapprochement entre les deux articles en affirmant que l'article 111 Cost. aurait été écrit afin de garantir la réception de l'article 6 Conv. EDH et de la jurisprudence européenne par l'ordre juridique interne, ce qui a été jugé, au contraire, inutile par d'autres auteurs à raison de la réception de la Conv. EDH par l'ordre juridique italien ainsi que par le fait que l'article 111 Cost. n'offre aucun élément de nouveauté par rapport à la disposition conventionnelle cf. BUONOMO F., *L'equo processo tra modifica costituzionale e giurisprudenza della Corte europea dei diritti dell'Uomo*, in Doc. Giustizia, 2000, p. 161 ss. ; CARTABIA M., *La Convenzione europea dei diritti dell'uomo e l'ordinamento italiano,* in AA.VV. *Giurisprudenza europea e processo penale italiano*, (dir. BALSAMO-KOSTORIS), Giappichelli, Torino, 2008, p. 49 ; et encore sur la notion de « procès équitable » codifié en Italie : FERRUA P. P., *Il giusto processo*, Zanichelli, Bologna, 2005, notamment p. 32 ss. ; CHIAVARIO M., Voce *Giusto processo (processo penale)*, in *Enc. Giur.* Agg. X, Roma, 2001, GIOSTRA G., *Punti fermi in tema di giusto processo penale*, in *Giur. It.*, n.3/2004, p.693.

[3] Loi n° 2000-516 du 15 juin 2000 renforçant la protection de la présomption d'innocence et les droits droits des victimes : HENRION H., *L'article préliminaire du Code de procédure pénale : vers une « théorie législative » du procès pénal ?*, Arch. pol. crim. 2002, p. 13 ; DELMAS MARTY M. *Procès pénal et droits de l'homme. Vers une conscience européenne*, dans Les voies du droit, (dir.), P.U.F., 1992, p. 66. : « *l'internationalisation » et « la constitutionnalisation » du droit pénal ont progressivement montré l'emprise de principes fonctionnant comme principes directeurs sur notre droit positif* ».

1§. L'avènement de la culture des droits de l'homme

L'attention portée aux droits de l'homme est le résultat d'une genèse lente et ancienne. C'est au cours de l'histoire que les droits de l'homme se sont véritablement affirmés : l'aspiration à célébrer l'individu en tant que personne détentrice de droits et libertés innés amena à l'élaboration de plusieurs documents contenant la consécration d'un catalogue des droits fondamentaux tels que le *Bill of Rights*[1] (1689), la *Declaration of Rights nord-américaine* (1774) et la *Déclaration des droits et du citoyen (*ci-après « DDHC ») votée par l'Assemblée nationale française en 1789[2]. Puis, les ordres juridiques nationaux ont développé et étendu la notion de droits fondamentaux en traduisant l'appartenance de ces droits à la juridiction exclusive de l'État souverain au sein des Chartes constitutionnelles.

Ainsi apparaît le phénomène du constitutionnalisme qui revêt un rôle fondamental dans l'affirmation des droits et libertés propres à un État de droit[3]. Ce mouvement, apparu en France au siècle des Lumières, substitua aux coutumes existantes, vagues et imprécises et donc, sources de possibles actions discrétionnaires des pouvoirs souverains, des constitutions écrites. Celles-ci revendiquaient le droit de limiter les risques d'établissement d'un pouvoir absolu et arbitraire **(1.1§)**. Ensuite, au cours de l'histoire, des systèmes de protection des libertés individuelles et des droits fondamentaux adoptés dans le cadre des principales organisations mondiales et régionales au cours du XXe siècle apparaissaient tels des remparts contre « *les tendances aliénatrices de l'humanité* »[4]. Ce phénomène, déterminant l'affirmation progressive d'une culture européenne des droits de l'homme, a profondément bouleversé la conception traditionnelle du procès et la notion de souveraineté des États exigeant une sensibilité renouvelée aux acteurs du droit **(1.2§).**

---

[1] Alors que l'Italie et la France ont connu des modèles de procédure inquisitoire et cela jusqu'à l'avènement des nouveaux codes de procédure pénale ainsi qu'à l'évolution des chartes constitutionnelles, de son côté l'Angleterre a été, au contraire, caractérisée par une expérience particulière, car elle n'a pas connu de modèle inquisitoire et a eu, au contraire, un rôle essentiel dans la consécration d'un procès accusatoire caractérisé par l'oralité, la publicité, *le right to confrontation.*

[2] La Déclaration des droits de l'homme et du citoyen, votée le 26 août 1789, est encore considérée comme une source du droit positif par la référence faite par le préambule de la Constitution de 1958. Ses sources d'inspiration furent les Déclarations anglo-saxonnes, cf. MELIN SOUCRAMANIEN F. – PACTET P., *Droit constitutionnel*, 2018, n° 710 et s. ; VERPEAUX M., *Droit constitutionnel français*, Puf, 2015, p. 171.

[3] Par « constitutionnalisme », on entend l'œuvre de codification des Chartes constitutionnelles des États.

[4] C'est-à-dire les systèmes politiques modernes dictatoriaux et totalitaires : BRENNER C., *Pour un humanisme processuel respectueux de l'autonomie processuelle,* dans *Mélanges Serge Guinchard,* 2010, Dalloz, p. 175.

1.1§. L'avènement des droits de l'homme par l'œuvre du constitutionnalisme

L'affirmation des droits constitutionnels en Italie est la conséquence du renversement d'un régime autoritaire : jusqu'en 1943, l'Italie était régie par *le Statuto Albertino*, promulgué par Charles-Albert le 4 mars 1848. Il s'agissait de la première Charte fondamentale apte à régir le territoire italien unifié lorsque fut déclaré le Règne d'Italie le 17 mars 1861. Ce texte marqua le passage d'un État absolu à un régime constitutionnel, fondé sur la séparation des pouvoirs. Bien qu'encore sous la forme monarchique, ceci expliquait la forte propension du texte à reconnaître d'importants pouvoirs au Roi[1]. Le Statut fut ensuite utilisé pendant la période fasciste, bien que vidé de ses caractéristiques propres[2]. C'est seulement le 22 décembre 1947 que fut adoptée la Constitution italienne : entrée en vigueur le 1er janvier 1948 et composée de 139 articles, elle était le fruit d'une pensée rejetant fermement l'idéologie fasciste par les nombreuses et très complètes dispositions dédiées aux droits fondamentaux[3]. Elle affirmait la nécessité d'aboutir à un équilibre entre les institutions et la nécessité de consacrer un État nouveau, caractérisé par les principes de démocratie, souveraineté populaire, inviolabilité des droits de l'homme, mais également de solidarité, égalité, liberté, pluralisme, unité et indivisibilité de l'État, qui avaient caractérisé la période de la Résistance. D'autre part, la Constitution italienne rompait décidément avec le modèle monarchique par l'assurance de la prépondérance du Parlement contrebalancée par les pouvoirs régionaux, un pouvoir de référendum d'initiative populaire et une Cour constitutionnelle qui serait devenue un véritable rempart à la sauvegarde des droits fondamentaux[4].

L'affirmation des droits constitutionnels en France – longue et riche en Chartes fondamentales – révèle une évolution différente[5]. La France ne connaît

---

[1] Pour une reconstruction historique, voir MALFATTI E., *I livelli di tutela dei diritti fondamentali nella dimensione europea*, Giappichelli, Torino, 2014, p.8.

[2] Le *Statuto Albertino* était inspiré de la Charte constitutionnelle française de 1830 et devint la Constitution du royaume unifié d'Italie, le 17 mars 1861. Le Statut était une charte avec une forte vocation monarchique, qui évolua vers une forme de régime parlementaire sous l'influence de Camillo Benso di Cavour ; puis l'Italie, dans l'impossibilité d'instaurer un modèle de gouvernement durable, tomba sous les coups de la Première Guerre mondiale et du fascisme. Avec l'arrestation de Benito Mussolini le 25 juillet 1943, de 1943 à 1946, l'Italie sera guidée par un exécutif sous la forme de décrets du Roi ayant force de loi, mais la question constitutionnelle demeura incertaine jusqu'à la fin de la question monarchique et jusqu'au 2 juin 1946 : à cette date, 54,3 % des Italiens votèrent, lors du référendum, en faveur de la forme républicaine. Le même jour fut élue une assemblée constituante.

[3] L'on assiste à l'affirmation de la notion d'État de droit avec la Constitution et la multiplication des droits et libertés énoncés : v. MALFATTI E., *I livelli*, *op. cit.*, p.10-11.

[4] Voir PIERRÉ-CAPS S., *Droits constitutionnels étrangers*, Puf, 2010, p. 101 s.

[5] Voir VERPEAUX M., *Droit constitutionnel*, cit, p. 171-272 ; MELIN SOUCRAMIEN F., *Droit constitutionnel*, Sirey, 2018, n° 709-1054. Une brève reconstruction de l'histoire constitutionnelle française : lors d'une PREMIÈRE PÉRIODE (1789 à 1799) : la première charte fondamentale est celle du 3 septembre 1791 ; de 1792 à 1795 la France demeure sans Constitution sous le gouvernement de la Convention qui dure, lui, trois ans pendant lesquels le pouvoir est exercé sans limites ; puis est rédigée la Constitution montagnarde du 24 juin 1793 ou de l'An I, jamais appliquée, mais qui fut celle ayant

que tardivement la conception normative d'une Constitution,[1] car les révolutionnaires français avaient une conception instrumentale et formelle des Chartes constitutionnelles : celles-ci n'étaient pas considérées comme loi suprême et répondaient à une logique plutôt instrumentale. Par la suite, les textes constitutionnels français ont eu une nature formelle et instable : ils étaient assujettis à des révisions ou à des changements fréquents, comme le témoigne l'histoire constitutionnelle française[2]. En effet, une fois l'orage révolutionnaire passé, l'histoire constitutionnelle française au XIXe siècle sera marquée par une renaissance progressive et pragmatique des droits et des libertés. Finalement le régime des libertés publiques sous la IIIe République proclamait un catalogue de droits au niveau constitutionnel. L'objectif était de mettre en lumière la faculté d'agir et

---

le caractère le plus démocratique de toute l'histoire constitutionnelle française : il s'agissait d'une constitution proclamant la souveraineté du peuple à l'art. 7, prévoyant le suffrage universel masculin direct (art. 8) ; elle se caractérisait par la spécialisation des autorités et non pas par la séparation des pouvoirs. Cette constitution était l'œuvre d'une propagande révolutionnaire, mais du fait des événements survenus en France en 1893, elle ne fut pas appliquée. Ensuite, suivit la Constitution du 5 fructidor an III, la plus longue jamais rédigée (377 articles). Suivit la PÉRIODE NAPOLÉONIENNE allant de 1799 à 1815 : la Constitution du 22 frimaire an VIII (13 décembre 1799), issue du Coup d'État du 18 Brumaire An VIII. Puis, sous l'empire de Napoléon, suivirent la Constitution du 14 thermidor an X (2 août 1802) et celle du 28 floréal an XII (18 mai 1804) ; une troisième période concerne la naissance et le développement du régime parlementaire français allant de 1814 à 1870 : la Charte du 4 juin 1814 suivie par la chute de la Restauration par la révolution parisienne de 1830 puis la monarchie de Juillet pendant laquelle une nouvelle charte est rédigée, celle du 14 août 1830. Suivit une autre révolution, celle de 1848, qui donna naissance à la SECONDE RÉPUBLIQUE au sein de laquelle fut approuvée la Constitution du 4 novembre 1848 ; celle-ci fut de courte durée du fait du coup d'État de Louis-Napoléon Bonaparte donnant naissance à un nouveau régime impérial avec l'émanation de la Constitution du 14 janvier 1852. Ensuite, la *TROISIÈME RÉPUBLIQUE* - allant de 1870 à 1940 - se fondait sur trois lois constitutionnelles de 1875 qui mettaient en place un système parlementaire dualiste, dans lequel le gouvernement était responsable à la fois devant le chef de l'État et devant les assemblées, mais la pratique de la IIIe République et la crise du 16 mai 1877 consacrèrent le passage au régime parlementaire moniste. Enfin, la période de la Seconde Guerre mondiale, marquée par les régimes de fait (Régime de Vichy qui rejetait le parlementarisme), entraîna la chute de la Troisième République et permit l'instauration de la QUATRIÈME RÉPUBLIQUE : avec le référendum du 21 octobre 1945, le sort des institutions de la IIIe République fut réglé. Une assemblée fut élue le jour du référendum. Le choix du référendum impliqua l'abrogation de la Constitution de la IIIe République et l'approbation du projet réglementant les pouvoirs de l'assemblée élue qui devint la loi constitutionnelle du 2 novembre 1945 ; l'assemblée devrait rédiger deux projets de Constitution puisque que le deuxième, celui du 27 octobre 1946 fut adopté. Enfin, on arriva à la CINQUIÈME RÉPUBLIQUE, lorsque le président de la République René Coty fit appel au Général de Gaulle, sous la menace d'une insurrection, pour former un nouveau gouvernement qui fit adopter, le 3 juin 1958, la Loi constitutionnelle portant dérogation transitoire aux dispositions de l'article 90 de la Constitution de 1946, puis l'adoption de la nouvelle constitution fut faite en plusieurs phases, pour terminer avec la présentation du texte par le Général de Gaulle le 4 septembre 1958 sur la Place de la République et fut ratifiée par référendum, puis promulguée le 4 octobre 1958.

[1] La conception normative est définie comme l'idée d'une loi supérieure qui régit la législation courante et qui est gage de sécurité par sa rigidité. Les Américains sont donc les premiers à faire de la Constitution moderne la loi suprême de l'État cf. PONTHEREAU M.C., *Droits constitutionnels comparés*, 2010, p. 256.

[2] PONTHOREAU M.C., Droits constitutionnels comparés, op. cit., p. 260.

l'autonomie de l'individu comme pouvoirs opposables à la puissance publique, bien que la notion de libertés publiques ne fût pas synonyme de *droits de l'homme*. Ce régime se caractérisait par l'attribution à la loi des modalités et des limites d'exercice des libertés, ainsi que par l'attribution au juge d'un rôle de gardien des droits et libertés, il coïnciderait avec un régime qui respectait effectivement les principes établis par la DDHC[1]. Les Constitutions françaises n'utilisent pas, en réalité, la terminologie de droit fondamental, mais se limitent à évoquer les libertés publiques, notamment à l'art. 34 de la Constitution du 4 octobre 1958. Cependant, le préambule de la Constitution s'inspire de la Déclaration de 1789 en faisant référence aux « *principes fondamentaux reconnus par les lois de la République* »[2].

L'expérience constitutionnelle montre comment la naissance et l'affirmation de l'État de droit passent par la consécration, au sein des Chartes constitutionnelles, de principes éthiques, de valeurs et de notions générales sur lesquels l'État doit s'aligner[3]. Sur ce socle, la justice constitutionnelle constitue la voie d'épanouissement de la fonction des Chartes qui opèrent comme un véritable instrument de protection des droits fondamentaux. La Cour constitutionnelle italienne a, tout particulièrement, acquis un rôle essentiel dans la garantie de la protection des droits fondamentaux[4] : cela résulte de l'art. 134 Cost. et suivants qui

---

[1] Les libertés publiques peuvent être définies, sur le plan ontologique, comme le pouvoir d'autodétermination que l'homme a sur lui-même. La *liberté* est donc différente du *droit*, ce dernier pouvant être tant l'expression d'un pouvoir d'autodétermination, et apparaître ainsi près de la notion de liberté, que celle d'un pouvoir que l'homme n'exerce pas sur lui-même mais sur autrui, car il implique en ce cas un droit d'exiger d'autrui un comportement positif. La définition politique des libertés publiques engendre le rapport entre homme et pouvoir : elle correspond à la sphère d'action qui échappe à la contrainte sociale. Les libertés publiques sont par ailleurs des notions différentes des droits de l'homme. Voir à ce sujet LEBRETON G., *Libertés publiques et droits de l'homme*, Colin, 2003, p.2 et p. 17-19, critique envers d'autres définitions comme celle proposée par : BRAUD PH., *La notion de libertés publiques en droit français*, LGDJ, 1968, p. 41 et 305. Selon l'A., les libertés publiques sont des obligations juridiques de l'État posées par des normes à valeurs constitutionnelles. Selon ROCHE J., *Libertés publiques*, Mémento Dalloz, 1987, p.7 elles correspondent à « *des droits fondamentaux qui, dans un État moderne et libéral, sont indispensables à une véritable Liberté* ».

[2] D'ailleurs, la notion de droit fondamental que le Conseil constitutionnel français utilise est différente de celle des libertés publiques, car elle désigne, de façon plus large, l'ensemble des droits qui sont réputés fondamentaux parce qu'ils paraissent nécessaires à l'épanouissement de la personne humaine. Certains auteurs préconisent d'ailleurs le remplacement du terme « *libertés publiques* » par celui de droit fondamental cf. FAVOREAU L., *Droit constitutionnel*, Dalloz, 2001.

[3] CATELANI A., *Tutela nazionale e sovranazionale dei diritti umani*, dans *La tutela multilivello dei diritti, Punti di crisi, problemi aperti, momenti di stabilizzazione*, (dir.) BILANCIA – DE MARCO, Giuffré, Milano, 2004, p. 159.

[4] Dans l'expérience constitutionnelle italienne, la question de la protection des droits fondamentaux par la Cour constitutionnelle a connu une affirmation progressive caractérisée par un dialogue s'instaurant entre cette dernière, la Cour de cassation et le pouvoir législatif dès la décision n° 1 rendue en 1956 (Cort. Cost. n.1 du 5 juin 1956, considerandum n° 1 : « ... *Tanto nell'uno quanto nell'altro caso la legge costituzionale, per la sua intrinseca natura nel sistema di Costituzione rigida, deve prevalere sulla legge ordinaria...* », la Cour constitutionnelle reconnaît la supériorité de la Charte constitutionnelle et l'utilisation des normes constitutionnelles dites « *programmatiche* » dans l'application judiciaire ; à partir de la décision n.° 3/1956 (Cort. Cost. n.° 3 du 23 juin 1956,

prévoient, parmi les autres attributions reconnues à la Cour, celle du contrôle de constitutionnalité de la loi ordinaire. Le système italien assure donc un contrôle de l'activité du pouvoir législatif qui, tout en excluant le recours direct des personnes contre la loi, soustrait aux juges communs la possibilité de non-application ou d'annulation de la loi pour la confier à la Cour constitutionnelle même[1].

De son côté, le Conseil constitutionnel français est également juge de la constitutionnalité des lois : dès 1958, il est chargé d'assurer le respect de la Constitution et peut donc être saisi pour procéder à un contrôle de la constitutionnalité des lois et des traités internationaux, conformément aux articles 54, 61 et 61-1 de la Constitution. Celui-ci œuvre comme contrôle *a priori,* ayant donc lieu avant la promulgation des lois, alors que ce n'est que depuis la révision constitutionnelle du 23 juillet 2008, avec l'introduction de l'art. 61-1 Cost.[2], que le contrôle peut également avoir lieu *a posteriori,* selon un mécanisme qui ressemble de près à celui du contrôle incident, opéré par les juges constitutionnels italiens[3]. La révision constitutionnelle de 2008 témoigne de l'abandon, par la France, du mythe de l'intangibilité de la loi et constitue une « *révolution au sens propre du terme* »[4]. Il s'agit d'un rapprochement important entre le modèle français et le modèle de justice constitutionnelle, déjà théorisé par Hans Kelsen qui voyait dans l'ordre juridique une construction par degrés où le fait de « *confier à un tribunal suprême et indépendant la fonction d'annulation de l'acte*

considerandum n.° 6) elle reconnaît que l'ordre légal et constitutionnel forme un seul ordre où la Cour suprême et les juges de droit commun œuvrent, dans le respect de leurs propres attributions, effectuant un examen intégré des composantes de l'ordre juridique. Pour une analyse du contenu du contrôle de constitutionnalité, sur l'usage que le juge de droit commun peut faire des dispositions constitutionnelles et sur les relations entre Cour constitutionnelle italienne et juges communs : v. MALFATTI E., *I livelli*, op. cit., p. 38 et suivants.

[1] Dès lors, le contrôle de constitutionnalité du droit italien peut être soit direct, lorsqu'il y a un recours de l'État portant sur des statuts ou des lois régionales ou un recours d'une Région contre les lois de l'État ou d'autres régions, ou un contrôle soulevé devant la Cour constitutionnelle par le juge de droit commun au cours du jugement. Dans cette hypothèse, la demande est fondée sur l'existence de raisons qui suscitent un doute de compatibilité entre la disposition législative, dont l'application est nécessaire pour décider du cas soumis au juge, et une ou plusieurs dispositions constitutionnelles.

[2] L'art. 61-1 Cost. prévoit que *« Lorsque, à l'occasion d'une instance en cours devant une juridiction, il est soutenu qu'une disposition législative porte atteinte aux droits et libertés que la Constitution garantit, le Conseil constitutionnel peut être saisi de cette question sur renvoi du Conseil d'État ou de la Cour de cassation qui se prononce dans un délai déterminé. Une loi organique détermine les conditions d'application du présent article ».*

[3] La seule différence est l'existence d'un filtre sur la demande de contrôle prenant les formes d'un renvoi préjudiciel effectué (ou pas) par la Cour de cassation ou le Conseil d'État et d'une limitation aux seuls droits et libertés constitutionnellement garantis, cf. MELIN SOUCRAMIEN F., *Droit constitutionnel,* op. cit., n° 1463.

[4] MENY Y., *Révolution constitutionnelle et démocratie. Chances et risques d'une nouvelle définition de la démocratie, Colloque du Cinquantenaire du Conseil constitutionnel*, Paris, 3 novembre 2008, p.3

inconstitutionnel représente la garantie principale et la plus efficace de la Constitution »[1].

Le constitutionnalisme a donc été essentiel dans l'affirmation des premiers mouvements de consécration des droits fondamentaux et désormais, les réformes qui ont investi la justice constitutionnelle de nombreux pays en Europe, dont la France en 2008, témoignent de son expansion et d'une convergence des modèles vers un changement du rôle du juge constitutionnel, désormais gardien des rapports entre les pouvoirs étatiques et les garants des droits[2]. Alors que les sociétés actuelles sont caractérisées par une demande croissante de protection des droits fondamentaux, l'affirmation d'un modèle de justice constitutionnelle de matrice « *kelsenienne ou européenne* »[3] « *rompt définitivement avec le constitutionnalisme traditionnel et pose l'individu, avec l'ensemble de ses droits et libertés, au centre du cosmos constitutionnel* »[4]. L'impulsion vers l'élargissement du champ d'intervention de la justice constitutionnelle à la garantie des droits et libertés constitutionnels est une réaction conséquente à une volonté de se réapproprier des chartes constitutionnelles face à l'incidence croissante des juridictions supranationales en la matière[5].

1.2§. La consécration d'une protection des droits fondamentaux au niveau supranational

La protection des libertés et droits fondamentaux a continué d'occuper l'esprit des juristes de façon constante tout au long des siècles[6] : les Chartes constitutionnelles représentaient des textes, certes, essentiels en matière de protection

---

[1] KELSEN H., *La garanzia giurisdizionale della Costituzione*, dans *La giustizia costituzionale*, (cur.C. Geraci), Giuffré, Milano, 1981.

[2] GROPPI T., *Riformare la giustizia costituzionale: dal caso francese indicazioni per l'Italia?* dans Astrid Rassegna, 19 juin 2009, n.°94 ; IB. *Alla ricerca di un modello europeo di giustizia costituzionale*, in OLIVETTI - GROPPI T. (a cura di), *La giustizia costituzionale in Europa*, Giuffré, Milano, 2003, 1 ss ; sur le thème, parmi d'autres : FROMONT M., *La justice constitutionnelle dans le monde*, Dalloz, Paris, 1996, p. 38 ss.

[3] Selon la définition de GROPPI T., *Riformare la giustizia*, cit., p. 39 qui définit un tel modèle comme étant centralisateur et abstrait, ayant pour finalité de garantir le droit objectif et le caractère hiérarchique du système.

[4] FABBRINI F., *La riforma del controllo di costituzionalità in Francia: tra innovazione e conservazione,* dans ASTRID, Seminario: *La riforma del controllo di costituzionalità delle leggi in Francia*, Roma, 27 maggio 2009, p.1.

[5] En ce sens, la Révision constitutionnelle française de 2008 a été portée par la volonté de distinguer la protection des droits et libertés privilégiée par le contrôle de constitutionnalité par rapport au contrôle de conventionnalité ; voir intervention du président Sarkozy à l'occasion de la célébration des 50 ans du Conseil constitutionnel, dans *les Cahiers du Conseil constitutionnel*, 2009, 8.

[6] S'il est vrai que, à la lumière de l'intégration européenne fondée sur les droits fondamentaux, la supériorité des Chartes constitutionnelles n'est jamais généralisée ou partagée, l'importance des textes constitutionnels demeure pour autant : SCIARABBA V., *Tra fonti e Corti, diritti fondamentali in Europa : profili costituzionali e comaprati degli sviluppi sovranazionali,* CEDAM, Pavia, 2008, p. 28 ss. rappelle que les Constitutions conservent une priorité logique-juridique issue du fait que la plupart des droits et libertés affirmés au niveau européen trouvent, dans les textes constitutionnels,

des droits et libertés, mais leur rôle tendait à se réduire, voire à se modifier en faveur de l'émergence d'autres sources contenant des catalogues de droits. La consécration d'un catalogue de droits au niveau constitutionnel, bien que souhaitable, n'était pas pour autant suffisante : surgissait la nécessité d'implanter la protection des droits et des libertés à un niveau supranational. En effet, après la Seconde Guerre mondiale, la protection des droits fondamentaux vécut une étape fondamentale déterminant son irrésistible développement. Les conflits mondiaux montrèrent, de façon cruelle, que l'individu pouvait être totalement démuni face à la brutale violation des droits de l'homme par la même volonté étatique : la préoccupation des États fut donc de garantir la détermination des moyens pratiques mettant en œuvre une protection effective des droits de l'homme et excluant qu'une proclamation théorique, bien que solennelle, de ces garanties puisse suffire à assurer leur respect. À partir de l'après-guerre, donc, la scène de la justice pénale s'enrichit au niveau européen et planétaire grâce au développement du droit international et européen. À côté des mouvements de constitutionnalisation que plusieurs États avaient mis en place, le Conseil de l'Europe et les Communautés européennes prenaient forme, déterminant ainsi la multiplication des instances protectrices des droits et libertés fondamentales[1]. L'on assiste ainsi à la création de systèmes régionaux de protection des droits ayant des caractères tout à fait spécifiques et innovants, dont le but ultime est de garantir la centralisation de l'individu et la valorisation des droits et libertés qui lui sont connaturels[2]. Ces systèmes se recentrent autour de l'action des Cours européennes, notamment la Cour européenne des droits de l'homme qui représente, par excellence, l'organe juridictionnel le plus abouti en matière de protection des droits de l'homme.

Le processus d'« *universalisation* » des droits de l'homme prenait ainsi des formes différentes avec la pensée du droit international classique. À la différence de ce dernier, où la protection de l'homme était assurée uniquement par un droit interétatique, se focalisant sur l'action de l'État, le droit international des droits de l'homme se caractérise par l'attribution d'une place centrale à l'homme en tant qu'être humain. La Convention EDH et l'institution d'une Cour européenne consacraient les droits de l'homme au sein du droit positif européen et reconnaissaient à l'individu la protection juridictionnelle des droits consacrés contenus[3]. En témoigne le caractère singulier du système conventionnel : la

---

leur source primaire et leur instrument juridique de protection « quotidien » ; par ailleurs, les Constitutions demeurent, dans l'idéal, la référence immédiate des citoyens idéalement.

[1] SCIARABBA V., *Tra fonti e Corti,* op. cit., p. 27 qui utilise le terme « *policentrismo* » pour indiquer une situation dans laquelle le pouvoir est géré par des entités de différente nature.

[2] GUTMANN D., *Les droits de l'homme sont-ils l'avenir du droit ?* dans *Mélanges F. Terré*, Dalloz-Montchrestien-Puf, 1999, p. 329 ; MARCOU G., *Réflexions sur l'origine et l'évolution des droits de l'homme*, dans *Mélanges Lambert*, Bruylant, 2000m p. 549.

[3] La Convention européenne des droits et libertés fondamentaux a été ratifiée par l'Italie en 1955 par la loi ordinaire n.° 848 du 4 août 1955 publiée sur la Gazzetta Ufficiale n.° 221 du 24 septembre 1955.

Convention EDH constitue un traité multilatéral, véritable « *réseau d'engagements synallagmatiques bilatéraux* » créant des « *obligations objectives* » pour les États membres : le respect de telles obligations ne s'impose donc pas aux États selon un modèle de réciprocité, mais en raison des engagements que l'État même a pris envers l'individu, en tant que personne humaine[1].

2§. L'autorité de la chose jugée au centre de l'enchevêtrement des ordres juridiques

La chose jugée s'oppose, en principe, à toute action qui viserait à sa modification, à son annulation ou à son effacement total ou partiel. Son but est de garantir la certitude des rapports juridiques d'un point de vue objectif, évitant la progression « *ad infinitum* » du litige afin de protéger l'intérêt de la collectivité à que la décision devienne stable, car « *là où il est indéfiniment jugeable, un litige devient un foyer chronique : aucun corps social ne permet de telles tensions* »[2]. Néanmoins, la chose jugée doit aussi protéger l'individu, en le soustrayant au risque d'une persécution pénale, théoriquement illimitée, qui traduirait un pouvoir punitif totalement arbitraire de la part du pouvoir juridictionnel. Cependant, la nécessité que le procès concilie la vérification juridictionnelle et le respect des règles de garantie de l'individu, justifie que la chose jugée puisse faire l'objet de recours extraordinaires, prévus par les ordres juridiques et susceptibles d'entamer son immuabilité. Parmi ces hypothèses, la révision pénale justifie, exceptionnellement, la remise en question de la chose jugée dans le cas où survient un doute sur la culpabilité de l'accusé.

La plus récente évolution impose de tenir compte des considérations d'origine supranationale afin de garantir l'effectivité des décisions des Cours supranationales et, en particulier, des arrêts de la Cour européenne des droits de l'homme conformément à l'article 46 de la Conv. EDH[3].

---

[1] SUDRE F., *Droit européen*, *op. cit.*, p. 54-55, n° 34-35 ; la Cour européenne souligne que la Convention doit se lire en fonction de son caractère spécifique de traité de garantie collective des droits de l'homme et des libertés fondamentales » cf. Cour EDH, *Goering c. Royaume-Uni*, 7 juillet 1989, § 87 ; *Al Adsani c. Royaume-Uni*, 21 novembre 2991, § 55. Au contraire, au sein du système communautaire, la matière des droits fondamentaux était initialement inexistante, car la naissance des communautés européennes était plutôt liée à une idéologie fonctionnelle et économique se limitant à consacrer les droits fondamentaux liés à son objectif de réalisation d'un marché commun. La Cour de justice de l'Union européenne (CJCE), véritable gardienne et organe central de l'ordre juridique communautaire, dont la création remonte au premier traité européen CECA approuvé à Paris en 1951, n'avait pas d'ailleurs été créée dans un but de protection des droits fondamentaux, mais plutôt comme garantie du fonctionnement du système institutionnel communautaire.

[2] CORDERO F., *Riti e sapienza del diritto*, Bari, 1985, p. 604 ss.

[3] LAVARINI B., *Il sistema dei rimedi post-iudicatum in adeguamento alle decisioni della Corte europea dei diritti dell'uomo*, Quaderni del dipartimento di giurisprudenza dell'Università di Torino, n. 14/2019, p. 13 ss. ; DALIA A. - FERRAIOLI M., *Manuale di diritto processuale penale*, Padova, 2006, p. 714.

2.1§ La notion de « procès équitable » comme référence

La notion de « procès équitable », codifiée à l'article 6 de la Conv. EDH, acquiert une importance sans doute notable dans les rapports entre l'ordre juridique supranational et l'ordre interne, apte à démontrer comment le système conventionnel souhaite discipliner strictement les aspects processuels [1]. La disposition est donc considérée comme un « *article capital* » au sein de l'architecture conventionnelle et *« source d'obligations positives pour les juges, ayant comme objectif d'assurer et de faire respecter les garanties d'une bonne justice »* capable de traduire une « *certaine idée de qualité de la justice* »[2].

L'article 6 de la Conv. EDH énonce l'ensemble des garanties procédurales que chaque État doit respecter pour garantir les droits essentiels à l'individu, tout au long du procès, et fait ainsi état de l'influence des droits fondamentaux sur le procès pénal actuel[3]. Si donc le procès équitable est une condition nécessaire, il n'est cependant pas suffisant pour obtenir un verdict correct : les garanties du procès équitable n'attestent pas de l'aboutissement à un verdict juste, mais mettent en œuvre les meilleures conditions afin que les juridictions parviennent à une décision juste. Les États membres demeurent souverains dans la mise en place de règles procédurales, tenues toutefois d'assurer un standard minimum de garantie[4].

D'ailleurs, la Cour EDH ne s'arrête pas exclusivement à la conformité du procès à la règle de droit, comme cela est fait par les juridictions supérieures italienne et française. Au contraire, elle vérifie que le procès dans sa globalité, « *as a whole* », est équitable en ce qu'il est conforme à ces mêmes garanties. Dès lors, un procès qui peut être considéré comme étant légitime selon les paramètres du droit interne devient « *unfair* » pour la Cour EDH dès lors que la règle ne respecte pas les droits fondamentaux.

L'article 6 de la Conv. EDH modifie ainsi l'appréhension du procès pénal : l'enchaînement procédural interne doit garantir que le verdict soit rendu dans le

---

[1] La notion de « *procès équitable* » trouve son équivalent au sein des ordres juridiques internes, comme dit *supra* pages 18 ss.

[2] FAVREAU, *Aux sources du procès équitable, une certaine idée de la qualité de la justice*, dans « *Le procès équitable et la protection juridictionnelle du citoyen* », Bruylant, Bruxelles, 2001, p. 18.

[3] Sur l'article 6 Conv. EDH et le procès pénal, parmi d'autres, BALSAMO A. - KOSTORIS R. (a cura di), *Giurisprudenza europea e processo penale italiano*, Giappichelli, Torino, 2008 ; BARGIS M., *Studi di diritto processuale penale II. Questioni europee e 'ricadute' italiane*, Giappichelli, Torino, 2007; FILIPPI L., *Equo processo: normativa italiana ed europea a confronto*, Cedam, Padova, 2006 ; GAITO A. (a cura di), *Procedura penale e garanzie europee*, Utet, Torino, 2006 ; UBERTIS G., *Principi di procedura penale europea: le regole del giusto processo*, Cortina, Milano, 2000 CHIAVARIO M, *La convenzione europea dei diritti dell'uomo nel sistema delle fonti normative in materia penale*, Giuffrè, Milano, 1969 CONSO G., *I diritti dell'uomo e il processo penale*, in Riv. dir. proc., 1968, 307 ; PISANI M., *Convenzione europea dei diritti dell'uomo e riforma del processo penale*, in Foro it., 1966, IV, 33.

[4] Le droit à un procès équitable ne réglemente pas l'admissibilité des preuves qui relève au premier chef du droit interne et des juridictions internes, la Cour n'ayant pour mission que de contrôler si « *la procédure considérée dans son ensemble a revêtu un caractère équitable* » Cour EDH, *Vidal c. Belgique*, 22.04.1992, °33 ; *Pisano c. Italie*, 27 juillet 2000, § 21.

respect des garanties fondamentales, notamment établies par les textes supranationaux, et dont la violation aurait été, éventuellement, constatée par la Cour EDH. L'article 6 de la Conv. EDH est d'autant plus important au vu de la dimension juridictionnelle reconnue aux droits ainsi proclamés : d'une part, l'objectif est de protéger les droits de façon concrète et effective, d'autre part, le rôle de défenseurs de ces mêmes droits est confié aux juridictions nationales qui doivent œuvrer pour rendre une justice conforme aux dispositions conventionnelles. Dans les seuls cas où cette protection fait défaut, le système conventionnel ouvre à une protection ultérieure et subsidiaire de la part du mécanisme conventionnel, sous la Cour EDH.

2.2.§. *Conséquences du placement de la chose jugée au sein d'une pluralité d'ordres juridiques*

La chose jugée voit ainsi sa nature changer sous l'emprise du système conventionnel. Le champ d'application de la Convention européenne et le travail de la Cour de Strasbourg présentent, en effet, des spécificités propres capables d'influencer la chose jugée interne. En premier lieu, la reconnaissance d'un droit d'accès du justiciable à la juridiction de la Cour EDH, afin d'y évoquer la violation d'un droit reconnu par la Convention, produit des conséquences importantes sur l'ordre national. La violation des garanties du procès équitable implique, en principe, l'obligation pour l'État membre de garantir la *restitutio in integrum* de la personne ayant subi une violation de ses droits, ce qui oblige l'État responsable à éliminer cette violation et, le cas échéant, à effacer ses conséquences. En deuxième lieu, compte tenu du fait que la décision de la Cour EDH intervient toujours postérieurement à la formation du jugement définitif, surgit le problème du respect de l'autorité de la chose jugée[1]. Il s'agit d'un conflit qui s'avère « physiologique » dès lors que la juridiction strasbourgeoise pourra être saisie uniquement après l'épuisement des voies de recours internes[2].

C'est ainsi que l'on assiste à un enchevêtrement entre ordres juridiques qui évoque les images de « *réseau juridique* », d'ordre « *multi niveau* » ou, encore, de « *pluralisme* »[3] ce qui permet de visualiser véritablement la chose jugée au cœur de l'enchevêtrement entre ordres juridiques : tout en reconnaissant à l'État

---

[1] Cela explique aussi pourquoi, bien que l'atteinte à la chose jugée soit envisageable aussi dans le contexte communautaire, c'est prioritairement vis-à-vis du système conventionnel que surgissent les plus grandes difficultés entre l'autorité de la chose jugée et la nécessité d'exécuter les décisions de condamnation prononcées par la Cour EDH et justifie d'y accorder une attention particulière.

[2] « *Étant la Cour européenne des droits de l'homme toujours saisie après l'épuisement des voies de recours internes, n'importe quelle décision de la Cour de Strasbourg établissant une violation déterminée par l'autorité judiciaire nationale, sera inévitablement et physiologiquement en collision avec la chose jugée* » Cass. Sez. I., 12 juillet 2006, *Somogyi*, in Cass. pen. 2007, p. 1011.

[3] BILANCIA P. - DE MARCO E., *La tutela multilivello dei diritti. Punti di crisi, problemi aperti, momenti di stabilizzazione*, Milano, 2004 ; MALFATTI E., *I livello di tutela dei diritti fondamentali nella dimensione europea,* Giappichelli, Torino, 2018.

le devoir d'intervenir pour intégrer ce patrimoine de droits et libertés fondamentaux ainsi proclamés, la nécessité d'assurer la mise en exécution des décisions de la Cour EDH dans l'ordre interne repousse désormais les limites de la clôture nationale du procès. Pourtant, pendant plusieurs années, il existait une perception de faible efficacité des décisions de la Cour EDH, celle-ci se cantonnant à un effet plutôt déclaratif de ses arrêts et à l'octroi d'une satisfaction équitable en cas de non-exécution de l'arrêt, sur le fondement de l'article 41 de la Conv. EDH. Néanmoins, cet état de fait a commencé progressivement à s'affaiblir lorsque la Cour EDH a montré sa volonté de s'imposer davantage, allant jusqu'à préciser les mesures que l'État aurait dû prendre pour garantir l'adéquation aux standards européens.

Ainsi, la jurisprudence de la Cour EDH est désormais susceptible de produire un effet général en vertu duquel elle amène les droits internes des pays membres à s'adapter aux standards européens en cas de problèmes structurels. Par ailleurs, elle est également susceptible d'avoir un effet sur le cas spécifique qui lui est soumis, en adressant à l'État condamné des indications précises quant au comportement que celui-ci doit adopter afin de se conformer à la décision européenne. À cette fin, la Cour EDH prévoit la mise en place d'une série de mesures, d'ordre général et individuel, que l'État condamné est susceptible d'adopter pour se conformer à la jurisprudence européenne et adapter son fonctionnement procédural aux exigences européennes[1]. Ce renforcement progressif du caractère juridictionnel de la Cour EDH détermine une véritable « *mutation génétique* » du système conventionnel[2]. C'est ainsi que la chose jugée doit désormais s'articuler vis-à-vis de la pression grandissante de la Cour EDH : la réouverture de la procédure interne devient la modalité la plus adaptée pour garantir l'exécution des arrêts de la Cour EDH, sur le fondement article 46 de la Conv. EDH, et le rétablissement de l'individu dans ses droits violés.

En conséquence, entre l'ordre conventionnel et la chose jugée, semble s'instaurer une sorte d'opposition, d'antagonisme, nourrie par les théories doctrinales et jurisprudentielles citées qui considèrent la notion de chose jugée comme un élément indéfectible de l'ordre juridique interne et dont la valeur ne saurait pas être altérée, si bien que la réouverture d'une procédure définitivement conclue

---

[1] Sur l'exécution des décisions de la Cour EDH, parmi d'autres, KELLER, H., STONE SWEET, A., *A Europe of Rights. The Impact of ECHR on National Legal Systems*, Oxford University Press, Oxford, 2008; LAMBERT, E., *Les effets des arrêts de la Cour européenne des droits de l'homme*, Bruylant, Bruxelles, 1999 ; LAZAUD F., *L'exécution des arrêts de la Cour européenne des droits de l'homme*, Thèse, Aix-Marseille, 2004 ; PIRRONE, P., *L'obbligo di conformarsi alle sentenze della Corte europea per i diritti umani,* Giuffrè, Milano, 2004, BIGIARINI A., *La crisi del giudicato penale nell'esecuzione delle sentenze della Corte europea dei diritti dell'uomo*, Giuffré, 2019 ; SUDRE F., *À propos de l'obligation d'exécution d'un arrêt de condamnation de la Cour européenne des droits de l'homme*, RFDA 2013 p. 103.

[2] UBERTIS G., *L'adeguamento italiano alle condanne europee per violazioni della equità processuale,* in *Giurisprudenza europea e processo penale italiano,* (cur) BALSAMO – KOSTORIS R., Giappichelli, Torino, 2008, p.100.

afin d'assurer la « *restitutio in integrum* » de la personne, bien que mesure innovante et fortement adaptée, apparaît comme une solution difficile à intégrer au sein des ordres juridiques nationaux.

III.
L'ENJEU DE LA RECHERCHE

La question des rapports entre l'autorité de la chose jugée et les décisions de la Cour européenne des droits de l'homme présente un intérêt toujours actuel voué à l'étude des modalités parmi lesquelles l'exécution des décisions supranationales peut justifier l'affaiblissement de la notion d'autorité de chose jugée en procédure pénale. L'enjeu étant important, le thème s'articule dans différents champs d'analyse. En premier lieu, l'objectif sera de démontrer comment l'effectivité de la protection européenne en faveur de l'individu transforme la justice pénale et le résultat même auquel celle-ci aspire, justifiant une érosion du principe de l'autorité de chose jugée.

À partir de l'adoption des Chartes constitutionnelles, les procédures pénales dans les États européens ont progressivement considéré que la chose jugée au pénal, tout en étant une expression de la souveraineté étatique, devait tenir compte des exigences de justice substantielle. C'est ainsi qu'apparaissaient dans les codifications, la prévision de moyens de recours dits « *extraordinaires* », capables d'entacher la valeur absolue de la chose jugée. Par la prévision de la révision pénale, il apparaît qu'en aucun cas la vérité historique ne peut se plier aux besoins de stabilité et certitude de l'ordre juridique. De même, au sein d'un système pluraliste où l'État désormais s'insère, la chose jugée doit être relativisée à la lumière aussi de la protection des droits et libertés fondamentaux proclamés au niveau supranational. L'aptitude de la chose jugée à déterminer le caractère immuable de la vérification juridictionnelle est donc désormais conditionnée non seulement à la « *justice* » de la décision – en ce que la vérité processuelle ne peut pas contrevenir à la vérité historique – mais désormais aussi à la « *justesse* » de la procédure qui a conduit au prononcé même de cette décision définitive.

En second lieu, il ressort que l'autorité de la chose jugée, en tant que notion historiquement enracinée dans le procès pénal, doit s'apprécier à la lumière des données temporaires, politiques et sociologiques qui influencent le procès dont elle est l'aboutissement naturel. L'influence du système conventionnel ne fragilise pas la souveraineté étatique ni l'autorité de la chose jugée au pénal qui en constitue l'expression sous le point de vue de renier la fonction étatique de juger, celle-ci étant *« le fruit d'un modèle qui s'est établi historiquement »,* mais suggère plutôt que la chose jugée doit se mettre en adéquation avec les standards européens[1].

---

[1] RUGGERI A., *Crisi dello Stato nazionale, dialogo intergiurisprudenziale tutela dei diritti fondamentali: notazioni introduttive*, in *Crisi dello Stato nazionale, dialogo intergiurisprudenziale, tutela dei diritti fondamentali*, (cur.) D'ANDREA, MOSCHELLA, RUGGERI, SAITTA, Giappichelli, Torino, 2015, p. 2.

Ainsi, le regard comparé franco-italien permet d'appréhender les différentes solutions adoptées afin d'adapter la chose jugée à ces nouvelles nécessités et d'inspirer des propositions législatives d'amélioration pour l'avenir.

En troisième et dernier lieu, l'évolution des États vers l'identification d'instruments procéduraux aptes à garantir l'exécution des arrêts de la Cour EDH engendre le problème de situations identiques à celles ayant fait l'objet d'une décision des juges de Strasbourg, vis-à-vis desquelles, cependant, il n'y a pas eu une décision de condamnation prononcée par la Cour européenne. Cet aspect ouvre davantage au questionnement de savoir jusqu'où va l'élasticité de l'autorité de la chose jugée afin de protéger les droits et libertés de l'individu tout en sauvegardant le rôle de clôture de la chose jugée.

À la lumière de ces éléments, l'ouvrage développe, dans une **première partie**, les notions qui tiennent au conflit qui semble s'instaurer entre l'autorité de la chose jugée et les décisions européennes. Ainsi, par l'étude du fondement et de la valeur de la chose jugée dans le système processuel pénal, nous démontrons que l'autorité de la chose jugée est susceptible d'être entachée par l'exécution des décisions conventionnelles, justifiant, en conséquence, de nouveaux espaces de flexibilité de par l'exigence de conformité au paramètre de « *justesse* » de la procédure **(Partie I)**.

Ensuite, dans une **seconde partie**, compte tenu de l'approche casuistique de la jurisprudence de la Cour EDH, nous allons illustrer les modalités par le biais desquelles les ordres juridiques italiens et français ont garanti l'exécution des décisions européennes par rapport à l'autorité de la chose jugée **(Partie II)**.

PARTIE I

LE CONFLIT ENTRE LA CHOSE JUGÉE AU PÉNAL ET LES DÉCISIONS EUROPÉENNES

Comme le rappelait l'éminent juriste italien, Franco Cordero : *« un ordre juridique bien construit s'articule en deux moments extrêmes et opposés : le début et la fin. Le procès doit être inspiré par une finalité et tendre à cette finalité : la finalité est la résolution, par la juridiction, d'un conflit de droits subjectifs, la fin est l'acte que cette résolution réalise définitivement, c'est-à-dire de façon immuable »*[1].

L'autorité de la chose jugée vient clore l'enchaînement procédural qui garantit la stabilité des décisions juridictionnelles et la certitude du droit[2]. Comme souligné dans les pages d'introduction, elle constitue l'épilogue logique et nécessaire d'un processus pénal qui, par l'immuabilité de son résultat, satisfait à la fois l'intérêt de la personne objet du procès, dont le sort est alors défini de manière stable[3], et l'intérêt de la collectivité à voir rétablie la paix sociale[4]. La décision correspond à l'objet du procès[5] et détermine l'attribution définitive du fait illicite à la personne accusée, lorsque le procès, au sommet de son dynamisme, épuise les voies de recours, ou du moins la possibilité d'user de ces voies. La chose jugée justifie l'exécution des sanctions prononcées envers le condamné et exprime la vérité telle qu'elle résulte de la vérification juridictionnelle[6].

---

[1] CORDERO F., *Procedura penale,* Giuffré, 2012, p. 320. « *La chose jugée correspond alors à un instrument technique capable d'assurer la protection des droits acquis et l'immutabilité des situations juridiques subjectives en matière contentieuse* ».

[2] Ainsi cette fonction de certitude du droit est reconnue à l'unanimité : CARNELUTTI F., *Contro il giudicato penale*, dans *Riv. Dir. proc.,* 1951, p. 293 ; selon KELSEN H., *Théorie pure du droit,* Dalloz, Paris, 1962, p. 318 l'obligation de respecter la chose jugée est fondée sur l'existence d'une obligation juridique contenue dans chaque décision en ce qu'elle est porteuse d'une solution au litige considéré.

[3] Ces deux exigences répondaient à l'expression la plus complète et socialement significative du droit processuel selon SALAS D., *Du procès pénal, Éléments pour une théorie interdisciplinaire du procès,* PUF, 1992, p.16.

[4] La certitude du droit présente l'éthique spécifique du droit v. LOPEZ F., *La certezza del diritto,* Giuffré, 1968, p. 177.

[5] CORDERO F., *Procedura penale*, 2012, p.964 : « *la res iudicanda est l'objet du procès, identifié dans l'incrimination, donc dans l'accusation, et converti en chose jugée par la décision irrévocable, si ladite infraction existe* » ;

[6] BOULOC B., *Procédure pénale*, p. 1035 ; PRADEL J., *Procédure pénale*, *op. cit*, n° 2613 au contraire, une opinion minoritaire en doctrine considère que toute décision juridictionnelle répressive acquiert autorité de chose jugée dès le jour de son prononcé, mais elle n'aura la force de chose jugée, c'est-à-dire la force exécutoire, que lorsqu'elle ne sera plus susceptible de recours sur ce point. Voir aussi LACOSTE P., *De la chose jugée*, 1909, n° 889 et n° 1287. Ces auteurs rappellent l'évolution fondée sur le formalisme du syllogisme judiciaire qui a éloigné la conception romaine de la *res*

Certains auteurs n'ont d'ailleurs pas hésité, au fil des années, à souligner le rôle et la nécessité de sauvegarder la « *res iudicata* » au sein de l'ordre juridique, en attribuant un caractère de vérité universelle à la vérification juridictionnelle dont elle procède et en « sacralisant » cet institut du procès pénal[1], ce qui justifie que la chose jugée a exercé une résistance naturelle face à la nécessité d'assurer l'exécution des décisions européennes **(Titre 1).**

Néanmoins, le système conventionnel, fondé sur la Convention européenne et sur son interprétation assurée par la jurisprudence de la Cour de référence, en tant qu'« *actrice éthique de la souveraineté »*[2], engage les juridictions nationales à assurer l'exécution de décisions supranationales[3]. Face aux impératifs d'effectivité du système européen de protection des droits de l'homme, les systèmes juridiques internes doivent désormais justifier d'espaces de flexibilité de la chose jugée pour garantir son adéquation au standard de protection européen des garanties de l'accusé **(Titre 2).**

TITRE 1.

LA RÉSISTANCE DE LA CHOSE JUGÉE FACE AUX DÉCISIONS EUROPÉENNES

Au cours de la démarche entreprise, consistant à vérifier la résistance de l'autorité de la chose jugée face à l'incidence de la jurisprudence européenne en matière de protection des droits fondamentaux, il est nécessaire, au préalable, de se demander quelle valeur possède l'autorité de la chose jugée dans le contexte de l'ordre juridique national. La chose jugée n'est pas simplement un institut processuel nécessaire pour assurer la sécurité juridique et la garantie de la correspondance de la vérification définitive au fait historique, elle constitue aussi

---

iudicata de celle du droit successif : CHIOVENDA G., *Sulla cosa giudicata*, dans *Saggi di diritto processuale civile*, V. II, Roma, 1031, p. 400 ss.

[1] Selon certains auteurs, l'existence de la chose jugée est une véritable nécessité d'ordre juridique et la *res in iudicium deducta* doit obtenir le caractère irrévocable afin de devenir « *res iudicata »* et donc sauvegarder la nécessité que le procès pénal se clôture par un résultat irréfutable qui fasse office de vérité. Pour certains, la chose jugée évoque une idée centrale de *vérité universelle* considérée, autrefois, comme naissant de la décision définitive et scellant son infaillibilité. Telle était l'opinion de la célèbre doctrine italienne ROCCO A., *Trattato sulla cosa giudicato come causa di estinzione dell'azione penale,* Foro Italiano, 1932, p. 266 « *La chose jugée est-elle la vérité ? Puisque la chose jugée est l'évaluation, la reconnaissance, la conviction et la vérité, [.] la chose jugée est la vérité* » mais aussi française, voir HELIE F., *Traité de l'instruction criminelle, op. cit.,* p. 568 : « *telle est la puissance de la chose jugée qu'elle doit prévaloir sur la vérité elle-même* ».

[2] CHARLIE F.R, *De la souveraineté nationale à la souveraineté supranationale ? Les Petites Affiches,* 10 juillet 2008, n° 138, p. 73

[3] CHIAVARIO M., *La lunga marcia dei diritti dell'uomo nel processo penale*, in *Giurisprudenza europea e processo penale italiano*, Giappichelli Editore, Torino, 2008, p. 11 et ss.

la « *plus haute évaluation éthique de la parole du juge* »[1], ce qui a généré l'importance autour de son immuabilité et de son intangibilité.

En conséquence, la valeur de la chose jugée est certes importante au sein de l'ordre processuel pénal national, où elle assure plusieurs fonctions importantes **(Chapitre 1),** néanmoins, l'évolution significative que connaissaient les systèmes juridiques nationaux vers les exigences de protection des droits de l'homme impose que cet institut du droit processuel s'adapte aux exigences qui en découlent.

La souveraineté nationale « *est [ainsi] contrôlée par une extension des contrôles européens à des pratiques qui semblent relever de la seule souveraineté nationale* »[2]. La chose jugée, expression caractéristique de la souveraineté étatique en ce qu'elle exprime le pouvoir de *ius dicere* du juge national, vient désormais s'insérer au sein d'un système juridique faisant état d'un haut degré de perméabilité face aux impératifs de protection des droits de l'homme **(Chapitre 2).**

CHAPITRE 1.

LA VALEUR DE L'AUTORITÉ DE LA CHOSE JUGÉE DANS L'ORDRE PROCESSUEL PÉNAL NATIONAL

« Dogme du droit procédural de tous les temps et de tous les lieux »[3], l'autorité de la chose jugée a répondu, historiquement, à la nécessité de garantir une décision pénale définitive et irrévocable : déjà, les juristes romains affirmaient que le strict lien existant entre la nécessité d'empêcher que les litiges ne s'éternisent et la « *res iudicata* » se fondait sur des exigences sociopolitiques justifiées par la volonté d'éviter toute insécurité juridique au sein de la collectivité sociale qui aurait pu dégénérer en chaos[4]. Au fil de l'évolution de cette pensée, la doctrine italienne est allée jusqu'à consacrer un véritable « *mythe de la chose jugée* » exaltant la fonction de sécurité juridique acquittée par l'irrévocabilité créée par cette institution processuelle. L'autorité de la chose jugée possède d'ailleurs des fondements très anciens, exprimant notamment la nécessité d'assurer la certitude des situations définitivement jugées **(Section 1).**

---

[1] L'expression est de AUGENTI G., *Lineamenti del processo di revisione*, Cedam, 1949, p. 3.

[2] DELMAS MARTY M., *La jurisprudence de la Cour EDH et la logique du flou*, dans *Revue de droit pénal t de criminologie*, 1992, p. 1031 et ss.

[3] VALTICOS N., *L'autorité de la chose jugée au criminel sur le civil*, Paris, 1953, p. 45.

[4] CORDERO F., *Riti e sapienza del diritto*, Bari, 1985, p. 604.

Cependant, si le procès pénal constitue « *un enchaînement d'actes procéduraux reflétant la recherche d'un équilibre entre la sécurité juridique et les exigences de justice substantielle* »[1], il existe des circonstances dans lesquelles la sécurité juridique doit céder la place aux exigences de justice. Ainsi, les hypothèses – légalement prévues par les codifications – qui admettent que l'irrévocabilité de la chose jugée puisse être remise en cause ne constituent pas des « exceptions » à la règle rigide de la chose jugée, mais confirment comment l'autorité de la chose jugée est capable de tenir compte du nécessaire équilibre entre intérêts différents au cœur du procès pénal et de considérations sociopolitiques qui suggèrent son affaiblissement en présence de nécessités spécifiques **(Section 2)**.

SECTION 1.
L'AUTORITÉ DE LA CHOSE JUGÉE, EXPRESSION DE LA CERTITUDE DU DROIT

Forgée au cours des siècles par un long processus d'élaboration de la doctrine et de la jurisprudence, l'autorité de chose jugée est un véritable pilier de l'architecture processuelle pénale en ce qu'elle assure un des objectifs premiers de la fonction juridictionnelle, c'est-à-dire rendre irrévocable la décision judiciaire rendue et ainsi assurer la certitude de ce qui a été jugé[2]. Tout au long de son évolution historique, l'autorité de la chose jugée a fait l'objet de théorisations vouées à la définir. Pour comprendre les possibilités d'affaiblissement face à l'exécution des décisions supranationales, il faut s'interroger sur le fondement juridique de la règle **(Sous-section 1)** et sur sa fonction au sein du procès pénal **(Sous-section 2).**

SOUS-SECTION 1. Le fondement de la règle de chose jugée

L'autorité de la chose jugée est une notion complexe et d'appréhension délicate. Historiquement, les traditions juridiques italienne et française ont justifié son existence au sein du procès par la codification de la règle dans le droit positif **(1§).** Par ailleurs, il est nécessaire de vérifier si la règle de la chose jugée possède un fondement constitutionnel **(2§).**

---

[1] CORDERO F., *op. cit.*, p. 1999, n. 114.2 Sur cette finalité, voir FERRUA P. *Il giusto processo*, *op. cit.*, p. 19-50 ; TARUFFO M., *Giustizia, procedure e processo*, in *Ragion Pratica*, 1997, n° 9, p. 145 ss.

[2] NICOLINI N. affirmait que « *la différence entre les différentes époques que l'homme a traversées ne peut jamais reposer sur majeure ou mineure stabilité de la chose jugée. Tant que l'homme existe, la force immuable de la chose jugée est l'un des canons nécessaires et éternels de l'humanité* » dans *Della procedura penale nel Regno delle Due Sicilie*, p. 33.

1§. Les premières élaborations de la règle dans le droit positif

Il est difficile, voire impossible, d'identifier le moment historique où la source de droit à partir duquel le principe d'autorité de chose jugée est né, car la genèse de cette institution est le fruit d'une constante, bien que non homogène, stratification d'expériences juridictionnelles « *selon les époques et la structure de l'institution judiciaire où ses effets se produisent* »[1]. En effet, le principe de l'autorité de la chose jugée était déjà connu par les auteurs grecs qui lui octroyaient le rôle de rempart contre les risques d'insécurité juridique afin de garantir la paix de l'ordre public et social. Démosthène considérait qu'« *enlever le caractère irrévocable à la chose jugée, même par le biais d'une loi ou d'un décret du peuple, est un délit effrayant, véritable attentat aux principes fondamentaux du gouvernement démocratique* »[2]. Également Platon, dans le *Criton*, faisait dire aux Lois personnalisées : « *Crois-tu qu'un État puisse encore subsister et n'être pas renversé, quand les jugements rendus n'y ont aucune force et que les particuliers les annulent et les détruisent ?* »[3]. Dans ce dialogue, qui avait lieu après la condamnation à mort de Socrate, l'idée maîtresse était que l'autorité des jugements venait parapher le pacte que le citoyen avait conclu avec le pouvoir étatique afin de préserver l'ordre ; le citoyen devait alors se soumettre à l'autorité des jugements. Il y avait donc, dans le droit grec, une vraie reconnaissance de l'autorité du jugement comme fondement de l'ordre politique et social. Les Romains aussi reconnaissaient le principe de l'autorité de la chose jugée et du *ne bis in idem*[4].

Bien que le principe de l'autorité de la chose jugée existe depuis longtemps, son évolution fut intimement liée à l'évolution du procès romain tout au long des différentes époques qui le caractérisèrent[5] : les Romains, en particulier, codifièrent ce principe dans la première forme de procès[6], celui des *legis actiones*, puis

---

[1] MANCUSO E.M., *Il giudicato*, *op. cit.*, p. 4.

[2] DEMOSTENE, *Contre Timocrate*, 54, p. 502

[3] PLATONE, *Critone*, (cur.) Reale G., Bompiani, 2000, p. 20

[4] Quintilien affirmait « *Sole et illud quaeri, quo referatur, quod scriptum est : bis de eadem re ne sit actio ; [...] haec ex iure obscuro* », Insti. Orat. VII, 6 ; sur les origines cf. CALLARI F., *La firmitas del giudicato penale : essenza e limiti,* op. cit., p. 59 ss ; PUGLIESE G., s.v. « *Giudicato civile (storia)* », in ED. XVII (Milano 1969), 727 ss.

[5] Pour approfondir le procès pénal dans la Rome antique : voir MOMMSEN T., *Le droit pénal romain traduit par J. Duquesne*, t. II., 1907, p. 166 ; SANTALUCIA B., *Diritto e processo penale nell'antica Roma,* Giuffré, 1998. Parmi les ouvrages qui traitent de l'histoire de l'autorité de la chose jugée : FOYER J., *L'autorité de la chose jugée en matière civile. Essai d'une définition*, Paris, 1954 ; GRIOLET G., *De l'autorité de la chose jugée en matière civile et en matière criminelle*, 1868 ; GUILLIEN R., *L'acte juridictionnel et l'autorité de la chose jugée,* Thèse, Bordeaux, 1931, t. 21 ; LACOSTE P., *De la chose jugée en matière civile, criminelle, disciplinaire et administrative*, Thèse, Paris, 1904.

[6] Car ils le connaissaient, comme en témoignent les sources : dans le Code Justinien, il est dit clairement « *qui de crimine pubblico in accusationem deductus est, ab alio super eodem crimine deferri non potest* » C. I. 9.2.9. CICERONE, *Ad.Att.*, 9, 6, 6 et 9.18.3. ; LIVIO, 28.40.3. ; PLAUTO *Cist.*, 703 ; QUINT. *Declam.* 266 « *Accusator praescribit quod bis de eadem re agere non liceat* » ; TERENZI. *Phorm.* 419.

puis au sein du *procès formulaire* et de la *cognitio extra ordinem*[1]. Au sein de la plus ancienne forme de procès civil basé sur le système des *legis actiones*[2], la décision qui était prononcée était qualifiée de *res iudicata*[3] : certains auteurs utilisaient l'expression de « *rem actam agere* » pour indiquer que l'action ne pouvait absolument pas produire le résultat voulu, ou celle de « *res acta est* » pour indiquer qu'une chose était conclue de façon absolument définitive. En effet, si l'accusé avait tenté d'engager une action différente, mais visant le même résultat, le magistrat aurait pu répondre avec une « *denegatio actionis* » » ou en prononçant une « *exceptio rei iudicata* ».

Successivement, avec le passage au procès formulaire[4], on assiste à des formes plus souples du principe : dans le procès formulaire, la « *litis contestatio* » exprimait la volonté des parties de se soumettre à la décision du juge qui prononçait la décision selon les pouvoirs qui lui étaient conférés par la « *formula* ». Le moment qui empêchait toute action nouvelle portant sur la même affaire correspondait à celui du prononcé de la « *formula* » alors que dans les formes processuelles précédentes, il correspondait all'*agere* c'est-à-dire à tout le développement de la procédure y compris les « *verba* », les gestes, les actes accomplis ou prononcés par les parties ou le magistrat. Cette première évolution amena donc à considérer la « *litis contestatio* » comme lieu où « *rem in iudicium deducere* » c'est-à-dire le

---

[1] Pour une reconstruction historique précise de la notion d'autorité de chose jugée dans les différentes phases historiques en droit romain : PUGLIESE G. *Istituzioni di diritto romano*, Torino, 1998, p. 117 et s. ; IBIDEM., *Giudicato a) Storia, op. cit.*, p. 727 ss.

[2] Le système des *legis actiones* était une forme primitive de procès où le mot « *actiones* » indiquait que les actes avaient lieu selon certains rituels et avec des formules bien précises grâce auxquels des situations différentes les unes des autres pouvaient recevoir une protection juridique ; le mot « *lex* » fait allusion aux fondements législatifs de ces schémas cf. ARANGIO RUIZ V., *Storia del diritto romano,* Jovene, 2006, p. 110 et s. ; BISCARDI A., *Lezioni sul processo romano antico e classico,* Giappichelli, 1968, p. 115 et s. ; BURDESE A., *Manuale di diritto privato romano,* Torino, 2002 ; LEVY-BRUHL, *Recherches sur les actions de la loi*, Paris, 1960, p. 242 et s. ; PUGLIESE G., *Il processo civile romano*, I, *Le legis actions,* Ed. Richerche, Roma, 1962, p. 442. La procédure criminelle suivait des phases similaires à la matière civile : après l'époque arcadique caractérisée par une mixité de l'élément religieux et juridique, lors de la *Res publica* romaine une loi reconnaissait la *provocatio ad populum*, c'est-à-dire le droit des citoyens de faire recours au peuple contre les mesures coercitives appliquées par le magistrat ; cette phase fut suivie par le procès comitial (*iudicia populi*) et enfin, ce processus étant en déclin, il fut remplacé par les *quaestiones perpetuaie* auxquelles a suivi la *cognitio extra ordinem* cf. SANTALUCIA B., *Processo penale (dir. rom.)* in *Enc. del dir.* Vol XXXVI, p.318 ss.

[3] L'autorité de chose jugée au criminel trouve sa source primaire dans le procès civil, d'où elle tira une sorte d'inspiration, comme nous le rapporte aussi MANZINI V., *Trattato di diritto processuale penale,* Torino, 1932, Vol. IV, p. 426, note n.4 en précisant que l'irrévocabilité de la chose jugée au criminel n'était pas connue par le droit romain le plus ancien, contrairement à la chose jugée au civil. Elle s'imposa déjà lors de la procédure avec jury (iudicia *populi*) puis elle s'affirma avec les *quaestiones perpetuae* cf. SANTALUCIA B., *Processo penale, cit.*, p. 67 ss.

[4] Le procès formulaire s'instaure après la Loi *Aebutia* et la Loi *Iulia iudiciourum privatorum* et fait du procès un programme que les parties ont établi selon des modèles préparés par le prêteur et contenant les demandes des parties et la formule que le juge doit prononcer, cf. ARANGIO-RUIZ, *op. cit.,* p. 121 et s.

moment où un droit, faisant l'objet du jugement, est affirmé et défini et produit la « *forclusion processuelle* ».

Le droit romain élabore aussi certains caractères que l'on attribue traditionnellement à l'autorité de la chose jugée, tels sa nature définitive ainsi que son caractère irrévocable[1]. Le caractère définitif de la décision constituait un trait considéré comme essentiel pour la formation de l'*« auctoritas iudicate »* à tel point que les Romains élaboreront le concept de la « *firmitas iudicatae ».* Dans la tradition romaine, était alors considérée comme définitive la décision qui, prononcée par le « *comitium* » ou, dans le système des « *quaestiones perpetuae »*, par le jury populaire, fournissait une fin légale aux litiges par l'absolution ou la condamnation et ne pouvait plus être révoquée[2]. En revanche, ne pouvait pas être prononcée une décision d'acquittement, « *rebus sic stantibus »,* où le sort de la personne resterait incertain, tant que de nouvelles preuves apparaissaient, si bien que la décision devait toujours marquer définitivement le sort du litige[3].

Ce n'est que par l'évolution du procès que le caractère définitif et irrévocable de la décision devient une condition fondamentale pour le passage en « *res iudicata »* de la décision de justice. Cette transition eut lieu dans les derniers siècles de l'époque républicaine romaine et au début de l'instauration du Principat, lorsque le procès formulaire amorça un doux déclin pour être enfin remplacé par la « *cognitio extra ordinem ».* Dans ce nouveau modèle processuel, la machine judiciaire avait évolué vers un modèle d'organisation basé sur une succession verticale rigide, ayant à son sommet l'empereur détenant le pouvoir. La « *cognitio »* présentait, par ailleurs, une série d'innovations dont la plus importante était la création d'un double degré de juridiction qui permettait, pour la première fois, un réexamen de la décision de justice par interjection de l'appel[4]. L'introduction de l'appel[5] révolutionna la conception du procès par l'introduction

---

[1] *Commento sub. Art. 648 c.p.p.* in *Codice di procedura penale, Rassegna di giurisprudenza e dottrina,* diretta da LATTANZI-LUPO, VIII, Agg. 2003- 2007 (cur.), CIANI.-DIOTALLEVI, Giuffré, 2008, p.2 et s. ; SANDRELLI G., *Il giudicato*, in FIORENTIN – SANDRELLI G., *L'esecuzione dei provvedimenti giurisdizionali. Discplina dell'esecuzione penale e penitenziaria*, Padova, 2002, p. 6.

[2] D'où l'expression de *Modestinus* dans Dig. 42.1.1. *« res iudicata dicitur, quae finem controversia rum pronuntiatione iudicis accipit: quod vel condemnatione vel absolutione contingit* » ; mais aussi celle de Bartolo da Sassoferrato *« res iudicata est causa, quae finem controversiae a sententia accipit* ».

[3] Refuse la possibilité que la personne ne soit ni absoute ni condamnée CALLARI F., *La firmitas, op. cit.,* p. 74 qui rappelle que, bien que des juristes du Moyen-Âge pensaient que les Romains pratiquaient cette forme d'absolution *ab istantia*, la seule possibilité où il n'y aurait pas d'absolution ou de condamnation était celle où plus d'un tiers des juges affirmaient *sibi non liquere,* ce qui engageait un renouvellement de la discussion et la fixation d'une nouvelle audience, cd. *ampliatio.*

[4] Pour une reconstruction de l'institution de l'appel dans le droit romain : FOURNIER M., *Essai sur l'histoire du droit d'appel,* Paris, 1881, p. 52 et s. ; PERGAMI P., *L'appello nella legislazione tardo imperiale*, in AAC, XI, Napoli, 1996, p. 117 ss. ; PERROT E., *L'appel dans la procédure de l'ordo judiciourm*, Thèse, Paris, 1907, p. XII ss. ;

[5] Jusqu'à ce moment, aucun vrai moyen de recours n'existait réellement : CALLARI F., *La firmitas, op. cit.,* p. 78 [ainsi que SANTALUCIA B., *op. cit.,* p. 36] contredit la thèse traditionnelle de

de nouvelles garanties offertes aux *cives* romains dans le but d'améliorer l'administration de la justice[1].

La mutation du système juridictionnel par l'introduction de moyens de révision entraîna des conséquences importantes sur la notion de l'autorité de chose jugée. En premier lieu, la notion et les effets de la chose jugée furent davantage précisés. C'est à cette époque qu'il fut affirmé que l'autorité de chose jugée concernait uniquement une décision de justice qui remplissait des conditions précises : d'un côté, la décision devait conclure de façon définitive le litige et devait aussi remplir des conditions formelles précises. Il fallait qu'elle soit contenue dans un acte matériel valable et qu'un certain laps de temps se soit écoulé depuis sa prononciation[2]. La décision était considérée comme valable lorsqu'aucun moyen de recours n'avait été opposé à la décision définitive, qu'aucune révocation ou rescision n'avaient eu lieu et, enfin, qu'aucune nullité ne subsistait. Quant à l'absence de vice de nullité, une nouveauté s'imposait encore : alors qu'à l'époque du procès formulaire, la décision ne pouvait être nulle que pour des raisons procédurales, à l'époque de la « *cognitio* », la nullité pouvait être déclarée aussi pour des raisons substantielles telles que la violation des constitutions impériales et, plus tard, pour cause de violation d'une quelconque règle de droit positif. L'introduction d'un moyen de recours fragilisa le concept de chose jugée, car, à côté d'une condamnation ou d'une absolution, on disposait enfin d'une troisième voie représentée par une décision juridiquement existante mais qui ne pouvait pas encore produire des effets juridiques, car elle pouvait encore être remplacée par une autre décision de deuxième degré. L'appel dessina les contours d'une nouvelle conception du procès pénal : non plus une vision statique, mais un processus de contrôle judiciaire progressif qui, à partir de l'exercice de l'action pénale et par degrés successifs, conduisait à un produit irrévocable et définitif appelé « *res iudicata* ».

MOMMSEN T. *Romisches Staatsrecht*, II, Berlin, 1871, p. 980 ss, selon laquelle la *provocatio ad populum* était un moyen d'appel. ROCCO A., *Trattato della cosa giudicata come estinzione causa di estinzione dell'azione penale, La riparazione degli errori giudiziali, op. cit.*, p. 71 explique que l'introduction de l'appel eut lieu uniquement lorsque l'État Romain était devenu suffisamment fort et résistant et pouvait supporter que les litiges soient remis en discussion par les citoyens.

[1] Sur la fonction euristique du *ius appellandi* : CALAMANDREI, *op. cit.* p. 74 : « *l'appello fu diretto contro la sentenza iniusta, e il diritto di appello fu concepito come un diritto di riforma contro la sentenza ingiusta. l'appello sorse e si affermò come strumenti di attuazione dell'equo processo, nella misura in cui era volto a neutralizzare gli effetti di processi instaurati e condotti in modo cavilloso e fraudolente* ». *Contra* GIUFFRE V., *La repressione criminale nell'esperienza romana*, Profili, Napoli, 1997, p. 92 selon lequel l'*appellation* qui se généralisait à l'époque du principat n'avait pas pour but la volonté d'offrir un réexamen à la chose jugée dans un but euristique, mais qu'il s'agissait des nécessités dictées par des raisons sociopolitiques de hiérarchisation de la justice pénale.

[2] PUGLIESE G., *Il processo, op. cit.* p.746 ; affirme l'importance de la *cognitio* par la définition de la notion d'autorité de chose jugée.

L'apport des réflexions fines des juristes de l'époque romaine à la notion de chose jugée fut très vite oublié pendant la période du Moyen-Âge[1]. Ce n'est que par la suite que les codifications de l'ancien droit s'approprièrent le principe de la « *res iudicata* ». L'ancien droit français criminel connaissait le principe de l'autorité de chose jugée, tout en admettant des atteintes multiples à celui-ci[2] : à la différence du droit romain, le jugement pouvait aussi déboucher sur un « *amplius* », c'est-à-dire un jugement qui n'empêchait pas que le procès continue par la suite. Ainsi, lorsqu'un accusé était poursuivi à la suite d'une requête du ministère public, on préférait ne pas acquitter pour insuffisance de preuves mais plutôt prononcer une décision qui permettrait de ne pas remettre en liberté la personne et de pouvoir reprendre les poursuites si de nouvelles preuves surgissaient par la suite. L'autorité de chose jugée n'était pas alors formellement appelée en cause, car aucune décision définitive n'avait été prononcée, mais, s'il y avait eu une poursuite pour un crime particulièrement grave et que des preuves apparaissaient ultérieurement, on pouvait faire tomber la première sentence par une requête de la partie civile qui permettait d'ouvrir à nouveau le procès.

Déjà dans l'ancien droit français, bien que le principe de l'interdiction d'un deuxième jugement fût posé et reconnu, dans la pratique, celui-ci se heurtait à des atteintes constantes vouées à restreindre le principe ou à le court-circuiter. Pendant la période du droit moderne, lors de premières codifications datant de la fin du XVIIIe siècle, l'évolution des idées liées à la notion de justice et l'avènement de besoins spécifiques au procès pénal, comme l'exigence de garantir le respect du caractère définitif par principe des décisions, influençait la notion de l'autorité de chose jugée. Dans les codifications du droit moderne, on apercevait le développement de règles plus strictes en matière de chose jugée : l'on prévoyait que le ministère public était la seule partie compétente pour formuler l'accusation envers le prévenu, qu'une seule poursuite consommait le délit, que l'exception de chose jugée était d'ordre public, que le jugement devait se conclure obligatoirement par une absolution ou une condamnation et que toute décision devait être impérative. On y affirmait en outre que si « *les jurés d'accusation prononcent qu'il n'y a pas lieu à accusation, le prévenu sera mis en liberté et ne pourra plus être poursuivi à raison du même fait, à moins que, sur de nouvelles charges, il ne soit présenté un nouvel acte d'accusation* ».

La même règle apparaissait dans le Code du 3 Brumaire, An IV[3] à l'article 255 selon lequel « *si la décision du jury d'accusation affirme qu'il n'y avait pas lieu à l'accusation d'un crime portant peine afflictive ou infamante, il est décidé que le prévenu ne peut plus être poursuivi à raison du même fait, à moins que sur de*

---

[1] Cette période, aussi connue comme la *période intermédiaire*, correspond au droit appliqué dans l'Europe continentale à partir de la chute de l'Empire romain d'Occident jusqu'aux codifications : cf. PUGLIESE G., *op. cit.* dans *Enc. del Dir.*, 18, 1969, p. 727 ss.

[2] MUYART DE VOUGLANS P. F., *Institutes au droit criminel ou principes généraux en ces matières, suivant le droit civil, canonique et la jurisprudence du Royaume*, Paris, Le Breton, 1768, chap. 4 § 3.

[3] Aussi appelé Code Merlin ou Code des délits et des peines du 25 octobre 1975.

nouvelles charges, il ne soit présenté un nouvel acte d'accusation ». L'interdiction de poursuivre deux fois pour les mêmes faits valait aussi dans l'hypothèse où le jury estimait que le fait avait été commis involontairement ou par légitime défense, mais sans que plus de précisions soient apportées. Enfin, le Code d'instruction criminelle, introduit en 1808, reprenait les textes précédents : l'art. 246 indiquait que « *le prévenu envers lequel la section de la Cour royale chargée de sa mise en accusation avait décidé ne pas donner lieu à un renvoi devant la Cour d'assises ne pouvait plus y être traduit pour le même fait, sauf si de nouvelles charges survenaient ».* Les textes de l'ancien droit italien furent influencés par l'apport du droit français : le principe de l'autorité de la chose jugée existait déjà dans les textes rédigés avant l'unification italienne, puis dans le Code de procédure pénale du Règne d'Italie de 1865[1]. L'art. 518 de ce Code affirmait que « *l'accusé acquitté ou à l'égard duquel il est dit qu'il n'y a pas lieu à procédure, ne pourra plus être soumis à un procès ni accusé du même fait* », alors que l'art. 856 c. p.p. de 1865 indiquait que l'exécution de la sanction pénale et donc le moment de formation de la chose jugée se réalisait « *lorsqu'était interdit, par loi, quelconque moyen qui puisse donner lieu à une révision ».*

Pour venir aux codifications modernes, le Code de procédure pénale italien de 1930 appréhendait la chose jugée de façon autoritaire, comme l'expression du caractère impératif de la parole de l'État[2] et consacrait *le « mythe de la chose jugée »*[3]. En mettant au premier plan l'effet paralysant de la chose jugée[4], on soulignait la capacité punitive de l'État[5]. Ce n'est qu'à partir de la chute du régime fasciste, avec l'entrée en vigueur de la Constitution républicaine et l'apport jurisprudentiel de la Cour constitutionnelle[6] qu'en Italie s'affirma l'idée selon laquelle le procès pénal devait garantir, en priorité, les libertés de l'individu : il ne s'agissait pas de renier le caractère contraignant de la règle de chose jugée, mais

---

[1] CALLARI F., *La firmitas del giudicato penale, op. cit.,* p. 99 ss ; TUOZZI P., *L'autorità della cosa giudicata nel civile e nel penale,* Torino, 1900, p. 101 ss, pour l'article 518 c. p.p. et pag. 111 pour l'article 540 c. p.p.

[2] Pour une reconstruction voir ROCCO A., *Sul concetto di diritto subiettivo di punire*, in ID, *Opere giuridiche*, III, Roma, 1933, 139 ss ; COPPI F., *Reato continuato e cosa giudicata,* Napoli, 1969, p. 238 et s. ; DE LUCA G., *Giudicato. II) Diritto processuale penale*, in *Enc. giur. Treccani*, XV, Roma, 1988, p. 2 ; MANZINI V., *Trattato di diritto processuale penale italiano*, IV, *op. cit.*, p. 436-437.

[3] C'est l'expression utilisée par LEONE G., *Il mito del giudicato*, dans *Riv. Dir. proc. pen.* 1956, p. 167 ; plusieurs auteurs soutiendront la « sacralité » de la chose jugée, notamment : ROCCO A., *Trattato*, *op. cit*., p.207 et s. ; d'autres identifiaient la systématisation du Code de 1930 comme une consécration de la décision immuable : SANTORE E., *Fondamenti dell'esecuzione penale*, Roma, 1931 ; VASSALLI G., *La potestà punitiva*, Utet, Torino, 1941.

[4] En italien on parle d'effet « preclusivo », trad. « interdire, faire obstacle à ».

[5] Bien que pour certains auteurs, il s'agisse de la première systématisation dans le droit positif de la notion de chose jugée exprimant une valeur incontestable, irréfutable du résultat du procès v. CALLARI F., *op. cit.*, p. 105 ; MANCUSO E. M., *op. cit*, p. 11

[6] Sur le rôle de la Cour constitutionnelle italienne, cfr : FLICK M., *Costituzione e processo penale tra il principio di ragionevolezza e uno sguardo verso l'Europa* [Relazione svolta presso la Corte di Cassazione, Roma, 17 novembre 2009], dans *Questione giustizia*, 2010, fasc. n.1, p. 9-21 ; voir aussi NORMANDO R., *Il sistema dei rimedi revocatori del giudicato penale,* Torino, 1996, p.17 et s. ;

plutôt de changer l'approche de cette notion, ce qui était une conséquence directe des nouveaux rapports entre l'État et le citoyen, basée sur une conception différente du pouvoir punitif étatique[1].

Ces évolutions, guidées par l'interprétation de la Cour suprême italienne, conduisirent à l'approbation du nouveau Code de procédure pénale de 1988[2] qui définit, à son art. 648, les décisions considérées comme étant irrévocables[3] : « *Sono irrevocabili le sentenze pronunciate in giudizio contro le quali non è ammessa impugnazione diversa dalla revisione [629 c. p.p.]. 2.Se l'impugnazione è ammessa, la sentenza è irrevocabile quando è inutilmente decorso il termine per proporla o quello per impugnare l'ordinanza che la dichiara inammissibile [c. p.p. 591]. Se vi è stato ricorso per cassazione, la sentenza è irrevocabile dal giorno in cui è pronunciata l'ordinanza o la sentenza che dichiara inammissibile o rigetta il ricorso. 3. Il decreto penale di condanna è irrevocabile quando è inutilmente decorso il termine per proporre opposizione [*461 c. p.p.*] o quello per impugnare l'ordinanza che la dichiara inammissibile*[4]. Alors que l'art. 649 c. p.p. témoigne de l'autorité qu'exerce la chose jugée « *L'imputato prosciolto o condannato con sentenza o decreto penale divenuti irrevocabili non può essere di nuovo sottoposto a procedimento penale per il medesimo fatto, neppure se questo viene diversamente considerato per il titolo, per il grado o per le circostanze, salvo quanto disposto dagli articoli 69, comma 2, e 345. [2]. Se ciò nonostante viene di nuovo iniziato procedimento penale, il giudice in ogni stato e grado del processo pronuncia sentenza di proscioglimento o di non luogo a procedere, enunciandone la causa nel dispositivo* ».

Par rapport au Code de 1930, la structure de la chose jugée revêt une « *dimension normative complète* »[5] : le changement dans la conception de la notion de chose jugée est évident et se définit aussi grâce à la définition de moyens

---

[1] MANCUSO E. M., *op. cit.* p. 12-13.

[2] Après une première loi de réforme du 3 avril 1978 n.° 108, suivit le projet préliminaire de 1978 qui prévoyait un article sur l'irrévocabilité de la chose jugée (art. 611 projet de 1978) et sur l'interdiction de nouveau procès (art. 612 proj prelim.) ; voir CONSO G.-GREVI V.-NEPPI MODONA, *Il nuovo codice di procedura penale, Dalle leggi delega ai decreti delegantim I, La legge delega del 1974 et il progetto preliminare del 1978*, Padova, 1989, p. 85 et s. ; suivit la loi de délégation du 16 février 1987 n.° 81 qui ne contenait aucune nouveauté particulière en matière de chose jugée par rapport au projet des années 70 et qui conduisit au Code de procédure pénale de 1988. Voir CONSO G. - GREVI V. - NEPPI MODONA G., *Il nuovo codice di procedura penale, Dal progetto preliminare del 1978 alla legge delega del 1987, op. cit.* p.352.

[3] L'article 648 c. p.p. ne contient pas expressément le terme de « giudicato » mais traduit, par la référence à l'irrévocabilité, l'essence de chose jugée formelle : GIOVENE A., *Giudicato*, in *Dig. Disc. pen.* 1991, p. 426.

[4] Trad. : *« sont irrévocables les décisions prononcées en justice contre lesquelles n'est admise aucune voie de recours différente de la révision. Si la voie de recours est admise, la décision devient irrévocable lorsque le délai pour la proposer ou pour contester l'ordonnance qui la déclare irrecevable s'est découlé de manière infructueuse »*.

[5] Selon l'expression de MANCUSO E.M., *Il gudicato, op. cit.* p. 15.

extraordinaires, *post iudicatum,* aptes à justifier la remise en question de la chose jugée dans des conditions strictement encadrées[1].

En France, à partir de la Loi du 25 novembre 1941 portant réforme de la procédure devant la Cour d'assises, l'on assiste à l'introduction de principes destinés à devenir fondamentaux en matière d'autorité de chose jugée. La « *res iudicata* » porte désormais sur « *les mêmes faits, même sous une qualification différente* » conformément à l'art. 368 C.P.P.[2], et non plus sur le « *même fait* » pris au singulier, employé par l'ancien art. 360 du Code d'instruction criminelle, mettant ainsi fin à la tendance, consacrée par la jurisprudence, d'admettre que de nouvelles poursuites pouvaient exister à l'encontre de quelqu'un si le fait était différemment qualifié. Par ailleurs, l'art. 339 C.P.P. introduisait dans le Code d'instruction une obligation expresse pour le Président de la Cour d'assises de poser une question subsidiaire lorsqu'à l'issue des débats il apparaissait que les faits contestés pouvaient avoir une qualification juridique différente. Le cas échéant, l'accusé acquitté ne pouvait pas être poursuivi devant une autre juridiction pour les mêmes faits, différemment qualifiés, car il existait une interdiction de modifier la qualification des faits soumis à la Cour par l'arrêt de renvoi[3].

Le 6 décembre 1952, une Commission pénale d'Études législatives constituée sous la présidence de M. Antonin Besson, procureur général à la Cour de cassation, procédait à la rénovation du Code d'instruction criminelle, désormais Code de procédure pénale[4]. L'autorité de chose jugée était une des matières réformées par l'insertion des articles 6, 351 et 368 du C.P.P. En s'appuyant sur des projets antérieurs de réforme datant de 1938 et de 1949, les intentions du législateur indiquaient une volonté d'adapter le Code et le modèle de justice pénale à des exigences de modernité[5]. Le Code de procédure pénale français n'a cependant pas fourni une définition de l'autorité de chose jugée mais s'est plutôt intéressé aux effets produits par celle-ci. L'art. 6 alinéa 1 C.P.P., sans définir la notion de chose jugée, identifie la chose jugée comme étant une cause d'extinction de l'action publique prévoyant que « *l'action publique pour l'application de la peine s'éteint par la mort du prévenu, la prescription, l'amnistie, l'abrogation de*

[1] Sur le rapport entre chose jugée et moyens de recours extraordinaires, voir CORVI P., *Le impugnazioni straordinarie nel processo penale*, Giappichelli, 2016 ; VIGONI D., *Relatività del giudicato ed esecuzione della pena detentiva*, Milano, 2009, p. 1 et s.

[2] Après l'arrêt Chambre Crim. 20 mars 1956, D. 1957, J.33 Chevalot, note Hugueney

[3] VALTICOS N., *L'autorité de la chose jugée au criminel sur le civil, op. cit.*, p. 41 et s. ; ces textes faisaient par ailleurs référence au principe d'autorité de chose jugée en le référant aux cours d'assises, cela pour affirmer résolument l'irrévocabilité de la décision de la Cour d'assises (art. 360 C.I, C.), bien qu'il ait toujours été considéré comme applicable à toutes les juridictions répressives.

[4] Après un projet de rénovation du Code d'instruction criminelle rédigé par une commission de réforme judiciaire formée en 1944, publié en 1949 qui, finalement, ne va jamais être adopté.

[5] VALTICOS N., *L'autorité de la chose jugée au criminel sur le civil, op. cit.* p. 46 : « *l'on abandonnait un régime inquisitorial où l'instruction était un peu tout et le reste quasi rien, à un modèle où le tout était la procédure dans le sens le plus libéral* ».

la loi pénale et la chose jugée »[1]. L'art. 351 C.P.P., reprenant l'ancien article 413 du projet *Matter*, pose la règle de l'obligation pour le Président de la Cour d'assises de poser une ou plusieurs questions subsidiaires lorsque, à la suite des débats, les faits comportent une qualification légale autre que celle donnée par l'arrêt de renvoi[2]. Enfin, l'art. 368 C.P.P. interdit toute possibilité de reprendre les poursuites ou d'accuser une personne acquittée légalement pour les mêmes faits, même s'ils sont qualifiés différemment, affirmant ainsi le corollaire du principe d'autorité de chose jugée : le principe du « *ne bis in idem* »[3].

Si l'on compare la systématisation de la chose jugée dans les deux droits, on peut d'abord observer qu'il n'y a pas d'article au sein du Code de procédure pénale français similaire à l'article 648 c. p.p. du Code italien qui préciserait la relation entre le passage en force de chose jugée de la décision à partir de l'épuisement des voies de recours et l'acquisition de son caractère irrévocable. Ne sont, d'ailleurs, pas précisés les actes juridictionnels susceptibles d'acquérir l'autorité de chose jugée. Toutefois, les auteurs français sont d'accord pour affirmer que toute décision répressive acquiert force de chose jugée. D'autres différences peuvent être soulignées : l'article 368 C.P.P. fait référence à la seule personne acquittée[4] à la différence du texte italien, art. 649 c. p.p., où l'interdiction de rejuger une personne concerne aussi bien la personne acquittée que condamnée par une décision devenue irrévocable. De plus, l'objet de la chose jugée se réfère, dans le texte français, aux *« mêmes faits »* alors que le texte italien parle d'un même fait au singulier.

Les deux textes excluent aussi la possibilité que la personne soit rejugée pour les mêmes faits, même lorsque ces faits sont requalifiés, bien que la disposition italienne soit plus détaillée : celle-ci précise qu'aucune importance n'est accordée à la différence de qualification du fait, ni à son degré de gravité ou aux circonstances alors que le texte français parle, de façon générale, d'une « *qualification différente* ». Sont d'ailleurs prévues, autant dans le cas français que

---

[1] DANET J., Voir « *Chose jugée* », dans *Répertoire du droit pénal et de la procédure pénale*, janvier 2013 ; COMMARET N., *La procédure de réexamen*, RSC, 2000, p.856. Certains auteurs voient dans l'article 6 l'expression de la règle *ne bis in idem* cf. DESPORTES F., LAZERGES L., *Traité, op. cit.*, n° 434. Certains arrêts visent d'ailleurs l'article 6 comme fondement légal de l'autorité de chose jugée : ex. Crim. 18 déc. 1989, no 88-83.519, Bull. crim. no 483 ; Crim. 27 mars 2007, no 06-85.442, Bull. crim. no 94.

[2] Art. 351 Code de procédure pénale : *« S'il résulte des débats que le fait comporte une qualification légale autre que celle donnée par « la décision de mise en accusation, le Président doit poser une ou plusieurs questions subsidiaires ».*

[3] Art. 368 Code de procédure pénale : « *Aucune personne acquittée légalement ne peut plus être reprise ou accusée à raison des mêmes faits, même sous une qualification différente* ».

[4] L'emploi du mot « acquittée » a été source d'interprétations divergentes justifiant, selon certains auteurs, que l'art. 368 ne s'appliquerait qu'à la matière criminelle et non pas correctionnelle : finalement, la jurisprudence française s'est orientée vers une conception large de l'autorité de chose jugée sur la base de la considération que le juge a une obligation d'envisager les faits dont il est saisi sous toutes les qualifications possibles v. DESPORTES F.-LAZERGES.L., *Traité de procédure pénale*, 2015, pp. 764-765.

dans le cas italien, des hypothèses où la règle de la chose jugée ne s'applique pas : l'article italien fait référence au cas de mort de l'accusé déclarée de manière erronée (art. 69, alinéa 2 c. p.p.) ou à celui où une condition de l'action publique faisant défaut sera réintégrée par la suite (art. 345 c. p.p.)[1]. L'alinéa 2 de l'art. 6 C.P.P. français, indique au contraire que l'action publique ne s'éteint pas lorsque « *des poursuites ayant entraîné condamnation ont relevé la fausseté du jugement ou de l'arrêt qui a déclaré l'action publique éteinte* », car dans cette hypothèse « *l'action publique pourra être reprise* ».

Ainsi établies, les bases historiques et l'évolution de la chose jugée, il est intéressant de vérifier s'il est possible d'identifier un fondement constitutionnel à cet institut processuel.

2§. La recherche d'un fondement constitutionnel à la règle

La constitution italienne[2] pas plus que la constitution française[3] ne consacrent le principe de l'autorité de chose jugée[4]. Cela s'explique en raison du fait que, en

---

[1] La règle du « *ne bis in idem* » ne s'applique pas, par exemple, en cas de déclaration erronée de mort de l'accusé : art. 69, alinéa 2 c. p.p. « *La sentenza non impedisce l'esercizio dell'azione penale per il medesimo fatto e contro la medesima persona, qualora successivamente si accerti che la morte dell'imputato e' stata erroneamente dichiarata* » ». Pareillement, elle ne s'applique par lorsqu'il manque une condition pour procéder à l'action pénale : art. 345 c. p.p. (Difetto di una condizione di procedibilità – Riproponibilità dell'azione penale) « *1. Il provvedimento di archiviazione e la sentenza di proscioglimento o di non luogo a procedere, anche se non più soggetta a impugnazione, con i quali e' stata dichiarata la mancanza della querela, della istanza, della richiesta o dell'autorizzazione a procedere, non impediscono l'esercizio dell'azione penale per il medesimo fatto e contro la medesima persona se e' in seguito proposta la querela, l'istanza, la richiesta o e' concessa l'autorizzazione ovvero se e' venuta meno la condizione personale che rendeva necessaria l'autorizzazione. 2. La stessa disposizione si applica quando il giudice accerta la mancanza di una condizione di procedibilità diversa da quelle indicate nel comma 1* ».

[2] Par le passé, la notion de chose jugée avait intéressé la matière constitutionnelle en Italie, car, au sein de l'assemblée constituante italienne[2], il y eut un débat sur la question d'introduire ou pas une définition de chose jugée. La définition proposée consistait à indiquer comme étant définitive la décision contre laquelle aucun moyen judiciaire, autre que ceux prévus par la loi, ne pouvait être utilisé à son encontre et dont les effets ne pouvaient pas être modifiés ou suspendus, même par le pouvoir législatif. Finalement, aucune définition n'a été retenue dans le texte final de la Constitution italienne. Les constituants italiens ne jugeaient pas nécessaire de consacrer une protection constitutionnelle de la chose jugée puisque celle-ci apparaissait comme un principe solidement ancré dans la science processuelle si bien qu'on n'aurait pas eu à s'inquiéter d'une possible remise en question de sa valeur. Cf. CERINO CANOVA A., *La garanzia costituzionale del giudicato civile*, in *Riv. Dir. civ.*, 1977, p. 429.

[3] En France, la Constitution du 3-4 septembre 1791 avait prévu (Chapitre 5, article 9) la règle expresse selon laquelle « *Tout homme acquitté par un jury légal ne peut plus être repris ni accusé à raison du même fait* » reprise par la Constitution du 5 Fructidor an III à l'art. 253, mais ensuite aucune Constitution n'a repris le principe de chose jugée au sein des textes fondamentaux, lui préférant une consécration au sein du Code de procédure.

[4] Contrairement à d'autres États qui ont reconnu l'effet de forclusion produit par la chose jugée directement au niveau constitutionnel, par exemple le Ve amendement de la Constitution des États-Unis « *No person shall be subject for the same offense to be twice put in jeopardy of life or limb ;* l'art. 103 § 3 Grundgesetz allemand « *Niemand darf wegen derselben Tat auf Grunf der*

Italie comme en France, la théorisation de la chose jugée a été strictement liée au droit processuel. Néanmoins, cela n'empêche pas de se questionner sur le fait de savoir si l'autorité de chose jugée, par le biais d'une interprétation extensive des principes constitutionnels[1], ainsi que par une réflexion fondée sur l'évolution des principes et valeurs juridiques ayant inspiré les chartes fondamentales, aurait un fondement constitutionnel. En effet, même en l'absence d'une consécration constitutionnelle, certains auteurs italiens se sont fondés, d'une part, sur la référence expresse faite par certains articles de la Constitution italienne à la décision irrévocable ou définitive. C'est le cas, par exemple, de l'art. 27, al. 2 Cost. qui identifie le moment où la décision devient définitive comme correspondant à celui où la présomption d'innocence tombe[2] ; ou de l'art. 48, al. 4 Cost. qui interdit de limiter le droit de vote du condamné par un jugement pénal qui ne soit pas irrévocable ; ou encore de l'art. 68, al. 2 Cost. qui prive le membre du Parlement de son inviolabilité uniquement dans l'hypothèse d'une condamnation devenue irrévocable.

D'autres, pour justifier d'une constitutionnalisation de la chose jugée, ont argumenté à partir de certains principes constitutionnels se référant à la capacité du procès pénal d'aboutir à une décision ayant un caractère définitif[3]. Par exemple, en ce qui concerne le droit à obtenir un procès dans un délai de durée raisonnable, contenu dans l'alinéa 2 de l'art. 111 Cost. : cette disposition a été considérée comme un indice de la valeur constitutionnelle de la chose jugée en raison du fait que le procès doit se terminer définitivement dans un délai jugé, justement, raisonnable[4]. Encore, l'art. 24 Cost., qui affirme le droit de toute

---

akkgeneubeb Strafgesetze mehmals bestraft werden » ; la Constitution portugaise à l'art. 29, alinéa 5 *« Ninguem pode ser julgado mais do que uma vex pela pratica do mesmo crime »*

[1] SERGES G., *Il valore del giudicato nell'ordinamento costituzionale*, in *Giur. It*, 2009, p. 12

[2] Art. 27 Cost.:"*La responsabilità penale è personale.L'imputato non è considerato colpevole sino alla condanna definitiva. Le pene non possono consistere in trattamenti contrari al senso di umanità e devono tendere alla rieducazione del condannato. Non è ammessa la pena di morte »*.

[3] Cette aptitude serait dès lors exprimée par les articles 24 Cost., reconnaissant le droit inviolable de défense Art. 24 Cost. *Tutti possono agire in giudizio per la tutela dei propri diritti e interessi legittimi. La difesa è diritto inviolabile in ogni stato e grado del procedimento. Sono assicurati ai non abbienti, con appositi istituti, i mezzi per agire e difendersi davanti ad ogni giurisdizione. La legge determina le condizioni e i modi per la riparazione degli errori giudiziari.* et par l'art. 27, alinéa 2 cité, consacrant le moment où la présomption de non-culpabilité se dissout, mais également par l'art. 111 Cost. ayant inséré dans le texte constitutionnel italien les principes du procès équitable. Enfin, certaines doctrines considèrent que le fondement constitutionnel à l'autorité de chose jugée découle de l'art. 117, al .1 Cost. qui attribue aux dispositions conventionnelles une valeur de paramètre de légitimité des normes internes, si bien que la reconnaissance du principe du « ne bis in idem » par l'art. 4, Prot. 7 à la CEDH et l'art. 14, al. 6 Pacte international sur les droits civiques et politiques, serait attachée à la notion de décision définitive : voir SPANGHER G., *Sub art. 4 protocollo 7, Commentario alla Convenzione europea per la salvaguardia dei diritti dell'uomo e delle libertà fondamentali,* (dir. BartoleCconforti-Raimondi), Padova, 2001, p. 957 et s.

[4] Selon GREVI, *Il principio della ragionevole durata come garanzia oggettiva del giusto processo penale,* in *Cass. pen.*, 2003, p. 3204 « *le procès qui se conclue par une décision sur l'objet de l'accusation, dans des délais raisonnables, est un procès juste.* Aussi FERRUA P., *Garanzia del contradditorio e ragionevole durata del processo,* in *Questione giustizia*, 2003, p. 459 ; DELLA

personne à agir en justice pour la protection de ses propres droits et intérêts légitimes, a été indiqué comme confortant la valeur constitutionnelle de la chose jugée,[1] car le droit d'agir implique le droit d'obtenir une décision définitive et stable[2].

Les arguments développés en Italie n'ont pas de véritable correspondance en droit français. En premier lieu, la Constitution française du 4 octobre 1958, à la différence de la constitution italienne, présente une structure « *éclatée* »[3] : son préambule se réfère à la Déclaration des droits de l'homme et du citoyen de 1789, au Préambule de la Constitution de 1946 et enfin à la Charte de l'Environnement de 2004 afin de compléter ce qui, à partir de la décision du Conseil constitutionnel de 1971[4], sera dénommé le « *bloc de constitutionnalité* »[5]. Elle ne présente donc pas, contrairement au texte italien, un énoncé d'ensemble des droits et libertés fondamentaux listés de manière exhaustive. Cette absence est donc suppléée par leur intégration dans le cadre constitutionnel actuel par le biais de renvois aux textes composant le bloc de constitutionnalité ainsi que par le rôle du Conseil constitutionnel français qui, par ses décisions d'interprétation des principes juridiques, a entrepris une action de « *constitutionnalisation* » des valeurs directrices du procès pénal[6].

MONICA G., *Giudicato, op. cit.*, p. 390. Le lien entre chose jugée et délai raisonnable est également reconnu par la Cour Constitutionnelle italienne : Corte Cost. ord. 17 novembre 2000, n. 501, in Giur. cost., 2000, p. 3874.

[1] Art. 24 Cost.: *Tutti possono agire in giudizio per la tutela dei propri diritti e interessi legittimi [cfrart. 113].La difesa è diritto inviolabile in ogni stato e grado del procedimento. Sono assicurati ai non abbienti, con appositi istituti, i mezzi per agire e difendersi davanti ad ogni giurisdizione. La legge determina le condizioni e i modi per la riparazione degli errori giudiziari"*

[2] L'on parle d'osmose et d'intégration entre les deux principes : SERGES G., *op. cit.* 12 cite une décision de la Cour constitutionnelle italienne qui souligne le lien existant entre les deux principes : Corte Cost. n. 224 du 26.06.1996 « *c'est inhérent à un système de moyens de recours ordinaires qu'il existe une décision finale – identifiable en celle de la Cour de cassation dans son rôle de juge suprême de légitimité qui lui est attribué par la Constitution même – qui définit, dans les limites de la chose jugée, chaque question déduite et déductible dans le but de donner une certitude aux rapports juridiques controversés et qui ne soit donc pas soumise à une autre évaluation par un juge différent ; cette certitude constitue une valeur constitutionnellement protégée car directement liée au droit à la protection juridictionnelle de l'art. 24 Cost* […] »

[3] Selon la définition qu'en donne PONTHOREAU C., *Droits constitutionnels comparés, op. cit.*, p. 17.

[4] Les textes cités intègrent, dès lors, le bloc de constitutionnalité à partir de la célèbre décision du Conseil constitutionnel relative à la liberté d'association : C.C. décision n° 71-44 D.C. du 16 juillet 1971, « *Liberté d'association* », Rec. P. 29 ;

[5] Expression employée dès 1960 en France pour indiquer le contrôle exercé par le Conseil constitutionnel français cfr. FAVEREU L., *Le principe de constitutionnalité, essai de définition d'après la jurisprudence du Conseil constitutionnel*, in *Recueil d'études en l'honneur de Charles Eisenmann,* Ed. Cujas, 1974, p. 33.

[6] La coopération entre le Conseil constitutionnel et la Chambre criminelle de la Cour de cassation, surtout à partir de l'introduction de la Question prioritaire de constitutionnalité le 1er mars 2010, constitue un « *accélérateur de constitutionnalisation du droit pénal et de la procédure pénale* », cf. FOURMENT F., *Procédure pénale*, Larcier, 2013, p. 18 ; sur la constitutionnalisation de la procédure pénale voir FAVOREU L., *La Constitutionnalisation du droit pénal et de la procédure pénale, vers un droit constitutionnel pénal*, dans *Droit pénal contemporain, Mélanges en l'honneur*

En France, les auteurs qui ont abordé une possible intégration au bloc de constitutionnalité français de l'autorité de chose jugée se sont basés sur le principe de sécurité juridique rattaché au principe de garantie des droits affirmé par l'art. 16 de la *Déclaration des droits de l'homme et du citoyen*[1]. Or, le Conseil constitutionnel français n'a jamais vraiment reconnu la valeur constitutionnelle de la sécurité juridique[2], en se montrant réticent à la possibilité de valider une telle interprétation de l'art. 16 de la Déclaration en raison d'une lecture qu'il juge être exagérément constructive de cet article[3]. Comme la Cour constitutionnelle italienne l'a rappelé, néanmoins, « *le principe d'intangibilité de la chose jugée doit être interprété correctement : c'est l'ordre juridique même qui est orienté à ne pas tenir compte de la chose jugée, et donc à ne pas mythifier son intangibilité, toutes les fois où, à partir de la chose jugée, le droit du citoyen serait sacrifié* »[4]. Ainsi, il apparaît que dans la sécurité juridique, la chose jugée pourrait trouver son fondement constitutionnel, mais également sa limite dans la mise en balance avec d'autres impératifs constitutionnels.

Ainsi appréhendé le fondement de l'autorité de chose jugée, il s'agit de démontrer que l'autorité de chose jugée révèle son aptitude à se relativiser face à d'autres valeurs pour assurer la protection des droits subjectifs de l'individu.

---

d'André Vitu, Ed. Cujas, 1993, p. 170 ; TELLIER-CAYROL V., *La constitutionnalisation de la procédure pénale*, AJ Pénal, 2011, p. 286. Selon certains auteurs, le fondement constitutionnel de la chose jugée pourrait être invoqué à partir de l'article 16 de la Déclaration des droits de l'homme et du citoyen de 1789 cf. FRAISSE R., *L'article 16 de la Déclaration, clef de voûte des droits et libertés,* dans *Les nouveaux cahiers du Conseil constitutionnel*, 44/2014, p. 9-21 reconstruit la portée de l'art. 16 de la Déclaration notamment vis-à-vis du principe de sécurité juridique. Cf. LUCHAIRE F., *La sécurité juridique en droit constitutionnel français,* dans *Les Cahiers du Conseil constitutionnel*, n. 11/2001, p.67.

[1]Voir FRAISSE R.., *cit.* p. 9-21 reconstruit l'évolution de la portée de l'art. 16 de la Déclaration notamment vis-à-vis du principe de sécurité juridique, v. LUCHAIRE F., *op. cit.*, p.67. C.C. n° 468-2003 D.C. 3 avril 2003, *Loi relative à l'élection des conseillers régionaux et des représentants au Parlement européen ainsi qu'à l'aide publique aux partis politiques,* JO, 12 avril 2003, p. 6493.

[2] LUCHAIRE F., *op. cit.* p. 67 rappelle que le Conseil constitutionnel français n'a jamais utilisé l'expression « sécurité juridique » pour en faire profiter un individu, les raisons de ce silence sont dues à l'absence du concept dans le corpus constitutionnel et risqueraient de faire croire que les situations juridiques résultant des lois ne sont pas modifiables, néanmoins le Conseil apporte à la personne des garanties qui s'apparentent à la sécurité juridique. *Contra* VALEMBOIS A. – L., *La constitutionnalisation de l'exigence de sécurité juridique en droit français,* LGDJ, 2005, p. 375, pour laquelle cette constitutionnalisation est même probable ou du moins fortement recommandée. Cf. LEPAGE C., *Le principe de sécurité juridique est-il devenu un principe de valeur constitutionnel ?* dans *Gaz. du Palais*, juin 1999, p. 939 ; MATHIEU B., *La sécurité juridique : un produit d'importation dorénavant « made in France* » (à propos des décisions 99-421 DC et 99-422 DC du Conseil constitutionnel) », D. 2000, point de vue, pp. 7 et s., ib., *Le juge et la sécurité juridique : vues du Palais-Royal et du quai de l'Horloge*, D 2004, pp. 1603-1604.

[3] Le Conseil constitutionnel français reconnaît la valeur constitutionnelle de la sécurité juridique uniquement en matière de validations législatives quand il s'agit de garantir des situations juridiques contre l'instabilité de la règle de droit, car elle y voit un intérêt général de nature à justifier une mesure de validation (C.C. n° 93-335 DC du 21 janvier 1994, Rec. p. 40).

[4] Cort. Cost. 9 avril 1987 n. 115 dans *Giur. Cost.*, 1987, p. 836.

SOUS-SECTION 2. La valeur de la règle de la chose jugée dans la dynamique processuelle

Comme il apparaît des considérations qui précèdent, l'autorité de la chose jugée a eu une naissance et une évolution strictement liées à la dynamique du procès pénal où elle joue un rôle fondamental de sauvegarde de la stabilité du dictum juridictionnel. Néanmoins, tout en continuant à reconnaître son rôle essentiel vis-à-vis des valeurs de sécurité juridique qu'elle acquitte **(1§),** son affaiblissement semble inévitable : il s'agit désormais d'une adaptation nécessaire face aux impératifs de protection des droits et libertés fondamentaux de l'individu **(2§).**

1§. Une conception absolue inadaptée de la chose jugée

Les nombreuses théorisations[1] concernant l'autorité de la chose jugée[2], ont tenté de lui attribuer une fonction précise dans la dynamique du procès[3]. La doctrine a consacré une vision de l'autorité de la chose jugée comme étant le fruit d'un enchaînement processuel schématique et formel, tirant sa légitimation du pouvoir étatique envers le condamné[4]. La notion d'autorité de chose jugée a aussi été considérée comme ayant valeur de présomption légale, de vérité irréfragable[5],

---

[1] C'est en matière civile que l'on recense le développement le plus intense des théories concernant l'autorité de chose jugée (parmi les autres, les thèses de FOYER J., *De l'autorité de la chose jugée en matière civile – essai d'une définition*, Thèse, Paris, 1954, p. 360, TOMASIN, D., *Essai sur l'autorité de la chose jugée en matière civile*, LGDJ, 1975). Ce qui explique aussi que les doctrines pénalistes ont souvent eu recours à des concepts typiquement civilistes pour élaborer des théories sur la valeur de la chose jugée dans le procès.

[2]VALTICOS N., *L'autorité de la chose jugée au criminel sur le civil, op. cit.*, p.31 : *« L'esprit du système germanique et la subtilité italienne se sont donnés libre cours sur ce problème [principe de l'autorité de chose jugée] et, malgré l'abstraction souvent excessive qui les caractérise, les importants développements dont cette question a fait l'objet ne sauraient être passés sous silence ».*

[3] BLERY C., *Qu'est-ce que l'autorité de la chose jugée ? Une question d'école ?* Procédures, n° 8-9, Étude n.11, août 2007 *: « il me paraît à la fois plus rigoureux et plus simple de se débarrasser de cette vieille conception : l'autorité de la chose jugée est l'immutabilité, l'intangibilité que le législateur confère à ce qui a été tranché dans le jugement. La démonstration de cette proposition est déjà classique.*

[4]Ce qui a conduit de nombreux auteurs à évoquer un fondement politique de la chose jugée : HELIE F., *Traité de l'instruction criminelle*, III. op. cit., p. 537 ss ; VALTICOS N., *L'autorité de la chose jugée au criminel sur le civil*, op. cit., n°48,48,57. Ce même fondement est reconnu de façon controversée par la doctrine italienne : DE LUCA G., *Giudicato (diritto processuale penale),* in *Enc. Giur.*, XI, Roma, 1989, 1 ; NORMANDO R., *Il valore, gli effetti et l'efficacia del giudicato penale*, Vol VI, Esecuzione e rapporti con autorità giurisdizionali straniere, dans Trattato di procedura penale diretto da Spangher G., (a cura di Kalb L.), Utet, p.5 ss. ; aussi ROCCO A., *Trattato della cosa giudicata, op. cit.*, p. 207 ss.

[5] BLERY C., *Qu'est-ce qu'est l'autorité de chose jugée ?* §6 : « *l'attribut-autorité de la chose jugée est toujours décrit comme une présomption légale de vérité, dans un croisement pour le moins curieux de regards anciens et modernes. Ainsi, alors même qu'elle est vue par de nombreux auteurs comme un attribut, l'autorité de la chose jugée est toujours présentée comme une force de vérité légale.* »

si bien que sa puissance lui permettrait de prévaloir sur la vérité elle-même[1]. Cependant, la doctrine italienne avait vite abandonné cette théorie. Lorsqu'au début du XXe siècle, les juristes italiens se rapprochèrent à nouveau de la doctrine allemande, la théorie de la présomption légale avait à nouveau perdu tout soutien alors qu'en droit italien s'instaurait la théorie processuelle identifiant la chose jugée par son effet de forclusion vis-à-vis des faits déjà définitivement jugés[2]. Par la suite, en droit français également, la doctrine a manifesté un refus, au début plutôt timide, à l'égard de la conception de présomption légale attribuée à la chose jugée[3].

Avec l'affirmation des théories processuelles de la chose jugée[4], les auteurs identifient la fonction de la chose jugée dans le fait d'interdire la continuation des litiges en déterminant l'extinction ou la préclusion de l'action pénale. Ces théories processuelles concevaient l'autorité de chose jugée comme un effet consomptif de l'action publique[5] ou comme un effet du jugement[6]. La doctrine avait alors développé, toujours dans une volonté de procéder à une catégorisation de la chose jugée, la distinction entre l'aspect *« formel »* de la chose jugée et l'aspect

---

[1] HELIE F., *Traité, op. cit.* p. 568 ; aussi BARAVEAU R., *Influence de la chose jugée sur l'action publique*, Paris, 1894, p.2 ; LACOSTE P. *De l'autorité de chose jugée au civil,* VALTICOS N., *L'autorité de la chose jugée au criminel sur le civil, op. cit.*, p. 42, n.47.

[2] CHIOVENDA G., *Sulla cosa giudicata*, in *Saggi di diritti processuale* civile, II, Roma, 1931, p. 406 ss. et en pénal, ROCCO A., *Trattato sulla cosa giudicata, op. cit.*, p. 201 ss, La théorie processuelle était soutenue également par BETTI E., *Diritto processuale civile*, Milano, 1932, p. 13.

[3] AUBRY C.- RAU C., *Cour de droit civil français*, VIII, Paris, 1878, p. 161 ss. Par ailleurs, certaines théories, toujours tirant leur inspiration du droit civil, ont envisagé d'appliquer la théorie du contrat ou du quasi-contrat juridique à l'autorité de chose jugée, considérant que les parties auraient conventionnellement décidé de s'en remettre au juge pour trancher le litige, cf. Reprend cette idée HEBRAUD P., *L'acte juridictionnel et la classification du contentieux, Recueil de l'académie de législation de Touloise*, 1949, p. 131-206.

[4] VALTICOS N., *L'autorité de la chose jugée au criminel sur le civil, op. cit.*,p. 31 et ss. rappelle que ce furent les Allemands et les Italiens les premiers à développer une théorie *matérielle de la chose jugée*, selon laquelle le jugement créerait un droit nouveau entre les parties, finalement dépassée par les *théories processuelles* selon lesquelles l'autorité de chose jugée ne touche pas aux droits des parties, mais oblige le juge saisi d'un procès à respecter le jugement antérieur. Ainsi on met en avant les aspects *formels* ou *matériels/substantiels* ou *positifs* et *négatifs* : DE LUCA G., *Giudicato, Diritto processuale penale,* op. cit., p. 1 ss. ; VALTICOS N., L'autorité de la chose jugée au criminel sur le civil,. op. cit., p. 42-45 ss.

[5] ROCCO A., *Trattato della cosa giudicata come estinzione causa di estinzione dell'azione penale, La riparazione degli errori giudiziali,* 1932 est l'auteur italien qui, se plaçant sur le plan pénal, théorisa l'autorité de chose jugée se fondant sur la maxime « *bis de eadem re ne sit actio* » et qu'elle avait une force consomptive de l'action publique : ainsi, l'action publique et le procès pénal se trouvent épuisés dès lors que le but correspondant à la certitude du droit est atteint. Cf. LAURENS H., *De l'autorité de la chose jugée considérée comme mode d'extinction de l'action publique,* Paris, 1885, p.12.

[6] Cette thèse est reprise par FOYER J., *De l'autorité de la chose jugée en matière civile – essai d'une définition,* Thèse, Paris, 1954, et aussi TOMASIN D., *Essai sur l'autorité de la chose jugée en matière civile, op. cit.*, qualifient l'autorité de la chose jugée de qualité, caractère, ou attribut – termes qui sont pour eux synonymes ; dans le sens de chose jugée comme attribut du jugement également BLERY C., *Qu'est-ce qu'est l'autorité de la chose jugée, op. cit., § 6.*

« *matériel* ou *substantiel* » : le premier opérant exclusivement à l'intérieur du procès et valorisant l'aptitude à l'irrévocabilité de la vérification juridictionnelle, le deuxième opérant à l'extérieur[1], soulignant les effets découlant de l'irrévocabilité de la décision[2]. La distinction fut intégrée en matière pénale par les auteurs italiens puisqu'elle permettait de caractériser les deux aspects inhérents à la notion de chose jugée[3].

En effet, le droit processuel italien reprend cette distinction au sein des articles du Code de procédure, reconnaissant un rôle central à la notion d'irrévocabilité, explicitée à l'art. 648 c.p.p., qualité nécessaire à la réalisation de l'effet formel de chose jugée et impliquant une décision qui n'est plus modifiable dans ses contenus[4]. En droit italien, la décision obtient l'autorité de la chose jugée lorsqu'elle réalise la condition d'irrévocabilité exprimée par cet article, cela contrairement au droit français où le jugement est revêtu d'autorité de chose jugée à compter du jour de son prononcé[5]. Ainsi, en France, on fait la distinction entre

---

[1] La chose jugée formelle œuvre uniquement au sein du procès et empêche une pluralité indéfinie d'arrêts sur le même objet alors que la chose jugée substantielle œuvre à l'extérieur du procès pour empêcher une pluralité illimitée de procès *de eadem re* : NORMANDO R., *Il valore, gli effetti e l'efficacia del giudicato*, in *Trattato di procedura penale*, KALB (cur.), V. VI, *Esecuzione e rapporti con autorità giurisdizionali stranieri,* Utet, 2009, p. 5 et s.

[2] Cette distinction est conçue par l'école allemande et reprise par les auteurs italiens, notamment en matière processuelle civiliste : ALLORIO E., *La cosa giudicata rispetto ai terzi*, Milano, 1935, p. 3 ; CARNELUTTI F., *Sistema di diritto processuale civile,* I, Padova, 1936, p. 270 et s ; CHIOVENDA G., *Cosa giudicata e competenza* dans *Studi giuridici in onore di Carlo Fadda*, Napoli, 1906, p. 400-401 ; ID., *Sulla cosa giudicata,* in ID, *Saggi di diritto processuale civile*, Napoli, 1931 ; LIEBMAN E.T., *Giudicato, I) Diritto processuale civile*, in *Enc. giur. Treccani*, XV, Roma, 1988, p. 3 et s. ; CALLARI F. *op. cit.* p. 17-38. En droit romain, c'est la fonction négative de la chose jugée qui caractérise la règle « *bis de eadem re ne sit action » ou effet consomptif de la litis contestatio.*

[3] CALLARI F., *op. cit.* p.,15 et s. reprend la distinction formelle/substantielle sous les termes de *firmitas iudicati* qui exprime une notion, dont l'origine est très ancienne, considérée comme l'élément qui permet à la décision d'aller au-delà du simple *decisum* pour exprimer une valeur d'impérativité et d'immutabilité et *autoritas re iudicatae* relatif à un renforcement de la vérification juridictionnelle contenue dans la décision définitive ; DALLA MONICA G., *Giudicato, op. cit.*, p. 385. ; voir aussi CONSO G. - GUARINIELLO R., *L'autorità della cosa giudicata penale*, in *Riv. it. dir. proc. pen.*, 1975, p. 44 ; RICCIO S., *La preclusione processuale penale*, Milano, 1951, p. 91 ; MANCUSO E.M., *Il giudicato nel processo penale, op. cit.*, p.39-46 ; TRANCHINA G., *L'esecuzione,* dans SIRACUSANO-GALATI- TRANCHINA-ZAPPALA, *Diritto processuale penale,* Milano, 2006 , p. 584

[4] MANCUSO E.M., *op. cit.* p. 133 ; certains auteurs précisent toutefois que l'irrévocabilité n'est pas considérée comme élément constitutif de la chose jugée, car peuvent exister des décisions irrévocables, mais n'ayant pas d'autorité de chose jugée : MANZINI V. *op. cit.* p.574 ; mais précise CERESA GASTALDO M., *Esecuzione,* dans CONSO G.- GREVI V.-BARGIS M., *Compendio di diritto processuale penale*, Cedam, 2016, p. 949-985 que cela n'intéresse que les décisions qui ne portaient pas condamnation.

[5] GUINCHARD S.- BUISSON J., *Procédure pénale*, LexisNexis, 2011, p.1526, n° 2597 ; en réalité, quelques auteurs rappellent que, virtuellement, on peut considérer que la décision pénale acquiert l'autorité substantielle dès son prononcé ; BOUTY C., *op. cit.* p. *« Plusieurs systèmes juridiques étrangers insistent sur le phénomène de conduite de la chose jugée à l'irrévocabilité. Tout particulièrement, les processualistes allemands et italiens se sont passionnées pour l'autorité de la*

l'« *autorité de chose jugée* », correspondant au moment où la décision est prononcée, et la « *force de la chose jugée* » (ou *décision passée en force de chose jugée*) coïncidant avec la décision qui n'est plus susceptible d'aucune voie de recours suspensive de son exécution, ce qui correspond, finalement, à la décision irrévocable. Dans le droit italien, de son côté, la notion même d'irrévocabilité présente un contenu différent, car, comme le précise l'art. 648 c.p.p., est considérée comme irrévocable la décision contre laquelle on ne peut plus utiliser des voies de recours ordinaires une fois dépassés les échelons temporels établis par son même alinéa 2, sauf le cas de la révision pénale, prévue par l'art. 630 c.p.p. ainsi que du recours pour obtenir la correction de l'erreur de fait prévue par l'art. 625 bis c.p.p.[1]. L'effet « *formel* » de la chose jugée est, en droit italien, une condition préalable à la réalisation de l'effet « *matériel* » de la chose jugée ce qui lui permet d'exprimer les effets processuels rattachés à la décision pénale devenue irrévocable au sens de l'art. 648 c.p.p.[2]. De tels effets ont, d'une part, un effet coercitif, et d'autre part, empêchent la réitération du jugement, selon un effet dit « *preclusivo* »[3] conformément au principe du *ne bis in idem* affirmé par l'art. 649 c.p.p.

L'irrévocabilité de la chose jugée, dans le droit procédural italien, est donc fortement liée, sans pour autant se confondre, avec la force exécutoire du jugement. Cela résulte du fait que les règles concernant la chose jugée sont placées dans le Xe livre du Code de procédure pénale italien consacré à la phase de l'« *exécution* », en plus du fait que l'art. 650 c.p.p. dit expressément que « *salvo che sia diversamente disposto, le sentenze e i decreti penali hanno forza esecutiva quando sono divenuti irrevocabili* »[4] ce qui indique que la force exécutoire est directement liée à l'obtention de l'irrévocabilité[5] : sans passage au caractère

---

chose jugée et semblent avoir mieux intégré dans leur système l'effet produit par la clôture des voies de recours ».

[1] En droit italien, rappelle, NORMANDO R., *Il valore, gli effetti e l'efficacia del giudicato, op. cit.*, p. 5 et p. 13 le mécanisme envisagé par le législateur italien subordonne la décision pénale aux moyens de recours ordinaires, si bien que le passage à l'irrévocabilité dépend des remèdes prévus par le système et du recours effectif à ces derniers par les parties ; aussi BOUTY C., *op. cit.*, p. 34, n° 40 et ss. souligne la particularité du système italien.

[2] Selon RUGGERO S., *Giudicato penale e accertamenti non definitivi*, Giuffré, 2004, p.3 il est désormais possible de concevoir un effet substantiel indépendant de l'effet formel.

[3]CHIOVENDA G., *Cosa giudicata e preclusione*, dans RISG, 1933, p. 5 définit la « *preclusione* » comme la perte, l'extinction ou la consommation d'une faculté processuelle qui est causée par la non-observation d'un terme péremptoire, par l'accomplissement d'une activité incompatible avec la faculté menée par l'exercice d'un pouvoir ou du droit dans lequel la faculté processuelle se résume ; ou encore ID., *Istituzioni di diritto processuale civile*, Naples, 1950, p. 331 qui parle de « *forclusion générale* ».

[4] C'est-à-dire : « *sauf disposition contraire, les arrêts et les décrets pénaux ont force exécutoire lorsqu'ils deviennent irrévocables* ».

[5] CERESA-GASTALDO M., *Esecuzione, op. cit.*, p.1105 du moins concernant la décision portant condamnation pénale, l'irrévocabilité coïncide avec l'exécution en raison de la nécessité de respecter la présomption d'innocence posée par l'art. 27, alinéa 2 Constitution italienne. En France, également, le jugement devient exécutoire avec l'épuisement des voies de recours suspensives d'exécution, mais

exécutoire, on ne saurait pas passer de la chose jugée formelle au moment où la décision devient obligatoire[1].

En droit français, la distinction entre autorité formelle et matérielle est plutôt indiquée sous les termes d'autorité négative et positive[2] : l'effet négatif de la chose jugée fait référence à l'impossibilité de remettre en question, au criminel, ce qui a été déjà jugé, en repoussant l'exercice de l'action publique et en prenant les formes d'une exception d'ordre public exprimant la notion d'« *autorité de chose jugée au criminel sur le pénal* ». Au contraire, l'effet positif de la chose jugée est rattaché à ce qui est appelé l'« *autorité de chose jugée au criminel sur le civil* », ce qui impose au juge au civil de tenir compte de ce qui a été décidé au criminel[3]. Alors que les articles 6 et 368 du C.P.P. sont considérés comme l'expression directe de l'effet négatif de la chose jugée, la plupart des auteurs considèrent que l'effet positif ressort indirectement des textes même si l'on pense qu'il peut être rattaché à l'art. 4, alinéa 2 c.p.p.[4].

La conception française opposant autorité positive et négative peut être retrouvée également en droit italien, lequel fait référence aussi à la force positive ou négative de la chose jugée : ainsi, la chose jugée produit un effet négatif qui explique l'effet «*preclusivo* », correspondant à l'interdiction d'un quelconque nouveau jugement sur le même objet exprimé par le principe du *ne bis in idem* contenu à l'art. 649 c.p.p., alors que l'effet positif de la chose jugée se manifeste par son efficacité « *extra pénale* » correspondant à l'efficacité contraignante de la vérification factuelle contenue dans la décision définitive dans d'autres procès.

La valeur reconnue au principe de l'autorité de chose jugée est donc fondamentale au vu des fonctions qu'elle assure : elle constitue un rempart essentiel au risque d'incertitude des relations juridiques. Néanmoins la valorisation des

---

l'autorité de chose jugée peut aussi exister indépendamment de la force exécutoire comme c'est le cas des jugements étrangers prévu par l'article 692 C. .p. ; en droit italien, également, le caractère exécutoire ne se confond pas avec l'irrévocabilité ni avec l'autorité de chose jugée.

[1] CARNELUTTI F., *Lezioni sul processo penale*, IV, Roma, 1949, p. 68-69.

[2] La distinction négatif/positif est reconnue : LE BARS T., *Autorité positive et autorité négative de chose jugée*, dans *Procédures*, août-septembre 2007, pp. -12 ; BOUL–C B. - MATSOPOULOU H., *Droit pénal général et procédure pénale*, Sirey, 016 ; LOP–Z G. - TZITZIS S., *Dictionnaire sciences criminelles*, Dalloz, 2004, p. 96 et s. parlent d'autorité formelle de chose jugée BOUTY C., *L'irrévocabilité*, op. cit., p. 46.

[3] BOTTON A., *Contribution à l'étude de l'autorité de la chose jugée au pénal sur le civil*, LGDJ, 2010, t. 49 ; CHAVANNE A., *Les effets du procès pénal sur le procès engagé devant le tribunal civil*, RSC, 1954, p. 239 ; GIUDICELLI A., *Principe de l'autorité de la chose jugée au pénal sur le civil, RSC, 2003*, chron. 125 ; TELLIER V., *En finir avec la primauté du criminel sur le civil*, RSC, 2009, p. 797.

[4] GARET T.-GINESTET C., *Droit pénal, Procédure pénal*, Dalloz, 2016, p 434 ; *contra* DANET J., *Autorité*, op. *cit.* n.131 selon lequel l'art. 4, alinéa 2 du Code de procédure pénale affirmant qu'il « *est sursis au jugement de cette action [civile] tant qu'il n'a pas été prononcé définitivement sur l'action publique lorsque celle-ci a été mise en mouvement* » exprime la règle « *le pénal tient le civil en l'état* », car elle n'impose au juge civil que la seule obligation d'attendre la décision pénale avant de statuer sur l'action civile et ne peut donc être assimilée à la notion d'autorité de chose jugée au criminel sur le civil.

caractéristiques qui lui sont intrinsèques, à savoir son immuabilité et son irrévocabilité, change au gré des évolutions que connaît le procès pénal et demande à relativiser la portée de la chose jugée notamment pour valoriser les droits fondamentaux de la personne faisant l'objet d'une procédure pénale[1].

2§. Une relativisation nécessaire de la chose jugée

Sans « sanctuariser » le rôle de la chose jugée, mais sans pour autant remettre en cause sa valeur dans le procès pénal, une relativisation de la portée de l'autorité de la chose jugée semble nécessaire. La chose jugée devrait s'apprécier pour ce qu'elle représente dans la dynamique procédurale, c'est-à-dire une limite pratique posée à l'action juridictionnelle pour éviter que celle-ci ne s'éternise[2], sans pour autant oublier que celle-ci s'insère dans un nécessaire équilibrage entre intérêts opposés caractérisant le procès pénal, à savoir l'exigence de sécurité juridique et de justice.

Il est clair que la première ne pourra jamais prévaloir sur le deuxième, car cela reviendrait à admettre que la chose jugée est un principe rigide et absolu, loin de la prise en compte des retombées pratiques sur la position du condamné, ce qui trahirait la nature même du procès pénal où l'on ne débat pas d'un bien matériel, mais de la valeur d'un homme qui est au centre de la dynamique processuelle et seul protagoniste du drame processuel[3].

Le système processuel, d'ailleurs, tel qui a été construit en France comme en Italie, valide déjà cette approche relativisée de l'autorité de la chose jugée, dès lors que le fruit de l'opération de reconstruction de la vérité factuelle, opérée par l'autorité judiciaire, est soumis à la fois à un système de contrôle horizontal, par la vérification croisée opérée par le débat contradictoire, et, au sens vertical, par l'aménagement de voies de recours – ordinaires et extraordinaires – pouvant intervenir pour désavouer la reconstruction opérée. Ainsi le Code de procédure pénale italien de 1988, faisant état d'une approche fonctionnelle à la protection de l'individu, multiplie les limitations à l'intangibilité de la décision finale et tranche avec l'approche rigoriste en faveur de la chose jugée du passé.

La consécration de voies de recours *extraordinaires* permet, à titre exceptionnel, le dépassement de l'autorité de chose jugée identifiant un point d'équilibre entre les exigences de préservation de la sécurité juridique, d'une part, et les impératifs de justice de l'autre. Si l'autorité de la chose jugée protège en effet la

---

[1] Ainsi, selon BLERY C., *Qu'est-ce que l'autorité de chose jugée ? op.cit.* l'on devrait dépasser les débats d'école sur l'aspect théorique de la chose jugée afin d'évaluer ses retombées pratiques ; également LE BARS T., *Autorité positive et autorité négative de la chose jugée, Procédures*, n°8/9, 2007, étude 12.

[2] BLERY C., *Qu'est-ce que l'autorité de chose jugée* ? *op. cit.*, §7 : souligne « *Si tous pouvaient l'analyser ainsi, l'autorité de la chose jugée ne serait plus une question d'école, mais une notion unitaire, dépourvue de confusion* ». Également critique sur les qualifications dont elle a fait l'objet la chose jugée CALLARI F. *La révision, op. cit.* p. 29 ss. Voir aussi BOUTY C., *L'irrévocabilité*, *op. cit.*, n° 201.

[3] DE LUCA G., *I limiti soggettivi, op. cit.*, p .92 . Également LOZZI G., *Giudicato*, cit, p. 913.

certitude du droit, celui-ci ne s'identifie pas, cependant, uniquement dans l'objectif de garantir la paix sociale à tout prix, mais aussi dans la nécessité de protéger ce qui est certain [objectif], ce auquel chaque homme aspire, et qui doit être remis en question dès lors que la certitude objective est mise en question. La possibilité de remettre en cause la chose jugée est donc typiquement liée à des dysfonctionnements de la justice. En matière pénale, cela est d'autant plus important : il s'agit d'un domaine qui a un impact important sur la personne. Les enjeux touchent à l'honneur, à la dignité, mais également à la liberté individuelle de la personne.

Ainsi, l'équilibrage d'exigences opposées, telles que la certitude du droit et la nécessité de la justice admettent, dans des cas précis, la possibilité d'une réouverture de la procédure juridictionnelle conclue avec une décision ayant l'autorité de la chose jugée. Désormais, le modèle procédural des États membres, révolu par l'incidence supranationale de la Cour EDH, loin de créer une crise de l'autorité de chose jugée, doit mettre en exergue la capacité d'équilibrer les impératifs de sécurité juridique avec la sauvegarde de l'équité – ou fairness – de la procédure.

SECTION 2.
L'AFFAIBLISSEMENT DE L'AUTORITÉ DE LA CHOSE JUGÉE

« Il existe un moment où une loi d'irréversibilité cynique ne peut pas barrer la route à la lumière de la vérité et de la justice »[1]. Le parcours qui conduit à l'établissement du jugement final correspond à une vérification juridictionnelle, accomplie par le juge sur la base des éléments de preuves et du débat contradictoire, visant à établir l'attribution des faits contestés à l'accusé.

Le procès pénal implique, en effet, une reconstruction des faits du passé, telle une *« machine à rétrospection »*[2], afin que soit correctement établie la correspondance entre l'énoncé final, qui est tenu pour vrai - selon le célèbre adage d'Ulpien « *res iudicata pro veritare habetur* »[3] - et les éléments sur lesquels celui-ci se fonde.

Néanmoins, le processus ainsi décrit peut connaître des difficultés : la réouverture d'une procédure conclue avec décision définitive en force de chose jugée est justifiée dès lors que la vérité historique doit prévaloir sur celle processuelle **(1§)** ou encore, lorsqu'il est nécessaire d'exécuter une décision de la Cour EDH qui a condamné l'État membre pour un défaut de « *fairness* » dans la procédure interne **(2§).**

---

[1] LEONE G., *Il mito del giudicato, op. cit.*,p. 197 ; NORMANDO R., *Il sistema dei rimedi revocatori del giudicato penale,* Giappichelli, *Torino,* 1996, p. 15.

[2] FERRUA P. P. *Il giusto processo, op. cit.*, p.

[3] Dig. 1.5.25 *Ulpianus, ad legem Iuliam and Papiam.*

1§. Un affaiblissement de la chose jugée par la justice de la décision

Les voies de recours extraordinaires peuvent être utilisées contre une décision ayant l'autorité de chose jugée et complètent ainsi l'architecture procédurale. En effet, leur prévision est absolument nécessaire compte tenu de la nécessité de remettre en cause un jugement définitif dès lors que la correspondance entre la vérification juridictionnelle et la vérité historique fait défaut. Si cela n'était pas possible et s'il n'était donc pas possible de réparer les erreurs judiciaires pour garantir l'autorité de la chose jugée, le système perdrait en crédibilité. Au contraire, leur codification dans la procédure pénale permet de renforcer la valeur de la chose jugée et confirme le nécessaire affaiblissement de celle-ci en cas de prédominance d'intérêts différents.

Une décision demeure irrévocable tant que la correspondance entre la vérification juridictionnelle et la vérité historique existe, mais dès lors que cette correspondance ferait défaut, à cause de l'apparition d'éléments nouveaux, la décision serait alors contestable, car l'exigence d'assurer la justice acquiert, dans un État démocratique, un caractère prééminent[1]. Cette démarche vers la vérité historique représente le but principal de la révision pénale[2].

La révision pénale peut être utilisée par le condamné lorsque subsiste un défaut de coïncidence entre la vérité processuelle, telle qu'elle résulte de la reconstruction historique des faits à l'issue de la procédure pénale, et la vérité historique. En droit italien, ce moment correspond à celui où apparaissent des éléments nouveaux qui, conformément à l'art. 631, c.p.p, s'ils sont vérifiés, conduisent à établir que le condamné doit être acquitté[3]. En droit français, cela correspond à la découverte d'un « *fait nouveau ou élément inconnu au jour du procès de nature à établir l'innocence du condamné ou à faire naître un doute sur sa culpabilité* »[4].

---

[1] CALLARI F. *La firmitas*, *op. cit.* p. 207 : « *in uno stato democratico, l'esigenza di giustizia assume decisamente il carattere di interesse pubblico preminente* »

[2] ROMEIRO F., *La révision comme facteur d'ennoblissement de la justice,* dans RSC. 1970, pp. 623-630.

[3] Le Code de 1930 prévoyait l'hypothèse de la révision pénale. Toutefois, la doctrine concorde dans le fait de souligner que seul le Code de 1988, qui renie enfin le système précédent basé sur deux phases (*iudicium rescidens* et *iudicium rescissorium*) casse l'isolement où ce moyen de la révision se trouvait. Désormais, la révision pénale, bien qu'elle soit un moyen extraordinaire de recours, s'insère dans la physiologie du procès pénal : v. DEAN G., *La revisione*, Cedam, 1999, p.12 ; NORMANDO R., *Il sistema dei rimedi revocatori del giudicato penal*, *op. cit.*, p. 27 et 103 souligne que sous le code Rocco, la révision est une institution qui manque d'autonomie fonctionnelle ; SPANGHER G. G., *Revisione*, *Disc. disc. pen.*, XII, Torino, 1997, p. 135 ; VANNI R., *Revisione del giudicato penale*, Enc. giur., XL, Milano, 1989, p. 159 et s.

[4] Deux lois ont profondément modifié la procédure de révision en France : la Loi du 8 juin 1895 et la L. n° 89-431 du 23 juin 1989 : la première a créé la survenance d'un fait nouveau « *de nature à établir l'innocence du condamné* » et a prévu la possibilité d'une indemnisation du condamné reconnu innocent, la deuxième a élargi le domaine d'application du quatrième cas de révision exigeant que le fait nouveau soit de nature à faire douter de la culpabilité du condamné et a judiciarisé la procédure ; récemment est intervenue la Loi n° 2014-640 du 20 juin 2014, la troisième, qui a créé une juridiction unique chargée de statuer à la fois sur les demandes de révision et de réexamen, composée de magistrats

Ainsi, la prévision de voies de recours extraordinaires exclut que la notion de chose jugée doive être considérée en son sens absolu, tel un élément immuable.

Par ailleurs, les mesures législatives comme la jurisprudence ont modifié les limites des moyens de recours extraordinaires afin d'élargir de manière significative les instruments de garantie en faveur de la personne condamnée : il existe désormais de nombreuses hypothèses dans lesquelles est admise la remise en question de la *res iudicata* afin de répondre au besoin, de plus en plus présent, de remédier aux violations des droits individuels constatées après l'irrévocabilité du jugement. Notamment, cela a eu lieu dans le droit italien par l'introduction par le législateur italien avec la Loi 128 de 2001, de l'art. 625 *bis* c.p.p. qui porte sur le recours extraordinaire inhérent à la demande de correction d'erreurs matérielles ou de faits internes contenus dans les décisions de la Cour de cassation. Il s'agit d'un moyen qui a ouvert une brèche au sein de l'autorité reconnue aux arrêts de la Cour de cassation qui étaient considérés comme intangibles pour des raisons de stabilité des situations juridiques[1]. Celui-ci est un moyen similaire au pourvoi en cassation dans l'intérêt de la loi prévu par le droit français et qui peut être exercé contre une décision définitive dans le but de remettre en cause l'autorité de chose jugée pour contester les erreurs de droit commises par les juges du fond et assurer l'unité de la jurisprudence et du respect de la loi[2].

D'autres changements significatifs ont concerné la révision pénale, dont le champ d'application opérationnel s'est progressivement élargi grâce à des apports hétérogènes : en 2003, a été admis le recours en révision des condamnations prononçant la peine à la demande d'une partie (appelé « *patteggiamento* » en Italie) et, encore, la jurisprudence constitutionnelle, compensant l'inertie du législateur, a identifié la révision comme l'instrument le plus approprié, parmi ceux existant dans le système, pour assurer la réouverture du procès pénal reconnu comme inéquitable par la Cour européenne des droits de l'homme.

À la suite de la réforme apportée par la loi n° 67/2014 relative à la procédure de contumace, les voies de recours extraordinaires se sont encore élargies avec l'introduction, à l'article 629 *bis* du Code de procédure pénale, de la « *rescissione del giudicato* », c'est-à-dire une voie de recours visant à annuler le jugement pénal et à obtenir un second jugement, si le procès s'est déroulé pendant toute sa durée

---

des six chambres de la Cour de cassation et a regroupé les cas d'ouverture de la révision en un cas unique. Voir DESPORTES F.- LAZERGES L., *Traité*, *op. cit.* n° 3591 et s.6 ss.

[1] Corte Cost. 04.02.1982, n. 21,in G.I., I, 1, 582 : « *in questo schema logico si colloca l'ordinario procedimento penale il cui momento terminale, ove siano esperiti i normali mezzi di impugnazione, è costituito dal giudizio e dalla pronunzia della Corte di Cassazione che, per il ruolo di supremo giudice di legittimità ad essa affidato dalla stessa Costituzione (art. 111, 2° co., Cost.), non può soffrire ulteriore sindacato ad opera di un giudice diverso* ; *il principio della irrevocabilità ed incensurabilità delle decisioni della Corte di Cassazione, oltre ad essere rispondente al fine di evitare la perpetuazione dei giudizi e di conseguire un accertamento definitivo - il che costituisce, del resto, lo scopo stesso dell'attività giurisdizionale e realizza l'interesse fondamentale dell'ordinamento alla certezza delle situazioni giuridiche - è pienamente conforme alla funzione di giudice ultimo della legittimità affidata alla medesima Corte di Cassazione .* » *v.* GIALUZ M., *Il ricorso*, *op. cit.*, p. 95 et s.

[2] BOULOC B., *Procédure pénale*, n° 1162 et s.

en l'absence de l'accusé, qui a ignoré sans faute la procédure elle-même[1] utilisable par le seul condamné avec décision définitive lorsqu'il peut prouver que son absence a été causée par une méconnaissance non coupable du procès[2].

2§. Un dépassement justifié par la justesse de la procédure

Si l'apparition d'une erreur de fait doit conduire à la remise en cause de la décision définitive qui le contient, doit être considérée comme également *« injuste »* la décision qui, bien qu'elle corresponde à la vérité processuelle, est cependant entachée d'injustice dans le processus qui a conduit à sa réalisation. En effet, les droits fondamentaux sont désormais intégrés aux systèmes des États membres, si bien qu'une condamnation de la part de la Cour EDH qui établit leur violation à l'occasion d'un procès interne doit être exécutée par l'État, notamment par la réouverture de la procédure conclue définitivement.

Ainsi, la prise en compte des violations conventionnelles établies par la Cour EDH entache la justesse de la vérification juridictionnelle à cause de son défaut de conformité aux standards supranationaux **(2.1§)** et justifie l'érosion de la chose jugée par le biais d'un moyen de recours extraordinaire **(2.2§).**

2.1§. L'exigence de conformité de la vérification juridictionnelle aux standards supranationaux

La décision qui cristallise définitivement une activité juridictionnelle, mais qui aura violé des dispositions issues de la Convention européenne des droits de l'homme, est donc entachée d'injustice. L'obligation qui surgit pour l'État membre est d'exécuter cette décision de condamnation, conformément à l'article 46 Cour EDH, ce qui suppose le rétablissement du condamné dans ses droits conventionnels violés, de type processuel ou substantiel.

Le dépassement de l'autorité de la chose jugée est ici justifié non pas pour corriger l'appréciation du fait matériel par le juge interne mais comme le résultat d'un vice interne à la procédure. La finalité apparaît donc totalement différente de la révision pénale qui existe tant dans le système français qu'italien. Celle-ci opère une déconstruction de la vérité telle qu'elle résulte du jugement définitif, pour ensuite la reconstruire, à partir de nouveaux éléments factuels à la faveur exclusive de la personne condamnée[3]. L'objet de la révision porte uniquement sur la contestation d'une *erreur de fait*[4] et ouvre une brèche dans l'intangibilité de la

---

[1] Art. 629 bis C.p.p. modifié par la Reforme Orlando qui a abrogé le précédent article 625 ter, puis modifié par la réforme Cartabia

[2] Sur l'introduction de ce nouveau remède QUATTROCOLO S., *Il contumace cede la scena processuale all'assente, mentre l'irreperibile l'abbandona*, in Dir. pen. cont., n. 2/2014, p. 102.

[3] DE LUCA G., *I limiti soggettivi della cosa giudicata penale*, *op. cit*., p. 99 ; aussi MANCUSO E.M., *Il giudicato, op. cit.*, p. 96; VANNI R., *La revisione n pejus del giudicato penale: frana il tradizionale divieto*? LP, 1993, 1993, 581 s.

[4] Concernant le droit italien : SANTALUCIA B., *Commento sub. Art. 630,* dans *Codice di procedura penale, Rassegna di giurisprudenza e dottrina,* (dir. Lattanzi-Lupo), VIII, Giuffré, p. 1169 et s. ; en

chose jugée soumise à des conditions dûment définies par le droit italien et français : à savoir l'existence d'une décision de condamnation[1] et de l'une des conditions justifiant la demande de révision[2]. Est totalement différente la perspective d'action poursuivie par la révision « *européenne* » - ainsi qualifiée par les italiens – ou du « *réexamen consécutif à une condamnation de la Cour EDH* » – selon l'appellation française. La voie de recours ne vient pas ici composer une contradiction entre vérité factuelle, résultant d'éléments extérieurs, et vérité processuelle, consacrée par la chose jugée ; elle vise le placement de la personne condamnée, jugée victime par les juges supranationaux d'une violation conventionnelle, dans la même situation où elle aurait été si la violation n'avait pas eu lieu. Les impacts consécutifs varient selon qu'il s'agisse d'une violation procédurale ou substantielle. Le contenu novateur ne découle donc pas d'éléments survenus, susceptibles d'influencer la reconstruction historique de la vérité factuelle en fonction de la proclamation de l'innocence du prévenu ; celui-ci est représenté par le jugement de valeur prononcé par la vérification supranationale portant sur l'existence ou pas d'une violation aux dispositions de la Conv. EDH ou de ses Protocoles. La révision « européenne » est donc vouée à conformer la

---

droit français, DESPORTES F.-LAZERGES L., *Traité*, op. cit., p 4302. ; selon la définition de CORNU G. , *Vocabulaire juridique*, 2014, p. 413 « *l'erreur de fait* » se définit comme l'erreur sur un élément de la situation dans laquelle l'auteur s'est trouvé ; l'« *erreur de droit* » est une erreur sur l'existence ou le sens de dispositions légales ou réglementaires, en principe sans influence sur la réalisation de l'infraction. L'on peut également faire la distinction entre « *error in judicando » (trad. « erreur dans le jugement »)* correspondant à l'appréciation inexacte des données d'un procès tenant à la faillibilité des juges ou à leur mauvaise information tenant au caractère mensonger des éléments de preuve utilisés et l'« *error in procedendo* » (trad. *vice de procédure*) qui tient à tout manquement quant à la manière de procéder ou quant au temps pour agir. Le plaider peut dénoncer ces erreurs par le biais d'une exception ou d'une fin de non-recevoir ou faire censurer par la juridiction supérieure en interjetant appel. En pratique l'usage s'est établi de le faire dans le pourvoi en cassation, permettant une réouverture englobant les irrégularités commises lors du déroulement de l'instance ou du jugement, mais il est souvent nécessaire que l'inobservation de formes soit dénoncée en temps voulu devant les juges du fond, faute de quoi le grief devient inadmissible.

[1] L'art. 629 C.p.p. (Italie) précise que peut être demandée, à tout moment, en faveur des condamnés, dans les cas déterminés par la loi, la révision des arrêts de condamnation, des décrets pénaux de condamnation devenus irrévocables, même si la peine a déjà été exécutée ou s'est éteinte alors que l'art. 622 CPP (France) indique que « *la révision d'une décision pénale définitive peut être demandée au bénéfice de toute personne reconnue coupable d'un crime ou d'un délit* ».

[2] Art. 630 C.p.p. « *Casi di revisione* » énonce quatre hypothèses : « a) *l'incompatibilité des faits à la base de la décision ou décret pénal de condamnation avec ceux établis par une autre décision pénale irrévocable du juge ordinaire ou spécial ; b) si la sentence ou le décret de condamnation ont retenu l'existence de l'infraction à la charge du condamné en conséquence d'une décision du juge civil ou administratif, successivement révoquée, qui a décidé une question préjudicielle prévue par l'article 3 C.p.p. ou 479 C.p.p. ; c) si après la condamnation sont survenues ou sont découvertes de nouvelles preuves qui, seules ou unies à celles déjà évaluées, démontrent que le condamné devait être acquitté selon l'art. 631 C.p.p. ; d) enfin, s'il est démontré que la condamnation a été prononcée en conséquence de la faute dans les actes ou en justice ou d'autres faits prévus comme infraction par la loi* », en France, à partir de la Loi du 20 juin 2014, il n'existe plus qu'un cas de révision : « *l'existence d'un fait nouveau ou d'un élément inconnu de la juridiction au jour du procès de nature à établir l'innocence du condamné ou à faire naître un doute sur sa culpabilité* ».

chose jugée aux principes du procès équitable tenant à la modalité dont l'action juridictionnelle a été conduite par les juridictions nationales.

L'autorité de chose jugée doit donc être garante du fait que la vérification juridictionnelle a été conduite dans le respect des droits procéduraux de l'accusé, sous le prisme des standards de protection introduits par la Conv. EDH. La décision accède donc à son caractère définitif et à son immuabilité en ce qu'elle répond à la justesse de l'action, le cas échéant la révision européenne ou le réexamen doivent venir contrebalancer cette incohérence afin de garantir l'adéquation de la chose jugée aux principes conventionnels, au risque que la chose jugée se retrouve discréditée.

2.2§. La formation de la chose jugée à l'issue d'une procédure injuste

La décision définitive prononcée à l'issue d'une procédure ayant violé les droits conventionnels doit donc être remise en question par l'aménagement de voies de recours de type « *extraordinaires* », car, en vertu des principes conventionnels, la Cour EDH peut être saisie uniquement après l'épuisement des voies de recours internes, si bien que le jugement contesté sera bien passé en force de chose jugée. Sont critiquables, au contraire, les thèses selon lesquelles il n'y aurait pas eu de passage en force de chose jugée, si bien que le moyen pour critiquer l'arrêt ne serait pas un recours « *extraordinaire* ». D'une part, selon certains auteurs, le principe du procès équitable, profitant d'une pleine applicabilité dans le droit interne, la personne qui agit devant la juridiction interne, aurait le droit d'obtenir une décision conforme aux dispositions conventionnelles[1]. En conséquence, si la coïncidence entre légalité processuelle de la décision interne et légalité conventionnelle de la décision de la Cour EDH fait défaut, cela déterminerait une invalidité processuelle empêchant la décision de devenir chose jugée. En conséquence, il faudra donc imposer la tenue, *ex officio*, à nouveau, de toutes les activités juridictionnelles jugées invalides en raison de leur conflit avec les exigences conventionnelles. Selon certains, la décision définitive prononcée en violation des garanties du procès équitable serait simplement inexistante à cause de la divergence entre l'acte, la décision définitive et son modèle, l'article 6 de la Conv. EDH[2]. Encore selon certains auteurs, le réexamen consécutif à une condamnation de la Cour EDH serait une voie de recours suspensive empêchant la décision interne de devenir irrévocable tant que la possibilité d'un réexamen n'est pas écartée[3]. En conséquence, la décision définitive aurait une autorité progressive qui permettrait à la chose jugée de se former en fonction de paliers qu'elle valide dans son parcours vers l'irrévocabilité, dont font partie aussi la

---

[1] BOVE M. *Art. 111 e giusto processo civile,* in *Riv. Dir. proc.* 57, 2/2002, p. 9 ss.

[2] CONSO G., *Il concetto e le specie d'invalidità, Introduzione alla teoria dei vizi degli atti processuali penali*, Giuffré, Milano, 1955, p. 99 ss.

[3] BONFILS Ph., obs. précitées sous com. réexamen, 30 nov. 2000, Dr. et part. 2002, n° 102, p. 92 : *« en matière pénale du moins, le caractère définitif et irrévocable d'une décision est en quelque sorte suspendu à l'éventualité et au sort d'un recours devant la CEDH, et dans l'hypothèse d'une condamnation par la CEDH de la France ».*

possibilité d'un recours devant la Cour EDH (dont le délai est désormais de quatre mois) puis une condamnation éventuelle par la CEDH.

Néanmoins, ces théories ne sont pas convaincantes. La question d'exécuter une décision de la Cour EDH constatant l'existence des violations conventionnelles envers une procédure déjà conclue exige l'introduction d'un moyen de recours qualifié d'« *extraordinaire* » : en effet, le jugement interne doit, pour faire l'objet d'une décision de la Cour EDH, être passé en force de chose jugée en raison de l'épuisement des voies de recours internes ce qui est indiqué comme étant une condition de recevabilité par l'article 35, al. 1 Conv. EDH[1]. C'est ainsi que doivent être préférés des moyens de recours « *extraordinaires* » qui permettent l'adéquation de la chose jugée aux impératifs supranationaux, tout en laissant, d'une part, le condamné agir pour obtenir l'exécution de l'arrêt de la Cour EDH et, d'autre part, l'État membre calibrer les modalités pour apprécier les conséquences de la réouverture de la procédure couverte par la chose jugée[2].

CHAPITRE 2.

LA PERMÉABILITÉ DES SYSTÈMES PROCÉDURAUX NATIONAUX FACE AUX SYSTÈMES EUROPÉENS DE PROTECTION DES DROITS DE L'HOMME

L'évolution de la notion d'autorité de chose jugée intervient à deux niveaux : en premier lieu, en ce qui concerne sa valeur au sein de la procédure pénale interne où elle est vouée à garantir la sécurité juridique. L'évolution vers la centralisation des droits fondamentaux que connaît le procès pénal fait apparaître, aussi pour la chose jugée, de nouveaux espaces d'affaiblissement de son immuabilité. En deuxième lieu, l'autorité de chose jugée, traditionnelle expression de souveraineté étatique, voit son rôle changer face à l'enchevêtrement d'ordres juridiques nationaux et supranationaux.

En effet, le rapport que les ordres juridiques nationaux entretiennent avec les ordres supranationaux se caractérise typiquement par la création de ce qui a été appelé un « réseau », dont le nom évoque une idée de circulation, de fluidité, d'interaction entre espaces normatifs. Il s'agit, plus particulièrement, d'un réseau

---

[1] BOUTY C., *L'irrévocabilité*, *op. cit.* n° 271-272 souligne comme l'article 622-1 du Code de procédure pénale prévoit que le réexamen ne peut concerner que des décisions définitives. Il rappelle également que le Conseil supérieur de la magistrature affirme : *« la requête introduite par l'intéressé devant la Cour européenne des droits de l'homme invoquant des violations de l'article 6 de la Convention européenne de sauvegarde des droits de l'homme au cours de la procédure suivie à son encontre n'est de nature ni à priver la décision pénale précitée de l'autorité de la chose jugée ni à conduire le Conseil à surseoir à statuer »*.

[2] D'ORAZI M., *Revisione della condanna penale e violazioni dell'art. 6 CEDU*, in *Cass. pen.*, 2006, p. 2967.

« *multi-niveaux* », caractérisé par l'enchevêtrement d'ordres nationaux et internationaux et dont la coopération constitue une clef de voûte essentielle au bon fonctionnement de tel réseau[1]. L'ordre juridique ressemble toujours plus à « *un édifice à plusieurs étages superposés, telle une pyramide ou hiérarchie, formé d'un ensemble d'étages de normes juridiques*[2] », dans celui-ci « *au même moment, dans le même espace social, peuvent coexister plusieurs systèmes juridiques : le système étatique, mais également d'autres avec lui, indépendamment de lui, éventuellement ses rivaux* »[3].

Les systèmes européens déterminent un phénomène d'enchevêtrement entre ordres juridiques qui s'intègrent suivant les modalités classiques du monisme et du dualisme (**Section 1**).

Le système conventionnel, créé par la volonté même des États souverains afin de réaliser une communauté européenne basée sur la protection des droits de la personne et se positionnant à un niveau supranational, se démarque par son incidence sur l'ordre juridique interne de par l'originalité de ses traits **(Section 2)**.

SECTION 1. LES MODALITÉS D'INTÉGRATION DE L'ORDRE SUPRANATIONAL DANS L'ORDRE INTERNE NATIONAL

L'influence de la Convention européenne en droit interne apparaît liée à la place qu'elle occupe dans la hiérarchie des normes internes : la France, de son côté, a été caractérisée par une articulation avec le droit supranational suivant la matrice moniste, alors que l'Italie se fonde sur une approche plutôt dualiste.

La France a d'abord connu une logique dualiste d'introduction des normes internationales en droit interne sous la IIIe République, lorsque les traités ou accords internationaux devaient faire l'objet d'une promulgation par décret du Président de la République pour produire des effets en droit interne, puis l'ordre juridique français a penché vers l'articulation de ses rapports avec les ordres supranationaux selon un modèle moniste, notamment envers la Cour EDH.

Les rapports entre la Cour EDH et la France furent marqués, initialement, par la réticence française à reconnaître la jurisprudence de la Cour européenne, ce qui représente un comportement assez étonnant, étant donné que la France est l'un des pays qui a œuvré en faveur de la constitution du Conseil de l'Europe et a été moteur du texte conventionnel, bien qu'elle ait ratifié relativement tard la Convention elle-même.

---

[1]CASSESE S., *La globalisation du droit*, dans *Mélanges en l'honneur de Jean-Paul Costa*, Dalloz, 114 ss.
[2] KELSEN H., *op. cit.*, Paris, Dalloz, 1962, p. 299.
[3] CARBONNIER J., *Sociologie juridique*, *op. cit.*, p. 208.

Par la suite, au lendemain de la ratification tardive de la Convention[1], suivit une période d'assimilation de la Convention dans l'ordre interne où essentiellement, en l'absence de recours contre la France, on considérait que ses traditions et ses instruments internes, tels que le contrôle de constitutionnalité, offraient un cadre suffisamment protecteur des droits fondamentaux.

Finalement, suite aux nombreuses condamnations subies à partir des années 80, la France prit conscience de l'inadéquation de son système aux engagements requis par la Convention EDH. Ainsi, elle devait s'adapter, non seulement au rôle du texte conventionnel, mais également à la jurisprudence que la Cour de Strasbourg avait développée, faisant de la Convention un véritable instrument de droit vivant dont les juges nationaux devaient tenir compte.

Les dispositions de la Conv. EDH ont un effet direct dans l'ordre interne qui, en vertu de l'article 55 Const., se situe à une échelle *supra législative*, mais *infra constitutionnelle*[2]. En l'absence d'un recours direct au juge constitutionnel qui permette d'examiner la conformité des lois et règlements internes à la Convention européenne, il incombe à tout juge, judiciaire ou administratif, à quelque niveau qu'il se trouve, de procéder à ce contrôle de conventionnalité[3]. Un tel contrôle peut donc aller – au sein du droit interne - jusqu'à l'éviction de la loi nationale non conforme à la Convention. Le Conseil d'État recourt ainsi directement à l'article 8 de la Conv. EDH pour contrôler le respect du droit à la vie privée et familiale des étrangers se voyant contraints de sortir du territoire[4].

D'autre part, les rapports que l'Italie entretient avec le système de la Cour européenne et la Convention EDH doivent être ramenés aux formes dualistes, consacrant une approche fortement ancrée sur le volontarisme étatique en vertu duquel l'État reste libre et ne donne exécution aux actes internationaux que dans la limite de ce qu'il décide.

L'ordre juridique italien a, en effet, reconnu à la Convention européenne la même force juridique que l'acte qui lui a donné application en droit interne, c'est-à-dire la Loi n. 848 du 4 août 1955. En conséquence, les dispositions de la Convention EDH sont pleinement efficaces au sein de l'ordre juridique italien et

---

[1] La France, bien qu'elle fût un des États instigateurs de la création du Conseil de l'Europe, dont elle signa la Charte constitutive le 5 mai 1949 et qui fut ratifiée le 4 août suivant, et promoteur de la Convention, ne ratifia celle-ci que tardivement, après un long parcours, le 3 mai 1974, quand elle fut publiée au Journal Official et entra en vigueur. Pour une reconstruction minutieuse, voir GIRARD D., *La France devant la Cour européenne des droits de l'homme*, L'Harmattan, Paris, p.49 ss.

[2] SZYMZAK D., *Convention européenne des droits de l'homme : application interne*, in *Rep. Droit européen*, Dalloz, 2017. GAUTHIER C,.PLATON S. ,SZYMCZAK D., *Droit européen des droits de l'homme,* Sirey, 2017, n° 610.

[3] Décision n° 74-54 DC du 15 janvier 1975, recueil p. 1, loi relative à l'interruption volontaire de grossesse : « *Il n'appartient pas au Conseil constitutionnel, lorsqu'il est saisi en application de l'article 61 de la Constitution, d'examiner la conformité d'une loi aux stipulations d'un traité ou d'un accord international* ».

[4] CE, Ass., 19 avril 1991, « Mme Babas » ; « M. Belgacem » , Rec., p. 152.

elles possèdent un rang de loi ordinaire[1]. Néanmoins, le fait de reconnaître aux dispositions de la Convention EDH une efficacité directe, mais conditionnée au rang de la loi ordinaire faisait surgir plusieurs problèmes tels que le fait que les dispositions conventionnelles devaient respecter le texte constitutionnel, au risque de leur illégitimité constitutionnelle, ou encore, qu'il fallait clarifier son rapport aux lois successives de même rang.

Dans l'affaire *Ciulla c/ Italie* de 1989, la Cour EDH considère que « *[les juridictions italiennes] ne semblent pas avoir eu l'occasion de préciser si [les dispositions de la Conv. EDH] occupent, comme l'affirme une partie de la doctrine, un rang intermédiaire entre la Constitution et les lois ordinaires, c'est-à-dire si elles priment sur les lois postérieures à sa ratification par l'Italie »*[2]. À partir de cet argument fut d'ailleurs développée une interprétation qui, pour soustraire la Convention aux successions de lois dans le temps, affirmait sa nature de source atypique. Ainsi, en raison du « *principe de spécialité* », le texte conventionnel aurait été caractérisé par une efficacité normative spécifique lui permettant de résister à son abrogation par des dispositions législatives successives et contraires, ayant la même valeur législative. Cela faisait d'ailleurs l'objet d'un courant jurisprudentiel plutôt timide, que la Cour constitutionnelle avait exprimé avec la décision n° 10/1993[3] où elle affirmait que les dispositions conventionnelles étaient insusceptibles d'abrogation ou de modification par les dispositions de loi ordinaire. Cette position avait été soutenue aussi par certaines décisions de la Cour de cassation[4] : notamment par l'arrêt Medrano au sein duquel on attribuait aux dispositions de la Convention la nature de principes généraux de l'ordre juridique et de leur protection sous le chapeau de l'article 2 de la constitution.

L'exigence de clarifier la position de la Convention EDH au sein de l'ordre juridique italien et, en particulier, le fait de savoir si ses dispositions pouvaient

[1] Sur l'efficacité des dispositions conventionnelles : Cass. I, 16 novembre 1967, n. 2762 ; Cass. pen. pez. Un. 13 juillet 1985 *« les dispositions de la Convention européenne des droits de l'homme [.] à la suite de la loi d'exécution doivent être considérées, selon la jurisprudence constante, d'application immédiate dans notre ordre juridique ».*

[2] Cour EDH. *Ciulla c. Italie*, 22 février. 1989, §22.

[3] Corte Cost. 12.01.1993 n. 10, dans Giur. Cost., 1993, 1, p.52 ss. suivi par Corte Cost. 12.01.1993, n. 84. Finalement, ce courant, sur lequel d'ailleurs existait un doute, à savoir si la spécialité découlait de la loi ou de son contenu, les droits fondamentaux, n'a pas eu de succès, comme le constate la Cour Constitutionnelle elle-même dans la décision n.°349/2007, point 6.1.1. Contra GUAZZAROTTI A, *La CEDU e l'ordinamento nazionale*, dans *Quad. Cost.* 2006, 498 ss., note 5. Le précédent de 1993 est pourtant cité par des jurisprudences successives : Cass. pen. sez. I., Medrano, 10.7.1993 ; récemment Cass. pen. sez. I., 3.10.2005, n.35616, dans Guida al diritto, 2005, n. 43 Sur la portée de l'interprétation comme source atypique, voir les observations critiques de DONATI F., *La Cedu nell'ordinamento italiano*, in Aa.Vv. *All'incrocro tra Constituzione e CEDU*, Giappichelli, 2014, p.108 ss.

[4] Cass. pen. sez. I., Medrano, 10.7.1993 ; récemment Cass. pen. sez. I., 3.10.2005, n.35616, dans *Guida al diritto*, 2005, n. 43 Sur la portée de l'interprétation comme source atypique, voir les observations critiques de DONATI F., *La Cedu nell'ordinamento italiano*, in Aa.Vv. *All'incrocro tra Constituzione e CEDU*, Giappichelli, 2014, p.108 ss.

être utilisées comme paramètre de légitimité constitutionnelle, en dépit de la majorité de la doctrine qui reconnaissait au texte une valeur de loi ordinaire, devait être cependant tenue dans la plus grande considération, car « *destinée à donner une importance à l'un des objectifs essentiels de la Convention, celui de la stabilisation, à tous les niveaux, d'un noyau de garanties fondamentales pour lesquelles sont attendus des processus d'expansion, et non de régression de la protection [...] et cela tout en tenant compte de la réalité normative* »[1].

Finalement, à l'issue de la loi de révision constitutionnelle n. 3 de 2001 qui modifia l'article 117, al. 1° Cost., celui-ci affirme désormais que « *le pouvoir législatif est exercé par l'État et par les Régions dans le respect de la Constitution, des contraintes issues de l'ordre communautaire et des obligations internationales* »[2]. L'article 117, al. 1 Cost. impose donc au législateur national et régional de se conformer non pas seulement au droit communautaire, mais également aux obligations internationales contractées par l'État, bien que sa forme assez « *laconique* » ait divisé les opinions [3]: selon une partie des auteurs italiens, la nouvelle formulation de l'article n'entendait pas renouveler les rapports entre l'ordre national et le droit international[4], alors que, selon d'autres, cela consacrait un véritable mécanisme moniste au sein de l'ordre juridique italien[5]. Une troisième voie, plus mitigée, y voyait une disposition vouée à la

---

[1] CHIAVARIO M., *La Convenzione europea dei diritti dell'uomo nel sistema delle fonti normative in materia penale*, Giuffré, 1969, p.36-39. D'autres théories avaient rattaché le fondement de la Conv. EDH à l'article 10 – niée par la Cour constitutionnelle avec plusieurs décisions, cf. Corte cost. n.32, 18 mai 1960, Giur. Cost., 1960, p. 556, point 3. Confirmé par les arrêts no 68 du 22 décembre 1961 (Giur. Cost., 1961, p. 1262), no 104 du 26 juin 1969, (Riv. dir. int., 1969), no 52, p. 575, no 14 de 1964 – et à l'article 11 Cost.

[2] Legge Costituzionale 18.102001, n.3 *Modifiche al Titolo V della Parte seconda della Costituzione.* Aussi, l'introduction de cette disposition a divisé la doctrine sur sa portée, voir : CANNIZZARO V., La riforma federalista della Costituzione e gli obblighi internazionali, in Riv. Dir. int., 2001, p. 921 ; LUCIANI M., *Alcuni interrogativi sul nuovo corso della giurisprudenza costituzionale in ordine ai rapporti tra diritto italiano e diritto internazionale*, dans Corr. Giur., 2008, p.201 ; MARCOLINI S., *All'incrocio tra Costituzione e Cedu. Il rango delle norme della Convenzione e l'efficacia interna delle sentenze di Strasburgo,* in Cass. Pen., 2007, p. 3492 ss. ; PRINCIPATO L., *I diritti costituzionali e l'assetto delle fonti dopo la riforma dell'art. 117 della Costituzione*, in Giur. Cost. 2002, p. 1169 ss.

[3] JAQUELOT F., *La réception de la Convention européenne des droits de l'homme par l'ordre juridique italien : itinéraire du dualisme italien à la lumière du monisme français*, dans Revue de droit public, 5/2001, pp.1235- 1254.

[4] PINELLI C. *I limiti generali alla potestà legislativa statale e regionale e i rapporti con l'ordinamento internazionale e con l'ordinamento comunitario,* in Foro It., 2001, p. 165 ss. IB., Le modifiche al Titolo V della parte seconda della Costituzione: i limiti generali della potestà legislative statale e regionale e i rapporti con l'ordinamento internazionale e con l'ordinamento comunitario, in Il Foro Italiano, 2001, IV, p. 194-198, col. 195 ;

[5] En ce sens D'ATENA A., *La nuova disciplina costituzionale dei rapporti internazionali e con l'Unione europea*, in Rass. Parl., 2002, p. 916 ss. De façon plus mitigée, mais soulignant le caractère novateur voir PETRALIA V. *Equo processo, giudicato nazionale e convenzione europea dei diritti dell'uomo,* Giapichelli, Torino, 2012, p. 66-67. Aussi BONETTI P., *Brevi note su alcuni aspetti della Cedu nel sistema italiano delle fonti del diritto e nella giurisprudenza costituzionale*, in AA.VV., *All'incrocio tra Costituzione e Cedu, op. cit.*, p. 55 ss.

régulation des rapports entre l'ordre national et l'ordre conventionnel qui, loin de consacrer un changement de rang aux traités internationaux, se limitait à offrir une protection « renforcée » au droit conventionnel.

La Cour constitutionnelle italienne a finalement consacré cette troisième interprétation dans les deux décisions dites « *jumelles* » n. 348 et n. 349 de 2007[1]. Ces décisions, portant sur la matière de l'expropriation publique, sont considérées comme fondatrices des rapports entre Convention et système juridique italien. À partir de ces arrêts, on considère que réside dans l'article 117, al. 1 Const. le fondement constitutionnel à la Conv. EDH. En revanche, la Cour constitutionnelle italienne nie toute possibilité de reconnaître l'efficacité des dispositions conventionnelles par le passage des articles 10 et 11 de la Constitution.

Elle reconnaît donc le rang « *subconstitutionnel* », mais « *supra législatif* » à la Conv. EDH : en affirmant que « *les dispositions de la Convention, telles qu'interprétées par la Cour de Strasbourg, n'acquièrent pas la force de dispositions constitutionnelles [...] ; intègrent le paramètre constitutionnel, mais demeurent toujours à un niveau subconstitutionnel* »[504]. La Cour identifie dans l'art. 117, al. 1 Const. la disposition constitutionnelle capable de justifier la résistance des dispositions conventionnelles à l'égard des lois successives, en faisant donc de la Convention une hypothèse de norme interposée, c'est-à-dire une source de droit ne cédant pas aux lois postérieures et dont l'application est soumise au respect de la Constitution. D'autre part, et en conséquence de ce premier point, l'article 117, al. 1 permet aux dispositions conventionnelles d'entrer dans la compétence de la Cour constitutionnelle en ce que celle-ci sera l'organe désigné pour être investi du jugement de leur légitimité constitutionnelle[2].

Il en ressort que le juge italien, en cas de conflit entre lois nationales et dispositions contenues dans la Convention EDH, ne pourra pas se résoudre, comme dans le cas du droit communautaire, à la *non-application* de la disposition interne en conflit avec la disposition conventionnelle.

Il faudra, en premier, qu'il tente une interprétation conforme de la disposition nationale avec les dispositions conventionnelles, puis, si cela s'avère impossible, qu'il soulève la question de la légitimité constitutionnelle devant la Cour constitutionnelle en arguant de la violation de l'article 117, alinéa 1 Const. et, comme disposition interposée, celle que l'on suppose transgressée au niveau du traité international. Avant de procéder au contrôle sur l'illégitimité constitutionnelle, le juge constitutionnel italien doit vérifier que la disposition internationale n'est pas contraire aux dispositions constitutionnelles ou qu'elle n'offre pas une protection

---

[1] Corte Cost. 22.10.2007, n. 348 ; 22.10.2007, n. 349. Ces arrêts ont été suivis par les arrêts 311 et 317 de 2009 qui ont confirmé et précisé les décisions de 2007.

[2] Récemment encore rappelé par Corte Cost. 227/2010 : « *Quanto all'art. 117, primo comma, Cost., nella formulazione novellata dalla riforma del titolo quinto, seconda parte della Costituzione, questa Corte ne ha precisato la portata, affermando che tale disposizione ha colmato la lacuna della mancata copertura costituzionale per le norme internazionali convenzionali, ivi compresa la Convenzione di Roma dei diritti dell'uomo e delle libertà fondamentali (CEDU), escluse dalla previsione dell'art. 10, primo comma, Cost. (sentenze n. 348 e 349 del 2007)* ».

inférieure à celle offerte par la Constitution. Dans cette hypothèse, il devra repousser la question qui lui est soumise.

Finalement, à partir de la lecture de l'article 117, al. 1 Const. fournie par les arrêts jumeaux, l'intervention de la Cour constitutionnelle italienne a comme effet de supprimer la disposition qui serait contraire aux standards conventionnels, alors qu'en France on peut directement aboutir à la non-application de la disposition interne en conflit avec celle conventionnelle. La Cour constitutionnelle italienne conserve ici son rôle de protagoniste en matière de droits et libertés en s'emparant du contrôle de conventionnalité et suggère une application plutôt laborieuse du texte conventionnel qui risque de freiner son rayonnement[1].

En définitive, l'articulation des rapports entre l'ordre juridique national et européen en France et en Italie a suivi des parcours de réalisation différents. Là où le monisme français a réussi à entamer un véritable dialogue entre les juges d'ordres juridiques différents, le dualisme italien a cloisonné le système conventionnel dans le domaine d'action de la Cour constitutionnelle italienne. La France, grâce à son approche pragmatique, s'empressait de trouver des solutions plus efficaces dans l'intégration des ordres juridiques, contrairement à l'Italie dont les solutions paraissent trop rigides et paralysent l'action des juges ordinaire, en déniant toute possibilité de non-application du droit interne en exécution de la jurisprudence européenne. Cependant, ce dualisme exacerbé n'en est pas un : le système italien a montré, par l'activisme des juges qui, en réaction à la défaillance d'un législateur italien souvent peu réactif aux impulsions européennes, ont montré leur volonté d'opérer une plus grande reconnaissance des effets de la Conv. EDH contribuant à combler les lacunes en matière de droits fondamentaux en s'appuyant sur le système conventionnel.

SECTION 2
L'ORIGINALITÉ DU SYSTÈME CONVENTIONNEL

La protection des droits de l'homme en Europe est l'apanage du Conseil de l'Europe[2] par le biais de la Convention européenne des droits de l'homme, signée le 4 novembre 1950, et ses protocoles. Considérée comme « *outil de l'unité européenne* » se proposant « *de réaliser une union plus étroite entre ses membres,*

---

[1] LAFFAILLE F., *CEDH et Constitution italienne : la place du droit conventionnel au sein de la hiérarchie des normes,* RDP, juillet-août 2009, n° 4, pp. 1137 ss

[2] Pour une vue d'ensemble, parmi les autres : DE SALVIA M., *La Convenzione europea dei diritti del'uomo,* Napoli, 2001 ; GAUTHIER C.-PLATON S.- SZYMCZAK D., *Droit européen des droits de l'homme,* Sirey, 2017, n° 27 ; KOSTORIS R., *Manuale di procedura penale europea,* 2016, p. 6 ; RAIMONDI G., *Il Consiglio d'Europa e la Convenzione europea dei diritti dell'uomo,* Napoli, 2008 ; RENUCCI J-F., *Introduction à la convention européenne des droits de l'homme : les droits garantis et le mécanisme de protection,* Strasbourg, 2005 ; SUDRE F., *La Convention européenne des droits de l'homme,* Paris, 1992 ; COHEN-JONATHAN G., *La Convention européenne des droits de l'homme,* Paris, 1990.

identifiant la sauvegarde et le développement des droits de l'homme et des libertés fondamentales comme l'un des moyens pour atteindre cet objectif »[1], elle est interprétée par la Cour européenne des droits de l'homme.

La signature de la Convention européenne des droits de l'homme a marqué le sommet le plus haut dans le processus d'affirmation des droits fondamentaux : ce texte fondamental, expression d'un patrimoine commun d'idéaux, de traditions politiques, de respect de la liberté consacrés par les États européens[2], a subi au fil des ans des évolutions quant à son contenu, par l'ajout notamment de protocoles additionnels qui, au fur et à mesure, ont enrichi le catalogue des droits reconnus[3]. Le système conventionnel de protection des droits de l'homme, à raison notamment des arrêts de la Cour européenne, a commencé à bouleverser les rapports avec l'ordre juridique interne, si bien que par son originalité il permet au justiciable de contester l'illégalité conventionnelle.

C'est ainsi que le système conventionnel de protection des droits de l'homme fait échec aux mécanismes traditionnels du droit international[4] et devient juge de la légalité conventionnelle dans le but de « *protéger les droits de façon non pas théorique ou illusoire, mais de façon concrète et effective* »[5]. La Cour EDH rappelle néanmoins son rôle qui n'est pas celui « *de se prononcer sur la culpabilité du requérant ou sur la question de savoir si les juridictions internes ont correctement apprécié les faits et appliqué la loi, mais d'examiner les allégations du requérant que la conduite de la procédure dans son ensemble ne lui a pas garanti un procès équitable* »[6], auquel cas « *elle s'érigerait en une cour*

---

[1] RENUCCI J-F. *Droit européen des droits de l'homme, Droits et libertés garantis par la CR.E.D.H.*, LGDJ, 2017, p. 16 s. et aussi SUDRE F., *Convention européenne des droits de l'homme. – Caractères généraux*, JurisClasseur Europe, fasc. 6500.

[2] Préambule à la Convention européenne de sauvegarde des droits de l'homme et des libertés fondamentales : SUDRE F., *Droit européen, op. cit.*, p. 132 et s. ;

[3] Désormais, la Convention compte donc le Premier protocole additionnel qui garantit la protection de la propriété, le droit à l'instruction et le droit à des élections libres ; le Protocole n° 4 qui interdit l'emprisonnement pour dette et les expulsions et protège la liberté de circulation ; le Protocole n° 6 interdisant la peine de mort en temps de paix ; le Protocole n° 13 interdisant la peine capitale en toutes circonstances.

[4]La dimension de garantie collective établie par le droit conventionnel est différente par rapport à l'exigence de réciprocité qui a caractérisé le droit international ; en effet, « *à la différence des traités internationaux de type classique, la Convention déborde le cadre de la simple réciprocité entre États contractants. Il s'agit d'un réseau d'engagements synallagmatiques bilatéraux, elle crée des obligations objectives qui, au terme de son préambule, bénéficient d'une "garantie collective"* » : Affaire *Irlande c. Royaume-Uni*, op. cit., § 239. Voir SUDRE F., *Convention européenne des droits de l'homme*, *op. cit.*, §17.

[5]Cour EDH, *Soering c. Royaume-Uni*, 07.07.89, §87 : « *La Convention doit se lire en fonction de son caractère spécifique de traité de garantie collective des droits de l'homme et des libertés fondamentales* » ; aussi Cour eur. *Irlande c. Royaume-Uni*, 18 janvier 1978, série A no 25, p. 90, § 239. *L'objet et le but de cet instrument de protection des êtres humains appellent à comprendre et appliquer ses dispositions d'une manière qui en rendent les exigences concrètes et effectives.* Aussi Cour EDH, *Artico c. Italie*, 15.05.1980, § 33 ; Affaire *Airey c. Irlande*, 9.10.1979, par. 24

[6] Cour EDH, *Sarkisova c. Georgie*, 06.09.05, req. n. 73239/01 ; *Perlata c. Grèce*, 22.02.07, req. n. 17721/04.

de troisième ou quatrième instance et elle méconnaîtrait les limites de sa mission »[1], mais d'apprécier si, au cours de la procédure pénale interne concrètement considérée, il y a eu violation des garanties procédurales ou substantielles prévues par la Convention européenne.

Le rôle exercé par Strasbourg est donc strictement complémentaire par rapport à la Convention si bien que la jurisprudence développée fait de cette dernière un instrument vivant. Les arrêts de la Cour ont une incidence sur la procédure interne : la Cour se prononce sur le fait, en jugeant celui-ci sous le prisme des droits fondamentaux et en faisant application du principe de proportionnalité, consistant à vérifier concrètement que l'application d'une règle de droit interne ne conduit pas à porter une atteinte disproportionnée à un droit fondamental garanti par la convention européenne.

En effet, la Cour, conformément à l'article 19 Conv. EDH doit agir « *afin d'assurer le respect des engagements résultant pour les Hautes Parties contractantes de la présente Convention et de ses protocoles, il est institué une Cour européenne des droits de l'homme, ci-dessous nommée "la Cour"* »[2] et correspond au véritable « *centre nerveux d'un système de protection des droits de l'homme qui irradie tous les ordres juridiques internes des États européens* »[3]. À cet effet, la Cour est compétente, d'un point de vue matériel, selon l'article 32 al. 1, pour toutes les affaires concernant l'interprétation et l'application de la Convention et ses protocoles additionnels[4].

---

[1] Cour EDH, *Donadze c. Georgie*, 07.03.06, req. n. 74644/01 ; *Contal c. France*, 03.09.02, req. n. 67603/01.

[2] La Cour européenne est une juridiction d'importance considérable en raison de son rôle de protection des droits, mais également en raison de l'étendue de ses compétences et de l'ampleur de sa portée géographique. Cf. MARGUENAUD J.P. *La Cour européenne des droits de l'homme*, Dalloz, 1997 ; RENUCCI J-F., *Droit européen, op. cit.*, p. 39, n° 37 et s. GARDINO CARLI A., *Stati e Corte Europea di Strasburgo nel sistema di protezione dei diritti dell'uomo, Profili processuali*, Giuffré, Milano, 2005, p.3-4 ; SUDRE F., *Droit européen, op. cit.*, p. 283, n° 183 et s. La Cour opère en tant que juge unique, en comité de trois juges, section de sept juges, ou dans la Grande Chambre : v. SALERNO F., *Le modifiche strutturali apportate dal protocollo n. 14 alla procedura della Corte europea dei diritti dell'uomo*, in *Riv. dir. intern. priv. proc.*, 2006, p. 377 ss. ;

[3] Ainsi la définit RENUCCI J-F., *Droit européen, op. cit.* p. 38, n° 36.

[4] La compétence *ratione materiae* de la Cour tient à l'allégation de la violation d'un droit protégé par la Convention et les Protocoles en vigueur (art. 32 Conv. EDH). La Cour opère également sur la base de la compétence *ratione personæ*, largement appréciée par la Cour, si bien que selon l'art. 1 de la Convention, les États parties reconnaissent à toute personne relevant de leur juridiction les droits énoncés par la Convention. La juridiction est la condition fondamentale pour que l'État partie engage sa responsabilité (Cour Eur. *Al Jedda c. Royaume-Uni*, 07.07.2011, BC, 74) ; selon le critère de la compétence *ratione loci* selon laquelle la Cour est compétence relativement à des faits relevant de la juridiction de l'État partie, critère qui est normalement apprécié selon un paramètre territorial (*Ilascu et al. c. Moldavie et Russie*, 8.07.2004, GC), mais peut exceptionnellement être extraterritorial. Enfin, la compétence de la Cour opère selon le critère *ratione temporis* : elle s'applique à tous les faits postérieurs à l'entrée en vigueur du texte conventionnel à l'égard de l'État mis en cause ou postérieurs à la date de prise d'effet de la déclaration d'acceptation du droit de recours individuel, mais cette règle connaît des hypothèses d'assouplissement notamment lorsque les faits sont susceptibles

De plus, grâce au recours individuel, inscrit dans l'article 34 de la Convention, le système juridictionnel opère un rapprochement important entre juridiction nationale et supranationale afin de réaliser, comme indiqué dans le Préambule de la Convention même, une union plus étroite entre les États membres pour la sauvegarde des droits et libertés fondamentales : c'est la personne qui s'estime lésée dans l'un de ses droits et libertés protégés par la Convention qui pourra présenter un recours contre l'État responsable de la violation conventionnelle : outre le recours interétatique autorisant tout État contractant, selon l'art. 33 Conv. EDH, à recourir à la Cour EDH pour tout manquement à la Convention commis par un autre État partie, le recours individuel, prévu par l'article 34[1], présente l'innovation principale du mécanisme de protection des droits fondamentaux instauré par la Convention[2]. En effet, le texte conventionnel assure désormais, à son article 34, un droit d'action directe et de plein droit à tout individu, que le Protocole n. 11 a rendu désormais obligatoire par son entrée en vigueur en 1998[3] et cela a permis à la Cour EDH d'acquitter sa vocation qui est d'être une Cour supranationale protectrice des droits des individus[4]. »

Alors que l'ancien article 25 de la Conv. EDH subordonnait le droit au recours individuel à une déclaration préalable d'acceptation de la compétence de la Commission formulée par l'État mis en cause et pour une durée déterminée, ce qui limitait fortement l'effectivité du recours, son automaticité témoigne désormais de la volonté de repousser les limites de la souveraineté étatique en faveur d'une imbrication entre ordres juridiques centrée sur la protection de l'individu.

---

d'entraîner une violation continue de la Conv. EDH après cette date (*Papamichalopoulos c. Chypre*, 24. 06.1993, A.260, §39 ; *Yagci et Sargin c. Turquie*, 8.06.1994, A.319, °40).

[1] DE SALVIA M.- REMUS M., *Riccorrere a Strasburgo, op. cit.*, p.8-38 ; L'art. 34 CEDH proclame le droit de recourir à la Cour à *« toute personne physique, toute organisation non gouvernementale ou tout groupe de particuliers »* ; pour approfondir cf. MARQUIS J., *La qualité pour agir avant la Cour européenne des droits de l'homme,* Thèse Université de Genève, Éditions Romandes, 2017, p. 83 et s. Voir aussi GAUTHIER C.-PLATON S.- SZYMCZAK D., *Droit européen des droits de l'homme*, Sirey, 2017, p. 356 ss.

[2] CourEDH, Mamatkulov *et Abdurasulovic c. Turquie*, 6 février 2003, §106 « *la Cour tient à souligner que, prévu par la Convention en tant qu'élément facultatif du système de protection, le droit de recours individuel a acquis au fil des ans une importance capitale et figure parmi les clefs de voûte du mécanisme de sauvegarde des droits et libertés énoncés dans la Convention ».*

[3] Le texte de la Convention prévoyait que la Cour ne pouvait pas être saisie directement, mais nécessitait, au préalable, que la Commission close l'examen de l'affaire par un rapport transmis au Comité des ministres, si bien que la saisine pouvait être déférée par la Commission ou l'État défendeur à la Cour dans un délai de trois mois, selon donc un mécanisme tout à fait facultatif qui, dans l'hypothèse d'expiration du délai, permettait au Comité des ministres de venir trancher le litige en raison d'une compétence subsidiaire à celle de la Cour. Ce système reposait sur le rôle reconnu à la Commission de « gardienne de la Convention ».

[4] « *L'individu s'est vu reconnaître au plan supranational un véritable droit d'action pour faire valoir des droits et libertés qu'il tient directement de la Convention* », cfr. HELFER L. *The successes of and challenges for the European Court, seen from the inside/* dans *Conférence sur l'avenir à long terme de la Cour européenne des droits de l'homme*, Oslo, 7-8 avril 2014, Conseil de l'Europe, 2014, p. 42, spec. p. 47.

Les rapports que le système conventionnel entretient avec le juge national trouvent néanmoins leur prisme dans la complémentarité : ainsi, selon le *principe de proximité*, alors que le texte conventionnel pose un standard de protection des droits à destination des États membres[1], ce sont ces derniers qui devront intervenir en premier lieu pour l'assurer[2]. Ainsi, du principe de proximité découlent les deux corollaires du *principe de subsidiarité* et de *la marge d'appréciation*[3].

La Convention met en place un mécanisme subsidiaire de contrôle et confie aux États et à la Cour une tâche différente dans la mise en œuvre et la garantie des droits conventionnels : ce sont les juridictions nationales qui sont compétentes en premier lieu pour contrôler l'application que font les autorités nationales de la Convention. On considère le principe de subsidiarité exprimé par l'article 35 de la Conv. EDH comme la condition de recevabilité des recours devant la Cour EDH : le recours, pour être considéré comme recevable, doit en effet être présenté aux juges seulement après épuisement des voies de recours et dans les quatre mois à compter de la décision finale[4].

Néanmoins, la jurisprudence de la Cour a également connu une évolution significative : celle-ci est passée d'être un juge exclusif du cas concret à devenir un juge de la « *compatibilité conventionnelle* » du droit national, s'arrogeant des fonctions similaires à celles d'une cour constitutionnelle. En effet, les décisions de la Cour européenne ont commencé à mettre en évidence les lacunes structurelles des systèmes juridiques nationaux qui sont à l'origine des violations conventionnelles, et à prescrire aux États des mesures générales pour éviter qu'elles ne se reproduisent - jusqu'à la récente formalisation de la procédure d'arrêt « pilote ». Ainsi, bien que la Cour rappelle dans le dispositif de ses arrêts le principe de liberté de choix des moyens[5], force est de constater qu'elle applique des solutions tout autres puisqu'elle indique de plus en plus précisément les mesures qui s'imposent aux États au terme du prononcé de l'arrêt afin d'en garantir l'exécution : lorsque la violation conventionnelle a été constatée par la Cour. La responsabilité de l'État est engagée, faisant surgir une obligation de

---

[1] DEGAN V.D., *La justice, l'équité et le droit international,* dans Aa.Vv. *Mélange en l'honneur de Nicolas Valticos,* p. 89 ss.

[2] Cour EDH, 1976, affaire Royaume-Uni c. Irlande, c'est précisément aux États d'être, d'une part, responsables de la vie de la nation et, d'autre part, en contact permanent et direct avec les besoins de la communauté et en mesure de les apprécier.

[3] La marge d'appréciation est un critère jurisprudentiel:cf. DONATI, MILAZZO, *La dottrina del margine di apprezzamento nella giurisprudenza della Corte europea dei diritti dell'uomo*, in FALZEA, SPADARO, VENTURA, *La Corte costituzionale e le Corti d'Europa, op. cit.*, p. 65 ss.

[4] PAULUS A., *Dialogue between the Court and national courts, Conférence sur l'avenir à long terme de la Cour européenne des droits de l'homme*, Oslo, 7-8 avril 2014, Conseil de l'Europe, 2014, p. 42, spec. p. 55.

[5] Cour EDH, 17 janvier 2008, *Abbasov c. Azerbaijan,* §36. Dès l'arrêt Papamichalopoulos en 1998, la Cour EDH va lier l'obligation de *restitutio in integrum* imposée par l'article 41 qui découle de l'article 46, l Conv. EDH.

restitutio in integrum du requérant lésé[1] qui touchera, dès lors, une décision définitive, passée en force de chose jugée.

C'est ainsi que le problème d'adaptation *post-iudicatum* à la jurisprudence conventionnelle a commencé à se poser et, d'ailleurs, non seulement dans les procédures à l'origine de l'arrêt européen mais, comme on dira plus tard, aussi dans les procédures similaires à celles ayant fait l'objet d'un recours à Strasbourg. En effet, l'épuisement des voies de recours internes devient la condition nécessaire pour saisir la Cour EDH[2] si bien que l'indication de mesures à adopter pour exécuter le dictum européen interviendra à un moment où la décision nationale est devenue définitive.

De plus, depuis l'adoption en 2000, par le Comité des ministres, de la Recommandation (n°R 2000(2)) destinée à inciter les États à prévoir le réexamen ou la réouverture de certaines affaires au niveau interne suite à un arrêt de condamnation de la Cour européenne, la Cour invite aussi à la réouverture de la procédure comme moyen le plus approprié de redresser une violation des exigences du procès équitable[3].

TITRE 2.

LA FLEXIBILITÉ DE LA CHOSE JUGÉE FACE AUX DÉCISIONS DE LA COUR EUROPÉENNE DES DROITS DE L'HOMME

Bien que les arrêts prononcés par la Cour européenne des droits de l'homme ne permettent ni d'annuler, ni de modifier automatiquement les décisions prises par les juridictions nationales, cela ne signifie pas pour autant qu'ils n'ont aucune influence sur la justice interne. Dans ses décisions, la Cour EDH déclare s'il y a eu violation de droits protégés par la Convention européenne des droits de l'homme, sans pouvoir par elle-même y mettre fin. Ses arrêts ont, en effet, un caractère déclaratoire, ils ne possèdent pas de force exécutoire. Cependant, les États se sont engagés à se conformer aux arrêts de la Cour EDH dans les litiges qui les concernent, ce qui a conduit à plusieurs conséquences qui impliquent des mécanismes aptes à créer une brèche au sein de l'autorité de chose jugée.

Notamment, les États ont créé des voies de recours internes à la suite d'une condamnation par la Cour EDH. La France, par la Loi du 15 juin 2000, a codifié un moyen de « *réexamen consécutif aux condamnations de la Cour EDH* » (article 622-1 CPP) et l'Italie, après un long vide législatif, a prévu récemment un

---

[1] PETRALIA V., *Equo processo*, *op. cit.*, p. 234.

[2] SUDRE F., *Le principe de subsidiarité au sens de la Convention européenne des droits de l'homme*, Droit et Justice, Anthemis, 2014, p. 412.

[3] Inaugurée notamment en référence à l'article 6 Conv : EDH (Cour EDH, 23 octobre 2003, Gençel c. Turquie, §27 ; Cour EDH, Gd. Ch., 12 mai 2005, Ocalan c. Turquie, §210 ; Cour EDH, 23 mai 2006, Kounov c. Bulgarie, §59).

moyen de recours dénommé *Demande d'élimination des effets préjudiciables des décisions prises en violation de la Convention de sauvegarde des droits de l'homme et des libertés fondamentales ou de ses protocoles additionnels* (Article 628 bis c.p.p.).

L'introduction de ces voies de recours extraordinaires, faisant suite à un arrêt de condamnation d'une cour européenne, est désormais nécessaire au sein d'un État de droit qui s'insère dans un système multiniveau valorisant les garanties fondamentales de la personne ; ce qui est également confirmé par le fait que, désormais, le Comité des ministres du Conseil de l'Europe se soit également chargé, aux termes de l'article 46 de la Conv. EDH, de surveiller l'exécution des arrêts rendus par la Cour.

En effet, il apparaît que la solution à favoriser, si possible, est celle de la *restitutio in integrum* de la personne, qui doit être réalisée par le biais de la réouverture ou du réexamen des procédures internes. En effet, comme le Comité des ministres le soulignait dans sa recommandation de 2000, la réouverture ou le réexamen apparaissent d'une importance particulière, et peut-être dans certains cas, le seul moyen pour réaliser la *restitutio in integrum* du condamné [1]. Uniquement si la remise en l'état de la violation par l'État n'est pas possible, la Cour EDH peut accorder à la partie lésée une « *satisfaction équitable* », c'est-à-dire une indemnisation.

Le possible réexamen ou réouverture de la procédure pénale interne implique une perte de souveraineté de la part des juridictions nationales, mais cela répond incontestablement à un enjeu d'effectivité du système conventionnel **(Chapitre 1) ;** dès lors, la réouverture ou le réexamen de la procédure pénale interne devient la modalité optimale d'exécution des arrêts de la Cour EDH (**Chapitre 2**).

[1] Conseil de l'Europe, Comité des ministres, recommandation n° r (2000) 2 du Comité des ministres aux États membres sur le réexamen ou la réouverture de certaines affaires au niveau interne suite à des arrêts de la Cour européenne des droits de l'homme, §9 : « *le paragraphe 2 encourage les Parties contractantes qui ne l'ont pas encore fait à prévoir la possibilité de réexaminer les affaires, y compris la réouverture des procédures internes, afin de donner plein effet aux arrêts de la Cour. Le paragraphe expose également les circonstances dans lesquelles le réexamen ou la réouverture est d'une importance particulière, et peut-être dans certains cas le seul moyen, pour réaliser la restitutio in integrum* ».

CHAPITRE 1.

L'EXÉCUTION DES ARRÊTS DE LA COUR EUROPÉENNE DES DROITS DE L'HOMME, ENJEU D'EFFECTIVITÉ DU SYSTÈME CONVENTIONNEL

Le droit conventionnel est composé par le texte de la Convention européenne, mais est également complété par la jurisprudence de la Cour EDH qui est chargée de veiller à l'interprétation et à l'application de la Convention même, conformément à son article 31, al. 1.

Selon les paroles employées par la même Cour EDH : « *la Convention n'impose pas seulement aux États parties le respect des droits et obligations qui en découlent, mais elle met également sur pied un organe juridictionnel, la Cour, habilitée à constater des violations de la Convention dans le cadre d'arrêts définitifs auxquels les États parties se sont engagés à se conformer [...]. De surcroît, elle institue un mécanisme de surveillance de l'exécution des arrêts, sous la responsabilité du Comité des ministres. Ce mécanisme démontre l'importance que revêt la mise en œuvre effective des arrêts* »[1]. Par ses arrêts, la Cour EDH fait ainsi de la Convention un instrument vivant[2].

La Cour doit donc se prononcer sur le respect par l'État des dispositions conventionnelles en prononçant différentes typologies d'arrêts dont les plus importants sont ceux par le biais desquels la Cour accueille ou rejette la demande présentée par l'individu et statue, en conséquence, sur l'existence ou pas de la violation aux droits fondamentaux garantis par la Convention. La décision qui reconnaît la violation aux droits conventionnels doit préciser alors les conséquences en prononçant une satisfaction équitable pour le requérant, conformément à l'article 41 Conv. EDH, ou d'autres mesures à l'encontre de l'État en question[3]. Il s'ensuit que seule la parfaite exécution des arrêts de la Cour EDH assure à la personne concernée l'effective protection des droits et libertés prévus à son égard[4].

La Cour EDH s'approprie la Convention : elle ne se cantonne pas à être un simple instrument d'affirmation des droits fondamentaux, mais elle devient le véhicule de leur réalisation concrète au sein des sociétés actuelles[5] grâce à la

---

[1] Cour EDH, *Verein Gegen Tierfabriken Schweiz c. Suisse, n° 2,* 30 juin 2009, § 84.

[2] COSTA J. C., *La Cour européenne des droits de l'homme : vers un ordre juridique européen*, dans Mélanges en hommage à L.E. Pettiti., p. 197 ; RENUCCI J-F., *Droit européen des droits de l'homme*, LGDJ ; 2012, p. 854.

[3] LAMBERT - ABDELGAWAD E., *Les effets des arrêts européens*, op. cit., p. 71

[4] FRICERO N., *L'exécution des arrêts de la Cour européenne des droits de l'homme : un enjeu pour l'Europe,* dans *Les Petites Affiches,* n.44, 2 mars 2006, p.37.

[5] Le risque, le cas échéant, est « de dégrader le recours à Strasbourg à une excursion dans la ville alsacienne » ainsi CAVALIERE P., *Il dialogo tra il giudice interno, e la Corte europea dei diritti dell'uomo : la Cassazione, più della Consulta, è un buon interlocutore*, in *Dir. pubbl. comp. eur.* 2007, IV, p. 1774 ss. ; SUDRE F., *Droit européen, op. cit.*, p. 397.

portée de ses arrêts sur l'ordre juridique interne **(Section 1)** d'où surgit une véritable mise en œuvre du processus de suivi de l'exécution de la décision (**Section 2).**

SECTION 1.
LA PORTÉE DE LA JURISPRUDENCE CONVENTIONNELLE SUR L'ORDRE INTERNE

L'article 46,1§ Conv. EDH prévoit que les Hautes Parties contractantes s'engagent à se conformer aux arrêts définitifs de la Cour dans les litiges auxquels elles sont parties[1]. De par la lecture de cet article surgit le besoin de définir l'autorité que possède l'arrêt de la Cour EDH **(1§)** ainsi que d'identifier les mesures qui peuvent être indiquées à l'État responsable de la violation conventionnelle pour assurer l'obligation d'exécution **(2§).**

1§. L'autorité de chose jugée de la décision européenne

La décision de la Cour EDH a une valeur d'autorité de chose jugée au sens typique du terme : elle devient définitive lorsqu'elle n'est plus susceptible de contestation ou de modification[2]. Son autorité découle non pas des dispositions prévues par les ordres juridiques internes, mais de la systématique propre à la Convention européenne. En effet, seul l'arrêt de la Grande Chambre est immédiatement définitif, selon l'article 44 § 1 Conv. EDH, et peut donc être publié, contrairement à celui de la Chambre qui, selon l'article 44 Cour EDH, deviendra définitif à certaines conditions listées par l'alinéa 2[3].

Ainsi, il est possible de considérer que l'arrêt a bien un caractère définitif, typique de l'autorité de la chose jugée, ce qui découle notamment de l'article 35, al. 2 let. b) Conv. EDH qui précise que la Cour ne retiendra aucune requête individuelle lorsqu'elle est la même qu'une requête précédemment examinée par la Cour et qu'elle ne contient pas des faits nouveaux. En conséquence, même si aucun texte de la Convention ne le précise expressément, il est possible de reconnaître une autorité « *européenne* » de la chose jugée rattachée aux arrêts de la Cour qui se traduit par un effet de « *non bis in idem* ».

---

[1] Pour un commentaire : voir sub article 46 Conv. EDH, dans BARTOLE S. - DE SENA P. – ZAGREBELSKI G, (cur.), *Commentario breve alla Convenzione per la salvaguardia dei diritti dell'uomo e delle libertà fondamentali*, 2012, p. 744-765. LAVARINI B. *Il sistema, cit.* p. 13.

[2] LAMBERT ABDELGAWAD E., *L'exécution des arrêts de la Cour européenne des droits de l'homme*, dans Dossiers sur les droits de l'homme, n. 19, Council of Europe Publishing, 2002 ; FRICERO N., *L'autorité de chose jugée des décisions de la CEDH* – Étude, Procédures n° 8-9, août 2007, étude 21, p. 21.

[3] a) Lorsque les parties déclarent qu'elles ne demanderont pas le renvoi de l'affaire devant la Grande Chambre ; ou b) trois mois après la date de l'arrêt, si le renvoi de l'affaire devant la Grande Chambre n'a pas été demandé ; ou c) lorsque le collège de la Grande Chambre rejette la demande de renvoi formulée en application de l'article 43.

Cela semble confirmer comment la décision supranationale acquiert une véritable autorité de chose jugée puisqu'aucune formation de la Cour ne pourra examiner un fait qui a déjà fait l'objet d'une décision rendue par une de ses formations.

D'ailleurs, le système conventionnel prévoit également que, face à l'autorité reconnue à la décision définitive de la Cour EDH, puisse être demandée la révision (art. 80 Règlement Cour EDH), lorsqu'un fait nouveau a été découvert et que celui-ci a une influence décisive sur la solution rendue, ou l'interprétation (art. 79 du Règlement) pour clarifier le sens et la portée d'une de ses décisions. Par ailleurs, l'introduction du Protocole n° 14 a intégré le mécanisme d'interprétation en prévoyant, à l'alinéa 3 de l'article 46, que le Comité puisse demander à la Cour de clarifier l'interprétation d'un arrêt et, selon les alinéas 4 et 5, elle peut lui signaler la violation par un État membre de son obligation de conformation à l'arrêt[1]. Il semble donc qu'au niveau européen, il ne fasse aucun doute que les arrêts de la Cour EDH possèdent une autorité de chose jugée qui empêche de revenir sur des questions portant sur le fond ou la recevabilité d'une demande ayant déjà fait l'objet d'une décision définitive, sauf dans les hypothèses spécifiques citées.

Si les arrêts de la Cour EDH sont dotés d'une autorité propre, celle qui s'exerce sur les ordres internes est davantage nuancée : en effet, bien que la jurisprudence conventionnelle exerce une influence capable de façonner le contenu des droits nationaux, les États membres refusent l'efficacité directe des arrêts de la Cour.

Sur le fondement de l'article 46 Conv., la décision conventionnelle est reçue dans l'ordre interne où aucun organe interne n'a compétence pour remettre en cause[2] son contenu, c'est-à-dire l'établissement de l'existence de la violation conventionnelle. Néanmoins, sa valeur demeure décision « *déclaratoire* »[3] : la Cour se limite à vérifier l'existence d'une violation des droits conventionnels et, si la vérification est positive, à la déclarer, n'ayant – du moins en principe – aucun pouvoir de communiquer à l'État les mesures qu'il doit prendre pour exécuter la décision supranationale.

Le contentieux des droits de l'homme étant un contentieux de la légalité, et non de l'annulation, la Cour EDH ne pourra donc pas annuler la décision incriminée, laissant à l'ordre national la charge de remédier à la violation constatée[4].

---

[1] Sur le Protocole n° 14 : SACCUCCI A., *L'entrata in vigore del Protocollo n. 14 le nuove regole procedurali per la sua applicazione*, in *Dir. Umani e diritto internazionale,* 2010, p. 319 ss.

[2] FRICERO N., *L'exécution des arrêts de la Cour européenne des droits de l'homme : un enjeu pour l'Europe,* dans Les *Petites affiches*, *op. cit*, §6.

[3] Cour EDH, *Marcks c. Belgique*, 13 juin 1974, § 58 : « *déclaratoire pour l'essentiel, elle laisse à l'État le choix des moyens à utiliser dans son ordre juridique interne pour s'acquitter de l'obligation qui découle pour lui de l'article 53* ».

[4] En effet, l'expérience des traités internationaux démontre que les États, même dès lorsqu'ils contribuent directement à l'élaboration de textes directs destinés à la sauvegarde et à la promotion des droits de l'homme, ne renoncent pas à leur espace relevant de la souveraineté nationale, ce qui a été le cas notamment dans la formulation de l'article 41 CEDH qui a écarté la formulation précédente

D'une part, la Cour pourra constater l'existence d'une violation, ce qui entraîne pour l'État une obligation de mettre son droit en conformité avec les exigences européennes, sans pour autant qu'il existe une capacité coercitive en ce sens pour l'État visé. Comme prévu par l'article 41 Conv. EDH, l'État condamné a l'obligation de mettre fin à la violation, si celle-ci est encore en cours, et d'éliminer les conséquences, si possible, par le biais de la *restitutio in integrum* de la victime, en garantissant son positionnement dans la même situation où celle-ci aurait été si la violation n'avait pas eu lieu[1]. D'autre part, également, le requérant qui aurait obtenu une décision favorable à Strasbourg ne peut pas obtenir une exécution forcée du jugement supranational : dans le cas d'une inexécution de l'arrêt supranational de la part de l'État, seule est engagée la responsabilité internationale de celui-ci, conformément aux règles du droit international général.

Dès lors, le juge national semble réfractaire à toute reconnaissance directe de ces arrêts : le juge français refusait l'efficacité directe des arrêts de la Cour EDH en affirmant à plusieurs reprises qu'« *un arrêt de la Cour EDH [...] est sans incidence sur la validité des procédures relevant du droit interne* »[2]. Cette position a été réaffirmée par la Cour de cassation française qui rejetait le moyen au pourvoi, car non fondé à raison des « *prémisses erronées du moyen de recours qui considère la décision de la Cour EDH directement obligatoire pour le juge interne* »[3]. Pareillement, en Italie, l'efficacité directe des arrêts de la Cour EDH est exclue du fait que la loi n. 12 du 9 janvier 2006 prévoit que le Président du Conseil « *acquitte aux obligations de compétence de gouvernance qui suivent un arrêt de la Cour européenne des droits de l'homme prononcé envers l'État italien, communique rapidement aux Chambres les décisions aux fins de leur examen par les Commissions parlementaires compétentes et présente annuellement un rapport sur l'état d'exécution desdites décisions* »[4].

D'ailleurs, le système conventionnel n'a pas expressément prévu une efficacité directe de ses arrêts envers les États. Il s'ensuit que, ayant pris acte d'une

---

proposée par P.H. Teitgen qui voulait attribuer à la décision de la cour EDH le pouvoir d'annuler, suspendre ou modifier la Décision interne, en faveur de l'actuelle formulation proposée par T. Petressi qui s'inspirait des traités d'arbitrage international, sur ce point GIARDINO CARLI A., *Stati e Corte europea di Strasburgo nel sistema di protezione dei diritti dell'uomo,* Giuffré, 2005, p. 91 ; SUDRE F., *Droit européen et international des droits de l'homme*, p. 377 ss, § 244.

[1] Cour EDH, *Papamichalopoulos et autres c. Grèce*, 31 octobre 1995, § 34 ;

[2] Ch. crim. 3 février 1993, *Kemmache* ; JCP, 1994, II 22197 ; D. 1993, Jur. p. 515 note de RENUCCI J.-F.

[3] Cour de cassation, Sez. I, Civ., 8 août 2002, n. 11987, dans *Riv. dir. intern.* 2002, p. 1104 ss.

[4]Rapport au parlement publié sur le site de la *Presidenza del Consiglio dei ministri* par le bureau du contentieux européen, le dernier rapport publié date de 2016 ; voir aussi NAPOLETANO P., *Rango ed efficacia delle norme della CEDU nella recente giurisprudenza della Corte Constituzionale*, in *Dir. umani e dir. internazionale*, 2010, p. 199 ss,

certaine réticence des États à accepter l'efficacité directe des arrêts[1], l'influence des arrêts de la Cour EDH ne peut se fonder que sur un effet « *persuasif, suscitant l'adhésion des destinataires – particulièrement celle des juges nationaux – à la solution de droit donnée par la Cour* »[2] où les critères du renvoi au juge national et du principe de subsidiarité deviennent des éléments clefs dans la relation entre la Cour EDH et les États membres.

Si la souveraineté étatique dont disposent les États limite fortement l'admission d'une incidence directe de la décision supranationale, il reste néanmoins vrai que la jurisprudence de la Cour EDH façonne les ordres juridiques nationaux pour les rendre conformes aux droits et libertés conventionnels avec l'aide du juge national. Ainsi, en France l'influence de la Conv. EDH est inscrite dans le « *paysage juridique national* »[3], ou encore, dans l'arrêt *Scordino c/ Italie*, la Cour Cour indiquait qu'il « *découle du principe de subsidiarité [...] que les juridictions nationales doivent, dans la mesure du possible, interpréter et appliquer le droit interne conformément à la Convention* »[4]. Ainsi, le législateur italien a réagi aux nombreuses condamnations européennes, notamment dans l'affaire *Sejdovich* et *Somogy*i en 2004, actant la modification de l'article 175, alinéa 2, c.p.p. afin de prévoir une présomption de non-connaissance du procès en faveur de l'individu. Par l'introduction de la c.d. Loi Pinto, l'Italie a aussi assuré la possibilité de demander une indemnisation en cas de durée excessive de la procédure.

2§ Les mesures à prendre en exécution de l'arrêt supranational

Si donc les États membres ne conçoivent pas un effet direct de l'arrêt de la Cour EDH sur leur droit interne, la question demeure de savoir comment garantir que de telles décisions ne restent pas lettre morte[5]. La Convention prévoit elle-même que, à la suite de la condamnation d'un État pour violation des droits conventionnels, surgissent des conséquences pour celui-ci qui s'apparentent à une obligation de résultat. L'article 1 de la Conv. EDH dispose que « *Les Hautes Parties contractantes reconnaissent à toute personne relevant de leur juridiction les droits et libertés définis au titre I de la présente Convention* ». En conséquence, les États ont une obligation de reconnaître, à quelque personne que ce soit, appartenant à sa juridiction, les droits et libertés contenus dans la

---

[1] RESS G., *Effets des arrêts de la Cour européenne des droits de l'homme en droit interne et pour les tribunaux nationaux*, dans *5e colloque international de la Convention européenne des droits de l'homme,* Conseil de l'Europe, Pedone, Paris, 1982, pp. 235-313.

[2] SUDRE F., *Droit européen et international, op. cit.*, p. 399 ss, selon lequel il « *est vain de vouloir construire un ordre juridique dans une relation conflictuelle avec les juridictions nationales chargées du respect de la Convention* ».

[3] SUDRE F., *Droit européen et international, op. cit.*, p 401.

[4] Cour EDH, *Scordino c. Italie*, 27 mars 2003.

[5] MARGUENAUD J.P., *L'effectivité des arrêts de la Cour européenne des droits de l'homme en France, in Le procès équitable et la protection juridictionnelle du citoyen*, Bruylant, 2001, p. 137 ss. « *Qu'adviendrait-il si les juges de Strasbourg se prononçaient continuellement pour des droits de l'homme toujours plus concrets et effectifs par des arrêts invariablement privés d'effet* ».

Convention européenne[1]. D'autre part, chaque État, ayant souscrit au système conventionnel, est tenu au respect général de l'ensemble des dispositions conventionnelles. Dans l'arrêt *Papamichalopoulos et autres c/ Grèce* la Cour rappelle d'ailleurs que « *les Hautes Parties contractantes se sont engagées à se conformer aux décisions de la Cour dans les litiges auxquels elles sont parties [...], de plus, l'article 54 prévoit que l'arrêt de la Cour est transmis au Comité des ministres qui en surveille l'exécution [...]* ». Il en suit « *[...] qu'un arrêt constatant une violation entraîne pour l'État défendeur l'obligation juridique au regard de la Convention de mettre un terme à la violation et d'en effacer les conséquences de manière à rétablir autant que faire se peut la situation antérieure à celle-ci* »[2]. Ainsi, l'État doit mettre fin à la violation des droits conventionnels, si celle-ci est encore en cours, et doit assurer la réparation de la violation, en application du principe de *restitutio in integrum.*[3]

Néanmoins, la Cour est devenue progressivement plus exigeante envers les États quant au respect des obligations internationales, allant jusqu'à prescrire des directives précises quant aux mesures individuelles que l'État devrait prendre pour rétablir la conformité aux garanties conventionnelles. Dans l'arrêt *Oçalan c/ Turquie,* la Cour indique que, bien que ses arrêts aient un caractère déclaratoire pour l'essentiel et qu'en général il appartienne à l'État en cause, sous le contrôle du Comité des ministres, de choisir les moyens à utiliser dans son ordre juridique interne pour s'acquitter de son obligation au regard de l'article 46 de la Conv., à titre exceptionnel, la Cour, pour aider l'État défendeur à remplir ses obligations, peut chercher à indiquer le type de mesures à prendre pour mettre un terme à la situation structurelle qu'elle constate[4]. Elle précise d'ailleurs qu'il est possible que « *dans d'autres cas exceptionnels, la nature même de la violation constatée n'offre pas réellement de choix parmi différentes sortes de mesures susceptibles d'y remédier et que la Cour soit conduite à indiquer exclusivement l'une de ces mesures* ».

D'ailleurs, l'obligation pour l'État d'observer les dispositions contenues dans la Convention se justifie par le fait que ces mêmes États ont volontairement souscrit aux obligations découlant du système conventionnel qui, même s'il constitue un ordre juridique autonome par rapport aux États, n'est pas pour autant séparé de celui-ci[5]. Cependant, la contrainte exercée envers les États opère

[1] DE SALVIA M., *L'obbligo degli Stati di conformarsi alle decisioni della Corte europea*, in *Giurisprudenza europea e processo penale italiano, op. cit.*, p . 69.

[2] Cour EDH, *Papamichalopoulos et autres c. Grèce*, 31 octobre 1995, § 34.

[3] DE SALVIA M., *L'obbligo degli Stati di conformarsi alle decisioni della Corte europea*, in *Giurisprudenza europea e processo penale italiano, op. cit.,* p .70.

[4] Cour EDH, *Oçalan c. Turquie*, précité, §210.

[5] DE SALVIA M., *L'obbligo degli Stati di conformarsi alle decisioni della Corte europea*, in *Giurisprudenza europea e processo penale italiano, op. cit.*, p .69 souligne la connexion existante entre l'ordre national et européen du fait que les États ont voulu, par la Convention EDH, « *instaurer un ordre public commun aux libres démocraties d'Europe* ».

toujours selon le critère de la subsidiarité[1], ce qui indique que l'État doit mettre en œuvre les mesures nécessaires pour mettre fin à la violation contestée, ce qui s'apparente à une véritable obligation de résultat : « *aux termes de l'article 46 de la Convention, lorsqu'une violation est constatée, l'État défendeur a l'obligation juridique [...] de choisir, sous le contrôle du Comité des ministres, les mesures générales et/ou, le cas échéant, individuelles à intégrer dans son ordre juridique interne afin de mettre un terme à la violation constatée par la Cour et d'en effacer autant que possible les conséquences* »[2]. La Cour rappelle que « *conformément à l'objet et au but sous-jacent à la Convention, tels qu'ils se dégagent de l'article 1 de celle-ci, chaque État contractant doit assurer dans son ordre juridique interne la jouissance des droits et des libertés garantis* » en soulignant qu'il « *est fondamental pour le mécanisme de protection établi par la Convention que les systèmes nationaux eux-mêmes permettent de redresser les violations commises, la Cour exerçant son contrôle dans le respect du principe de subsidiarité* ».[3]

2.1§ La primauté théorique de la *restitutio in integrum* de la partie lésée

Parmi les moyens utilisés par la Cour, la « *restitutio in integrum* » du requérant lésé dans ses droits conventionnels doit, dans certaines hypothèses, être préférée. La *restitutio in integrum*, qui tire son fondement du droit international public, est le premier stade de la réparation et tend à « *effacer toutes les conséquences de l'acte illicite et rétablir l'état qui aurait vraisemblablement existé si ledit acte n'avait pas été commis* »[4].

Il s'agit de la forme de réparation la plus satisfaisante puisqu'elle contraint l'État fautif à faire œuvre de son obligation primaire : le bénéficiaire de la réparation est bien replacé dans une situation antérieure à l'acte illicite et l'État ne peut appliquer son obligation secondaire qui aurait conduit à une forme de réparation différente. En revanche, il s'agit d'une forme de réparation qui devient impossible en cas de dommage irréversible.

Dans le cas du système conventionnel, étant tenu par la subsidiarité exigée par l'article 41, le juge européen donne la priorité à la *restitutio in integrum* ce qui implique que l'État adopte des mesures capables de remettre le requérant dans la situation où il aurait été si l'atteinte à ses droits conventionnels n'avait pas eu lieu.

---

[1] Cour EDH, *Kudla c. Pologne*, 26 octobre 2000, § 152 : « *ce sont en effet les autorités nationales qui sont responsables au premier chef de la mise en œuvre et de la sanction des droits et libertés garantis. Le mécanisme de plainte devant la Cour revêt donc un caractère subsidiaire par rapport aux systèmes nationaux de sauvegarde des droits de l'homme. Cette subsidiarité s'exprime dans les articles 13 et 35 § 1 de la Convention* ».

[2] Cour EDH, *Surmeli c. République fédérale d'Allemagne*, 8 juin 2006, §137, req. n. 75529/01 ; *Komanicky c. Slovaquie,* 4 juin 2002, req. n. 32106/96 ; *Krcmar et autres c. République tchèque* 3 mars 2000, req. n. 35376/97.

[3] Cour EDH, *Z et autres c. Royaume-Uni,* 10 mai 2001, §103, req. n.29392/95.

[4] Selon la définition de la Cour de justice internationale « *Usine de Chorkow* » du 13 septembre 1928, *Recueil des arrêts,* série A no 17, p. 47 « *la réparation doit, autant que possible, effacer toutes les conséquences de l'acte illicite et rétablir l'état qui aurait vraisemblablement existé si ledit acte n'avait pas été commis.*

Dans le cadre du contentieux portant sur les droits de l'homme, la *restitutio in integrum* a donc été utilisée à de multiples reprises pour entraîner la cessation de l'acte illicite qui perdure, la restitution d'un bien dont le propriétaire a été irrégulièrement privé ou la réouverture d'une procédure nationale si la Cour estime que la réintégration passe, en dépit de la chose jugée, par la tenue d'un nouveau procès.

Dans l'affaire *Papamichalopoulos et autres c/Grèce,* la Cour utilise clairement l'arrêt de la CPJI « *Affaire des usines de Chorzow* » et, en se fondant sur l'article 46 Conv. EDH, fait peser sur l'État une obligation de résultat pour atteindre la *restitutio in integrum.* Elle y affirme explicitement que seule la restitution du bien qui avait été illégitimement soustrait placerait les requérants dans une situation équivalente à celle où ils se trouveraient s'il n'y avait pas eu de violation à l'article 1 du Protocole n .1. Ainsi, la Cour indiquait que « *l'État devait restituer aux requérants, dans les six mois, les terrains litigieux [...]* »[1].

Encore, dans l'affaire *Brumarescu c/Roumanie* la Cour considérait que l'État défendeur devait restituer au requérant, dans les six mois, la maison litigieuse et le terrain[2]. Elle se prononçait également en matière de privation de liberté personnelle indiquant expressément que l'État défendeur devait assurer la remise en liberté du requérant[3]. Autrefois, en vérifiant la nature arbitraire et irrégulière de la détention, la Cour demandait aux États de prendre toutes les mesures nécessaires pour mettre un terme à la détention arbitraire des requérants encore incarcérés et ainsi assurer leur libération immédiate[4].

Ensuite, la Cour a progressivement dépassé la lettre de l'article 46, s'estimant compétente pour adresser des recommandations aux États quant aux moyens d'atteindre ou de s'approcher de la *restitutio in integrum*, en combinant les articles 41 et 46 et a donné la priorité aux réparations non pécuniaires pouvant être prises pour répondre à l'obligation de résultat ou à l'obligation de moyens permettant d'effacer la violation et demande à l'État l'adoption de mesures individuelles et/ou générales. Notamment, parmi les mesures individuelles, la réouverture de la procédure interne est celle qui a créé le plus de débats en raison de son incidence sur l'autorité de la chose jugée[5].

---

[1] Cour EDH, *Papamichalopouloit et autres c. Grèce*, 31.10.1995, §38, cf. PIRRONE, P., *Il caso Papamichalopoulos dinanzi alla Corte europea dei diritti dell'uomo: restitution in integrum ed equa soddisfazione,* in *Rivista di diritto internazionale,* 1997 p. 167 ss.

[2] Cour EDH, *Brumarescu c. Roumanie*, 23 janvier 2001, §22-23.

[3] Cour EDH, *Assanidze c. Georgie*, 8 avril 2004, § 23.

[4] Cour EDH, *Ilaşçu et A. c. Moldavie et Russie*, 8 juillet 2004, § 490.

[5] La Cour y fait référence à de nombreuses reprises, voir par ex. dans l'arrêt *Haralampiev contre la Bulgarie* (Cour EDH, 24/04/12, n° 9648/03, §55), la violation de l'article 6 rappelle « *qu'en cas de violation de cette disposition il convient de placer le requérant, autant que possible, dans une situation équivalant à celle dans laquelle il se trouverait s'il n'y avait pas eu manquement aux exigences de cette disposition et qu'un nouveau procès ou une réouverture de la procédure représente en principe un moyen approprié de redresser la violation constatée, si le requérant le souhaite. Elle note à cet égard que le Procureur général a le pouvoir de demander la réouverture de la procédure suite à l'arrêt de la Cour* ».

La Cour, en effet, n'a pas hésité à indiquer la réouverture de la procédure comme mesure la plus appropriée à la *restituio in integrum* de l'individu, notamment en cas de violations en matière procédurale, se référant aux articles 5, 6 et 7 de la Convention, ce qu'elle fait dans l'arrêt *Ocalan contre Turquie,* où elle considère que « *concernant l'indépendance et l'impartialité des cours de sûreté de l'État, des chambres de la Cour, dans certains arrêts ultérieurs à l'arrêt de la chambre rendu en l'espèce, ont indiqué qu'en principe le rétablissement le plus approprié consisterait à faire rejuger le requérant à la demande de celui-ci et en temps utile* »[1]. D'ailleurs, la Recommandation R(2000)2 du 19 janvier 2000 sur la réouverture des procès, adoptée par le Comité des ministres le 19 janvier 2000, encourage également les États, même dans les juridictions non pénales, à prévoir cette mesure, si « *la Cour européenne des Droits de l'homme a reconnu que le jugement interne est à l'origine d'une violation d'obligations conventionnelles pour des motifs de fond ou de procédure* » et si « *la partie lésée continue de subir des conséquences négatives très graves du fait du jugement interne, qui ne peuvent être adéquatement réparées au moyen de la satisfaction équitable prévue à l'article 41 de la Convention européenne des Droits de l'homme* ».

Par ces injonctions toujours plus précises à l'adresse des États, la Cour EDH acquiert davantage un rôle dans le suivi de la phase d'exécution de ses jugements[2]. Ainsi, afin de laisser aux États la possibilité de prendre de telles mesures, la Cour utilise alors la pratique du double arrêt : le premier arrêt portant sur le fond de l'affaire et établissant s'il y a eu ou non violation et le second portant sur la satisfaction équitable même.

Si une telle position ne semble pas compatible avec le principe de subsidiarité régissant le système conventionnel, le renforcement de l'obligation d'exécution des arrêts européens demande une attitude davantage plus active de la part de la Cour, notamment dans les hypothèses où la mesure indiquée par la Cour apparaît comme la seule forme possible de *restitutio in integrum.*

2.2§. L'octroi d'une satisfaction équitable

De façon subsidiaire, en plus de la mesure de *restitutio in integrum*[3], la Cour EDH peut également indiquer une réparation pécuniaire, en fonction de l'objet du

---

[1] Cour EDH, *Ocalan contre Turquie*, précité, §210.

[2] Voir notamment la technique des obligations positives par le biais desquelles la Cour EDH manifeste ses injonctions à l'État souverain d'exécuter des décisions : COLOMBINE M., *La technique des obligations positives en droit de la convention européenne des droits de l'homme*, Thèse, Montpellier, 2012.

[3] Dans l'affaire *Scozzari et Giunta c. Italie*, précitée, la Cour spécifiait que « *l'État défendeur, reconnu responsable d'une violation de la Convention ou de ses Protocoles, est appelé non seulement à verser aux intéressés les sommes allouées à titre de satisfaction équitable, mais aussi à choisir, sous le contrôle du Comité des ministres, les mesures générales et/ou, le cas échéant, individuelles à adopter dans son ordre juridique interne afin de mettre un terme à la violation constatée par la Cour et d'en effacer autant que possible les conséquences* » ; aussi *Claes et autres contre Belgique* (Cour EDH, 02/06/05, n° 46825/99, n° 49716/99, n° 49104/99, n° 47132/99, n° 47502/99, n° 49010/99 et n° 49195/99, Claes et autres contre Belgique, §53), le juge européen

litige[1]. Bien que la réintégration de la personne dans la situation antérieure à la violation apparaisse comme la forme de réparation qui doit être préférée, dès lors que cela est possible, l'article 41 Conv. EDH considère que « *Si la Cour déclare qu'il y a eu violation de la Convention ou de ses protocoles, et si le droit interne de la Haute Partie contractante ne permet d'effacer qu'imparfaitement les conséquences de cette violation, la Cour accorde à la partie lésée, s'il y a lieu, une satisfaction équitable* ». À partir de l'affaire *Scozzari et Giunta c. Italie*,- la Cour a souligné que l'obligation, en vertu de l'article 46 de la CEDH, de rétablir la victime de la violation dans l'état où elle se trouvait avant la perpétration de celle-ci, n'est pas une alternative à l'obligation de réparation, mais prévaut et s'ajoute éventuellement à celle d'offrir une réparation pécuniaire[2]

La satisfaction équitable est donc ordonnée par la Cour, à la demande d'une partie, si le droit de l'État contractant « *ne permet pas, sauf de façon imparfaite, de remédier aux conséquences de la violation* ». Le remède est appliqué dans les cas où le droit de l'État ne prévoit pas la mesure réparatrice de la réouverture du procès ou si une telle mesure, bien que permise dans l'abstrait, ne peut être adoptée dans le cas concret en raison d'obstacles juridiques ou matériels. La satisfaction équitable a pour contenu l'octroi d'une indemnité, réglée en équité, qui est ordonnée en faveur de la partie lésée ; le débiteur est l'État, défendeur dans la procédure contractuelle, et le titre est le fait illicite commis par l'État, par l'intermédiaire de l'un de ses organes qui, par un acte législatif, administratif ou judiciaire, a enfreint la convention[3]. Cette protection, de type indemnitaire, répond à la logique de la réparation équitable et ne coïncide donc pas avec la protection par équivalent, qui a un caractère compensatoire et une fonction réparatrice. Elle peut donc être définie comme étant le procédé de réparation du préjudice, aussi

---

recommandait de « *cumuler tant la demande de respect de la légalité, que ce soit par le biais d'un nouveau procès ou de la réouverture de l'affaire, que l'octroi d'une somme au titre du dommage moral.* » ; Cour EDH, 26 janvier 2005, *Lungoci contre Roumanie*, la Cour s'est prononcée en faveur d'une application cumulative de la réouverture de la procédure avec le versement simultané d'une réparation pécuniaire au requérant. La Roumanie doit alors assurer « *dans les six mois à compter du jour où l'arrêt sera devenu définitif, conformément à l'article 44 § 2 de la Convention, et si la requérante le désire, la réouverture de la procédure, et qu'il doit simultanément lui verser, 5 000 (cinq mille) euros pour dommage moral, plus tout montant pouvant être dû à titre d'impôt, à convertir en lei roumains au taux applicable à la date du règlement* ».

[1] DE STEFANO M., *Altre misure individuali volte a far cessare la violazione*, dans *La Corte europea dei diritti umani e l'esecuzione delle sue sentenze*, Ed. scientifica, 2003, p. 96 ; aussi SUDRE F., *Droit européen et international des droits de l'homme*, *op. cit.*, p. 389.

[2] Corte eur., [GC], 13 juillet 2000, *Scozzari e Giunta c. Italia,* § 249, cfr: LAVARINI B., *Il sistema dei rimedi*, cit., p. 16 ss.

[3] Sur le thème, voir JACQUINOT G., *Les mutations de la satisfaction équitable à l'aune de la jurisprudence de la Cour européenne des droits de l'homme,* thèse, 2020.

CRISAFULLI F., *Il pagamento dell'equa soddisfazione,* in La Corte europea dei diritti dell'uomo e l'esecuzione delle sue sentenze, Editoriale Scientifica, Napoli, 2003, p.79-85 ; SUNDBERG F., *Art. 41*, in BARTOLE S., CONFORTI B., RAIMONDI G., *Commentario alla Convenzione europea*, *op. cit.*, p. 664 ss.

bien juridique que moral, subi par l'État et répondant ainsi à la détresse morale de la victime[1].

Les travaux préparatoires de l'article 50 de la Convention, qui serait devenu l'actuel article 41, proposaient une conception plus restreinte et limitée de la satisfaction équitable. Prévoyant que « [...] Si *la Cour estime qu'il y a eu violation, elle peut soit prescrire des mesures de réparation, soit enjoindre aux autorités nationales responsables de prendre des sanctions pénales ou administratives à l'égard de personnes reconnues coupables, soit provoquer le retrait ou la révision de l'acte incriminé* ». La formulation était différente de la version actuelle, mais elle présentait déjà des significations similaires, car les deux dispositions exigeaient une violation pour engager l'obligation de réparation et un tel fait serait constitué du fait de la violation. La première version semblant également accorder une certaine liberté d'action à la Cour qui peut prononcer différentes mesures de réparations et même enjoindre l'État à prendre des mesures.

Reste néanmoins que l'usage de la satisfaction équitable de la Cour ne s'applique pas seulement aux hypothèses où il est matériellement impossible d'œuvrer à la réintégration des droits ou lorsqu'une telle réintégration est contraire à l'intérêt même de la victime, ce qui est classiquement le cas dans l'hypothèse de violation du délai raisonnable, mais également lorsque la Cour EDH use la satisfaction équitable comme moyen de réparer l'inaction de l'État qui aurait dû adopter des mesures propres à assurer la *restitutio in integrum* de la personne. Néanmoins, octroyer une satisfaction équitable est contestable, car cela équivaut à considérer que l'objectif de garantir l'effective sauvegarde, implémentation et rétablissement des droits fondamentaux n'a pas été atteint et ne peut l'être. Alors que souvent, par ce biais, la Cour favorise la rapidité de la procédure, plutôt que l'effectivité des droits, ou encore limite la proposition de mesures individuelles spécifiques à l'encontre des États.

En conclusion, la coexistence entre *restitutio in integrum* et *satisfaction équitable* ne peut pas admettre une équivalence entre les deux mesures : cela s'apparenterait à valider le fait que l'État puisse, après le constat d'une violation conventionnelle, maintenir son comportement illégitime au motif d'avoir payé son droit. Au contraire, l'objectif auquel aspire le système conventionnel est, en priorité, de réintégrer l'individu dans ses droits violés, son contentieux ne pouvant pas se confondre avec le but principal de réparation économique au risque de banaliser le contentieux conventionnel.

La modification de l'article 41 Conv. EDH clarifiant que la satisfaction pécuniaire n'est octroyée qu'à la condition que le rétablissement de la situation précédente et l'élimination des conséquences de la violation soient « matériellement impossibles ». Ainsi, l'État devrait justifier de cette condition, afin que les organismes de contrôle supranationaux décident d'accorder le dédommagement

[1] BARTHE C., *Réflexions sur la satisfaction en droit international*, Annuaire français de Droit international, année 2003, n° 49, pp. 105-128, p.105.

économique. Cette solution semble conforme également au projet sur la Responsabilité des États adoptée en 2001 qui prévoit expressément que l'État responsable du comportement illicite vis-à-vis d'une obligation internationale soit libéré si celle-ci est « matériellement impossible ».

SECTION 2. LA MISE EN ŒUVRE DE L'OBLIGATION D'EXÉCUTION DE L'ARRÊT EUROPÉEN REPOUSSANT LES LIMITES DE LA SOUVERAINETÉ ÉTATIQUE

« *Les apparences quant à la portée des arrêts de la Cour EDH, bien qu'elles ne soient pas contraires à la réalité, ne sont pas pour autant une traduction fidèle [...]. Il est certain que l'autorité réelle de ces arrêts est beaucoup plus large que leur stricte portée de jugements déclaratoires* »[1]. En effet, la Cour semble aller au-delà du principe de subsidiarité et d'effet déclaratoire qui la caractérisent en principe, en se focalisant sur les moyens de faire exécuter son arrêt. Plus particulièrement, l'invitation de la Cour faite aux États d'admettre la réouverture ou le réexamen de la procédure interne afin d'assurer la *restitutio in integrum* indique la volonté de repousser les limites de la souveraineté étatique, entraînant le dépassement de l'autorité de chose jugée pour justifier, sur Ocala, la base des articles 41 et 46 Conv., une forme aussi « *révolutionnaire* » d'exécution et de divulgation par l'État responsable de l'arrêt supranational[2]. Les conséquences d'un arrêt de la Cour EDH ne peuvent donc pas être minimisées : la mise en œuvre de l'obligation d'exécution découlant des articles 41 et 46 Conv. EDH postule la mise en place d'un système de contrôle de l'exécution de la décision supranationale renforcé par l'influence de la jurisprudence conventionnelle. Cette dernière est désormais capable d'indiquer aussi la nécessité de procéder à la réouverture de la procédure interne conclue avec une décision ayant autorité de chose jugée, ce qui repousse la souveraineté étatique des États membres.

Alors que la Cour a le devoir d'interpréter les dispositions conventionnelles et les appliquer au cas d'espèce dont elle est saisie à l'occasion d'un contentieux, le Comité des ministres possède un pouvoir de surveillance des mesures prises en exécution des différents chefs contenus dans le dispositif des arrêts définitifs qui lui sont transmis sur le fondement de l'article 46, al. 2 Conv. Celui-ci a également adopté le 10 mai 2006, lors de la 964e réunion des Délégués des ministres, une

---

[1] RENUCCI J.-F., *Droit européen des droits de l'homme*, op. cit., p. 1056.

[2] SCIARABBA V., *La riapertura del giudicato a seguito di sentenze della Corte di Strasburgo: il ruolo della comparazion*, Relazione al XXII Colloquio biennale dell'Associazione Italiana di Diritto Comparato, Salerno, 30 maggio - 1 giugno 2013, in Europeanrights Newsletter, 2014, p.4.

série de règles propres à la surveillance de l'exécution des arrêts qui ont fait l'objet d'un amendement en janvier 2017[1].

Dans son action de contrôle, le Comité des ministres dispose d'instruments lui permettant d'assurer la tâche qui lui est attribuée, qui consiste essentiellement dans la vérification des mesures individuelles ou générales adoptées par l'État et dans le contrôle du versement des sommes dues à titre de satisfaction équitable à la suite de la condamnation : normalement, son contrôle tend à vérifier l'aptitude des mesures engagées vis-à-vis du résultat indiqué par la Cour EDH et n'intervient pas sur le choix des moyens utilisés[2].

Le contrôle opéré par le Comité des ministres s'articule en deux temps : en premier lieu, le Comité invite l'État défendeur à l'informer des mesures prises à la suite de l'arrêt (art. 6) puis, sur la base des informations qui sont transmises par la représentation de l'État défendeur, le Comité des ministres vérifie si les moyens utilisés pour exécuter les décisions sont appropriés pour mettre en œuvre, au plan interne, les mesures propres à assurer la « *restitutio in integrum* » du requérant. Si l'État ne répond pas à cette invitation, le Comité réinscrit l'arrêt à l'ordre du jour des réunions qu'il tient périodiquement (art. 7). Ensuite, le Comité peut, par une résolution finale, considérer que, au vu des informations fournies par l'État, le contrôle de l'exécution de la décision est clos et considérer comme acquittées les obligations à la charge de l'État découlant de l'article 46 Conv. EDH (art. 9).

Le Comité s'est néanmoins montré prudent et a souvent eu recours à la pratique des *résolutions intérimaires* qui, selon l'article 16 des règles concernant l'activité de surveillance des arrêts, consistent dans le fait de faire le point sur l'état d'avancement de l'exécution ou, le cas échéant, d'exprimer sa préoccupation et/ou de formuler des suggestions en ce qui concerne l'exécution. Cela lui permet d'abandonner un contrôle purement formel – qui se bornerait à enregistrer les informations fournies par l'État sans pour autant apprécier, sur le fond, l'efficacité des mesures étatiques prises – en la faveur d'une vérification effective de l'aptitude des mesures à redresser la situation du requérant. Le Comité des ministres, après avoir conclu que la Haute Partie contractante concernée a pris toutes les mesures nécessaires pour se conformer à l'arrêt ou pour exécuter les termes du règlement amiable, adopte une résolution constatant que l'État a rempli ses fonctions en vertu de l'article 46§ 2, ou de l'article 39§ 4, de la Convention.

Le Comité est d'ailleurs soutenu dans son activité par l'Assemblée parlementaire du Conseil de l'Europe qui, à partir des années 2000, a adopté de nombreuses résolutions visant l'état de la question de l'exécution des arrêts. Ainsi, le Comité

---

[1] Règles du Comité des ministres pour la surveillance de l'exécution des arrêts et des termes des règlements amiables (adoptées par le Comité des ministres le 10 mai 2006, lors de la 964e réunion des Délégués des ministres et amendées le 18 janvier 2017, lors de la 1 275e réunion des Délégués des ministres).

[2] Comité des ministres, *Surveillance de l'exécution des arrêts de la Cour européenne des droits de l'homme, Rapport annuel*, 2009, p. 20 ss.

et l'Assemblée entretiennent des synergies importantes dans un but d'amélioration de l'efficacité du système conventionnel[1]. Récemment, l'Assemblée parlementaire a salué les mesures prises par le Comité pour garantir la transparence de la surveillance de l'exécution des arrêts.

Bien que le Comité des ministres soit donc chargé de veiller à l'adéquation des moyens choisis par l'État pour s'acquitter de leur obligation d'exécution des arrêts européens, celui-ci ne possède pas de véritables pouvoirs juridiques aptes à contraindre les États à exécuter les chefs du dispositif.

L'action du Comité des ministres apparaît cantonnée à une action plutôt diplomatique, et avec une forte connotation politique, car les instruments dont cet organe dispose, tels que les Résolutions intérimaires, se fondent sur des sollicitations envoyées directement aux États auxquelles la requérante ne peut pas prendre parti.

L'inexécution totale ou partielle d'un arrêt de la Cour EDH constitue une violation de l'article 46 Conv. et engage la responsabilité de l'État membre. En principe, la Cour ne possède cependant pas de pouvoir de contrôle sur les mesures prises par l'État, en vertu des rapports qu'elle entretient avec le Comité des ministres qui sont fondés sur le principe de la séparation des fonctions. En outre, la Cour européenne refuse d'avoir une compétence pour constater une violation de l'article 46 Conv. relative à l'obligation de conformation à l'arrêt supranational, en déclarant de telles demandes irrecevables *ratione materiae*.

Néanmoins, dans ses rapports annuels, le Comité souhaitait renforcer davantage son interaction avec la Cour EDH et souligne qu'« *un intérêt particulier réside [...] dans les possibilités d'interaction accrue entre la Cour EDH et le Comité des ministres, afin notamment de mettre plus rapidement en évidence les problèmes systémiques, ainsi que dans le renforcement des synergies avec les autres acteurs pertinents du Conseil de l'Europe – activités de surveillance, de conseil ou de coopération – sur les questions liées à l'exécution des arrêts de la Cour EDH* »[2]. L'utilité de cette synergie entre le Comité et la Cour EDH réside dans la nécessité d'éviter qu'il ne soit nécessaire, au stade de la surveillance de l'exécution devant le Comité des ministres, d'engager une réflexion sur la nécessité même des mesures à prendre. Étant les deux organes fonctionnels à des activités différentes, le prononcé par le Comité des ministres d'une résolution définitive ne ferait, en effet, pas obstacle à la recevabilité d'une requête devant la Cour EDH visant à affirmer l'inexécution totale ou imparfaite de l'arrêt européen

---

[1] Le contrôle de l'exécution des décisions de la Cour EDH a été renforcé aussi par la création d'un moteur de recherche, *Hudoc Execution* en vigueur depuis janvier 2017 disponible à l'adresse web https://hudoc.exec.coe.int qui permet d'améliorer la visibilité et la transparence du processus d'exécution des arrêts de la Cour européenne des droits de l'homme. Le site permet de rechercher les affaires et de consulter les bilans d'action que les États doivent soumettre au Comité des ministres sur le fondement de l'article 46 Conv. EDH et les résolutions dans lesquelles le Comité évalue les mesures adoptées par l'État.

[2] Avant-propos, in *Surveillance de l'exécution des arrêts de la Cour européenne des droits de l'homme, Rapport annuel,* op. cit., p. 8.

puisque le Comité, étant un organe politique, ne procède pas à un examen juridique de la conformité des mesures adoptées et ne peut donc pas assurer que ces mesures sont aptes à satisfaire le niveau de protection conventionnelle.

Le dialogue entre le Comité et la Cour EDH s'est davantage renforcé suivant l'entrée en vigueur du Protocole n. 14 qui, aux paragraphes 3,4 et 5 de l'article 46 Conv. a instauré un rapport de complémentarité entre les deux organes européens permettant de judiciariser la phase de l'exécution des arrêts dans le système conventionnel et de renforcer l'effet contraignant des arrêts de la Cour par la prévision d'une procédure en interprétation et d'une procédure en manquement. L'alinéa 3 de l'article 46 Conv. prévoit désormais la possibilité de présenter un *recours en interprétation* lorsque le Comité des ministres estime que la surveillance de l'exécution d'un arrêt définitif est entravée par une difficulté de compréhension de celui-ci. Dans cette hypothèse, le Comité pourra saisir la Cour afin qu'elle se prononce sur la question d'interprétation. L'art. 46, §4 prévoit aussi désormais un « *recours en manquement* » qui prévoit que le Comité, « *s'il estime qu'une Haute Partie contractante refuse de se conformer à un arrêt définitif dans un litige auquel elle est partie peut, après avoir mis en demeure cette partie et par décision prise par un vote à la majorité des deux tiers des représentants ayant le droit de siéger au Comité, saisir la Cour de la question du respect par cette Partie de son obligation au regard du paragraphe 1* ». L'Assemblée parlementaire dans la Résolution 2120 de 2018 demandait, néanmoins, au Comité de reconsidérer l'utilisation des procédures prévues par l'article 46, paragraphes 3 à 5 dans le cas où l'exécution d'un arrêt se heurterait à une forte résistance de la part de l'État défendeur.

La Cour EDH n'a donc pas un rôle officiel dans le processus d'exécution de ses arrêts, sauf dans le contexte du recours en manquement : dans l'arrêt *Moreira Ferreira c/ Portugal* n° 2, la Cour se prononce notamment sur les rapports avec le Comité des ministres : elle y adopte une attitude restrictive quant à son rôle vis-à-vis de l'exécution d'un arrêt européen affirmant que « *si elle n'est pas soulevée dans le cadre de la "procédure en manquement" prévue à l'article 46 § 4 et §5 de la Convention, la question du respect par les Hautes Parties contractantes de ses arrêts échappe à sa compétence* ». En conséquence, la Cour pourra évaluer la violation de l'article 46 Conv. soumise à son attention uniquement dans le cadre d'une procédure instaurée sur le fondement de l'article 46§ 4, ce qui confirme le rôle reconnu au seul Comité, organe habilité au contrôle de l'exécution des arrêts de la Cour. Il existe, cependant, certains cas où la Cour EDH semble s'arroger un véritable pouvoir de contrôle de l'exécution de ses propres arrêts : cela semble être le cas lorsque la Cour rend un arrêt sur le fond, où elle se prononce sur l'existence de la violation conventionnelle et adresse des mesures à l'attention de l'État, puis elle garde la possibilité de surveiller dans le cadre de la procédure dont la finalité est l'octroi de la satisfaction équitable sur le fondement de l'article 41 Conv. EDH. Parfois, lorsque la Cour constate que la violation persiste après le premier arrêt qu'elle a rendu, ou encore dès lors que, saisie d'une deuxième requête, elle constate l'existence d'un fait nouveau, non tranché par l'arrêt précédent, elle va vérifier si les autorités nationales ont pris toutes les mesures nécessaires que l'on pouvait raisonnablement exiger d'elles. La Cour prend aussi position sur la mauvaise exécution des arrêts : dans l'arrêt *Mehemi c/ France* le requérant se plaignait que les autorités nationales n'avaient pas mis fin à l'ingérence disproportionnée dans son droit au respect de la vie privée et familiale résultant d'une interdiction définitive du territoire national qui avait été constatée par l'arrêt de la Cour EDH.

La Cour, tout en reconnaissant le rôle du Comité des ministres dans la surveillance de l'exécution des jugements européens, ne s'empêche pas, parfois, de vérifier si les mesures adoptées par l'État défendeur pour mettre en œuvre son arrêt sont suffisantes. Ainsi, parmi les mesures que les États peuvent prendre en exécution des condamnations de la Cour EDH, on retient plus particulièrement la réouverture ou le réexamen des procédures internes. Notamment, suite à l'adoption en 2000, par le Comité des ministres, de la Recommandation (n°R 2000 (2)) destinée à inciter les États à prévoir le réexamen ou la réouverture de certaines affaires au niveau interne suite à un arrêt de condamnation de la Cour européenne, la Cour invite à la réouverture de la procédure en considérant qu'il s'agit du moyen le plus approprié de redresser une violation conventionnelle. La réouverture de la procédure peut aussi, cependant, comporter des effets négatifs, notamment en termes d'allongement de la durée des procédures et ne pas être adaptée à tout type d'affaires non plus. En général, la Cour, en incitant à la réouverture de la procédure pour opérer la *restitutio in integrum* et donc exécuter son dictum, invite les États à prévoir des mécanismes de droit interne et, dès lors que de tels mécanismes existent, invite expressément à en faire usage[1], ou même à cumuler la réouverture avec le paiement de la satisfaction équitable[2].

CHAPITRE 2.

LA RÉOUVERTURE DU PROCÈS INTERNE, MODALITÉ D'EXÉCUTION DE L'ARRÊT DE LA COUR EUROPÉENNE DES DROITS DE L'HOMME

Parmi les conséquences qui découlent de l'obligation d'exécuter un arrêt de la Cour européenne des droits de l'homme ayant constaté la violation des droits conventionnels, figure le cas spécifique où la Cour indique la réouverture de la procédure comme étant la mesure individuelle la plus adaptée afin de réaliser la *restitutio in integrum*. Cette hypothèse revient notamment dans l'hypothèse où ont été violées les garanties du procès équitable. En effet, la réouverture apparaît alors la mesure plus efficace dans le cas où la violation a affecté le déroulement

[1] Cour EDH, 2 juin 2005, *Claes c. Belgique*, §53.
[2] Cour EDH, 26 janvier 2006, *Lungoci c/ Roumanie*.

du procès : dans ces hypothèses, l'indemnisation pécuniaire de la violation serait totalement inadaptée à l'objectif d'effectivité recherché par le système conventionnel. Au contraire, la réouverture de la procédure interne s'impose aussi à la lumière de l'article 41 Conv. EDH qui enjoint prioritairement la réparation intégrale de la violation et qui admet l'octroi d'une satisfaction pécuniaire, uniquement par voie subsidiaire.

Ces raisons suggèrent que la réouverture ou le réexamen de la procédure pénale interne est la modalité la plus adaptée pour garantir le rétablissement des droits conventionnels violés du requérant **(Section 1).**

Le Comité des ministres, dans sa recommandation de 2000 destinée aux États membres, invite d'ailleurs ces derniers « *à s'assurer qu'il existe au niveau interne des possibilités adéquates de réaliser, dans la mesure du possible, la restitutio in integrum* » et, en particulier, « *des possibilités appropriées pour le réexamen d'une affaire, y compris la réouverture d'une procédure, dans les cas où la Cour a constaté une violation de la Convention* » (Recommandation n°R(2000)2)[1], si bien que les États ont progressivement répondu à cette exigence par l'introduction, non pas sans réticence, de moyens adaptés à la réouverture ou au réexamen de la procédure en conséquence d'un arrêt de la Cour **(Section 2).**

SECTION 1.
LA RÉOUVERTURE DE LA PROCÉDURE INTERNE S'INSCRIVANT DANS L'OBJECTIF DE RÉTABLISSEMENT DES DROITS FONDAMENTAUX

La réouverture de la procédure nationale a fait l'objet d'une attention particulière par le Comité des ministres et par l'Assemblée parlementaire du Conseil de l'Europe qui ont identifié l'utilité de la réouverture pour réintégrer la partie lésée dans les droits fondamentaux violés. En effet, le Comité des ministres rappelle, dans sa Recommandation de 2000, « *qu'il existe des circonstances exceptionnelles dans lesquelles le réexamen d'une affaire ou la réouverture d'une*

[1] L'invitation à continuer à mettre en œuvre les dispositions de la Recommandation (2000)2 a d'ailleurs été réitérée dans les *Lignes directrices du Comité des ministres aux États membres pour prévenir et remédier aux violations de la Convention de sauvegarde des droits de l'homme et libertés fondamentales*, adoptées par le Comité des ministres le 27 septembre 2022, lors de la 1 444e réunion des Délégués des ministres), p. 35. Document accessible à l'adresse https://rm.coe.int/lignes-directrices-guidelines-prevention-and-remedying-of-violations-o/1680a94c6e (dernier accès, 11.07.2023).

procédure s'avère être le moyen le plus efficace, voir le seul, pour réaliser la restitutio in integrum »[1].

Le Comité des ministres, dont le rôle est de vérifier que l'État exécute la décision européenne et qui peut, lorsque l'inexécution totale ou imparfaite de l'arrêt empêche la *restitutio in integrum* du requérant, préconiser l'adoption de mesures spécifiques allant jusqu'à la réouverture de la procédure interne, a fait plein usage de cette prérogative afin d'encourager la réouverture comme mesure individuelle adaptée **(1§).** D'autre part, la Cour EDH a également précisé comment la réouverture ou le réexamen permettent de garantir la *restitutio in integrum* de l'individu **(2§).**

1§. La pratique du Comité des ministres visant la réouverture de la procédure

Le Comité des ministres a affirmé explicitement la nécessité que les États membres assurent l'existence dans leur droit interne de moyens pour garantir la réouverture de la procédure avec pour objectif d'atteindre une plus grande effectivité des droits fondamentaux au sein d'un système juridique interne s'intégrant à celui d'origine supranationale.

Le Comité des ministres, tout en se limitant à contrôler le résultat de mesures adoptées par l'État, pouvait parfois indiquer des mesures adaptées pour garantir la *restitutio in integrum*, allant notamment jusqu'à la réouverture de la procédure. Cette mesure était néanmoins plus facile à exécuter lorsque la Cour EDH avait donné des indications dans ce sens dans les motifs de son arrêt puisque, dans cette hypothèse, le contrôle exercé par le Comité portait sur les moyens indiqués par la Cour et donc sur la vérification de l'existence d'un recours dans le droit interne permettant la réouverture de la procédure suivant condamnation supranationale. Le cas échéant, cette obligation de réouverture n'étant pas consacrée par l'arrêt de la Cour EDH, était alors plus difficile à réaliser. Dans le cas de la France, le Comité des ministres constatait l'absence d'un mécanisme interne permettant d'autoriser la réouverture à la suite de l'affaire *Hakkar c/ France* concernant le cas de condamnation à la perpétuité décidée par la Cour d'assises sans la présence, lors de l'audience, du requérant[2]. Également, en Italie, dans la résolution concernant les affaires *F.C.B. c/ Italie* et *Dorigo c/ Italie* relatives à des violations du droit au procès équitable, le Comité encouragea l'Italie à persévérer dans l'adoption d'une législation qui aurait permis de garantir le rétablissement des droits violés entre autres par la réouverture du procès[3].

---

[1] Recommandation du Comité des ministres Rec(2000)2 du 19 janvier 2000 sur le réexamen ou la réouverture de certaines affaires au niveau interne suite à l'arrêt de la Cour européenne des droits de l'homme.

[2] Résolution finale ResDH(2001)4, Requête no 19033/91, *Hakkar contre la France* adoptée par le Comité des ministres le 14 février 2001, lors de la 741e réunion des Délégués des ministres.

[3] Résolution intérimaire, ResDH(2002)30, *F.C.B. contre l'Italie*, arrêt de la Cour européenne des Droits de l'homme du 28 août 1991, *Dorigo contre l'Italie*, Résolution intérimaire DH(99)258 Réouverture de procédures judiciaires à la suite de violations de la Convention européenne des droits

Néanmoins, face aux réticences des États, le Comité des ministres réitéra la nécessité de prévoir une réouverture de la procédure lorsque la situation ayant engendré la violation est susceptible d'une pleine *restitutio in integrum* de l'individu grâce à la réouverture ou le réexamen. Le CM invitait les Parties contractantes à s'assurer « *qu'il existe au niveau interne des possibilités adéquates de réaliser, dans la mesure du possible, la restitutio in integrum* » en prévoyant particulièrement « *des possibilités adéquates de réaliser le réexamen de l'affaire* »[1]. La Recommandation semble avoir rejoint son but puisqu'actuellement, la quasi-totalité des États membres prévoit explicitement ou implicitement des remèdes de droit interne permettant de rouvrir la procédure interne pour se conformer à l'arrêt européen[2].

Le texte, se référant aux objectifs du Conseil de l'Europe dont celui de réaliser une union plus étroite, en plus de l'article 46 Conv. EDH qui prévoit que les parties contractantes s'engagent à se conformer aux arrêts de la Cour EDH, exprime le souci que, dans certaines circonstances, « *l'engagement susmentionné peut impliquer l'adoption de mesures, autres que la satisfaction équitable accordée par la Cour conformément à l'article 41 de la Convention et/ou des mesures générales, afin que la partie lésée se retrouve, dans la mesure du possible, dans la situation où elle était avant la violation de la Convention (restitutio in integrum)* ».

Le Comité des ministres identifie, par ailleurs, deux conditions cumulatives à la possibilité de bénéficier d'un tel remède spécifique : la première touche à la situation subjective de l'individu, lequel doit continuer à souffrir de conséquences négatives très graves à la suite de la décision nationale. Le texte précise aussi qu'il doit s'agir de « *conséquences qui ne peuvent être compensées par la satisfaction équitable et qui ne peuvent être modifiées que par le réexamen ou la réouverture* ». Ces cas d'espèce subsistent, par exemple, chez les personnes qui ont été condamnées à de très longues peines de prison et qui sont toujours en prison lorsque les organes de la Convention examinent leur affaire ou si la personne est expulsée en violation de son droit au respect de sa vie familiale ou qu'un enfant est interdit injustement de tout contact avec ses parents : dans ces hypothèses, les conséquences induites par la violation ne peuvent pas être compensées par une indemnisation, mais peuvent trouver leur réintégration par une réouverture de la procédure.

La deuxième condition intéresse la nature de la violation : la Recommandation indique que l'arrêt de la Cour EDH doit mettre en évidence que *« la décision interne attaquée est contraire sur le fond à la Convention* » et que « *la violation constatée est causée par des erreurs ou défaillances de procédure d'une gravité telle qu'un doute sérieux est jeté sur le résultat de la procédure interne attaquée* ».

---

de l'homme (adoptée par le Comité des ministres le 19 février 2002 lors de la 783e réunion des Délégués).

[1]Comité des ministres, Recommandation, 19 janvier 2000, R(200)2.

[2] IMBERT P.H., *L'exécution des arrêts de la Cour européenne des droits de l'homme*, *op. cit.*, p.25.

Il peut alors s'agir d'une violation de nature substantielle, telle que les condamnations pénales violant l'article 9 ou 10, dès lors la décision nationale sera contraire sur le fond aux droits matériels protégés par la Convention, ou processuelle, la décision interne contiendra alors des erreurs qui rendent la procédure *« unfair »* à l'égard de la notion de procès équitable garantie par l'article 6 Conv. EDH.

Par la définition des critères permettant d'identifier le cas où la réouverture peut être proposée, la Recommandation (2000)2 souhaitait identifier « *les situations exceptionnelles dans lesquelles l'objectif de garantir les droits de l'individu et la mise en œuvre effective des arrêts de la Cour l'emportent sur les principes qui sous-tendent à la doctrine de la res judicata, en particulier celui de la sécurité juridique, nonobstant l'importance indéniable de ces principes*[1] ».

Ces situations exceptionnelles couvrent par ailleurs davantage le secteur à raison des enjeux fondamentaux du procès pénal sur la liberté personnelle de l'individu et sur son droit à l'honneur. L'objectif et les critères précisés dans la Recommandation ont donc été une condition du développement de la pratique successive de la réouverture dans les différents États parties, et ont servi de critères d'évaluation pour la pratique consécutive du Comité des ministres dans l'exercice de son pouvoir de contrôle et dans la jurisprudence de la Cour EDH qui a, de son côté, considérablement intensifié les invitations à la réouverture des procédures en considérant qu'un « *nouveau procès ou une réouverture de la procédure, à la demande de l'intéressé, représente en principe un moyen approprié de redresser la violation constatée* »[2].

Lors de la Table ronde organisée en 2015 par le Service de l'exécution des arrêts dédiés à la réouverture des procédures suite à une condamnation européenne[3], a été mis en avant d'une manière générale l'intérêt encore actuel de la Recommandation (2000)2 en vue d'assurer que le droit et la pratique nationale permettent effectivement de garantir la *restitutio in integrum* en cas de violations de la Convention et que la réouverture continue de s'avérer un moyen efficace, et parfois aussi le seul moyen efficace à cette fin.

---

[1] Point 10 de l'Explanatory Memorandum de la Raccomandation (2000)2 : "*The purpose of these additional criteria is to identify those exceptional situations in which the objectives of securing the rights of the individual and the effective implementation of the Court's judgments prevail over the principles underlying the doctrine of res judicata, in particular that of legal certainty, notwithstanding the undoubted importance of these principles*".

[2] Cour EDH, *Ocalan c. Turquie*, [GC], 12.05.2005, §210 ; aussi Cour EDH, *Gencel c. Turquie*, 23.10.2003, °27 ; Cour EDH, *Tahir Duran c. Turquie*, 29.01.204, §23. Récemment reconfirmée aussi dans l'arrêt Cour EDH, *Moreira Ferreira c. Portugal*, n° 2, 11.07.2017 ; l'indication de la réouverture en tant que moyen le plus approprié a été reconfirmée dans les arrêts prononcés contre l'Italie : Cour EDH *Somogy c. Italie*, 19.05.2004, §86 ; *Sannino c. Italie*, 27.04.2005, °69 ; *Bracci c. Italie*, 13.10.2005, §75 ; *Guadagnino c. Italie et France*, 18.01.20011, §81 ; et contre la France : Cour EDH, *Abdelali c. France*, 11.10.2012, § 60 ; *Miraux c. France*, 26.09.2006, §42 ; Cour EDH, *Sejdovic c. Italie*, [GC], 1.03.2006, §126-§127

[3] Table ronde sur « la Réouverture des procédures suite à un arrêt de la Cour européenne des Droits de l'homme » Strasbourg, 5-6 octobre 2015.

Notamment, par rapport à la matière pénale, la très grande majorité des États ont à ce jour des dispositions législatives assurant la possibilité de demander la réouverture de procédures incriminées par la Cour.

L'importance d'avoir des procédures mises en place au sein de chaque État, par ailleurs, permet d'assurer des conditions assez uniformes quant aux moyens et aux délais de saisine des juridictions internes, ainsi que quant aux conséquences de la réouverture, pour éviter le risque de *reformatio in pejus*[1].

2§. La Cour EDH participant à la proclamation de la réouverture

Aussi la Cour EDH participe à la proclamation de la réouverture comme moyen de garantir la correcte exécution de la décision. La Cour européenne n'avait pas pris expressément position sur la nécessité de la réouverture des procédures juridictionnelles, se limitant à l'évaluer, lors du suivi de l'affaire, parmi les autres mesures comme l'arrêt *Claes et autres c/ Belgique*, où, par rapport à l'octroi de la satisfaction équitable, elle considère qu'elle doit être reconnue « *à défaut de faire droit à une demande de ces requérants d'être rejugés ou de rouvrir la procédure* »[2]. Cela en cohérence avec l'attitude qu'elle avait déjà manifestée lorsqu'elle se limitait à constater, postérieurement, le caractère satisfaisant de l'exécution de ses arrêts et refusait de prendre position sur les modalités devant garantir l'exécution de ses propres arrêts[3].

En effet, la Cour a rappelé à plusieurs reprises son incompétence pour exiger du Gouvernement des mesures spécifiques, et notamment la réouverture, en réaffirmant que « *s'agissant de la réouverture d'une procédure, il est clair que la Cour n'a pas compétence pour ordonner pareille mesure* »[4]. Elle évitait, même lorsqu'elle aurait pu trancher en faveur de la réouverture de la procédure, d'aborder cette dernière solution qui, au contraire, aurait pu paraître comme une solution fonctionnelle à la réintégration effective dans beaucoup de cas présentés : dans l'affaire *Mattei c/ France,* elle affirmait que *« lorsque la Cour conclut qu'un particulier a été condamné à l'issue d'une procédure entachée de manquements aux exigences de l'article 6 de la Convention, un nouveau procès ou une*

---

[1] La *reformatio in pejus* est en effet interdite dans de nombreux États membres (Allemagne, Autriche, Azerbaïdjan, Bosnie-Herzégovine, Bulgarie, Croatie, Danemark, Finlande, Luxembourg, Moldavie, Pays-Bas, Norvège, Pologne, République tchèque, Roumanie, Serbie, Slovaquie, Suède, Turquie et Royaume-Uni) cf. *Review of the implementation of Recommendation (2000) 2 of the Committee of Ministers to the Member States on re-examination and reopening of certain cases at domestic level following judgments of the European Court of Human Rights*, consultable à https://rm.coe.int/090000168066b42a (dernier accès 12.07.2023).

[2] Cour EDH, *Claes et autres*, précité, §57.

[3] Cour EDH, *Pelladoah c. Pays-Bas,* 22 septembre 1994, § 44 ; *Saidi c. France* 20 septembre 1993, § 47 : "*La Convention ne donne pas la compétence pour exiger de l'État français l'ouverture d'un nouveau procès ni l'adoption de l'une des autres mesures souhaitées par le requérant » ;* Cour EDH, *Carbonara et Ventura c. Italie*, 11 décembre 2003, § *35. « si la nature de la violation permet une restitutio in integrum, il incombe à l'État défendeur de la réaliser, la Cour n'ayant ni la compétence ni la possibilité pratique de l'accomplir elle-même*

[4] Cour EDH, *Drassich c. Italie*, précité, §49.

réouverture de la procédure, à la demande de l'intéressé, représente en principe un moyen approprié de redresser la violation constatée »[1], mais elle ne semblait pas se positionner explicitement sur la nécessité de procéder à la réouverture et concluant que « *le constat de violation constitue en soi une satisfaction équitable suffisante pour le dommage moral subi par la requérante* »[2] La Cour européenne reconnaissait donc à l'État l'autonomie dans le choix des moyens pour réaliser les objectifs d'exécution des arrêts, ce qui était cohérent avec la nature déclarative des arrêts européens. Dans l'arrêt Scoppola contre Italie, elle rappelle d'ailleurs, qu'« *en ratifiant la Convention, les États contractants s'engagent à faire en sorte que leur droit interne soit compatible avec celle-ci, il appartient à l'État défendeur d'éliminer, dans son ordre juridique interne, tout obstacle éventuel à un rétablissement adéquat de la situation du requérant* ».

Cependant, la Cour indique dans ses décisions des mesures ayant un caractère individuel ou général, autres que l'octroi de la satisfaction pécuniaire, adaptées au rétablissement de la situation[3]. Dans certaines situations qui, au contraire, exigeaient la réouverture comme seul moyen pour restaurer la violation, la Cour n'a pas alors hésité à l'indiquer comme mesure spécifique à garantir l'exécution de l'arrêt européen[4], tout en précisant qu'elle n'a pas, pour autant, la compétence pour l'ordonner. Cela est par exemple le cas dans les arrêts *Sejdovic* et *Somogyi* prononcés contre l'Italie où la Cour faisait expressément référence à l'exigence de réouverture dans le dispositif de l'arrêt affirmant que lorsqu'il est conclu, à la condamnation d'un requérant, « *le rétablissement le plus approprié serait en principe de faire rejuger l'intéressé ou de rouvrir la procédure en temps utile et dans le respect des exigences de l'article 6 de la Convention* »[5]. Elle évoque

---

[1] Cour EDH, *Mattei c. France*, 19 décembre 2006, § 51 ; aussi *Öcalan c. Turquie* [GC], précité, § 210 ; plus récemment Cour EDH, *Melgarejo Martinez de Abellanosa v Spain,* 14 décembre 2021 ; Cour EDH, *Gençel v Turkey,* 23 octobre 2003, § 27.

[2] Cour EDH, *Mattei c. France*, §4 « *dit que le constat de violation constitue en soi une satisfaction équitable suffisante pour le dommage moral subi par la requérante* ».

[3] Par exemple dans l'arrêt Cour EDH *Assanidzé c. Géorgie*, 8 avril 2004, § 14 où elle indique dans le dispositif de la décision de remettre en liberté immédiate le requérant. Sur cette évolution : COZZI O., *L'impatto delle sentenze della Corte di Strasburgo sulle situazioni giuridiche interne definite da sentenze passate in giudicato: la configurabilità di un obbligo di riapertura o di revisione del processo*, in SPITALERI F. (cur.), *L'incidenza del diritto comunitario e della CEDU sugli atti nazionali definitivi*, Milano, 2009, p.162 ss.

[4] Cour EDH, *Gencel c. Turquie*, 23 octobre 2003, § 27 : « *Lorsque la Cour conclut que la condamnation d'un requérant a été prononcée par un tribunal qui n'était pas indépendant et impartial au sens de l'article 6 § 1, elle estime qu'en principe le rétablissement le plus approprié serait de faire rejuger le requérant en temps utile par un tribunal indépendant et impartial* » ; aussi Cour EDH, *Sejdovic c. Italie,* 1 mars 2006, § 126.

[5] Cour EDH, *Somogyi c. Italie*, 18.05.2004, §86 : « *La Cour rappelle sa jurisprudence bien établie selon laquelle en cas de violation de l'article 6 § 1 de la Convention il faut placer le requérant, le plus possible, dans une situation équivalant à celle dans laquelle il se trouverait s'il n'y avait pas eu manquement aux exigences de cette disposition. La Cour estime que, lorsqu'elle conclut que la condamnation d'un requérant a été prononcée malgré l'existence d'une atteinte potentielle à son droit à participer à son procès, le rétablissement le plus approprié serait en principe de faire rejuger*

également la réouverture comme moyen le plus adapté dans les motifs de l'arrêt *Bracci c/ Italie* affirmant que « *lorsque la Cour conclut que la condamnation d'un requérant a été prononcée au terme d'une procédure qui n'était pas équitable, elle estime qu'en principe le rétablissement le plus approprié serait de faire rejuger l'intéressé en temps utile et dans le respect des exigences de l'article 6 Cedh* »[1]. Idem dans le cas Moreira Ferreira, où elle considère que « *toutefois, lorsqu'un particulier a été condamné à l'issue d'une procédure entachée de manquements aux exigences de l'article 6 de la Convention, la Cour peut indiquer l'instruction d'un nouveau procès ou une réouverture de la procédure, à la demande de l'intéressé* »[2].

Alors que « *le Comité des ministres était critiqué pour son manque de pugnacité, car on attendait de lui qu'il mette plus d'exigence dans la vérification de l'exécution effective par l'État condamné des mesures individuelles [...] destinées à garantir la complète restitutio in integrum de la personne* »[3], la Cour européenne renforce sa volonté d'indiquer la nécessité de la réouverture de son dispositif surtout lorsque l'objectif de *restitutio in integrum* était fonctionnel pour la remise en état du requérant par rapport à la violation des garanties relevant du procès équitable[4]. Elle s'engage donc à indiquer les mesures générales ou individuelles dans son dispositif nécessaire à garantir l'exécution poursuivant l'objectif selon lequel « *les mesures individuelles doivent viser à placer le requérant, le plus possible, dans une situation équivalant à celle dans laquelle il se trouverait s'il n'y avait pas eu manquement aux exigences de la Convention* »[5].

SECTION 2.
LA RÉCEPTION DE LA MESURE DE LA RÉOUVERTURE PAR LES ORDRES JURIDIQUES NATIONAUX

La réouverture s'étant affirmée comme une modalité d'exécution de l'arrêt européen nécessaire à réaliser la *restitutio in integrum*, sa réception de la part des ordres juridiques nationaux n'a pas été toujours facile : dans la majorité des États membres, la réouverture d'une procédure pénale est désormais possible soit à la demande du demandeur, soit à celle du procureur ou d'une autre autorité publique,

---

l'intéressé ou de rouvrir la procédure en temps utile et dans le respect des exigences de l'article 6 de la Convention ». ; Cour EDH, *Sejdovic c. Italie*, 10.11.2004, §55.

[1] Cour EDH, *Bracci c. Italie*, 13 octobre .2005, § 75.

[2] Cour EDH, *Moreira Ferreira c. Portugal* n° 2, [GC], 11 juillet 2017, § 49.

[3] RAIMONDI G., *L'obbligo degli stati di conformarsi alle sentenze definitive della Corte europea dei diritti umani negli affari nei quali essi stessi sono parti: l'art. 46, primo comma, della CEDU*, in Aa.Vv., *La Corte europea dei diritti umani e l'esecuzione delle sue sentenze*, Napoli. Ed. scientifica, 2003, p. 44.

[4] CAFLISH L., *New practice regarding the implementation of the judgements of the Strasbourg Cour,* dans *Italian Yearbook of International law*, 2005, p. 4 ss.

[5] Cour EDH, *Piersack c. Belgique*, 26 octobre 1984, § 12.

alors que dans d'autres, des réformes législatives en ce sens sont en cours[1]. Néanmoins, les États membres ont mis en œuvre la Recommandation de différentes manières, par exemple en ce qui concerne les organes compétents ou les délais.

En effet, l'introduction d'un nouveau moyen de recours permettant la réouverture de la procédure a soulevé des difficultés dans les États membres liés notamment à la recherche d'un point d'équilibre entre la nécessité d'assurer l'exécution de la décision supranationale, et la *restitutio in integrum* du requérant qui en découle, et la nécessité de préserver la souveraineté étatique exprimée par la décision définitive ayant acquis force de chose jugée.

La réception de la mesure de la réouverture a donc été mise en œuvre au sein des moyens de recours « extraordinaires » prévus par le droit processuel interne **(1§)** et la délimitation de la portée de la réouverture attribuée au juge national **(2§).**

1§. Un aménagement possible de la réouverture avec l'autorité de la chose jugée.

Les États membres ont réagi de façon différente à la nécessaire prise en compte de la mesure de réouverture de la procédure pénale. Néanmoins, en général, on observe comment la réouverture consécutive à un arrêt de la Cour EDH a été intégrée dans les droits processuels internes notamment au sein de la catégorie des moyens de recours « extraordinaires » **(1.1§)**, tel un trait d'union entre le droit interne et supranational, mais sous l'emprise du juge national **(2.2§)**.

1.1§. L'intégration de la réouverture parmi les moyens de recours « extraordinaires »

L'intégration de la réouverture dans les systèmes processuels internes des États a en premier lieu présenté le problème de cerner le type de moyens qu'il fallait mettre à disposition, étant donné que le Comité des ministres, dans sa Recommandation de 2000, se réfère au terme de réouverture ou de réexamen[2]. *L'Explanatory Memorandum* de la Recommandation précisait que le « *réexamen »* est un terme générique qui se réfère plutôt à une réévaluation, normalement par le même organe de décision, de la situation qui a donné lieu à

---

[1] Ces pays sont Autriche, Belgique, Bosnie-Herzégovine, Bulgarie, Croatie, Chypre, République tchèque, Danemark, Allemagne, Autriche, Belgique, Bosnie-Herzégovine, Bulgarie, Chypre, Croatie, Danemark, Estonie, Finlande, France, Grèce, Hongrie, Irlande, Lettonie, Lituanie, Luxembourg, République tchèque, Malte, Moldavie, Pays-Bas, Norvège, Pologne, Roumanie, Fédération de Russie, Saint-Marin, la Slovaquie, la Slovénie, l'Espagne, la Suisse, l'"ex-République yougoslave de Macédoine", la Turquie et le Royaume-Uni, cf. *Review of the implementation of Recommendation (2000) 2 of the Committee of Ministers to the Member States on re-examination and reopening of certain cases at domestic level following judgments of the European Court of Human Rights*, CM(2006)39 final / 12 mai 2006.

[2] La Recomm. (2000)2 invite « *les Parties contractantes à examiner leurs systèmes juridiques nationaux en vue de s'assurer qu'il existe des possibilités appropriées pour le réexamen d'une affaire, y compris la réouverture d'une procédure* ».

une violation de la Convention, pouvant également conduire à l'octroi de ce qui avait été demandé lors de la procédure initiale. Alors que le terme « *réouverture de la procédure* » désigne la réouverture d'une procédure judiciaire, en tant que moyen spécifique de réexamen[1] pour obtenir, dans la mesure du possible, la *restitutio in integrum* surtout dans les domaines spécifiques du droit. De même, la Cour, dans ses décisions, emploie différentes formules invitant les états à « *rejuger* »[2] le requérant, ou encore, « *à rouvrir la procédure* »[3].

L'adoption par les États européens d'instruments de réouverture de la décision interne a, en tout état de cause, exigé que l'État entame un parcours de réflexion sur la nécessité d'assurer la reconnaissance et la protection effective des droits consacrés par la Convention européenne. La plupart des États membres du Conseil de l'Europe ont progressivement intégré l'obligation de réouverture au sein de leur ordre juridique, mais, au début, l'affirmation de la nécessité d'assurer la réouverture ou le réexamen a souvent été assurée par voie jurisprudentielle.

Notamment, le cas espagnol témoigne de cette évolution vers la codification d'un moyen de recours spécifique : la Cour constitutionnelle espagnole, dans un arrêt controversé de 1991[4], avait reconnu une force exécutoire à l'arrêt de la Cour EDH dans l'affaire *Barberá, Messegué et Jabardo*[5]. Cependant, en 1993, la Cour constitutionnelle s'était écartée de sa propre doctrine, lors de la demande d'exécution d'un autre arrêt de la Cour européenne dans l'affaire *Ruiz-Mateos*. Depuis ce moment, la Cour constitutionnelle avait refusé d'exécuter plusieurs arrêts de la Cour EDH dans différentes affaires[6]. Puis la situation changea avec l'arrêt de la Cour EDH dans l'affaire *Del Río Prada*[7]. Au lendemain de l'arrêt européen, même si la requérante à Strasbourg ne l'avait pas demandé, l'Audiencia Nacional décida de reconnaître force exécutoire à l'arrêt de Strasbourg[8]. Suite à cela, l'Espagne a approuvé deux lois qui octroient force exécutoire aux arrêts de

---

[1] SACCUCCI A., *La riapertura del processo penale quale misura individuale*, *op. cit.*, p. 87: selon l'A. on se réfère ici à « *toutes les formes juridictionnelles et non de reconsidération critique du cas au niveau interne* ».

[2] Cour EDH, *Gencel c. Turquie*, précité, §27.

[3] Cour EDH, *Somogyi c. Italie*, précité, §86.

[4] Arrêt de la Cour Constitutionnelle du 16 décembre 1991 (STC 245/1991).

[5] Cour EDH, *Barberà, Messegué and Jabardo v. Spain*, 06 decembre 1988, cf. Castro-Rial Garrone F., *Consideraciones a la sentencia del Tribunal Europeo de Derechos Humanos en el asunto "Barberá Messegué" y Jabardo c España*, in Revista de Instituciones Europeas, 1989, Vol. 16, n. 3, pages 789-808.

[6] Castillo Algar, Ordonnances de la Cour Constitutionnelle du 24 avril 2001 (ATC 96/2001) ; Riera Blume, Arrêt de la Cour Constitutionnelle du 10 octobre 2005 (STC 240/2005) ; Perote, Arrêt de la Cour Constitutionnelle du 12 décembre 2005 (STC 313/2005) ; Fuentes Bobo, Arrêt de la Cour Constitutionnelle du 3 juillet 2006 (STC 197/2006).

[7] Cour EDH, *Del Río Prada c. Espagne*, req. 42750/09, 21 octobre 201, cf. Ruiz Miguel C., *The "Del Río Prada" Judgements and the Problem of the Enforcement of ECtHR Decisions,* in M. Pérez Manzano et al. (eds), Multilevel Protection of the Principle of Legality in Criminal Law, Berlin, 2018, pages 229-231.

[8] Ordonnance 61/2013, du 22 octobre 2013, Chambre Criminal de l'Audiencia Nacional (en formation plénière).

la Cour[1] : la première affirme de façon générale que, s'il y a un arrêt de la Cour EDH constatant une violation de la Convention dont les effets encore persistent et s'il n'y a pas d'autre moyen d'y mettre fin, on peut introduire devant la Cour Suprême un recours en révision. La seconde réglemente la procédure de révision dans l'ordre juridictionnel pénal.

De même, dans les pays baltes, notamment en Lettonie, suite à un arrêt de la Cour EDH *Lavents c. Lettonie*, concluant à la violation de l'article 6§ 1 de la Convention, la Cour suprême de Lettonie annulait le jugement du tribunal régional de Riga et renvoyait l'affaire devant le tribunal régional de Riga pour un nouveau procès. Ensuite, l'article 655 § 1 de la loi de procédure pénale du 21 avril 2005 a désormais prévu la possibilité de rouvrir une procédure pénale sur la base de « *faits et circonstances nouvellement révélés* » comprenant également la conclusion d'un tribunal international selon laquelle une décision rendue par la Cour EDH n'a pas été respectée.

À ce jour, la plupart des États ont consacré de façon expresse une procédure de réouverture faisant suite à une condamnation de la Cour européenne des droits de l'homme afin d'éviter toute incertitude et tout vide législatif qui pourrait surgir dans la mise en œuvre de la procédure[2]. L'Autriche a prévu pour la Cour suprême autrichienne la possibilité de la réouverture des affaires pénales après un arrêt de la Cour EDH selon les sections 363a-363c du code autrichien de procédure pénale (Strafprozessordnung 1975-StPO) ; de même, la Suisse prévoit la possibilité de demander la réouverture de la procédure en conséquence de la décision de la Cour EDH (art. 122) à partir notamment de la loi fédérale du 17 juin 2005. En Norvège, l'article 391§ 2 de la loi sur la procédure pénale prévoit que la réouverture en faveur de la personne inculpée peut être requise lorsqu'un tribunal international ou un comité des droits de l'homme de l'ONU a estimé que sa décision était contraire à une règle de droit international contraignante pour la Norvège, et qu'il faut supposer qu'une nouvelle audience aboutira à une nouvelle décision ou qu'une nouvelle audience devrait conduire à une décision différente. En Pologne, la réouverture d'une procédure pénale à la suite d'un arrêt de la Cour EDH a une base juridique claire dans l'article 540 § 3 selon lequel « *La procédure pénale est rouverte au profit de l'accusé si cette nécessité résulte d'une décision d'une instance internationale agissant sur la base d'un traité international ratifié par la Pologne* ». La réouverture des procédures pénales à la suite d'arrêts de la Cour est aussi explicitement prévue aussi en Allemagne à la Section 359 du Code de procédure pénale, en Grèce par l'article 525 du Code de procédure pénale inséré par la Loi 2865/2000, en Slovénie à l'article 421§4 du Code de procédure pénale,

---

[1] Loi organique 7/2015 du 21 juillet et Loi 41/2015 du 5 octobre.

[2] Faisant exception pour l'Irlande et le Liechtenstein où il n'existe aucune disposition prévoyant la possibilité de rouvrir une procédure pénale ou civile. Après l'arrêt Steck-Risch et autres c. Liechtenstein (63151/00), les requérants ont demandé la réouverture de la procédure nationale. Les juridictions nationales ont refusé d'accéder à cette demande, ce qui a conduit à l'arrêt Steck-Risch c. Liechtenstein (n° 2). Ce recours a été déclaré irrecevable.

en Roumanie, à partir de 2004, suite à l'introduction d'un nouveau motif de révision des décisions nationales définitives, au Portugal à l'article 449 § 1, alinéa g) du Code de procédure pénale, en Turquie aux articles 311 à 323 du Code de procédure pénale. Plus récemment, l'Albanie a adopté la loi 2017 n. 35 de réforme de son Code de procédure pénale en prévoyant à l'article 450 l'hypothèse de révision consécutive à un arrêt de la Cour EDH[1]. De même, Andorre permet désormais, par l'article 30 bis de la Loi transitoire des procédures judiciaires à toute personne reconnue victime par la Cour EDH de faire une demande de révision[2], et Chypre qui, à partir de 2015, a aussi adopté une loi permettant la réouverture des procédures suivant la condamnation par la Cour EDH[3], ainsi que la Principauté de Monaco.[4]

Dans d'autres pays où le moyen de la révision pénale existe, demeure plutôt la question de savoir si, parmi les motifs qui la justifient, on trouve également un arrêt de condamnation de la Cour européenne. Par exemple, en vertu du code suédois de procédure pénale, la réouverture d'une procédure ne peut être accordée que sous certaines conditions, parmi lesquelles il est discuté s'il convient d'y intégrer la jurisprudence de la Cour EDH ayant constaté une violation. La Cour suprême suédoise, en 2013, a néanmoins considéré que la réouverture pouvait être accordée dans certaines situations sur la base de l'article 13 de la Convention et du droit procédural suédois. Également, le droit pénal de Serbie prévoit la réouverture de la procédure pénale, mais ne dit pas expressément que la jurisprudence de la Cour EDH constitue un motif explicite de réouverture.

Certains pays, finalement, n'ont pas introduit de moyen de réouverture en conséquence d'une condamnation de la Cour EDH : c'est le cas de l'Irlande et du Liechtenstein. Dans ce dernier, après l'arrêt *Steck-Risch et autres c.*

---

[1] *Resolution Execution of the judgments of the European Court of Human Rights, Three cases against Albania, Adopted by the Committee of Ministers on 7 December 2017 at the 1302nd meeting of the Ministers' Deputies CM/ResDH(2017)417.*

[2] Communication de l'Andorre concernant l'affaire *Gouarre Patte c. Andorre* (Requête n° 33427/10), DH-DD(2017)356-rev 29/03/2017, présenté à la 1 288e réunion (juin 2017) du Comité des ministres. La réouverture touche à la matière civile, pénale et administrative.

[3] Résolution CM/ResDH(2015)47, Exécution de l'arrêt de la Cour européenne des droits de l'homme *Kyprianou contre Chypre* - Requête n° 73797/01 : Loi prévoyant la réouverture des affaires pénales à la lumière des arrêts de la Cour européenne des droits de l'homme (loi 23(I)/2015). La loi est entrée en vigueur le 25 février 2015, date à laquelle elle a été publiée au Journal officiel de la République. La loi permet au requérant de demander la réouverture de la procédure et l'annulation de sa condamnation pénale.

[4] L'article 508 du Code de Procédure pénale, modifié par la loi n° 1.421 du 1er décembre 2015 portant diverses mesures en matière de responsabilité de l'État et de voies de recours prévoit que : « *La reprise du procès peut être demandée en matière criminelle et correctionnelle : [...] lorsqu'il résulte d'un arrêt de la Cour européenne des droits de l'homme que la condamnation a été rendue en méconnaissance de la Convention de sauvegarde des droits de l'homme et des libertés fondamentales ou de ses protocoles additionnels applicables dans la Principauté, que ladite condamnation continue de produire ses effets et que seule la reprise du procès permettra d'obtenir la réparation du préjudice subi.* »

Liechtenstein, [1] les requérants ont demandé la réouverture de la procédure nationale. Les juridictions nationales ont refusé d'accéder à cette demande, ce qui a conduit à l'arrêt *Steck-Risch c. Liechtenstein (n° 2)*[2]. Ce recours a été déclaré irrecevable.

La consécration de la procédure de réouverture par des dispositions législatives spécifiques s'accompagne souvent d'un certain succès dans le suivi de l'affaire et indique une volonté de l'État de reconnaissance des effets directs des arrêts européens. Il s'agit d'un dialogue, d'un trait d'union idéal entre le droit national et le droit supranational capable de permettre à l'individu, jugé victorieux à Strasbourg, d'invoquer dans l'ordre juridique national un droit conventionnel dont il a eu reconnaissance au niveau supranational, même en dépit du renversement de l'autorité de la chose jugée. Cela témoigne de l'évidente capacité d'interpénétration de l'ordre conventionnel envers l'ordre interne qui commence par la reconnaissance (ex. art. 34 Conv) d'un droit de l'individu à soumettre une requête individuelle devant la Cour supranationale et qui s'achève par la mise en œuvre de la décision européenne, qui devient alors un prolongement quasi naturel, « *la forme la plus achevée de l'internalisation du statut de l'individu* »[3].

En tout état de cause, la réouverture suivant un arrêt de la Cour EDH a été insérée dans le droit interne des pays parmi les moyens de recours extraordinaires, dont le caractère tout à fait exceptionnel justifie sa mise en œuvre dans des conditions strictes afin de protéger la stabilité des décisions juridictionnelles et la certitude du droit.

1.2§. Une réouverture en droit interne sous contrôle étatique

Le fait que la Cour EDH ne souhaite pas ordonner la mesure de la réouverture aux États membres, mais se remet à leur volonté, est tout à fait cohérent avec le principe de subsidiarité qui inspire le fonctionnement du système conventionnel, la volonté de sauvegarder la stabilité des rapports juridiques et la certitude du droit

L'importance de la sauvegarde et du rétablissement des droits fondamentaux, bien que communément acceptée par les États membres, ne peut pas ignorer que la réouverture de la procédure pénale interne pour assurer l'exécution de la décision européenne emporte le renversement de l'autorité de la chose jugée et bouscule la traditionnelle souveraineté étatique reconnue à l'État qui s'exprime, justement, dans le pouvoir pour les juridictions nationales de trancher définitivement un litige qui leur est soumis.

C'est ainsi que les États ont introduit le moyen de la réouverture en conséquence d'une condamnation de la Cour EDH, tout en gardant le contrôle sur les modalités de sa mise en œuvre. Souvent, en premier lieu, le droit positif des États prévoit que la décision de faire droit à la réouverture de la procédure pénale

---

[1]Cour EDH, *Steck-Risch et autres c. Liechtenstein*, req. 63151/00, 19 mai 2005
[2]Cour EDH, *Steck-Risch et autres c. Liechtenstein*, req. 29061/08, 11 mai 2010
[3] BENOIT ROHMER F., *Il faut sauver le recours individuel, D.*, 2003, Ch. P. 2584 ss.

à la suite d'une condamnation de la Cour EDH fait l'objet d'une appréciation remise à un organe juridictionnel interne, ce qui leur permet de concilier l'obligation d'exécuter la décision supranationale avec le principe de l'autorité de la chose jugée[1].

La plupart des États, en effet, se limitent à poser comme condition à la réouverture l'existence d'une décision de condamnation issue de la Cour européenne[2], sans pour autant reprendre les deux conditions cumulatives et alternatives prévues par la Recommandation (2000)2[3]. Parfois, les Codes exigent un certain degré de gravité de la violation ou d'autres conditions particulières[4], et prévoient un délai pour la soumission de la demande[5].

Ainsi, les législations des pays membres codifiant la réouverture suite à un arrêt de la Cour EDH indiquent qu'il convient d'accepter l'incidence que ces arrêts supranationaux peuvent avoir sur des principes fondamentaux du droit processuel pénal interne, tel celui du respect de la chose jugée[6]. L'Irlande affirme d'ailleurs que la règle générale dans les tribunaux irlandais, qu'ils soient civils ou pénaux, est celle d'une présomption de l'autorité de la chose jugée, si bien qu'il est important d'assurer cette finalité aux litiges en droit irlandais, qui ne peut pas admettre la réouverture.

---

[1]ITA/Bracci (36822/02) Judgment final 15/02/2006, Final Resolution CM/ResDH(2014)102.

[2] Par exemple, l'article 122 du Code de procédure pénale suisse.

[3]Exception faite pour le Code de procédure pénale de Roumanie qui reprend les conditions de recevabilité déjà prévues par la recommandation (2000)2 : la Cour européenne a constaté la violation d'un droit prévu dans la Convention en l'espèce ; la partie intéressée continue de souffrir des conséquences graves à la suite de la décision nationale, conséquences auxquelles il ne peut être remédié que par la révision de celle-ci ; le délai pour l'introduction de la demande ; 3 mois à partir du moment de la publication de l'arrêt de la Cour dans le Journal officiel.

[4] Article 363, Code procédure pénale de l'Autriche spécifie qu'une affaire peut être rouverte sur la base d'un arrêt définitif de la Cour EDH en présence des suivants critères : si les critères suivants sont remplis ; le requérant a subi une violation de la CEDH par un tribunal pénal autrichien ; toutes les voies de recours effectives ont été épuisées ; la demande de réouverture est soumise à la Cour suprême autrichienne dans un délai de six mois à compter de la date à laquelle l'affaire a été jugée. L'article 456 du Code de procédure pénale lituanien de 2003 prévoit que les affaires pénales examinées par les tribunaux lituaniens peuvent être rouvertes lorsque la Cour européenne des droits de l'homme constate que la décision a été adoptée en violation de la Convention et de ses Protocoles, si les violations, compte tenu de leur nature et de leur gravité, soulèvent des doutes raisonnables quant à la validité de la décision de condamnation et s'il ne peut y être remédié que par la réouverture du dossier de la personne condamnée. En Grèce, la réouverture de la procédure présuppose que la violation constatée a affecté négativement le jugement de la juridiction nationale et que la réparation du préjudice subi peut être obtenue par la réouverture de la procédure. Toutefois, la Cour de cassation grecque n'accepte pas la réouverture de la procédure dans les cas où la violation constatée concerne le caractère raisonnable de la décision.

[5] Ce qui est généralement prévu, sauf dans le Code de procédure pénale polonais où il n'y a pas de délai prévu pour la présentation de la demande.

[6] Notamment, la Moldavie indique que parmi les obstacles à la réouverture il existe la *res judiciata* des jugements nationaux. Il est donc nécessaire d'introduire dans la loi et la jurisprudence le principe de l'application directe de la Convention et des effets directs des arrêts de la Cour dans l'ordre juridique national devant être considérés comme un « titre exécutoire » et comme une « circonstance exceptionnelle » nécessitant une révision extraordinaire des arrêts définitifs.

Néanmoins, bien que la réouverture ait donné lieu à des suites favorables pour les requérants, des conditions excessivement restrictives peuvent décourager l'usage de la réouverture[1]. Le Comité des ministres, lors de la table ronde dédiée à la réouverture des procédures en 2015, a par ailleurs rappelé le fait que la réouverture doit être le moyen le plus efficace en certaines hypothèses, mais invitait à prévoir précisément les suites à donner à la mise en œuvre de la réouverture, telle que l'interdiction de *reformatio in peius* pour éviter de donner lieu à des situations qui rendent, concrètement, impraticable ou non-souhaitable l'accès au remède pour le requérant[2].

2§. La délimitation de la portée de la réouverture par le droit interne

La réouverture de la procédure interne doit être définie par rapport à des conditions à la fois subjectives **(2.1§)** et objectives **(2.2§).**

2.1§. La portée subjective de la réouverture

Le mécanisme de réouverture de la procédure interne à la suite d'une condamnation de la Cour EDH nécessite l'existence d'un intérêt de la partie lésée à agir pour obtenir la réouverture. En général, les codifications prévoient donc que seule la victime de la violation puisse présenter une demande de réouverture[3], outre les personnes étroitement liées à elle, comme les héritiers en cas de décès - qui agissent pour demander la réouverture de la procédure la concernant[4]. Certaines législations attribuent le pouvoir de demander la réouverture aussi à certains sujets publics, par exemple, au Luxembourg, l'article 444 du Code de procédure pénale et en France, l'article 622-2 du Code de procédure pénale prévoient que la réouverture peut être demandée aussi par le ministre de la Justice. Ailleurs, un pouvoir d'initiative est conféré au procureur général[5] ou au procureur du tribunal qui a condamné le requérant (Grèce et Pologne), ou à l'avocat général (Croatie et Norvège). La situation du Royaume-Uni est également particulière à cet égard, puisqu'il y est expressément prévu que la *Criminal Cases Review Commission* peut également procéder d'office (« sans demande »).

L'article 442 *ter* du Code d'instruction criminelle prévoit distinctement que la réouverture pourra être demandée par le condamné, en cas de décès, d'interdiction ou d'absence déclarée par son conjoint, par la personne avec qui il cohabite

[1] LAFOURCADE M., *La réouverture, op. cit.*, p. 176-179, mais aussi des procédures trop longues devant la Cour EDH portent préjudice à l'attractivité de la mesure.
[2] Aut / Pfeifer (12556/03), judgment final 15/02/2008, final resolution cm/resdh(2018)322.
[3] Par exemple, les dispositions du Code de procédure pénale polonais, l'article 141 du Code de procédure pénale suisse.
[4] Article 407 du Code de procédure pénale croate ; article 408 du Code de procédure pénale roumain, article 308(2) du Code de procédure pénale slovaque.
[5] Par exemple en Autriche, en Slovénie, en Bosnie-Herzégovine, en Allemagne, en Moldavie, en Roumanie, en Slovénie, en Slovaquie, en Slovénie, en Slovaquie et en Ukraine, cf. A. SACCUCCI, *Obblighi di riparazione e revisione dei processi*, op. cit., p. 660, nt. 104 e 105.

légalement, par ses descendants, ascendants, ses frères et sœurs et par le procureur général près la Cour de cassation, d'office ou à la demande du ministre de la Justice[1].

Il s'agit en tout état de cause d'options isolées, qui tendent à ne pas s'inscrire dans la « logique du système » étant donné que la Recommandation du Comité des ministres, bien qu'elle n'aborde pas la question de la personne pouvant demander le réexamen ou la réouverture, spécifie que « *considérant que le but principal de la recommandation est d'assurer une protection adéquate des victimes de certaines violations graves de la Convention constatées par la Cour, la logique du système implique que les individus concernés devraient avoir le droit de soumettre les demandes nécessaires aux tribunaux ou autres organes nationaux compétents* ». Cette indication du Comité suggère donc que les États membres doivent, néanmoins, mettre l'individu lésé dans ses droits dans la condition de présenter une demande de réouverture de la procédure, ce qui permet donc d'envisager l'existence d'un véritable intérêt à agir pour la partie lésée[2]. La Cour EDH a donc indiqué dans ses arrêts que la réouverture est le moyen optimal pour redresser la position du requérant, si celui-ci le demande en faisant référence dans la jurisprudence au fait que la réouverture doit être ouverte « *à la demande de l'intéressé* »[3].

La question de la légitimation subjective de la réouverture d'une procédure pénale suite à une condamnation de la Cour EDH interroge aussi quant à la question de savoir si celle-ci pourrait être demandée par une personne tierce, c'est-à-dire qu'elle n'aurait pas présenté une requête à la Cour et ne serait donc pas « bénéficiaire » de la décision européenne, ou aussi à l'égard de pays différents de celui pour lequel la condamnation a été prononcée. Quant à ce dernier aspect, il faut exclure un effet contraignant vers un pays membre différent de celui auquel la condamnation s'adresse : en effet, la limitation nationale de la portée de l'arrêt de la Cour européenne trouve son fondement avant tout dans l'article 46 CEDH qui précise que « *les Hautes Parties contractantes s'engagent à se conformer aux arrêts définitifs de la Cour dans les litiges auxquels elles sont parties* ». De plus, d'un point de vue processuel, il serait impossible de sauvegarder le principe du contradictoire si des États tiers pouvaient être contraints par une décision de condamnation qui n'aurait pas été prononcée envers eux. Sous un point de vue substantiel, on peut aussi considérer que l'État est souvent condamné en raison de pratiques ou jurisprudences internes ou de lois nationales, ce qui rend impensable d'envisager la violation aussi dans le système d'un État tiers[4]. Cette situation pouvant tout au plus donner lieu à une indication, une suggestion à l'adresse

---

[1] En Belgique, en particulier, jusqu'à l'adoption de la loi 11 avril 2007, n° 48, c'était le ministre de la Justice qui pouvait demander au procureur général d'introduire auprès de la Cour de cassation pour l'annulation ou le réexamen des jugements contraires à la Cour EDH.

[2] Ainsi l'observe LAFOURCADE M., *La réouverture*, *op. cit.*, p. 80.

[3] Cour EDH, *Ocalan v. Turquie*, précité, §210.

[4] ESPOSITO V., *La Corte europea dei diriti umani e l'esecuzione delle sue sentenze, Palazzetto Venezia,* Roma 6/7 giugno 2002, publiée dans *Riv. Trim. SIOI*, ed. Scientifica, quad. 7/ 2003, p. 190

d'autres États membres, sans pour autant constituer un moyen pour demander la révision. Le problème de l'extension de la légitimité d'une personne autre que la partie déclarée lésée par la Cour EDH à demander la réouverture est d'actualité. Si on analyse les dispositions adoptées par les États en matière de réouverture de la procédure après la condamnation de la CEDH, aucune n'envisage cette possibilité[1].

2.2§. La portée objective de la réouverture

La jurisprudence de la Cour EDH montre explicitement que le terrain favori de la réouverture de la procédure pénale interne est celui des garanties procédurales[2]. Ainsi se dessine une dichotomie entre les règles qui établissent des garanties procédurales **(a)** et les règles qui, au contraire, imposent des contraintes matérielles/substantielles **(b).**

a. La réintégration dans les garanties procédurales violées

Dans les cas où la règle enfreinte exprime un droit « *substantiel* », on considère que le contrôle doit être effectué par le juge et devrait nécessairement être fonctionnel à l'annulation de la décision nationale qui a causé la violation. Dans le cas où, au contraire, la règle violée est l'expression d'une garantie procédurale, la nécessité d'annuler l'arrêt ne se pose que lorsque la violation des garanties d'équité, par sa nature intrinsèque ou par les circonstances dans lesquelles elle s'est produite, porte atteinte à l'intégrité de la justice. Dans cette seconde hypothèse, la révision constituerait une forme de réintégration susceptible de remédier *a posteriori* à la perte de chances subie par la victime en raison de l'inobservation de certaines règles d'équité procédurale. La réouverture de la procédure semble alors être le moyen le plus approprié pour réintégrer l'individu dans ces hypothèses, car il sera ainsi possible d'ouvrir à nouveau la procédure pour accéder à la tenue d'un nouveau procès ou à la répétition de certains actes

---

[1] Il existe néanmoins des législations moins restrictives qui semblent admettre une légitimation subjective davantage extensible comme la Suède où, suite au cas Andersson, elle a autorisé la révision d'un procès sans l'existence d'une procédure spécifique, mais surtout sur la base d'une décision que la Cour européenne avait prononcée (Cour EDH, *Ekbatani c. Suède*) concernant une personne différente de celle qui a bénéficié de la révision. Selon SCIARABBA V., *La riapertura del giudicato a seguito di sentenze della Corte di Strasburgo: il ruolo della comparazione, Relazione al "XXII Colloquio biennale dell'Associazione Italiana di Diritto Comparato", Salerno, 30 maggio - 1 giugno 2013,* Europeanrights.eu, 2014 la discipline hollandaise et belge permettrait aussi une appréciation extensible de la légitimation subjective à la réouverture.

[2]Dans l'affaire *Bracci c. Italie*, la Cour argumentait que lorsqu'il est conclu que la condamnation a été prononcée au terme d'une procédure qui n'était pas équitable, car il a été constaté « *l'impossibilité, pour le requérant, d'interroger le témoin à charge* », dès lors « *en principe le rétablissement le plus approprié serait de faire rejuger l'intéressé en temps utile et dans le respect des exigences de l'article 6* ». Dans l'affaire *Popovitsi c. Grèce*, la Cour EDH a constaté une violation de l'article 6 de la Convention dans la mesure où « *les autorités n'ont pas entamé les démarches nécessaires pour s'assurer que le droit de la requérante de participer à son procès avait bien été respecté et, d'autre part, cette dernière, condamnée in absentia, n'a pas pu obtenir la réouverture de son procès* ».

afin de purger les vices touchants à l'enchaînement de l'activité juridictionnelle. S'il est vrai que la réouverture semble le champ privilégié des violations procédurales, l'issue favorable pour l'individu n'est toutefois qu'une hypothèse envisageable. Dès lors, il peut également arriver que l'individu, même confronté à la condamnation de l'État pour violation à un droit procédural, décide de ne pas engager d'action de réouverture lorsque celle-ci se présente.

Les législations ayant prévu des règles spécifiques pour la réouverture consécutive à une condamnation de la Cour EDH ont d'ailleurs repris la distinction des types de violation et ont, par ailleurs, souvent limité la possibilité d'une réouverture des procédures pénales en cas de violation établie de l'art. 6 de la Conv. EDH. D'autres législations se contentent de lier la possibilité de la réouverture à tout type de violation, comme l'article 122 du Code de procédure pénale suisse ou l'article 443 du Code de procédure pénale luxembourgeois qui demande que soit établi « *qu'une condamnation pénale a été prononcée en violation de la Convention* » ou l'article 394 du Code de procédure slovaque qui parle en général d'une « *decision of the European Court of Human Rights according to which fundamental human rights or freedoms of an accused person were violated by a decision of a prosecutor or a court of the Slovake...* ». Une référence explicite est également faite en Norvège à l'article 391 du Code de procédure pénale « *lorsqu'un tribunal international, dans une affaire contre la Norvège, a constaté que a) la décision est en conflit... b) que la procédure sur laquelle la décision est fondée est contraire à une règle de droit international qui lie la Norvège, s'il y a lieu de supposer que l'erreur de procédure a pu influencer le fond de la décision et que la réouverture de l'affaire est nécessaire pour remédier au préjudice que l'erreur a causé* ».

Certaines législations se focalisant, en plus, sur l'appréciation de la gravité des conséquences subies par le requérant et sur l'impossibilité de les éliminer par des mesures autres que la réouverture. Par exemple, l'article 442 *quater* du Code de procédure pénale belge prévoit que la réouverture peut être demandée lorsqu'il ressort que « *soit la décision attaquée est contraire sur le fond à la Convention européenne, soit que la violation constatée est la conséquence d'erreurs ou de défaillances de procédure d'une gravité telle qu'un doute sérieux existe quant au résultat de la procédure attaquée,[...] pour autant que la partie condamnée ou les ayants droit prévus à l'article 442 ter, 2, continuent à souffrir des conséquences négatives très graves que seule une réouverture peut réparer* ». Les règles introduites en Allemagne, article 359(6) du Code de procédure pénale, *Strafprozeßordnung*, permet le réexamen des arrêts de condamnations de la Cour de Strasbourg en présence de violations de toutes les règles de la Convention (ou de ses protocoles) sous réserve que d'autres conditions soient remplies, notamment en ce qui concerne le lien de causalité nécessaire entre l'infraction constatée devant la juridiction européenne et l'issue de la procédure nationale, qui doit être « positive » ou « négative ». Aussi l'article 622-1 Code de procédure pénale français précise que « *le réexamen d'une décision pénale définitive peut être demandé au bénéfice de toute personne reconnue coupable d'une infraction lorsqu'il résulte d'un arrêt rendu par la Cour européenne des droits de l'homme que la condamnation a été prononcée en violation de la convention européenne de sauvegarde des droits de l'homme et des libertés fondamentales ou de ses protocoles additionnels, dès lors que, par sa nature et sa gravité, la violation constatée entraîne, pour le condamné, des conséquences dommageables auxquelles la satisfaction équitable accordée en application de l'article 41 de la convention précitée ne pourrait mettre un terme »*. Aussi l'article 628 bis du Code de procédure pénale italien, récemment introduit, se réfère généralement à une violation des droits et libertés reconnus par la Convention ou ses protocoles, mais à la condition (al. 5) que la violation constatée par la Cour européenne, par sa nature et sa gravité, a eu une incidence réelle sur l'arrêt ou le jugement pénal prononcé à l'encontre du requérant. Encore, l'article 366 du Code de procédure pénale estonien prévoit, comme condition, « *l'établissement d'une violation de la Convention européenne de sauvegarde des droits de l'homme et des libertés fondamentales ou d'un protocole y afférent si la violation a pu affecter la résolution de l'affaire et qu'elle ne peut être éliminée ou que le préjudice causé par elle ne peut être réparé d'une manière autre que par un recours en réouverture »*.

Néanmoins, certains droits excluent que la réouverture puisse être demandée lorsque la violation concerne le droit de l'individu à ce que sa cause soit entendue dans un délai raisonnable puisque, dans cette hypothèse, la réouverture viendrait tout simplement aggraver la situation de la victime de la violation. L'exclusion de la portée de la réouverture de cette hypothèse spécifique est en effet cohérente avec les dégâts engendrés par la répétition d'une procédure dont la longueur a déjà été jugée excessive.

b. L'élargissement de la réouverture à la violation des droits substantiels

Comme anticipé, à l'origine, la Cour EDH estimait la réouverture nécessaire, particulièrement dans les cas de violations relevant de l'article 6 de la Conv. EDH. Désormais, elle reconnaît la possibilité de faire de même pour des violations d'autres dispositions de la Convention. Notamment dans l'affaire *Verein Gegen Tierfabriken Schweiz c/ Suisse*, la Grande Chambre confirmait la violation de l'article 10 Conv. EDH dans une procédure relative au rejet, par le Tribunal fédéral, de la demande en révision formulée par la requérante dans le contexte d'une diffusion d'un spot télévisé en arguant qu'« *une réouverture de la procédure devant le Tribunal fédéral, visant la restitutio in integrum – pouvait intégrer une forme de réparation idéale en droit international – aurait permis d'effacer autant que possible les conséquences de la violation constatée par la Cour* »[1]. Dans l'affaire *Scoppola c/ Italie*, la Grande Chambre, dans une violation constatée de l'article 7 Conv. EDH concluait que le requérant s'était vu imposer

[1]Cour EDH, *Verein Gegen Tierfabriken Schweiz c. Suisse*, n° 2, §89-90, 30.06.09, req. n. 32772/02.

une peine plus forte que la peine maximale qu'il risquait d'encourir au moment où il a demandé et obtenu d'être jugé selon la procédure abrégée, déterminant ainsi une violation des articles 6 et 7 de la Convention. De ce fait, elle indiquait que, « *eu égard aux circonstances particulières de l'affaire et au besoin urgent de mettre fin à la violation des articles 6 et 7 de la Convention, la Cour estime qu'il incombe à l'État défendeur d'assurer que la réclusion criminelle à perpétuité infligée au requérant soit remplacée par une peine conforme aux principes énoncés dans le présent arrêt, à savoir une peine n'excédant pas trente ans d'emprisonnement* ».[1] Pareillement, dans l'affaire *Liu c/ Russie*, le Comité des ministres, suite à la constatation de la violation de l'article 8 Conv. EDH, a invité les autorités russes à prendre des mesures afin d'effacer les conséquences de la violation[2]. La Cour européenne a aussi encouragé la réouverture de la procédure dans l'affaire *Stoichkov c/ Bulgarie*, déterminant que « *la meilleure forme de réparation de la violation de l'article 5 § 1 a) constatée dans cette affaire serait la réouverture de la procédure et la tenue d'un nouveau procès conforme à toutes les exigences d'équité* »[3].

Dans les législations actuelles, la référence aux violations substantielles existe de façon implicite en ce qui concerne les articles qui se réfèrent généralement à la violation de la Convention ou de ses protocoles : dans le cas polonais, par exemple, la Cour suprême (dans une résolution interprétative du 26 juin 2014 (réf. n° I KZP 14/14)) a indiqué que l'article général 540 du Code de procédure pénale pour préciser les deux types de violations qui justifient la réouverture : d'une part, les vices de procédure qui se sont produits au cours de la procédure pénale, lesquels, compte tenu de leur caractère structurel et complexe, auraient pu avoir un impact sur le contenu de la décision finale adoptée par le tribunal, d'autre part, les lacunes matérielles, c'est-à-dire lorsque les constatations de la violation de la Convention découlent du contenu même de la décision finale adoptée dans la procédure interne. En Finlande, la Cour suprême a appliqué les dispositions générales du chapitre 31 du Code de procédure judiciaire pour exécuter un arrêt de la Cour de Strasbourg ayant constaté une violation de l'article 8 de la Convention[4]. Parfois, la référence aux deux types de violations, procédurale et substantielle, est explicite, par exemple, dans l'article 525 du Code de procédure pénale grec, qui prévoit la possibilité de rouvrir l'affaire lorsque « *la Cour européenne des droits de l'homme a établi la violation d'un droit, concernant soit l'équité de la procédure, soit la disposition substantielle qui a été appliquée* ».

[1]Cour EDH, *Scoppola c. Italie*, 17.09.09, § 152-153.
[2]Cour EDH, *Liu c. Russie* (no. 2), 26.07.2011, req. n. 29157/09.
[3]Cour EDH, *Stoichkov c. Bulgarie, 24.03.05,* req. n. 9808/02.
[4]Cour EDH, *Z. c. Finlande*, 25 février 1997.

CONCLUSION PARTIE 1.

La **première partie** a évoqué les notions fondamentales de l'autorité de la chose jugée et de la portée des décisions de la Cour européenne des droits de l'homme afin d'illustrer les relations existantes entre droit interne et droit supranational. La valorisation des droits et libertés fondamentales tenant à l'individu a eu une incidence profonde sur la mutation du procès pénal interne et, notamment, sur la décision définitive ayant acquis force de chose jugée. Celui-ci, fortement perméable aux influences supranationales, perd de son caractère autonome, « *autarcie normative et interprétative* »[1], en faveur d'une mutation de son profil génétique, conséquence d'un véritable phénomène de « *globalisation juridique* »[2]. Cette mutation est engendrée par l'enchevêtrement des ordres juridiques et caractérisée, en particulier, par l'incidence du système conventionnel dont les spécificités font surgir un conflit avec la chose jugée.

En effet, le système conventionnel, ayant au cœur la convention EDH et sa Cour, n'est pas assimilable aux conventions classiques internationales, exigeant une mise en œuvre effective des droits et libertés qui y sont affirmés, ce qui est également confirmé par l'aménagement d'un système permettant à l'individu de recourir directement devant le juge européen afin d'obtenir une décision qui, en vertu de l'article 46 Conv. EDH, doit être exécutée par les États membres.

Désormais, la perception du procès change : celui-ci ne se présente plus comme un enchaînement procédural voué uniquement à obtenir une vérification juridictionnelle définitive, la *res iudicata*, mais exige que celle-ci soit également conforme aux garanties conventionnelles de l'individu. Cela justifie des situations exceptionnelles dans lesquelles l'objectif de garantir les droits de l'individu et la mise en œuvre effective des arrêts de la Cour l'emporte sur les principes qui sous-tendent la doctrine de la *res iudicata,* en particulier celui de la sécurité juridique, nonobstant l'importance indéniable de ces principes.

---

[1]KOSTORIS R., *Verso un processo penale non più stato centrinco*, in BALSAMO KOSTORIS (cur.), *Giurisprudenza europea e processo penale italiano*, Torino, 2008, p. 7

[2] MAZZA O., *La procedura penale*, in VIGANO' F. – MAZZA O., *Europa e giustizia penale*, in *Dir. pen. proc.*, *Gli speciali*, 2011, p. 33.

PARTIE II

LES MODALITÉS DE RÉSOLUTION D'UN CONFLIT ENTRE L'AUTORITÉ DE CHOSE JUGÉE ET LES DÉCISIONS EUROPÉENNES

C'est dans un souci d'effectivité que les États membres du système conventionnel doivent assurer l'exécution de l'arrêt supranational : l'individu doit en effet pouvoir se fier à l'effectivité du système européen de protection des droits fondamentaux.

Il s'avère alors qu'en cas de saisie de la Cour EDH, étant soumise au principe de subsidiarité de l'article 35 Conv. et intervenant postérieurement à la formation de la *res iudicata*, le rétablissement de l'individu dans ses droits génère un conflit entre la préservation de la chose jugée et le respect des obligations supranationales. La première est l'expression d'un principe très ancien au sein de la tradition juridique des États, à savoir la nécessité que la procédure judiciaire soit close par une décision qui est l'expression la plus intense de la capacité juridictionnelle de l'État souverain de dire le droit de façon définitive. Le second découle de l'engagement pris par les États membres envers les ordres supranationaux, dans le but de favoriser le respect des droits et libertés de l'homme, ce qui emporte l'obligation d'exécuter les jugements des Cours supranationales, prévue par l'article 46 Conv. EDH.

Les considérations développées dans la première partie de la thèse prouvent que la chose jugée est une institution essentielle à la sauvegarde d'un bien primaire au sein de l'ordre juridique : la préservation de la stabilité des décisions juridiques. On ne peut à aucun moment imaginer un système qui proclamerait une chose jugée ouverte ou éternellement modifiable : cette idée s'opposerait cruellement, d'ailleurs, au *ratio* même du système procédural qui exige un point de fermeture à la procédure. Néanmoins, l'autorité de la chose jugée doit se plier à l'évolution du droit et des nécessités juridiques ayant fait leur apparition en conséquence : alors que, traditionnellement, les moyens de recours extraordinaires, parmi lesquels figure la révision pénale, justifient la réouverture de la procédure pénale interne à cause de l'apparition d'éléments nouveaux déterminant un doute sur la culpabilité du condamné, l'incidence exercée par la Cour européenne justifie l'élargissement des hypothèses de réouverture aussi à la suite du prononcé d'une décision de condamnation.

La deuxième partie entend se focaliser davantage sur la mise en œuvre des décisions européenne par le droit italien et français, par le biais d'une mise en perspective comparée de ces deux droits, voisins historiquement et géographiquement **(Titre 1)**.

L'analyse comparée de ces deux droits permet, d'ailleurs, de s'interroger sur l'efficacité des mécanismes de réouverture consécutifs à un arrêt de la Cour EDH et des améliorations possibles **(Titre 2).**

Titre 1.

L'ÉTABLISSEMENT D'UN ÉQUILIBRE ENTRE SAUVEGARDE DES DROITS FONDAMENTAUX ET AUTORITÉ DE LA CHOSE JUGÉE EN FRANCE ET EN ITALIE

En Italie, la nécessité de faire face à l'exécution des décisions de la Cour EDH s'est très vite révélée pressante, notamment vu le nombre important de condamnations dont l'Italie fait l'objet. Cependant, face au vide législatif en la matière qui a perduré jusqu'en 2022, c'est la sensibilité des juges et leur capacité à appréhender les institutions juridiques existantes qui se sont révélées essentielles pour assurer l'exécution des décisions supranationales. On relève notamment la décision « addictive » n. 2011, prononcée par la Cour constitutionnelle italienne, par le biais de laquelle a été créée une voie de recours jurisprudentielle permettant la réouverture de la procédure pénale interne après un arrêt de la Cour EDH. Du côté français, l'initiale réticence à la possible reconnaissance des effets directs des arrêts de la Cour européenne des droits de l'homme a vite laissé la place à un mécanisme de réouverture de la procédure pénale consécutive à une condamnation de la Cour EDH.

Ainsi, la France et l'Italie, proches dans leurs traditions juridiques, ont pourtant suivi des parcours sensiblement différents quant à l'intégration de l'obligation d'exécuter la décision supranationale dans l'ordre juridique interne (**Chapitre 1**).

Par ailleurs, la pratique jurisprudentielle faisant état de la nécessaire *restitutio in integrum* du requérant par le biais de la réouverture de la procédure pénale interne, montre les solutions juridiques employées quant aux différents types de violations et atteste de la capacité d'influence réelle et effective de la Convention européenne sur la vie des citoyens des États membres (**Chapitre 2).**

CHAPITRE I

L'AFFIRMATION D'UN AFFAIBLISSEMENT DE LA CHOSE JUGÉE EN CONSÉQUENCE D'UNE CONDAMNATION DE LA COUR EUROPÉENNE DES DROITS DE L'HOMME DANS LE DROIT PROCESSUEL FRANÇAIS ET ITALIEN

Le droit italien et le droit français ont introduit des moyens permettant la réouverture de la procédure pénale interne pour garantir la *restitutio in integrum* du requérant suite à un arrêt de condamnation de la Cour européenne des droits de l'homme. Cela s'est fait progressivement, car, à cause des réticences liées au respect de la souveraineté étatique et de la certitude du droit, tant la France que l'Italie niaient l'incidence directe des arrêts européens, et donc la fragilisation de l'autorité de chose jugée, afin d'exécuter les décisions supranationales **(Section 1)**. Néanmoins, les États membres doivent respecter les engagements européens et, en conséquence, assurer l'exécution des arrêts supranationaux **(Section 2)**.

SECTION 1. LES OBSTACLES À L'AFFAIBLISSEMENT DU PRINCIPE DE L'AUTORITÉ DE CHOSE JUGÉE DANS L'EXPÉRIENCE FRANÇAISE ET ITALIENNE

La France et l'Italie n'ont pas été immédiatement ouvertes aux influences des arrêts européens **(1§)**. Ensuite, l'expérience diverge entre ces pays : après quelques affaires médiatisées, le législateur français a codifié un moyen de réouverture de la procédure pénale alors qu'en Italie, pendant une longue période de vide législatif, ce sont les juges italiens qui ont essayé de reconduire le fondement juridique d'une possible exécution des arrêts de la Cour EDH à des instituts présents dans le Code de procédure pénale, démontrant ainsi une certaine sensibilité à l'incidence de la Convention EDH face à l'absence d'instruments spécifiquement prévus par le législateur **(2§)**.

1§. Les résistances des juges français aux réprimandes européennes

Au départ, la Chambre criminelle de la Cour de cassation française a marqué son net refus face aux conséquences d'un arrêt de la Cour EDH sur l'ordre interne **(a)**. Avec l'affaire Hakkar mûrit la nécessité de faire face au vide juridique quant à la protection des droits de la personne absente lors de son procès **(b)**.

a. Les premiers arrêts de la Chambre criminelle française marquant le refus de prendre en compte les effets de décision de la Cour EDH

Un ressortissant tunisien qui avait été reconnu coupable d'homicide volontaire[1] souhaitait contester l'arrêt de la Cour d'appel d'Aix-en-Provence qui, pour soustraction à l'exécution d'une mesure d'interdiction du territoire français, l'avait condamné à dix-huit mois d'emprisonnement et à dix ans d'interdiction du territoire national, et qui avait ordonné son maintien en détention. Le requérant se plaignait notamment d'avoir été condamné pour trafic de stupéfiants, sans pouvoir interroger ou faire interroger des témoins, et il soutenait la violation des garanties du procès équitable prévues aux articles 6§ 1 et 6§3 Conv. EDH. La Cour EDH confirmait l'existence des violations dans la procédure pénale diligentée contre le requérant[2]. Il en suivait que le requérant, qui avait saisi la Cour EDH alors que les voies de recours internes n'avaient pas été épuisées, soutenait dans son pourvoi à la Cour de cassation que l'arrêt européen avait nécessairement privé de toute base légale l'arrêt attaqué.

La Cour de cassation, cependant, considérait que le moyen qui se fondait sur un arrêt de la Cour EDH était inopérant, précisant que « *les décisions rendues par ladite Cour* [européenne] *[...] n'ont aucune incidence directe en droit interne sur les décisions des juridictions nationales*[3]. Par cette motivation, les juges français, s'en tenant à un motif de pure procédure, manifestèrent leur hostilité à la possible

---

[1] Cass. Ch. Crim. 4 mai 1994, JCP, 1994, II, 22349, Saidi.

[2] Cour EDH, 20.09.1993, n° 1462/89, *Saidi c. France.* Notamment, le requérant se plaignait d'avoir été condamné pour trafic de stupéfiants sans pouvoir interroger ou faire interroger des témoins. Ainsi, il affirmait la violation de son droit au procès équitable invoquant les paragraphes 1 et 3 d) de l'article 6 (art. 6-1, art. 6-3-d), aux termes desquels "*1. Toute personne a droit à ce que sa cause soit entendue équitablement (...) par un tribunal (...) qui décidera (...) du bien-fondé de toute accusation en matière pénale dirigée contre elle (..)3. Tout accusé a droit notamment à:(...)d) interroger ou faire interroger les témoins à charge et obtenir la convocation et l'interrogation des témoins à décharge dans les mêmes conditions que les témoins à charge ».* En effet, Monsieur Saidi avait été condamné pour des faits commis sur le territoire français antérieurement à l'arrêt CEDH mais, selon son avocat, à cette date, il pouvait légitimement penser que l'arrêt d'octobre 1987 lui interdisant le territoire français n'avait plus aucune valeur exécutoire en raison de la décision de la Commission EDH du 14 mai 1992 qui avait déclaré la violation des articles 6-1 et 6-3 CEDH.

[3] CHAMBON note sous Crim. 4 mai 1994, cit. ; RENUCCI J.F., *Les décisions rendues par la Cour européenne des droits de l'homme n'ont aucune incidence directe en droit interne sur les décisions des juridictions nationales*, D. 1995, p. 80 ; LAZAUD F., *L'exécution par la France des arrêts de la Cour européenne des droits de l'homme*, Thèse, Aix-Marseille, 2006, pp.111 qui rappelle que ce comportement réticent avait été également celui du Conseil d'État face au respect pour la chose jugée manifestée par le juge administratif. Notamment dans l'affaire *Chevrol,* CE, 11.02.2004, n. 257682. Position aussi soutenue par certains auteurs français, cf. PRADEL J, obs. sous Cass. 4 mai 1994, dans Dalloz 1995, pp. « *jamais la Chambre criminelle ne doit s'incliner devant la juridiction européenne, d'abord pour une raison d'ordre constitutionnel fondée sur l'art. 55 Cost. qui place au-dessus des lois les traités internationaux, mais pas l'interprétation de ces traités par une cour non nationale ; ensuite, la nécessité d'assurer l'indépendance des juges nationaux vis-à-vis de leurs collègues non nationaux.* Également BERGER V., *Jurisprudence de la Cour européenne des droits de l'homme*, Sirey, 4 ed., 1994, p. 429 : « *les arrêts de Strasbourg n'annulent ni ne modifient aucun acte de l'acte fautif, même une décision judiciaire ».*

influence de la jurisprudence européenne sur les décisions internes. Successivement, dans une autre affaire « Kemmache », la personne avait été condamnée pour des faits commis en juillet 1981 et la Cour de cassation avait refusé toute influence possible de la part de la Cour EDH. Cette dernière avait considéré que le délai raisonnable de la détention et du jugement avait été dépassé, en violation des articles 5§ 3 et 6§ 1 de la Convention. Toutefois, la Cour de cassation s'était bornée à affirmer simplement « *qu'un arrêt de la CEDH est sans incidence sur la validité des procédures relevant du droit interne* »[1].

La rigidité dont faisait preuve la Cour de cassation française s'expliquait, selon certains, par le caractère déclaratoire des arrêts supranationaux, ce qui justifiait l'absence d'effets directs de la décision européenne à l'égard du droit interne, mais également par le risque d'insécurité juridique créé par la jurisprudence européenne[2]. Néanmoins, la nécessité d'une véritable intervention du législateur demeurait. En effet, « *malgré la rectitude juridique de la solution de la Haute Juridiction, il ne faudrait pas pour autant minimiser l'importance des arrêts de la Cour européenne, et encore moins celle de la Convention européenne des droits de l'homme* »[3]. La nécessité d'exécuter les arrêts européens était, en effet, un pas obligé pour le législateur français[4]. Ce n'est qu'avec l'affaire Hakkar que les impératifs d'adaptation du droit interne aux impulsions du droit conventionnel se sont manifestés de façon désormais évidente, exigeant la codification des conséquences des arrêts européens.

b. L'affaire Hakkar et le procès in absentia

Abdelhamid Hakkar a été l'un des plus anciens détenus de France : en mars 2012, il a bénéficié, après 27 ans de prison, d'une mesure de libération conditionnelle assortie d'un placement sous surveillance électronique[5]. Son histoire a fait la une des journaux français après que les instances supranationales établirent que le procès auquel il avait été soumis était « *inéquitable* ». Le requérant avait été victime d'une violation du droit à préparer sa défense, n'avait pas participé à son procès et n'avait pas eu le droit de disposer d'un défenseur de son choix ; le délai raisonnable de la procédure n'avait pas non plus été respecté. Cependant, en raison de l'impossibilité de remettre en question la décision définitivement jugée,

---

[1] Cass. Ch. Crim. 3 février 1993, *Kemmache*, JCP, II, 22197 avec note de CHAMBON P. ; RENUCCI J.F., *La portée des arrêts de la Cour européenne des droits de l'homme sur les procédures de droit interne,* D. 1993. 515.

[2] Dans ce sens RENUCCI J.F., *La portée des arrêts de la Cour européenne, cit. ;* LAMBERT ABDLEGAWAD E.E., *Les effets des arrêts*, op. cit. page 210.

[3] RENUCCI J.F., *obs* sous Cass. crim 4 mai 1994, cit.

[4] MAYER G., *Évolution de l'attitude criminelle de la Cour de cassation française à l'égard de la Convention européenne des droits de l'homme*, Mélanges Levasseur, Gaz. Pal, Litec, 1992, p. 239 s. Dans un sens critique : PRADEL J., *L'incidence de la jurisprudence de la Cour européenne des droits de l'homme sur le droit pénal français*, Colloque Univ. Poitiers/Nimègue, Poitiers mai 1991, PUF, 1992, p. 183 s.

[5] MASSIAS F., *Le réexamen des décisions définitives intervenues en violation de la Convention européenne des droits de l'homme,* RSC 2001, p.123.

le requérant n'avait aucune solution pour faire valoir un tel constat dans le droit français. Celui-ci avait été condamné en 1989 par la Cour d'assises de l'Yonne à la réclusion criminelle à perpétuité assortie d'une mesure de sûreté pour le meurtre d'un policier et tentative de meurtre sur un autre policier lors d'un vol à main armée. Par ailleurs, le condamné avait fait l'objet d'autres condamnations pour évasion, complicité de connivence à l'évasion, détention de produits stupéfiants : son profil était donc particulièrement problématique[1].

Après avoir épuisé les remèdes internes, le condamné saisit la Commission EDH d'une requête arguant l'excessive durée de la procédure, son absence et l'absence de représentation par un avocat pendant les audiences. La Commission, le 27 juin 1995, adoptait un rapport affirmant la violation de l'article 6§ 1 à cause de la durée excessive de la procédure et de l'article 6§ 2 § 3 b) et c) de la Convention concernant les droits de la défense[2]. Le Comité des ministres concluait pareillement à la violation de la Convention dans une décision du 15 décembre 1995 et du 19 mars 1997, accordant au requérant une satisfaction équitable.

Toutefois, la violation constatée était jugée trop grave pour que le paiement d'une satisfaction équitable puisse être considéré comme étant suffisant au rétablissement du requérant dans ses droits violés. Le Comité des ministres appelait donc l'État français « *à devoir remédier au plus tôt aux violations constatées et à en effacer les conséquences* »[3]. Pour les organes du Conseil de l'Europe, sa condamnation devait être annulée et révisée, et le requérant remis en liberté. Néanmoins, le requérant continua de purger sa peine, pourtant prononcée à l'issue d'un procès jugé inéquitable par les instances supranationales, sans que les autorités françaises n'aient sérieusement envisagé aucun moyen de redresser effectivement sa situation.

Le cas *Hakkar* rendit évident le vide juridique qui subsistait dès lors qu'il fallait exécuter une décision de la Cour EDH, faisant, d'ailleurs, l'objet d'une importante médiatisation[4] : l'affaire était représentative du cas où le paiement

---

[1] Le 29 août 1984, à l'issue d'un hold-up avec fusillade en pleine nuit avec des policiers, dont l'un décédera, Hakkar Abdelhamid, était arrêté avec neuf autres personnes, toutes de nationalité française. Le 8 décembre 1988, ils seront jugés tous ensemble par la Cour d'assises de l'Yonne. Monsieur Hakkar est le seul à être condamné à la peine de la réclusion criminelle à perpétuité assortie d'une mesure de sûreté de 18 ans, alors que le procès se déroulait en son absence et celle de son avocat.

[2] Comm. EDH, 27 juin 1995, *Hakkar c. France* : n. 53. *« En ce qui concerne ces deux avocats commis d'office, la Commission souligne qu'ils n'ont pu exercer leur ministère de façon effective, compte tenu notamment de la complexité de l'affaire comme en témoigne le volume du dossier et du fait que leur désignation n'est intervenue qu'à l'ouverture des débats devant la cour d'assises. En l'espèce, la Commission considère qu'il est difficile pour des avocats même expérimentés d'assurer en de telles conditions une défense effective répondant aux exigences de la Convention. [...] Dans ces circonstances, la Commission estime que le refus du président de la Cour d'assises de renvoyer l'affaire était nécessaire à la préparation du procès »*,

[3] Comité des ministres, 15 décembre 1995, 553e réunion des Délégués des ministres.

[4] MARTY M., intervention à l'assemblée parlementaire du Conseil de l'Europe, Compte rendu des débats, 23 juin 1999, 21e séance, dans *Compte rendu. Conseil de l'Europe : assemblée parlementaire*

d'une satisfaction équitable n'aurait pas rétabli la personne dans ses droits, puisque celle-ci continuait à souffrir d'une privation de liberté à la suite d'un procès jugé non équitable, et l'impasse demeurait, car aucune autre voie procédurale, à savoir ni la grâce, ni le pourvoi dans l'intérêt de la loi, ni la révision pénale, ne pouvait être envisagée dans le cas d'espèce[1]. La réouverture du procès apparaissait donc comme le moyen nécessaire et adapté pour reprendre les actes jugés non équitables et garantir ainsi la *restitutio in integrum* du condamné. Ce qui appela en France à une mobilisation générale demandant aux organes politiques l'introduction d'un instrument spécifique pour garantir la conformité de la décision interne aux standards européens en matière de droits de l'homme[2].

L'Assemblée parlementaire du Conseil de l'Europe, qui avait mis d'ailleurs cette affaire à l'ordre du jour, faisait également pression sur le Gouvernement français[3] et le Comité des ministres adressa plusieurs résolutions à la France en

---

des débats, Council of Europe, 1er janvier 1999 : « *M. Hakkar est en prison depuis des années. Nous disposons d'un jugement qui établit qu'il n'a pas bénéficié d'un procès équitable. Il a été jugé in absentia et son avocat n'a pas pu prendre la parole. Pensez-vous qu'un échange de lettres et l'attente ultérieure d'une réponse par lettre des autorités françaises constituent des moyens appropriés de défense des droits de l'homme ? Pensez-vous qu'une mesure de grâce de la part du Président de la République française constitue un véritable acte de justice ? L'acte de justice ne serait-il pas, plutôt, après des années, que l'intéressé puisse bénéficier d'un procès équitable ?* ».

[1] La grâce, qui ne relève que du Président de la République, était exclue en l'espèce, du fait de la gravité de l'infraction, s'agissant du meurtre d'un policier. Le pourvoi dans l'intérêt de la loi n'était pas plus adapté : la Cour de cassation ayant déjà statué sur la violation de l'article 6 soulevée par M. Hakkar. Ensuite parce que l'article 620 du CPP a une portée des plus réduites : si la cassation est prononcée, la décision annulée n'en continuera pas moins à recevoir exécution ; le sort des parties n'en sera nullement modifié. C'est une cassation purement théorique, prononcée sans renvoi, qui n'a d'autre but que de donner satisfaction aux principes du droit et de rappeler aux tribunaux répressifs la jurisprudence de la Cour suprême. Quant à la révision, l'article 622 du Code vise quatre cas fondés sur des raisons de fait, ce qui est donc à exclure.

[2] La mobilisation a intéressé notamment les médias (outre de nombreuses organisations pour les droits de l'homme) : nombreux sont les articles sur l'affaire Hakkar dans les archives du journal « Le Monde » : MARIETTE S., MERAL C., VINDRAS I., *(Vraie) justice pour Abdelhamid Hakkar*, Le Monde, 20.09.1996 ; « *L'affaire Hakkar illustre la résistance française à la justice européenne* », Le Monde, 15 février 2000 ; « *Si quelqu'un a été condamné sur la base d'une décision inéquitable, il faut le libérer* », Le Monde, 15 février 2000. « *Cette affaire qui accuse la justice française* », Le Monde, 16 février 2000 ; « *L'affaire Hakkar illustre la résistance française à la justice européenne* », Le Monde, 16 février 2000. La contestation partit du requérant même. Hakkar, même incarcéré, multipliait les grèves de la faim et de la soif ainsi que les courriels à toutes les institutions. De même, son conseil adressa de nombreuses demandes notamment au ministre de la Justice et au Garde des Sceaux, demandant l'introduction d'un pourvoi dans l'intérêt des droits de l'homme.

[3] Jurgens E. – sénateur PvdA (socialiste) des Pays-Bas, membre de l'Assemblée parlementaire du Conseil de l'Europe, où il siégeait à la commission des questions juridiques et des droits de l'homme - affirmait : « *La France a versé à Abdelhamid Hakkar les 62 000 francs d'indemnisation auxquels elle avait été condamnée, ce qui n'est pas grand-chose au regard des quinze ans de prison qu'il a déjà purgés. Pour le reste, elle refuse de réviser son procès. À chaque session de l'Assemblée parlementaire du Conseil de l'Europe, j'interpelle le Comité des ministres sur la position française. Mais le Comité des ministres, où siègent les ministres des Affaires étrangères de chaque pays, est une instance diplomatique très prudente, qui doit considérer comme fâcheux de se brouiller avec la France* » ;[...] *Mais à chaque fois que j'interpelle la France dans l'affaire Hakkar, c'est toujours la*

demandant à être informé sur les mesures adoptées pour se conformer aux décisions européennes. Le 19 janvier 2000, le Comité des ministres adoptait la Recommandation Rec (2000) 2 incitant les États membres du Conseil de l'Europe à adapter leur droit à la réouverture des procédures juridictionnelles à la suite d'un arrêt de condamnation de la Cour EDH.

De son côté, l'Italie se rapprocha aussi de la question problématique de l'exécution des arrêts de la Cour EDH : de l'autre côté des Alpes, on assistait aussi à des d'affaires touchant au sort de personnes qui, tout en ayant obtenu la reconnaissance d'une violation conventionnelle par la décision supranationale, n'avaient pas les moyens concrets de faire valoir le *dictum* européen au sein de l'ordre juridique italien.

1.2§ L'approche réticente italienne guidée par le souci des juridictions nationales

La Cour de cassation italienne avait initialement nié la possibilité qu'un arrêt de la Cour EDH puisse produire des conséquences dans l'ordre interne **(a)** ; finalement, le souci d'humanisme des juges italiens, porteurs de l'exigence de faire primer les droits de l'homme, a favorisé l'émergence d'une évolution jurisprudentielle préoccupée d'identifier un fondement juridique à la réouverture de la procédure en conséquence d'une condamnation de la Cour EDH **(b)**.

a§. Une fermeture initiale de la Cour de cassation italienne

La Cour de cassation italienne s'est confrontée à la problématique de l'influence d'une condamnation de la Cour EDH dans une première décision dite « *Cat Berro* ». En l'espèce, le prévenu avait été condamné *in absentia*[1] par la Cour d'assises de Milan à une peine de vingt-quatre ans de réclusion[2], qui était ensuite devenue définitive après la confirmation devant la Cour de cassation.

Le prévenu avait alors saisi la Cour EDH qui, le 28 août 1991, avait reconnu la violation de l'article 6 Conv. EDH pour manquement aux droits de la défense. Le condamné a donc saisi la Cour d'assises de Milan en demandant que soit

---

même réponse : elle fait valoir le principe de l'autorité de la chose jugée, parce que la Cour de cassation a validé cette procédure. La loi française comporte effectivement une lacune, puisqu'elle ne prévoit pas la révision des affaires qui auraient été déclarées invalides par la Cour européenne. Mais tout est question de volonté politique. Cela aurait été très facile pour le gouvernement de changer sa législation. Quand on ne présente pas de projet, on est coupable de ne rien faire ».

[1] Pour une définition de la notion *d'absentia* : MERLE R.-VITU A. *Traité de droit criminel,* t. II, *Procédure pénale*, Cujas, 5e éd., 2001, n° 8 ; pour une comparaison France-Italie : MAURO C., *Le défaut criminel, Réflexions à propos du droit français et du droit comparé*, RSC, 2006, 35. À partir de la Loi Perben II (2004 -204 du 9 mars 2004) la procédure de contumace a été abrogée au profit du *défaut criminel* dont les règles étaient prévues aux articles 627-21 à 627-41 du c.p.p. qui reprenaient en substance les dispositions du code d'instruction criminelle, cf. FONTEIX C., *Le jugement par défaut,* dans *Rep. Droit. Pen. proc. pen.*, Dalloz, 2018.

[2] La décision était devenue définitive après que la Cour de cassation avait rejeté l'exception d'empêchement à comparaître du prévenu, détenu à l'étranger et validé la notification à la mère du prévenu.

déclaré l'« *incidente di esecuzione* »[1], mais la Cour d'assises rejeta la demande affirmant que l'autorité de chose jugée ne pouvait pas être mise en discussion et que la violation de la Convention, tel qu'elle avait été vérifiée, aurait uniquement autorisé le justiciable à demander une satisfaction équitable. Le requérant fit recours devant la Cour de cassation qui jugea qu'en présence d'une décision de la Cour EDH constatant la violation de l'article 6 Conv. EDH, le juge ne peut pas automatiquement (*de plano*) refuser la demande visant à établir « *l'incidente di esecuzione* » sans avoir, au préalable, évalué contradictoirement, s'il existe dans l'ordre interne la possibilité d'une application immédiate de la décision de la Cour EDH[2].

La Cour de cassation estima alors que la décision de la Cour EDH empêcherait l'exécution d'une condamnation prononcée à l'issue d'une procédure non équitable, et cela même en l'absence d'un moyen spécifique pour exécuter la décision supranationale. Cette décision, contrairement à la réponse fournie par la Cour d'assises de Milan, contestait le rejet automatique (*de plano)* du juge de l'exécution estimant que celui-ci n'était pas justifié puisque la demande était faite au vu de l'application directe des dispositions de la Convention européenne dans l'ordre juridique italien.

Même si la décision de la Cour de cassation portait sur un cas d'espèce, elle faisait état d'une pensée plus large qui considérait que les juges milanais auraient dû appliquer directement les dispositions de la Cour EDH, car celles-ci ont été introduites dans l'ordre juridique italien avec force de loi et qu'elles y sont donc opératives. En conséquence, le juge de l'exécution aurait dû déterminer si la disposition de l'article 5§ 2, lett. a) de la Convention européenne empêchait l'exécution dans l'ordre juridique italien d'une condamnation prononcée à la suite d'un procès considéré comme « *non équitable* » selon l'article 6 Conv. EDH. Néanmoins, la Cour d'assises, saisie du renvoi après la décision de la Cour de cassation, rejeta l'instance affirmant que la procédure pénale italienne ne prévoyait aucun instrument juridique permettant au juge de l'exécution d'exercer

---

[1] « *L'incidente di esecuzione* » constitue un moyen prévu par le Code de procédure pénale italien permettant la vérification du titre exécutoire sur la base duquel sera ou a déjà été commencée l'exécution pénale de la peine appliquée avec la décision de condamnation. Le contrôle est attribué au juge de l'exécution, *ex officio* ou sur demande de la partie, afin de vérifier que le titre exécutoire soit existant et efficace. L'« *incidente di esecuzione* » se positionne lors de l'activité juridictionnelle *in executivis* attribuée au "*giudice dell'esecuzione*" ou à la "*maigistratura di sorveglianza*" au sein des articles 665 et suivant du c.p.p. Les erreurs qui sont susceptibles d'intérêt, portant notamment sur l'existence, la formation, l'exécution du titre exécutoire, font partie du « *genus* » que l'on appelle « *incidente di esecuzione* ». En général, sur la phase de l'exécution dans le procès pénal italien voir : CAPRIOLI F .-VICOLI D., *Procedura penale dell'esecuzione*, Giappichelli, Torino, 2011, p. 317 ss. ; CORBI F., *L'esecuzione nel processo penale*, Torino, Giappichelli, 1992 ; DEAN G., *Ideologie e modelli dell'esecuzione penale*, Torino, Giappichelli, 2004.

[2] Cass. pen. Sez. I, 22 settembre 2005, n. 35616, Cat Berro, in C.E.D. Cass., n. 232115

un « *incidente d'esecuzione* » d'une décision pénale définitive et de rouvrir la procédure afin de respecter les règles du procès équitable[1].

Cette décision, bien qu'insuffisante puisqu'elle ne fournissait pas assez d'indications sur l'instrument processuel interne qui auraient permis au juge de donner exécution à la décision de la Cour EDH, représentait néanmoins un « *brise-glace important* »[2] : elle constituait une première véritable ouverture favorable à la reconnaissance directe des dispositions conventionnelles.

b§. Une évolution guidée par le souci d'humanisme des juges nationaux

Le système pénal italien a donc dû faire face à de multiples problématiques tenant à l'exécution des arrêts prononcés par la Cour EDH, constatant la violation des droits conventionnels. En dépit de l'ouverture que l'Italie avait montrée lors de la réforme du Code de procédure pénale envers un modèle procédural pénal plaçant au centre la valorisation de l'individu[3] et dont le cœur est ancré sur la notion de « *giusto processo* », consacrée par l'article 111 de la Constitution, l'absence d'un moyen permettant la réouverture de la procédure pénale suivant une condamnation de la Cour EDH était problématique[4].

Face à l'inertie du législateur italien, la jurisprudence a cherché à pallier le vide juridique par voie interprétative en proposant des solutions jurisprudentielles permettant de fonder juridiquement la réouverture dans les instituts présents dans le Code de procédure pénale.

---

[1] Cat Bérro (Cass, pen. V, 15 novembre 2006, n. 4395, Cat Berro, in C.E.D. Cas., n. 235446), la Cour affirmait que dans le cas d'une condamnation prononcée à la suite d'un jugement *in absentia* jugé non équitable par la Cour EDH, le condamné peut uniquement utiliser la « rimessione in termini » prévue par l'article 175, alinéa 2 et 2-bis, c.p.p., et excluant la déclaration de non-exécution de la condamnation en proposant l'« incidente di esecuzione » selon l'article. 670 c.p.p. Le 25 novembre 2008 le requérant saisit à nouveau la Cour EDH (Cat Berro c. Italia), qui déclarait le recours irrecevable, affirmant que le nouveau texte de l'article 175 c.p.p. avait résolu le vide législatif ce qui aurait permis de redresser les violations constatées. Le recours à l'instrument de l'article 175 CPP « *Rimessione in termini* » est traité dans les sections suivantes.

[2] APRILE E., *I meccanismi di adeguamento del sistema penale nella giurisprudenza della corte di cassazione,* in MANES-ZAGREBELSKY G., *La Convezione europea dei diritti dell'uomo e nell'ordinamento penale italiano*, Giuffé, Milano, 2011, pp. 509 -545.

[3] Notamment, la réforme de la procédure avec le projet préliminaire d'un nouveau code avec la Loi du 3 avril 1974, n. 108, successivement modifié et adopté avec la Loi du 16 février 1987, n.81 qui mena à l'adoption du Code de procédure pénale de 1988, faisait état d'une plus grande sensibilité envers les droits des individus. En général, dans le nouveau Code de procédure pénale de 1988 : CHIAVARIO M., *La riforma del processo penale,* Utet, Torino, 1988 ; FERRUA P., *Studi sul processo penale*, Giappichelli, Torino, 1990 ; PISANI M., *Introduzione al processo penale,* Giuffré, Milano, 1988.

[4] « *Une ferveur législative totalement stérile* », DE STEFANO M., *Dopo la Corte di Strasburgo, la revisione del processo penale in Italia: une sentenza epocale della Corte Costituzionale*, dans *I diritti dell'uomo*, 2011, n.1, pp.49 ; FURFARO S., *L'esecuzione delle decisioni europee di condanna: riflessioni sullo "stato dell'arte" anche in prospettiva di scelte normative*, in *Giur. it.*, 2010, p. 2643 ss.

L'idée se renforçait selon laquelle, même en l'absence d'un instrument spécifique à l'exécution de la décision européenne, l'obligation d'exécution européenne était censée s'imposer aux juges italiens. Ainsi, l'ordre juridique italien, confronté au problème des rapports entre la légalité nationale et la légalité conventionnelle, trouvait des solutions jurisprudentielles capables d'atteindre le but recherché de blocage de la décision de justice définitive, réputée inéquitable. Les nombreuses solutions prétoriennes avancées sont appréciables, car elles témoignent d'une attention et d'une volonté réelle de faire primer les droits fondamentaux, même en l'absence d'instrument législatif spécifique[1]. Néanmoins, elles ne pouvaient pas être considérées comme satisfaisantes, car, en premier lieu, la mission de rechercher un point d'équilibre entre l'exécution des décisions supranationales et le respect de l'autorité de la chose jugée doit appartenir au législateur[2].[3] La légalité processuelle subirait un usage élargi des instruments et catégories processuelles, qui risqueraient d'être appliqués au-delà de leurs limites législatives, selon un usage susceptible de mettre à mal les principes issus du même ordre juridique, tels que la prévision législative délimitant les moyens de recours extraordinaires au sein de l'ordre juridique, ainsi que la certitude exprimée par la chose jugée[4].

Finalement, le vide législatif concernant la mise en œuvre d'une procédure de réouverture de la procédure pénale suite à la condamnation par la Cour EDH a existé jusqu'en 2022 puis, grâce à la réforme dite « Cartabia », a été comblé avec l'insertion des articles 628 *bis* et suivants au sein du Code de procédure pénale.

---

[1] FALATO F., *La relatività del giudicato processuale,* cit. p. 229 : « *la situation dans laquelle le juge national tente de vaincre l'inertie du pouvoir politique et les carences normatives avec des interventions jurisprudentielles aptes à combattre le phénomène qui blesse les droits individuels* ».

[2] La référence concerne GIALUZ M., *Il riesame del processo a seguito di condanna,* cit. p. 1846 entre la nécessité d'aménager les dispositions législatives d'origine constitutionnelle et ordinaire qui règlent l'autorité de la chose jugée et la légalité conventionnelle résultant des décisions de la Cour européenne des droits de l'homme et des libertés fondamentales. Sur les rapports entre légalité interne et supranationale : GUAZZAROTTI A., *La Cedu et l'ordinamento nazionale : tendenze giurisprudenziali e nuove esigenze teoriche*, dans *Quaderni Costituzionali*, 2006, p. 491 ss. ; TEGA D., *La Cedu nella giurisprudenza della Corte Costituzionale*, in *Quaderni Costituzionali*, 2007, p. 431. En particulier NEGRI D., *Rimedi al giudicato penale e legalità processuale : un connubio che gli obblighi sopranationali non possono dissolvere*, in *All'incrocio tra costituzione e CEDU,* cit., p. 123 pour qui le manque d'un mécanisme normatif apte à recevoir la décision supranationale fait que le principe de légalité impose l'intervention nécessitée du législateur.

[3] CAIANELLO M., *Profili critici e ipotesi di sviluppo nell'adeguamento del sistema interno alle sentenze della Corte europea dei diritti dell'uomo,* dans MANES-ZAGREBELSKY G. (cur.), *La Convenzione europea dei diritti dell'uomo e l'ordinamento penale italiano,* pp. 550.

[4] *« Confusion conceptuelle »* telle que definie par CANZIO G., *Giudicato"europeo" e giudicato penale italiano, dans Gli effetti dei giudicati "europeai" sul giudicato italiano dopo la sentenza n. 113/2011 della Corte Costituzionale*, Tavola rotonda con contributi di Giovanni Canzio, Roberto E. Kostoris, Antonio Ruggeri a., publié sur Rivista AIC, n°2/2011, §2.

SECTION 2
LES SOLUTIONS RETENUES EN FRANCE ET EN ITALIE

Le législateur français a consacré assez rapidement un mécanisme permettant à la personne victime d'une violation conventionnelle de faire valoir la décision européenne devant le juge national **(1§)**. Au contraire, en Italie, après plusieurs projets de loi, d'ailleurs s'inspirant du modèle français, finalement inachevés, la réforme « Cartabia » a introduit un moyen spécifique pour exécuter les décisions prononcées par la Cour EDH **(2§).**

1§Une consécration par voie législative réussie en droit français

Après les suites médiatisées de l'affaire Hakkar, le législateur français a introduit, par la loi du 15 juin 2000, un réexamen spécifique pour obtenir la réouverture de la procédure pénale interne suite à une condamnation de la part de la Cour EDH **(1.1§)**. Cette initiative législative doit être saluée positivement, puisqu'elle témoigne de la prise de conscience de l'impératif fondamental de donner suite aux décisions de la Cour EDH dans l'ordre interne. Néanmoins, les résultats pratiques attendus par ce mécanisme n'ont pas toujours été à la hauteur des attentes. Ainsi, la matière a fait l'objet d'une réforme en 2014 **(1.2§),** dont il est possible de tracer un bilan **(1.3§).**

1.1§. La loi du 15 juin 2000 et l'introduction d'un réexamen consécutif à un arrêt de condamnation de la Cour EDH

Le réexamen consécutif à une condamnation de la Cour EDH, présenté à l'issue d'un projet de loi en 2000 **(a)**, permettait à la victime d'une violation établie des droits conventionnels d'agir devant le juge français selon des modalités de fonctionnement précises **(b)**.

a. Le projet législatif présenté en France

En France, contrairement à l'Italie, il n'y a pas eu d'apport jurisprudentiel sur l'identification d'un moyen permettant de fonder la réouverture de la procédure pénale après un arrêt de la Cour EDH. Jack Lang, qui à l'époque présidait la Commission des affaires étrangères, déposa dans le cadre d'une discussion à l'Assemblée nationale sur la loi renforçant la présomption d'innocence et les droits des victimes, un amendement visant à permettre la réouverture d'une procédure pénale dans l'hypothèse d'une condamnation de la Conv. EDH. Sa volonté de s'impliquer dans la codification d'un instrument permettant d'exécuter les arrêts européens découlait directement de l'affaire Hakkar, à laquelle il s'était intéressé de près. L'on estimait, en effet, que « ni le pourvoi dans l'intérêt de la loi, qui n'a aucune incidence sur le sort des parties au procès, ni la grâce présidentielle, qui ne suspend que l'exécution de la peine, ni même la révision, essentiellement fondée sur la survenance d'un fait ou la découverte d'un document inconnu de la juridiction de condamnation, ne permettaient de remédier aux conséquences les plus graves des violations constatées », dès lors « la France ne pouvait donc plus faire l'économie de l'instauration d'une procédure adéquate »[1].

L'amendement n° 219 à la loi proposait la création d'un nouveau cas de révision, s'insérant parmi ceux déjà existants. Ainsi, l'article 622 C.P.P. aurait été complété par un alinéa affirmant qu'« *après un arrêt de la Cour européenne des droits de l'homme et des libertés fondamentales du 4 novembre 1950 ou de ses protocoles, lorsque la condamnation continue de produire ses effets et qu'une réparation équitable du préjudice causé par cette violation ne peut être obtenue que par la voie de la révision* »[2]. Cet amendement fut adopté à l'unanimité par l'Assemblée nationale, mais fut par la suite remodifié au Sénat après le Rapport « *Jolibois* » lui préférant une autre formule affirmant plutôt que « *la révision soit possible lorsque la violation de la convention a été de nature à modifier la décision devenue définitive dans un sens défavorable au prévenu ou à l'accusé* » et que *« la demande de révision soit formulée dans le délai d'un an suivant la condamnation par la Cour européenne des droits de l'homme, afin d'éviter le prolongement d'une incertitude juridique »*[3].

Toutefois, à la séance du 4 avril 2000, la Garde des Sceaux, Mme Elisabeth Guigou, en déposant l'amendement n° 171, affirmait préférer une procédure spécifique de réexamen des décisions pénales, plutôt que l'ajout d'un cas de révision pénale, cette solution étant « *mieux adaptée au traitement du problème considéré que la procédure de révision* »[4]. La raison du choix de créer, après l'article 626 du C.P.P., un Titre III dédié spécifiquement au « *Réexamen d'une décision pénale consécutive au prononcé d'un arrêt de la Cour européenne des droits de l'homme* », reposait sur plusieurs arguments qui reprenaient les considérations développées également en Italie relativement à la nécessité de différencier la procédure de réexamen de celle de révision.

La Garde des Sceaux soulignait que déjà, la diversification de la terminologie aurait permis de distinguer la révision, fondée sur des raisons de fait, et le réexamen, fondé sur des raisons de droit. La création d'une procédure spécifique aurait également permis la création d'une commission chargée de se prononcer sur les demandes de réexamen et, en conséquence, d'examiner elle-même le

---

[1] COMMARET N., *La procédure de réexamen*, RSC, 2002, p.348. En 1999, Jack Lang interpellait Elisabeth Guigou en s'étonnant du mutisme des autorités françaises : « *La France, qui se veut pays de droit, ne peut rester muette devant les injonctions du Conseil de l'Europe, nous a ainsi expliqué M. Lang. La supériorité du droit international sur le droit interne doit prévaloir. C'est une question de crédibilité pour la France*, Le Monde dans un article du 15 février 2000 « L'affaire Hakkar illustre la résistance française à la justice européenne ».

[2]Art.21 *Terdecies* du Projet de loi n.441 adopté le 10 février 2000 renforçant la protection de la présomption d'innocence et les droits des victimes sur http://www.assemblee-nationale.fr.

[3]Rapport JOLIBOIS Charles n. 283 (1999-2000) - commission des lois - Projet de loi, adopté avec modification par l'Assemblée nationale en deuxième lecture, renforçant la protection de la présomption d'innocence et les droits des victimes, sur www.senat.fr. aussi MASSIAS F., *Le réexamen*, cit.

[4] Séance du 4 avril 2000, sur www.senat.fr.

pourvoi. Ainsi, cette solution aurait évité que « *la chambre criminelle examine elle-même de nouveau l'affaire, comme c'est le cas en matière de révision [...]* » et que la chambre criminelle puisse « *se déjuger et assure l'impartialité de la décision* ». La décision de tenir séparés le réexamen et la révision pénale permettait également de souligner la finalité différente des deux moyens de recours : le premier, se fondant sur la certitude de l'innocence, ou du moins sur un doute quant à la culpabilité, du condamné, le deuxième visant à assurer la *restitutio in integrum* de la victime d'une violation conventionnelle établie par la Cour EDH. Le réexamen n'étant donc pas un cas de révision, il se distingue aussi du pourvoi dans l'intérêt de la loi, le but étant d'assurer la *restitutio in integrum* de la victime d'une violation conventionnelle.

L'article 89 de la Loi du 15 juin 2000 a donc prévu l'introduction d'un nouvel article 626 C.P.P., dans le Titre III consacré au « *Réexamen d'une décision pénale consécutif au prononcé d'un arrêt de la Cour européenne des droits de l'homme* »[1]. Les modalités de fonctionnement codifiées par le droit français attestent de la délicate recherche d'un équilibre entre l'autorité de la chose jugée et l'exécution d'une décision supranationale[2].

b. Les modalités de fonctionnement du réexamen consécutif à un arrêt de condamnation de la Cour EDH

Le réexamen adopté en France en 2000 à l'article 626-1 C.P.P. prévoyait que « *le réexamen d'une décision pénale définitive [puisse] être demandé au bénéfice de toute personne reconnue coupable d'une infraction lorsqu'il résulte d'un arrêt rendu par la Cour européenne des droits de l'homme que la condamnation a été prononcée en violation des dispositions de la convention de sauvegarde des droits de l'homme et des libertés fondamentales ou de ses protocoles additionnels, dès lors que, par sa nature et sa gravité, la violation constatée entraîne pour le condamné des conséquences dommageables auxquelles la "satisfaction équitable" allouée sur le fondement de l'article 41 de la convention ne pourrait mettre un terme* ».

---

[1] Parmi plusieurs : BARBEROT C., *Réexamen d'une décision pénale définitive consécutif au prononcé d'un arrêt de la Cour européenne des droits de l'homme*, dans *Jurisclasseur*, Proc. pén., fiche, fasc. 20, 2007 ; DOROY F., *Le réexamen d'une décision pénale consécutif au prononcé d'un arrêt de condamnation de la CEDH. Mise en œuvre de la réforme du 15 juin 2000. Questions juridiques et problèmes pratiques*, Droit pénal, n.6/2003, chr. 18, pp. 4-6 ; DREYER E., *À quoi sert le réexamen des décisions pénales après condamnation à Strasbourg ?,* Rec. Dalloz, 2008, pp.1705-1708 ; DE GOUTTES R., *La procédure de réexamen des décisions pénales après un arrêt de condamnation de la Cour EDH,* dans Libertés, *justice, tolérance : Mélanges en homme au Doyen Cohen-Jonathan*, Bruylant, Vol I., 2004, pp. 563-578 ; MASSIAS F., *Le réexamen des décisions définitives intervenues en violation de la Convention européenne des droits de l'homme,* RSC, janvier-mars, 2001, pp. 123-138 ; PETTITI C., *Le réexamen d'une décision pénale française après un arrêt de la Cour EDH : la loi du 15 juin 2000*, RTDH, 2001, p. 10.

[2] DELMAS MARTY M., *La jurisprudence de la Cour EDH et la « logique du flou »*, dans *Revue de droit pénal et de criminologie*, 1992, p. 1031-1045, spec. p. 1033.

Un tel recours pouvait donc être présenté (art. 626-2) par le ministre de la Justice, le procureur général près la Cour de cassation, le condamné ou, en cas d'incapacité, son représentant légal et les ayants droit du condamné, en cas de décès de ce dernier.

Dans le souci de respecter l'importance fondamentale de l'autorité de la chose jugée, le législateur français subordonnait la procédure de réouverture à des conditions spécifiques[1] : celle-ci imposait l'existence d'une décision[2] qui établissait la culpabilité[3] de la personne en matière pénale, excluant ainsi la matière civile ou administrative[4]. Cette décision devait avoir acquis l'autorité de chose jugée, conformément avec la condition de recevabilité de la requête devant la Cour EDH. En plus, la demande de réouverture était soumise à l'existence d'une violation de la Conv. EDH, établie par la Cour avec un arrêt de condamnation, présentant un lien de causalité avec la décision pénale pour laquelle était demandée la réouverture. Ce lien de causalité imposait également que la violation, par *« sa nature et sa gravité »,* comporte des *« conséquences dommageables »* auxquelles ne pourrait mettre fin pas même la satisfaction équitable, prévue par l'article 41 de la Convention[5]. La délimitation du domaine de la réouverture

---

[1]BONFILS PH., obs. sous com. réexamen, 30 nov. 2000, Dr. et part. 2002, n° 102, p. 92 et *Réexamen d'une décision pénale suite au prononcé d'un arrêt de la CEDH*, D., 2007.

[2] Sont directement visées les décisions des juges du fond, rendues en violation de la Convention. Les arrêts de la Cour de cassation sont également susceptibles de faire l'objet d'une procédure de réexamen. Malgré cet obstacle, le réexamen d'un arrêt de la Cour de cassation est implicitement admis, sur le fondement de l'article 626-4, alinéa 2, du : « *Si le réexamen du pourvoi du condamné, dans des conditions conformes aux dispositions de la Convention, est de nature à remédier à la violation constatée par la Cour européenne des droits de l'homme, la commission renvoie l'affaire devant la Cour de cassation qui statue en assemblée plénière* » (V. infra, no 37). Cette solution a été implicitement retenue par la Commission de réexamen, dans une décision du 15 février 2001, admettant la recevabilité d'un réexamen suite à la condamnation de la France pour violation de la Convention européenne par la Cour de cassation (Cour EDH 8 févr. 2000, Voisine c. France, D. 2000. 651, note THIERRY, D. 2000, somm. 186, obs. FRICERO N.). Cette solution a par la suite été confirmée par une décision du 14 mars 2002 (Comm. réexamen 14 mars 2002, no 01-99.007, Bull. crim., réex. no 2).

[3]Le réexamen ne peut être utilisé qu'au bénéfice de toute personne reconnue coupable d'une infraction pénale. Ainsi la Commission de réexamen a exclu la recevabilité d'une demande de réexamen formée contre un arrêt qui statue sur l'action civile (Comm. réex, 30 mai 2002) ou également l'exclut lorsque le requérant ne sollicite le réexamen d'aucune décision pénale qui l'aurait reconnu coupable d'une infraction ; que, dès lors, sa demande est irrecevable (comm. réexamen., 18 avril 2013).

[4] GAUTIER P.Y., *De l'obligation pour le juge civil de réexaminer le procès après une condamnation par la Cour européenne des droits de l'homme,* D. 2005, chron. 277.

[5] Le sens dans lequel les mots sont ici employés révèle une certaine ambigüité puisque l'art. 41 de la Convention européenne indique qu'« *en cas de violation de l'une de ses dispositions, la Cour européenne des droits de l'homme accorde une satisfaction équitable mais uniquement si l'État en cause n'a pas pris les mesures nécessaires pour effacer les conséquences de ladite violation* » ce qui veut dire qu'après un arrêt de condamnation, la satisfaction équitable ne s'impose qu'en cas de carence de l'État à ses obligations. Le législateur français semblerait alors ici inverser les rôles en affirmant que le réexamen n'est possible que si la satisfaction équitable n'a pas suffisamment réparé la violation constatée puisqu'il reste des conséquences dommageables, alors qu'une telle satisfaction

s'associe également à une volonté souveraine de maintenir le contrôle sur l'accès à la procédure de réouverture par la responsabilisation du juge interne dans la mise en place des modalités de *restitutio in integrum* ainsi que par le filtrage des demandes.

Le pouvoir juridictionnel français se voit, en effet, attribuer un rôle fondateur dans la valorisation des décisions supranationales : ainsi la procédure de réexamen entend responsabiliser le juge interne dans son rôle de garant des droits fondamentaux **(b.1)** afin de décider des issues possibles à la demande de réexamen **(b.2)**.

b.1. L'appréciation de la réouverture remise aux juridictions internes

Au vu de la liberté reconnue aux États membres dans la mise en place des moyens pour assurer l'exécution de l'arrêt de la Cour EDH, le législateur français a confié au juge français compétence pour apprécier l'exigence d'une réouverture de la procédure pénale interne. Le juge français devait donc apprécier l'existence des conditions de recevabilité de la demande de réexamen ainsi que de son bien-fondé, de la nécessité de préservation des décisions définitives et l'exigence de *restitutio in integrum* de l'individu. Il s'agissait de reconnaître au juge « *un crédit nouveau, celui de servir l'individu, de répondre à l'objectif de sa restitution in integrum et de participer à l'imbrication des niveaux de protection des droits fondamentaux* »[1]. D'autre part, l'ancien article 626-3 C.P.P. prévoyait que la demande de réexamen était filtrée par une « *Commission de réexamen d'une décision pénale consécutif au prononcé d'un arrêt de la Cour EDH* », « *celle-ci était composée de sept magistrats de la Cour de cassation, désignés par l'assemblée générale de cette juridiction ; chacune des chambres est représentée par un de ses membres, à l'exception de la chambre criminelle qui est représentée par deux magistrats, l'un d'entre eux assurant la présidence de la commission. Les fonctions du ministère public sont exercées par le parquet général de la Cour de cassation. [...]* ». Il s'agissait d'un organe spécifique, créé au sein même de la Cour de cassation, et chargé d'opérer la vérification des conditions de saisie du réexamen. La Commission n'avait pas de pouvoir de réexaminer l'affaire, mais il lui revenait de vérifier les demandes sur la base des éléments de droit, en contrôlant l'existence des conditions de saisie et le bien-fondé de la demande de réexamen, et de déclarer soit l'irrecevabilité de la demande, soit son rejet, soit, « *si elle estime la demande justifiée* », le réexamen (art. 626-4, al. 1er C.P.P.). Cette exigence de filtrage a d'ailleurs été imaginée aussi en Italie : les projets de loi présentés prévoyaient, sans pour autant envisager au sein de cette institution la

---

équitable ne s'impose que si l'État n'a pas suffisamment réparé après avoir été condamné, cf. RENUCCI J.F., *Le réexamen d'une décision de justice définitive dans l'intérêt des droits de l'homme*, D. 2000. 655 ; aussi COHEN-JONATHAN G., Quelques considérations, op. cit. p. 119 : « *cette mention était nécessaire, d'abord au regard de la pratique de la Cour qui se hâte peut-être trop de statuer sur la satisfaction équitable, au lieu de prendre son temps pour rendre des arrêts séparés, et permettre ainsi à l'État d'envisager d'abord les mesures les plus appropriées* ».

[1] LAFOURCADE M., *La réouverture*, cit. pp. 262.

création d'une Commission spécifique, que les demandes de révision européenne soient analysées par la Cour de cassation, ce qui a été finalement prévu dans l'article 628 bis Cpp.

Une fois filtrées, les affaires étaient donc évaluées sur le fond suivant le déroulement de la procédure qui se caractérisait par la prévision de plusieurs garanties en faveur du requérant. L'organe de filtrage des demandes en réexamen devait garantir le respect des critères formels d'indépendance et d'impartialité des magistrats qui le composaient : ainsi, la Commission était formée par « *sept magistrats représentant chacun l'une des chambres de la Cour de cassation* »[1]. En ce qui concerne les modalités de sélection des membres, étaient sélectionnés des magistrats ayant une expérience en matière de droits de l'homme. Le législateur français n'a que succinctement esquissé les règles de publicité et le fonctionnement même de l'audience. En conséquence, la Commission fixait ses règles dans le respect des principes guidant la procédure pénale française sous la direction du président de la Commission. En général, la décision était alors prononcée publiquement à l'issue d'une audience publique au cours de laquelle, suite au rapport oral d'un conseiller, étaient recueillies les observations orales ou écrites du requérant ou de son avocat, ainsi que celles du ministère public sous la direction du Président de la Commission, ensuite cette décision ne serait plus susceptible de recours[2].

Au-delà des garanties formelles, la Commission de réexamen était garante de l'appréciation sur le fond de la demande de réexamen et, à cet égard, elle devait évaluer la nature et la gravité de la violation. Ainsi, ses décisions se terminaient d'ailleurs par une formule faisant référence à la nature, à la gravité et aux conséquences dommageables auxquelles la satisfaction équitable n'aurait pas pu mettre fin[3]. Les conditions de la procédure de réexamen permettaient de l'entourer de garanties formelles et matérielles en faveur du requérant, résultant d'une procédure fragmentée en plusieurs phases qui aboutissait à une décision sur les suites à réserver à la demande à l'issue du filtrage.

b.2. L'issue de la procédure de filtrage

À l'issue de l'examen préalable, la Commission pouvait soit déclarer la requête recevable, ce qui conduisait à renvoyer l'affaire pour réexamen à la juridiction indiquée comme compétente, soit la rejeter[4]. L'ancien article 626-4 du C.P.P. soulignait aussi que, si le seul réexamen du pourvoi, dans les conditions

---

[1] Comm. réexamen, 28. Novembre 2002, affaire ALAIN ADOUD ; 29 avril 2004, affaire Jacques Fondainte ; 29 avril 2004, affaire François Richen.

[2] LAFOURCADE M., *La réouverture*, cit. p. 264.

[3] Par exemple dans l'affaire Fabre (Commission de réexamen, 6 octobre 2005, Fréderic Fabre) la Commission de réexamen française jugeait, même en application d'une loi d'amnistie dont le requérant avait pu bénéficier, de l'exigence de rouvrir la procédure même à l'égard d'une décision ayant force de chose jugée pour rétablir le requérant dans ses droits.

[4] Il semblerait que la Commission ne détenait pas un pouvoir d'annulation de la décision pénale, ainsi la décision continuerait à produire ses effets jusqu'à la décision sur le fond : en ce sens

conformes à la Convention, avait suffi à réparer la violation constatée, celui-ci devait être renvoyé devant l'assemblée plénière de la Cour de cassation sans que le procès doive être recommencé. Toutefois, dans l'hypothèse où les débats seraient impossibles devant la juridiction de renvoi pour des raisons précises, la Commission statuait sur le fond, sans renvoyer l'affaire[1].

La Commission de réexamen n'avait pas, au contraire, un pouvoir d'annulation de la décision de condamnation litigieuse. Cette conclusion a d'ailleurs été renforcée par l'insertion, par la Loi du 9 mars 2004[2], d'un deuxième alinéa à l'article 626-5 CPP prévoyant que, dans l'hypothèse où la Commission considérait comme fondée la demande de réexamen, la personne qui exécutait une peine privative de liberté demeurait détenue jusqu'à la décision, soit de la Cour de cassation statuant en assemblée plénière, soit de la juridiction du fond à condition, toutefois, que la décision intervienne dans le délai d'un an à compter de la décision de la Commission. À défaut, la personne aurait été remise en liberté. Il faut en déduire que, suite à la décision de la Commission, l'arrêt de condamnation continuerait à produire ses effets jusqu'à la décision sur le fond, autorisant la Commission, selon l'ancien article 626-5, al. 1 C.P.P., à ordonner, à tout moment, la suspension de l'exécution de la condamnation. Ainsi façonnée, la procédure de réexamen a néanmoins fait l'objet d'une réforme en 2014.

1.2§. Le retour insuffisant de la pratique du réexamen

La loi du 20 juin 2014, portant sur la réforme des procédures de révision et de réexamen d'une condamnation pénale définitive, a profondément modifié la législation en matière de réexamen consécutif à un arrêt de condamnation de la Cour EDH[3].

La réforme de 2014 faisait le choix d'unir le moyen de la révision pénale et du réexamen, et uniformisait ainsi leur régime juridique. Était donc créée une seule Cour de révision et réexamen auprès de la Cour de cassation[4]. Avant cette loi, les dispositions légales relatives aux deux procédures se succédaient dans le Code de

---

[1]Selon l'article 626-4 CPP, la Commission procède elle-même au réexamen lorsque la violation a été constatée par la Cour européenne des droits de l'homme au niveau d'une juridiction du fond dans les cas prévus par les troisième et quatrième alinéas de l'article 625, à savoir : décès du condamné ; démence ; prescription de la peine ou de l'action publique ; amnistie. La Commission de réexamen statue, alors, exceptionnellement au fond, sa décision se substituant à la décision annulée.

[2] Loi n. 2004-204 du 9 mars 2004, art. 158-III.

[3] LOI n° 2014-640 du 20 juin 2014 relative à la réforme des procédures de révision et de réexamen d'une condamnation pénale définitive dans JO 21 juin 2014, p. 10209. fav F.-LAZERGES L., *Traité de procédure pénale*, Economica, 2015, pp. 2302 et ss. ; PRADEL, J. *Procédure pénale*, cit, p.939 ss. Dans une circulaire du 24 septembre 2014, le ministère de la Justice précisait, en effet, que l'adoption de la loi du 20 juin 2014 faisait suite aux travaux d'une mission d'information parlementaire présidée par deux députés : Alain Tourret et Georges Fenech

[4] PRADEL J., *Procédure pénale*, cit. p. 940 : « *surtout depuis 2014, les deux procédures sont très proches l'une de l'autre : elles sont traitées par la même juridiction, la Cour de révision et réexamen et la procédure, comme les effets, sont souvent communes. C'est qu'en effet, il s'agit toujours de corriger, de réparer un dysfonctionnement de la justice pénale, en réalité, une illégalité* ».

procédure pénal, alors que désormais elles sont regroupées dans le livre III aux articles 622 à 626-1 C.P.P. au sein d'un titre II intitulé « *Des demandes en révision et en réexamen* ». Faisant suite à un bilan décevant quant à l'utilisation des voies de recours extraordinaires, **(a)** la réforme du 20 juin 2014 apportait d'importantes modifications touchant aux conditions de révision et de réexamen **(b)**.

a. Un bilan décevant des procédures de révision et de réexamen en France

En effet, la réforme était déterminée par le constat des faibles résultats offerts par les procédures de révision et de réexamen. Depuis 1989, date d'une importante réforme en matière de révision en France[1], le nombre de demandes ayant abouti à une révision pénale était resté très faible.

Le rapport d'information présenté par Georges Fenech et Alain Tourret, portant sur la nécessité d'introduire une réforme quant au système de révision pénale, indiquait que le réexamen consécutif à une condamnation de la CEDH était généralement peu utilisé depuis sa création et son utilisation s'affichait en constante diminution. Seules 55 demandes avaient été présentées entre 2000 et 2014 : 16 n'avaient pas passé le stade de l'examen de recevabilité, 7 avaient été rejetées tandis que 31 aboutissaient à un réexamen de l'affaire[2]. Après la réforme de 2014, la Commission d'instruction des demandes en révision et réexamen n'a pas pour autant enregistré plus de demandes de réexamen[3].

Alors qu'il existait une crainte quant à l'engorgement que cette voie de recours aurait pu créer, l'on constatait, au contraire, que de nombreux condamnés, ayant pourtant obtenu gain de cause à Strasbourg, renonçaient à se prévaloir du réexamen en droit interne et préféraient finalement se contenter de la satisfaction équitable. Selon les rapporteurs, il y aurait, essentiellement, deux facteurs déterminant l'abandon de la volonté de saisir le réexamen consécutif à la Cour EDH : la longueur de la procédure et l'absence d'une perspective d'acquittement. Quant au premier facteur, il y a des cas où, effectivement, la longueur de la procédure n'a pas été finalement compensée par le résultat attendu. Par exemple, dans l'affaire de Patrick Mayali qui a été condamné en 2000 par la Cour d'appel de Rennes à trois ans d'emprisonnement et à l'interdiction d'exercer ses droits civiques pendant trois ans pour agression sexuelle, le réexamen permettait d'obtenir une réduction de la peine à trente mois d'emprisonnement, qui n'a eu aucun effet concret pour le requérant compte tenu de la longueur de la procédure pour arriver

---

[1] Loi n° 89-431, 23 juin 1989, qui a créé la Commission de révision des condamnations pénales et qui a modifié l'article 622 pour permettre au condamné de demander lui-même la révision de sa condamnation pénale sur le fondement d'un fait nouveau. Suivie d'une loi n° 2010-242 du 10 mars 2010.

[2] Ces chiffres sont fournis par le Rapport d'information n. 1598 de 2013 déposé en application de l'article 145-7 alinéa 1 à la suite de la conclusion des travaux d'une mission d'information, p. 57.

[3] Une demande de réexamen en 2020 et quatre en 2021, cf. Voir rapport annuel Cour de cassation sur www.courdecassation.fr jusqu'en 2022.

à un tel résultat[1]. Quant au deuxième aspect, l'insuccès du réexamen s'expliquerait par le fait que *« pour le condamné, il s'agit avant tout de réduire la sentence prononcée, voire d'obtenir la relaxe ou l'acquittement. Or, les décisions pénales obtenues à l'issue du nouveau procès déçoivent les condamnés qui en attendent plus que ce que la pratique du réexamen leur offre réellement »*[2].

Cela s'expliquerait par une sorte de « *malentendu* » entre les attentes des requérants et la réelle portée du réexamen, qui a été également nourri par les organes européens qui ont circonscrit la nécessité de procéder à la réouverture de la procédure lorsqu'*« un doute sérieux est jeté sur le résultat de la décision interne attaquée »,* renforçant ainsi, implicitement, l'idée d'un rapprochement entre violations conventionnelles et jugement sur la culpabilité. Il est, en effet, possible d'observer que puisque la législation française n'a pas limité le réexamen à un certain type de violation, les résultats varient suivant l'appréciation des juges quant à la seule condition de nature et de gravité de la violation. Ils peuvent amener à un changement radical concernant le jugement de culpabilité ou finalement maintenir une situation inchangée. Par ailleurs, le législateur n'avait pas explicitement exclu le risque de « *reformatio in peius* » pour le requérant.

Parmi ceux qui ont saisi la procédure de réexamen, des cas se sont effectivement produits où le sort du requérant a été radicalement renversé à l'issue du réexamen : la Cour de cassation avait cassé et annulé l'arrêt de condamnation de Monsieur Pessino et dit que les faits pour lesquels il avait été condamné n'étaient pas susceptibles de qualifications pénales[3]. Dans l'affaire Noël Mamère, la Cour EDH avait considéré que la condamnation du requérant pour complicité dans le délit de diffamation publique violait l'article 10 de la Conv. EDH. Dès lors, la Commission de réexamen avait renvoyé à la Cour d'appel qui avait relaxé le requérant[4]. La procédure a également permis d'atteindre des résultats effectifs en cas de violations procédurales : dans l'affaire Rachdad, la Cour EDH avait condamné la France pour violation de l'article 6§ 1 et §3 Convention pour ne pas avoir permis à l'accusé d'interroger ou faire interroger des témoins qui l'accusaient. Or, le renvoi devant la Cour d'appel de Nancy avait permis de constater la rétractation des témoins. Le requérant avait donc été relaxé[5]. Une

---

[1] LAFOURCADE M., *La réouverture*, p. 360.

[2] LAFOURCADE M., *La réouverture*, cit. p. 346.

[3] Comm. réexamen, Dominique Pessino, 17 janvier 2008. La procédure de réexamen avait déterminé la relaxe dans deux cas de violation de type substantiel : la Cour de cassation avait finalement cassé et annulé l'arrêt de condamnation de Monsieur Pessino et dit que les faits n'étaient pas susceptibles de qualifications pénales. Monsieur Pessino.

[4] Comm. réexamen, Noël Mamère, Marc Tessier et Société France 2, 28 février 2008 : dans l'affaire Noël Mamère, la Cour EDH avait considéré que la condamnation du requérant pour complicité dans le délit de diffamation publique, violait l'article 10 Conv. EDH, la Commission de réexamen avait renvoyé à la Cour d'appel qui avait relaxé le requérant. La procédure a également permis des résultats effectifs dans l'affaire Rachdada où la Cour EDH condamnait la France pour violation de l'article 6 Conv. EDH.

[5] Commission de réexamen, 27 janvier 2005, Abdelfetah Rachdad. Le requérant avait passé cinq ans en prison ; il obtint par la suite réparation du préjudice subi sur le fondement des articles 626-7 et 626

autre fois, le réexamen a permis l'atténuation des conséquences de la condamnation, notamment en accordant une peine inférieure à celle prononcée[1]. La révision est également perçue comme un chemin de croix judiciaire puisqu'entre 1989 et 2013, seules 8 condamnations criminelles et 43 condamnations correctionnelles ont été annulées en France[2]. Les rapporteurs rappellent en effet que « *la confiance dans la justice passe aussi par la capacité du système judiciaire à rectifier et réparer une erreur judiciaire sans chercher à toujours s'abriter derrière le sacro-saint principe de l'autorité de la chose jugée. Certes, la paix sociale et le respect dû aux décisions des cours et tribunaux imposent que la voie révisionnelle soit strictement encadrée. Dans le même temps, l'idée qu'un innocent continue à subir les effets d'une condamnation heurte notre conscience et, par le sentiment d'injustice qu'elle répand, trouble fortement et durablement l'opinion publique, parfois même à travers les siècles* ».[3] C'est pourquoi, à partir du constat que « *les procédures de révision n'aboutissaient que trop rarement* », l'objectif déclaré de la Loi de 2014 était de « *définir un meilleur équilibre entre, d'une part, la nécessité de réparer l'erreur judiciaire et, d'autre part, le respect de l'autorité de la chose jugée* ». En effet, les statistiques indiquent qu'à partir de l'année 2015, première année après l'introduction de la loi de réforme de 2014, le nombre de demandes à la Cour de révision et de réexamen d'instruction continue d'augmenter : la Cour a été saisie en 2021 de 170 requêtes, en hausse par rapport aux 129 dossiers reçus en 2020.

b. La nouvelle procédure de révision et réexamen issue de la réforme de 2014

L'article 3 de la Loi du 20 juin 2014 modifiait les articles 622 à 626-7 du Code de procédure pénale en apportant d'importantes modifications : concernant la

---

CPP pour le préjudice moral, le préjudice matériel couvrant la perte de chance de travailler et l'indemnisation des frais de dépenses.

[1] Affaire Van Pelt (Comm. réexamen, Van Pelt, 24 janvier 2002), le requérant condamné à la peine de dix-huit ans d'emprisonnement pour trafic de drogue, suite à un arrêt de la Cour EDH, a bénéficié d'une peine réduite d'une durée de neuf ans. Également dans l'affaire Harji, la peine prononcée en première instance par la Cour d'assises des Yvelines en 2003 était de douze ans de réclusion criminelle pour des faits de viol, en récidive légale d'entrée non autorisée sur le territoire national. En appel, la Cour d'assises le condamnait à quinze ans de réclusion criminelle. La Cour EDH, ayant cependant condamné la France pour violation au droit à un tribunal impartial (Cour EDH, *Farhi c. France*, 16 janvier 2007), en raison d'une suspicion de communication illégale entre l'avocat général et certains jurés, la Commission du réexamen faisait donc droit au renvoi de son cas devant la Cour d'assises des écrits qui diminuait sa peine à 10 ans (Comm. réexamen, Redouane Farhi, 22 novembre 2007).

[2] Ces statistiques peuvent aussi indiquer que la procédure de révision, telle qu'elle existe aujourd'hui en France, est trop restrictive pour assurer la réparation de l'intégralité des erreurs judiciaires ou être révélatrice du bon fonctionnement d'un système judiciaire qui ne connaîtrait qu'un très faible taux d'erreurs. À titre comparatif, en Italie, en 2017, le nombre de demandes de révision présentées a été de 188 contre 174 en 2016 et 167 en 2015, selon les statistiques annuelles fournies par la Cour de cassation italienne.

[3] Georges Fenech, Rapporteur, rapport d'information n. 1598, cit. p. 97.

révision pénale, la Loi remplaçait la liste d'hypothèses de révision, les regroupant en un cas unique relatif à l'existence « *d'un fait nouveau ou d'un élément inconnu de la juridiction au jour du procès de nature* » capable « *d'établir l'innocence du condamné ou de faire naître un doute sur sa culpabilité* »[1]. Tout en simplifiant les causes de révision, la réforme souhaitait maintenir la spécificité de la réouverture consécutive à un arrêt définitif de condamnation de la Cour EDH, si bien que l'appellation de procédure de « *réexamen* » a été maintenue. Néanmoins, l'alignement sur la procédure de révision, avec laquelle elle partageait déjà de nombreuses similitudes, tout en conservant sa spécificité, produisit un rapprochement significatif entre les deux voies de recours, ce qui risquait d'embrouiller ultérieurement les catégories juridiques dans le choix d'un de ces deux remèdes extraordinaires.

Désormais, suite à la réforme, l'article 622-1 CPP reste essentiellement le même, mais précise cependant que la demande de réexamen doit être adressée dans le délai d'un an à partir du prononcé de la décision de la Cour EDH. Cette modification a été faite dans le but de remédier à la durée qui s'écoulait normalement entre la décision et son recours devant la Commission de réexamen afin de conserver un intérêt à l'effectivité du réexamen. Les personnes qui peuvent demander la révision ou le réexamen sont visées à l'article 622-2 CPP : il s'agit du ministre de la Justice, du procureur général près la Cour de cassation, du condamné ou, en cas d'incapacité, de son représentant légal et, après la mort ou l'absence déclarée du condamné, son conjoint, le partenaire lié par un pacte civil de solidarité, son concubin, ses enfants, ses parents, ses petits-enfants ou arrière-petits-enfants, ou ses légataires universels ou à titre universel.

Au centre de la réforme se trouve en particulier la création d'une juridiction unique, la Cour de révision et de réexamen. Celle-ci innove du point de vue institutionnel et procédural par rapport au passé. En effet, selon le nouvel article 623 C.P.P. : « *La demande en révision ou la demande en réexamen est adressée à la Cour de révision et de réexamen ».* La Cour unique de révision et de réexamen (CRR) est composée de dix-huit magistrats émanant de chacune des six chambres de la Cour de cassation, nommés pour trois ans, renouvelables une fois. Elle est présidée par le Président de la Chambre criminelle. Cinq membres de la Cour de révision et réexamen sont désignés pour composer la Commission d'instruction des demandes en révision et en réexamen. Celle-ci est en charge d'examiner la recevabilité des demandes de révision et réexamen présentées et de procéder à l'instruction de celles qui lui paraissent recevables, alors que les demandes manifestement irrecevables sont rejetées par une ordonnance du Président, insusceptible de recours. Dès lors, la procédure commence devant le Président de la Commission d'instruction des demandes de révision et réexamen et peut se poursuivre devant la formation de jugement de la Cour de révision et réexamen pouvant, à son tour, s'achever devant une juridiction de renvoi.

---

[1] RIBEYRE C., *La réforme des procédures de révision et de réexamen ou comment mieux corriger l'erreur judiciaire*, dans *Dr. Pénal*, n° 10, octobre 2014, étude n° 17.

La procédure réformée se présente également séquencée en une phase de filtrage, portant sur un contrôle formel de la demande, attribuée à une Commission d'instruction des demandes de révision et réexamen, suivie d'une phase d'évaluation sur le fonds attribué à la formation de jugement de la Cour de révision et réexamen, puis d'une éventuelle phase devant la juridiction de renvoi susceptible de produire des effets précis quant à la situation du requérant.

La procédure devant la Commission d'instruction des demandes en révision ou en réexamen

Au sens de l'article 624 C.P.P., la demande en réexamen doit être adressée à la « *Commission d'instruction des demandes en révision et en réexamen* » qui juge de la recevabilité de la demande. La Commission d'instruction statue contradictoirement, par une décision motivée non susceptible de recours, rendue en séance publique après avoir entendu le parquet, la partie civile ou son représentant ainsi que le demandeur ou son conseil. Cette demande peut être déclarée comme manifestement irrecevable et, dans cette hypothèse, le Président de la commission ou son délégué la rejette par ordonnance motivée sans recours. Si la demande est recevable, la Commission saisit par une ordonnance présidentielle la formation de jugement de la Cour de révision et de réexamen (article 624 C.P.P.) pour le cas où est constatée l'existence d'un arrêt de la Cour européenne des droits de l'homme établissant une violation de la convention applicable au condamné.

Il a notamment été souligné l'apport des nouvelles dispositions au renforcement des droits des requérants. Si le requérant n'a pas d'avocat, le président de la Commission lui en désigne un d'office, l'article 624-4 C.P.P. introduit une représentation obligatoire du requérant à tous les stades de la procédure. Ce système permet aussi d'améliorer la qualité des requêtes présentées à la Cour en leur donnant, pour les plus fondées d'entre elles, des chances supplémentaires d'aboutir. De plus, l'article 624-6 du C.P.P. permet aussi à la partie civile, de même qu'au requérant, d'être avisés du dépôt d'une demande en révision ou en réexamen et, si elle le souhaite, d'intervenir à l'audience devant la commission d'instruction, ce qu'elle ne pouvait faire jusque-là que devant la formation de jugement. Un point fort de la Loi de 2014, mis en avant aussi dans le rapport d'information sur l'évaluation de l'impact du texte, a donc été le renforcement important du principe du contradictoire et des droits de la défense des requérants[1]. Il s'agissait d'un aspect important, compte tenu du fait que la Commission d'instruction des demandes de révision et réexamen avait jugé irrecevables certaines demandes formées au cours de la procédure, comme les demandes d'actes ou de copies de pièces prévues aux articles 624-5 et 624-6 C.P.P., formées directement par le requérant puisqu'il s'agissait de demandes qui ne pouvaient

[1] Rapport d'information déposé le 14 décembre 2016 sur l'évaluation de la loi n° 2014-640 du 20 juin 2014 relative à la réforme des procédures de révision et de réexamen d'une condamnation pénale définitive.

être présentées que par l'intermédiaire de l'avocat du requérant[1]. Néanmoins, pour parachever le renforcement des droits de la défense des requérants au sein de la procédure de réexamen, il aurait fallu que les décisions de la Cour de révision et réexamen soient obligatoirement motivées. Or, la réforme ne précise rien en ce sens[2].

La phase d'instruction consiste donc en un simple contrôle formel. Elle représente un filtrage des dossiers remis, conformément à l'article 624-1 C.P.P., au Président de la Commission d'instruction des demandes en réexamen qui doit saisir la formation de jugement de la Cour de révision et de réexamen lorsqu'il constate l'existence d'un arrêt de la Cour EDH établissant une violation de la convention applicable au condamné. Selon l'article 624-5 C.P.P. Le requérant, au cours de l'instruction de sa demande, a la possibilité de saisir la Commission d'instruction des demandes en révision et en réexamen d'une demande écrite et motivée tendant à ce qu'il soit procédé à tous actes qui lui semblent nécessaires pour l'instruction de sa requête. À la suite du filtrage des demandes, la procédure poursuit donc devant la formation de jugement de la Cour de révision et réexamen.

La procédure devant la formation de jugement de la Cour de révision et réexamen

Une fois saisie, la formation de jugement examine les dossiers par une procédure publique, orale et contradictoire, au cours de laquelle sont recueillies les observations orales ou écrites du requérant, de son avocat, du ministère public, de la partie civile constituée au procès dont le réexamen est demandé ou de son avocat (article 624-3 C.P.P.). Le requérant ou son avocat sont les derniers à avoir la parole. La Cour de révision et réexamen est donc chargée d'examiner si les requêtes sont recevables et bien fondées[3] : de façon analogue à l'ancienne Commission de réexamen, elle ne détient pas le pouvoir de réexaminer l'affaire, mais peut uniquement la renvoyer soit devant la Cour de cassation, statuant en assemblée plénière, soit devant une juridiction de fond, ni celui d'annuler la décision pénale.

À l'issue du jugement, la Cour pourra rendre une décision selon les issues possibles prévues par l'article 624-7C.P.P. : si la requête recevable est bien fondée et s'il est possible de procéder à de nouveaux débats contradictoires, le requérant est renvoyé devant une juridiction de même ordre et de même degré, mais autre que celle dont émane la décision annulée. Toutefois, en cas de demande en

---

[1] Commission d'instruction des demandes de révision et réexamen, 24 novembre 2014.

[2] Dans le rapport n° 4302 sur l'évaluation de la loi n° 2014-640 du 20 juin 2014 relative à la réforme des procédures de révision et de réexamen d'une condamnation pénale définitive, la première proposition portait sur l'introduction d'une obligation de motivation des arrêts de la Cour à l'article 624 – 7 CPP.

[3] La Cour a jugé que « *La procédure de réexamen prévue par l'article 622-1 du Cpp ne peut être mise en œuvre au bénéfice d'un requérant se prévalant de constatations du Comité des droits de l'homme des Nations Unies* ». Cour de révision, rejet, 10 décembre 2015, B. 5 (2), n° de pourvoi 14 REV 017.

réexamen, et si le réexamen du pourvoi du condamné, dans des conditions conformes à la Conv. EDH, est de nature à remédier à la violation constatée par la Cour EDH, elle renvoie le requérant devant l'assemblée plénière de la Cour de cassation (al.2). Si, au contraire, il est impossible de procéder à de nouveaux débats, notamment en cas d'amnistie, de décès, de contumace ou de défaut d'un ou de plusieurs condamnés, ainsi qu'en cas d'irresponsabilité pénale ou de prescription de l'action ou de la peine, la formation de jugement de la Cour de révision et de réexamen statue au fond en présence des parties civiles, s'il y en a au procès, et des curateurs nommés par elle à la mémoire de chacun des morts. Dans ce cas, elle annule seulement les condamnations qui lui paraissent non justifiées et décharge, s'il y a lieu, la mémoire des morts (al.3).

La Cour de révision et de réexamen peut, à la suite de sa décision, décider d'ordonner la suppression des mentions figurant dans les fichiers de police judiciaire, dans le fichier automatisé des empreintes digitales, dans le fichier national automatisé des empreintes génétiques et dans le fichier judiciaire national automatisé des auteurs d'infractions sexuelles ou violentes si, compte tenu de la finalité de ces fichiers, la conservation de ces données n'apparaît plus nécessaire. Dans le cas prévu à l'avant-dernier alinéa, la suppression de ces mentions est obligatoirement ordonnée (al. 6).

La Loi du 20 juin 2014, dans son objectif de renforcement de la protection reconnue au requérant a également agi quant aux règles concernant la suspension de l'exécution de la décision contestée dont la demande peut être présentée par la Commission d'instruction, mais également par le requérant auprès de celle-ci, qui se chargera de la transmettre à la Chambre criminelle de la Cour de cassation. La décision portant sur la suspension de la condamnation est donc attribuée à la Chambre criminelle dont l'indépendance est désormais garantie par la prévision que « *les membres de la Chambre criminelle qui siègent au sein de la Cour de révision et de réexamen ne prennent pas part aux débats ni à la décision* ». Ce choix attribue aux décisions rendues par la Chambre criminelle une autorité incontestable et une réelle indépendance, qui compensent l'absence de recours contre la décision[1].

De plus, dans l'hypothèse où la Cour déciderait de ne pas suspendre l'exécution de la condamnation, renvoyant quand même l'affaire devant la juridiction de jugement, la personne qui exécutait la peine privative de liberté demeure détenue, sans toutefois que cette détention puisse excéder la durée de la

[1]Rapport n° 1957 du 21 mai 2014, point 5. Initialement, la proposition de loi prévoyait que la commission d'instruction et la formation de jugement de la Cour de révision et de réexamen puissent, à tout moment, ordonner la suspension de l'exécution de la condamnation, à l'instar des pouvoirs qui étaient déjà reconnus à la Commission de révision et à la Chambre criminelle statuant comme Cour de révision. Mais cette décision n'était susceptible d'aucun recours, ce qui était particulièrement préjudiciable aux droits des parties et à l'ordre public s'agissant de mesures intéressant les libertés. La commission des lois du Sénat a donc adopté un amendement au nouvel article 625 C.P.P. qui confie à la Chambre criminelle de la Cour de cassation le soin de statuer sur une demande de suspension de l'exécution de la condamnation.

peine prononcée : l'alinéa 6 de l'article 625 C.P.P. prévoit que si « *la formation de jugement de la Cour, statuant en réexamen, annule la condamnation sans ordonner la suspension de son exécution, la personne qui exécute une peine privative de liberté demeure détenue, sans que cette détention puisse excéder la durée de la peine prononcée, jusqu'à la décision, selon le cas, de la Cour de cassation statuant en assemblée plénière ou de la juridiction du fond* ». La décision sur le fond de l'affaire doit cependant intervenir dans le délai d'un an à compter de la décision de la Cour de révision et de réexamen ; le cas échéant, la personne est remise en liberté. La nouvelle formulation suite à la réforme de 2014, précise que pendant cette période, la personne est considérée comme placée en détention provisoire, ainsi elle pourra formuler des demandes de mise en liberté selon les articles 148-6 et 148-7 C.P.P. Si, toutefois, l'Assemblée plénière est compétente pour le renvoi, les demandes de remise en liberté doivent être examinées par la Chambre de l'instruction de la Cour d'appel dont dépend la juridiction ayant condamné l'intéressé. Une fois que la Cour de révision et de réexamen a constaté le bien-fondé de la demande, peut éventuellement suivre une phase devant la juridiction de renvoi.

La procédure devant la juridiction de renvoi

La juridiction de renvoi est choisie selon le cas d'espèce : si la violation a été constatée au niveau d'une procédure devant une juridiction du fond, l'affaire sera renvoyée devant une juridiction de même ordre et de même degré. Lorsqu'il y a eu renvoi dans le but d'un réexamen, les juridictions qui en ont la charge statuent selon les règles applicables en droit commun[1].

Il y a eu lieu ici de savoir si la juridiction de réexamen pouvait aggraver le sort de l'accusé lorsque la Commission a été saisie à sa seule demande : la Cour de cassation, rappelant qu'il n'existe aucune disposition législative sur ce point, précisait que la Cour d'assises devant laquelle l'affaire est renvoyée dispose, comme en cas de renvoi après cassation, d'une plénitude de juridiction pour juger à nouveau l'accusé. Dès lors, rien ne lui interdit d'aggraver le sort du requérant[2]. Bien que l'aggravation de peine ne se soit jamais réalisée dans la pratique, aucune disposition légale ou conventionnelle n'empêche que le sort de l'accusé soit concrètement aggravé, néanmoins on pourrait trouver un appui dans la lecture de l'article 622-1 CPP qui parle d'une demande de réexamen au « *bénéfice* » de la personne condamnée. Ainsi, la procédure de réexamen porterait en soi une volonté, si possible, de favoriser le requérant, et non pas de le placer dans une situation moins favorable. Cela semble tout à fait cohérent avec l'objectif de la procédure qui aspire à reconnaître le droit du requérant d'obtenir l'exécution de

---

[1] PRADEL J., *Procédure pénale*, op. cit. p. 949 se trouve en désaccord sur ce point. Selon lui, bien que les juges de la juridiction de renvoi conservent leur liberté d'appréciation, pouvant condamner ou acquitter, ils ne sauraient pas prononcer une sanction plus sévère que celle prononcée à l'origine, en application du principe d'interdiction de *reformatio in peius*.

[2] PRADEL J. *Procédure pénale*, cit. p. 949, n° 1077.

la décision supranationale ayant constaté une violation conventionnelle qui aurait dû, vraisemblablement, mettre le requérant tout au plus dans une situation respectueuse de ses droits. Dès lors, tout apport positif du réexamen serait perdu si, en saisissant la procédure compétente pour obtenir l'exécution de l'arrêt, le requérant risquait de voir son sort ultérieurement aggravé.

L'article 626-1 C.P.P. prévoit aussi que le condamné reconnu innocent à l'issue de la procédure de réexamen bénéficie d'une réparation du préjudice subi, ainsi que de l'affichage de la décision dont résulte son innocence. La condamnation est donc rétroactivement effacée : la fiche du casier est supprimée, ainsi que les mentions dans les fichiers de police judiciaire, si, compte tenu de la finalité de ses fichiers, la conservation de ces données n'est plus nécessaire selon l'art. 624-7, al. 6 du Code de procédure pénale, et cela bien que l'effacement rétroactif ne soit pas opposable aux tiers qui ont acquis des droits. Enfin, la loi édicte une réparation des dommages subis, prévoyant à cette fin une indemnisation intégrale en raison du préjudice matériel et moral causé par la condamnation, outre une réparation morale comprenant la publication de la décision.

1.3§. Le bilan de la réformation des procédures de révision et réexamen

La réforme de 2014 a permis au législateur français de réajuster le fonctionnement de la révision et du réexamen. Il faut néanmoins se demander si le fait de réaménager la procédure a été vraiment utile pour atteindre le but d'implémentation du nombre de révisions et réexamens et si unir les deux voies de recours a finalement été un choix opportun[1].

En effet, il semble regrettable que la réforme ait fusionné deux remèdes ayant chacun leur spécificité. L'objet de la révision et du réexamen est, en effet, incontestablement différent : la révision statue sur une erreur de fait et tend à faire apparaître la vérité historique au détriment de la vérité processuelle, tandis que le réexamen est plutôt centré sur l'adéquation de la procédure pénale interne aux garanties reconnues par la Conv. EDH. Ainsi, maintenir la séparation de la discipline ainsi que leur procédure aurait été une solution plus pertinente au vu de la systématique des recours extraordinaires et aurait permis d'adapter les procédures aux objectifs propres à chacune. Cette solution présente aussi l'avantage de fixer l'objectif spécifique du réexamen qui est celui du rétablissement de la victime dans ses droits violés, sans que cela impacte forcément le jugement sur la culpabilité.

D'ailleurs, le différent « ratio » qui anime les deux voies de recours impacte les délais nécessaires à son déroulement. L'incohérence dans l'assimilation des deux instruments apparaît par ailleurs de façon flagrante dès la phase d'instruction. En l'état actuel, la Commission doit se limiter à constater le respect des conditions formelles, pour ensuite – si celles-ci sont remplies – passer le dossier

---

[1]Selon certains auteurs, si le législateur voulait assurer la cohérence de tous les remèdes extraordinaires, il aurait dû intégrer également l'article 620 CPP qui prévoit le pourvoi dans l'intérêt de la loi : cf. BORE L.- BORE J., *La cassation en matière pénale*, Dalloz, 2012-2013.

à la Cour de révision et réexamen. Selon la commission d'évaluation de la réforme « *cette rédaction, qui se réfère à la notion objective de recevabilité, vise à éviter à la commission d'instruction de s'interroger sur le fond de la demande* ». L'évaluation que la Commission d'instruction doit faire lorsqu'elle statue sur la recevabilité de la demande de réexamen est, en effet, purement juridique, puisqu'elle porte simplement sur la vérification de l'existence d'une condamnation de la Cour EDH prononcée envers le requérant et sur le respect du délai légal prévu pour proposer la demande de réexamen. Alors que, dans le cas d'une demande de révision, il s'agira de vérifier, outre le fait qu'il existe une décision de condamnation portant sur un crime ou un délit, l'existence d'un fait ou d'un élément inexistant ou ignoré au jour du procès ayant un caractère fiable et sérieux. Cela implique une véritable instruction s'imposant aux juges qui doivent dès lors s'engager dans une appréciation tout à fait factuelle. L'union des deux remèdes, instaurant un enchaînement procédural commun, aurait donc imposé un allongement incohérent des formalités et des stades de procédure[1]. Cet aspect a, par ailleurs, été relevé pendant la discussion devant le Sénat qui a jugé inutile que « *les demandes en réexamen soient instruites par l'ensemble de la commission d'instruction* »[2]. Finalement, l'article 624-1 du C.P.P. a donc confié au seul Président de la commission d'instruction, statuant par ordonnance, le soin d'instruire les requêtes en réexamen : « *Lorsque la commission d'instruction des demandes en révision et en réexamen est saisie d'une demande en réexamen, son président statue par ordonnance. Il saisit la formation de jugement de la cour de révision et de réexamen des demandes formées dans le délai mentionné à l'article 622-1 pour lesquelles il constate l'existence d'un arrêt de la Cour européenne des droits de l'homme établissant une violation de la convention applicable au condamné* ».

L'instauration d'une commission d'instruction attribuée à la personne du Président semblerait donc une éternelle contradiction et un frein évident à la capacité d'ouverture de l'ordre interne à l'incidence de l'arrêt de la Cour EDH. Le fait que, désormais, la demande de réexamen doive passer par le filtre de la Commission d'instruction puis par celui de la Cour, serait toutefois une condition indispensable à la démarche de reconnaissance de l'influence des arrêts supranationaux, car elle permet à l'autorité judiciaire interne de s'approprier l'impact de l'arrêt supranational sur le droit interne : « *agissant tel un écran, le filtre permet de considérer que la réouverture est exigée par un organisme indépendant, émanation de la plus haute autorité judiciaire française, la Cour de cassation* »[3]. Ainsi, agissant tel un écran, la juridiction interne réputée appréhender la demande

---

[1] Monsieur LOUVEL, Rapport n. 1598 du 2013, p. 236 ss. affirmait que « *la pertinence du choix effectué en 2000 [d'introduire le réexamen par voie autonome] paraît tout à fait d'actualité ; la remise en cause de ce choix ne pourrait être dictée que par la volonté du législateur d'instituer une procédure unique [...] qui ferait disparaître les notions de révision et réexamen en brouillant la portée de ces procédures* ».

[2] Rapport du Sénat, n° 467, p. 20

[3] LAFOURCADE M., *La réouverture*, cit. p. 294

de réexamen peut apprécier les conséquences dommageables et orienter la procédure par l'exercice du pouvoir juridictionnel interne à la juridiction compétente. C'est donc le pouvoir interne qui décide des suites nécessaires pour exécuter la condamnation supranationale, ce qui est cohérent avec l'attitude de retenue, toujours manifestée par les organes européens, à fournir des directives aux États membres[1].

Le droit italien a, quant à lui, suivi des voies prétoriennes afin de parvenir à la consécration d'une réouverture de la procédure pénale suite à une condamnation de la Cour EDH, pour enfin, après plusieurs projets de loi inaboutis, codifier la réouverture dans le Code de procédure pénale.

SECTION 2
LA RÉOUVERTURE CONSÉCUTIVE
À UN ARRÊT DE LA COUR EUROPÉENNE EN ITALIE

La nécessité est apparue très vite aussi pour le droit italien de prévoir un instrument spécifique de réouverture de la procédure pénale suite à une condamnation de la Cour EDH. Dès 1998, les premiers projets législatifs sont apparus **(1§)**, néanmoins, aucun n'ayant été réalisé pendant longtemps, la jurisprudence a essayé de trouver un fondement juridique à la réouverture **(2§)**. Le vide juridique a donc persisté jusqu'en 2022, jusqu'à ce que la réforme de la justice dite « *Cartabia* » insère dans le Code de procédure pénale italien un moyen spécifique de réouverture consécutive à un arrêt de la Cour EDH **(3§).**

1§ Les projets de loi italiens portant sur l'instrument d'exécution des arrêts de la Cour EDH

Dans les tourmentes d'une jurisprudence abondante produite par les Cours italiennes portant sur l'exécution d'un arrêt de la Cour EDH, nombreuses furent les occasions pour le législateur italien d'introduire un moyen spécifique portant réglementation de la procédure à la suite d'une condamnation de la Cour EDH[2].

---

[1] Par exemple, Cour EDH, *Moreira Ferreira c. Portugal*, n° 2, [GC], req. 19867/12, commentaire BERNARDI S., *La Grande Camera di Strasburgo sulle competenze della Corte in materia di esecuzione delle sentenze europee da parte degli Stati: una scelta di self restaint?* in *Dir. pen. cont. – Riv. Trim.*, n. 11/2017 ; MARGUENAUD J.P., *Subsidiarité du réexamen en matière pénale*, RSC, 2017, p. 621.

[2] En général sur les problèmes du droit italien en matière d'exécution des arrêts de la Cour EDH voir, parmi d'autres, CANZIO G., *Giudicato"europeo » e giudicato penale italiano,* cit. §4. On compte les propositions législatives suivantes S-3168 du 24.3.1998 ; C-1447 du 31.7.2001 ; C-1992 du 20.11.201 ; S-3354 du 22.3.2005, C-323 du 2.5.2006, C-917 du 26.5.2006, C-1538 du 24.7.2008 et le projet du gouvernement S-1440 du 10.3.2009 qui avaient comme objectif l'introduction d'un nouveau cas de révision ; les projets S-1797 du 18.9.2007 ; S-839 du 26.6.2008, C-1780 du 13.10.2008, C-2163 du 5.2.2009 qui, s'inspirant de la discipline française et belge, proposaient une forme autonome de « *Révisione a seguito della décisione della Corte europea dei dirtiti dell'uomo* ». Existent aussi deux commissions nommées pour étudier la réforme du procès pénal, qui se sont

Les premiers projets de loi (n. 3168[1], n.1447[2] et n. 1992[3]) imaginaient de greffer le nouveau moyen à l'article 630 c.p.p. qui régit la révision pénale classique[4]. Ces propositions prévoyaient alors l'introduction d'un cas de révision possible dès lors que « *la Cour européenne des droits de l'homme aurait établi la violation de l'article 6, paragraphe 3, lett. c) et d) de la Convention européenne pour la sauvegarde des droits de l'homme et des libertés fondamentales* ». Il s'agissait, néanmoins, de solutions insuffisantes en ce que l'objet de la violation qui donnait accès à ce moyen était limité au seul paragraphe 3 de l'article 6 Conv. EDH. Finalement, la Commission législative parlementaire, en approuvant les modifications discutées lors des débats, formulait un article plus ample, prévoyant qu'« *en dehors des hypothèses prévues par l'article 630 c.p.p. la révision des décisions et des décrets pénaux de condamnation peut être demandée s'il a été vérifié par un arrêt de la Cour EDH qu'au cours du jugement, ont été violées les dispositions de l'article 6 de la Convention européenne »*. Si la limitation au seul troisième paragraphe de l'article 6 Conv. EDH était levée, l'accès au moyen était conditionné davantage par d'autres critères. En effet, l'article 631 c.p.p., alinéa *1-bis* prévoyant les conditions pour accéder à la révision, conditionnait l'accès au fait que « *la violation des dispositions devait avoir eu une incidence importante sur la décision* » et que l'existence *« d'effets négatifs »* persiste à la suite de l'exécution de la décision ou du décret pénal de condamnation. Dans l'esprit du législateur, cette précision souhaitait limiter la possible utilisation massive du moyen, car le juge aurait dû vérifier l'existence d'une incidence importante de la violation sur la décision pénale irrévocable et la persistance d'effets négatifs exigeant leur élimination[5].

---

occupé de cette hypothèse : Commissione Dalia, d.m. 29.7.2004 et Commissione Riccio, d.m. 27.7.2006. cf. Voir AIMONETTO M.G., *Il riesame delle sentenze penali irrevocabili a seguito di uns ddecisione di condanna dela Corte europea,* in AIMONETTO M.G., *Le recenti riforme della procedura penale francese,* Torino, 2002, p. 156 ; CALLARI F., *La revisione : la giustizia penale tra forma e sostanza,* Torino, 2012, p. 300.

[1]Proposition insérée au sein d'un texte qui deviendra la loi du 23 novembre 1998, n. 405 modifiant le Code de procédure pénale en matière de révision, cf. CALLARI F., *La firmitas*, op. cit, 342 ss. ; GERACI R., *Sentenze della Corte EDU e revisione del processo penale, I Dall'autarchia giudiziaria al rimedio straordinario*, p. 86.

[2] Présenté par l'On. Pepe et autres, le 31 juillet 2001, sur http://legxiv.camera.it.

[3] Présenté par On. Cola, 20 novembre 2001, http://legxiv.camera.it.

[4] En ce sens : D'ORAZI M., *Revisione della condanna penale e violazione dell'articolo 6 CEDU*, dans *Cass. pen.*, 2006, p. 2967 ; affirment au contraire la volonté d'insérer de même un *nuvum* au sein de l'institut classique de la révision pénale : contra ALLEGREZZA S., *Violazioni della Cedu e giudicato penale: quali contaminazioni? Quali rimedi?*, in R. BIN - G. BRUNELLI - A. PUGIOTTO - P. VERONESI (a cura di), All'incrocio tra Costituzione e Cedu. Il rango delle norme della Convenzione e l'efficacia interna delle sentenze di Strasburgo, Torino, 2007, p. 2. ; SCALFATI A., *Libertà fondamentali e accertamento giudiziario: le revisione del processo a seguito delle pronunce della Corte europea dei diritti dell'uomo*, in DI CHIARA G.(cur.) , *Il processo penale tra politiche della sicurezza e nuovi garantismi*, Torino, 2003, p. 453.

[5] Cette solution était considérée comme un bon compromis entre la crainte d'une utilisation excessive du moyen et la garantie des droits fondamentaux : SCALFATI A., *Libertà giudiziali e accertamento*

Cette dernière condition liée à la persistance d'effets négatifs était critiquable en particulier, car cela aurait signifié que, par exemple, la révision européenne n'aurait pas pu être demandée une fois la peine exécutée du fait de l'absence d'effets négatifs persistants, ce qui aurait pu être considéré comme contraire à l'esprit même du moyen qui est de faire primer les droits fondamentaux d'une personne victime d'une procédure inéquitable et cela même une fois la peine purgée.

Par ailleurs, les projets de loi visant l'introduction d'un moyen pour exécuter une condamnation de la Cour EDH ont fait l'objet de critiques plus globales pendant les débats parlementaires, notamment en raison du fait que l'insertion de cette hypothèse spéciale au sein de l'institut général de la révision risquait de bouleverser le fondement même de la révision classique. Cette dernière se base en effet sur l'émergence de faits nouveaux et externes au procès qui manifestent l'injustice de la condamnation, alors que le nouveau cas de révision est fondé sur des raisons complètement différentes[1] : l'injustice de la décision est issue de la violation avérée des droits conventionnellement établis et n'aurait pas forcément un impact sur l'évaluation de la culpabilité du condamné[2].

D'ailleurs, l'insertion de cette nouvelle hypothèse parmi le moyen plus général de la révision pénale aurait conduit à considérer que s'appliqueraient à celle-ci les conditions générales concernant l'institut de la révision pénale et donc, notamment, la nécessité que, conformément aux limites posées par les

---

giudiziario: la revisione del processo a seguito delle pronunce della Corte europea dei diritti dell'uomo, p. 452. Plutôt critique PUSTORINO P., *Esecuzione delle sentenze della Corte Edu e revisione dei processi penali: sviluppi nella giurisprudenza italiana*, in Diritti umani e diritto internazionale. 1, 2007, pp. 678-693.

[1] Dans le sens de l'impossible rattachement de la révision européenne au sein de l'article 630 C.P.P. italien : « *La doctrine traditionnelle ramène la révision à un moyen pour compenser le manque de correspondance entre la décision des éléments intrinsèques à la dynamique processuelle. [...] Elle compose un différend entre chose jugée et éléments extérieurs à celui-ci, donc externes au mécanisme processuel que telle chose jugée a produit* : D'ORAZI M., *La revisione del giudicato pénale. Percorsi giurisprudenziali e requisiti di ammissibilità*, pp.220 ; CALLARI F., *La firmitas*, cit. pp. 355 ; SACCUCCI A., *Revisione dei processi in ottemperanza alle sentenze della Corte europea dei diritti dell'uomo*, p. 247 ss.

[2] En ce sens, les interventions de l'On. Finocchiaro lors de discussion sur le projet de loi Resoconto stenografico dell'Assemblea, Seduta n. 347 del 28/7/2003 : *"In questo caso, invece, adoperiamo la revisione come strumento di accertamento della legittimità della decisione, poiché è fin troppo ovvio che la valutazione che il giudice sarà chiamato a compiere, infrangendo il giudicato precedente, riguarda la corrispondenza tra le norme che hanno assistito la conduzione del processo nonché la valutazione della prova rispetto ai principi statuiti nell'articolo 6 della Convenzione. Questo è uno strappo sistematico che non può essere senza influenza sull'intero impianto, perché cambia la natura dello strumento*".

articles 631[1] et 637 c.p.p.[2], les éléments sur la base desquels la révision est demandée permettent, sous peine d'inadmissibilité, de démontrer que, si vérifiés, le condamné doit être acquitté. Or, subordonner le recours à la condition que la violation de la Conv. EDH doive conduire à l'acquittement du condamné n'aurait certainement pas pu être considéré comme une solution répondant aux exigences de l'instrument. Cela aurait clairement faussé le sens du nouveau moyen de recours qui, dans l'hypothèse d'une violation conventionnelle établie par la Cour EDH, a comme objectif le rétablissement de l'individu dans ses droits violés lors de la procédure interne, sans pour autant qu'une telle adéquation de la chose jugée implique, obligatoirement, une décision différente quant à la culpabilité du condamné[3].

Par la suite, d'autres projets de loi furent présentés afin d'introduire au sein du Code de procédure pénale une révision suivant la décision de la Cour européenne des droits de l'homme. Ces projets reprenaient les éléments déjà présents dans les anciennes propositions législatives, mais n'aboutirent pas[4]. C'est notamment sous la XVIe législature que fut présentée une série de projets législatifs[5], dont certains

---

[1] Art. 631. Limiti della revisione 1. *Gli elementi in base ai quali si chiede la revisione devono, a pena d'inammissibilità della domanda, essere tali da dimostrare, se accertati, che il condannato deve essere prosciolto a norma degli articoli 529, 530 o 531*" trad. « *Les éléments sur la base desquels la révision est demandée doivent, sous peine d'inadmissibilité de la demande, être aptes à démontrer que, si vérifiés, le condamné doit être acquitté selon les articles 529, 530 ou 531 c.p.p.* ».

[2] Art. 637. Sentenza. [.] 3. *Il giudice non può pronunciare il proscioglimento esclusivamente sulla base di una diversa valutazione delle prove assunte nel precedente giudizio.* [.]. Trad. « *Le juge ne peut pas prononcer l'acquittement exclusivement sur le fondement d'une différente évaluation des preuves acquises dans le précédent jugement* ».

[3] Une disposition qui aurait expressément affranchi la révision européenne des règles en matière de révision pénale classique aurait alors été nécessaire cf. LAVARINI B., *Giudicato penale ed esecuzione della sentenza della Corte europea*, in AA. VV., *Convenzione europea sui diritti : processo penale e garanzie*, (cur.) GAMBINI R. – SALVADORI M., Napoli, 2009, p. 14.

[4]Projet de loi presenté au Sénat le 18 septembre 2007, « *Disposizioni in materia di revisione del processo a seguito di sentenza della Corte europea dei diritti dell'uomo* » (atto Senato n. 1797). Avant ce projet, nous signalons aussi la proposition de la Commission « Dalia » d'introduire une hypothèse spécifique de révision, cf. CAVALLARO T:, *Un nuovo caso di revisione del processo penale*, in PENNISI A. (cur.), *Verso un nuovo processo penale. Opinioni a confronto sul progetto di Riforma Dalia*, Milano, 2008, pp. 159 ss. ; GIALUZ M., *Il riesame del processo a seguito di condanna,* op. cit. p.1883. Par la suite, le projet n° 1538, présenté à la Chambre des Députés le 24 juillet 2008 par le député Pecorella, faisant référence à l'introduction d'un nouvel article 630 bis au sein du Code de procédure pénale : Camera dei Deputati, 24 luglio 2008 (Atto Camera: 1538) Proposta di legge: Pecorella e Costa : « *Modifiche al codice di procedura penale in materia di revisione a seguito di sentenze della Corte europea dei diritti dell'uomo* ». Avant cela, l'On. Pecorella avait presenté à la Camera dei Deputati, 26 maggio 2006 deputato Pecorella, Progetto di Legge C: 917, intitolato « *Modifiche al codice di procedura penale in materia di revisione a seguito di sentenze della Corte europea dei diritti dell'Uomo* », ce projet a été retiré en date du 19 juillet 2006. Le n° 3009 du 2 avril 2015 et le dernier avant le réforme Cartabia, le d.d.l. S-23 du 23 mars 2018.

[5] Projet de Loi XVI Leg. 13 octobre 2008, n.°1780, *Modifiche al codice di procedura penale e altre disposizioni in materia di revisione delle sentenze a seguito di pronunzia della Corte europea dei diritti dell'uomo ; Prjet de loi n.2163, Zeller – Brugger, Modifiche al codice di procedura penale e alle norme di attuazione, di coordinamento e transitorie del medesimo codice, di cui al decreto*

d'initiative gouvernementale[1], qui, tenant notamment compte des propositions formulées par la « *Commission Riccio* »[2], proposaient d'introduire le nouveau moyen de révision dans un titre autonome nommé « *Révision consécutive à la Cour européenne des droits de l'homme* » par le biais de l'introduction des articles 647-bis et suivants au sein du Code de procédure pénale. Le projet n° 2781, présenté le 30 octobre 2009[3], précisait que la révision suivant une condamnation de la Cour EDH aurait pu être invoquée dans l'hypothèse d'une violation de l'article 6, § 3 Conv. EDH et suite à un examen d'admissibilité de la Cour de cassation[4]. Commençaient ainsi à être posées certaines des exigences que nous allons retrouver dans l'instrument législatif finalement approuvé par le législateur italien en 2022, c'est-à-dire le fait que la violation conventionnelle établie par la Cour EDH aurait dû avoir une « *incidence déterminante sur le sort du procès* » et que « *le condamné, au moment de la présentation de la demande de révision, se trouve ou doit être mis en détention ou est soumis à l'exécution d'une mesure alternative à la détention, différente de la peine pécuniaire* »[5].

Les promoteurs de l'initiative législative soulignaient comment l'introduction d'un moyen autonome par rapport à la révision classique se justifiait au vu du fait que celui-ci n'aurait pas dû assurer la révision intégrale du procès, mais qu'il aurait été limité à l'appréciation de l'existence de la violation conventionnelle et des effets négatifs produits sur la personne sans pour autant exiger la révision du

---

legislativo 28 luglio 1989, n. 271, in materia di revisione del processo a seguito di sentenza della Corte europea dei diritti dell'uomo, 5 février 2008.

[1] Notamment, Senato, 10 marzo 2009, Disegno di legge del Ministro della giustizia (Alfano) (Ddl 1440/S, capo III):all'art. 9 (Revisione delle sentenze nei casi di condanna dello Stato italiano per violazione dei principi del giusto processo)all'articolo 630, dopo la lettera d) è inserita la seguente : *«e) se la Corte europea dei diritti dell'uomo ha condannato lo Stato italiano per violazione delle disposizioni di cui all'articolo 6, p , paragrafo 3, della Convenzione per la salvaguardia dei diritti dell'uomo e delle libertà fondamentali»*. Sur le d.d.l. Alfano, au sujet voir le commentaire de GIUNCHEDI F., *Questioni problematiche della nuova ipotesi di revisione*, in *Osservatorio del processo penale*, 2009, n.2, p.140.

[2] Commission interministérielle d.m. 17 juillet 2006. La commission Riccio proposait l'introduction d'un remède spécifique, différent de la révision en cas de constat par un arrêt de la Cour EDH de la violation des droits reconnus à l'individu par la Convention EDH ; la commission suggérait d'identifier selon des critères prédéterminés le juge compétent pour décider, puis recommandait d'attribuer au juge un pouvoir d'évaluation quant à l'incidence effective de la violation sur l'issue du jugement.

[3] Projet presenté par l'On. Ferranti et Tenaglia *Modifiche al codice di procedura penale e alle norme di attuazione, di coordinamento e transitorie del medesimo codice, di cui al decreto legislativo 28 luglio 1989, n. 271, in materia di revisione del processo a seguito di sentenza della Corte europea dei diritti dell'uomo*, 30 ottobre 2009.

[4] DE MATTEI L., *Tra Convenzione europea dei diritti dell'uomo e Costituzione: la Corte Costituzionale in tema di revisione a seguito della condanna da parte della Corte di Strasburgo*, in *Cass. pen.* 2008, pp. 3841-3942.

[5] Article 647 bis c.p.p. du projet *Modifiche al codice di procedura penale e alle norme di attuazione, di coordinamento e transitorie del medesimo codice, di cui al decreto legislativo 28 luglio 1989, n. 271, in materia di revisione del processo a seguito di sentenza della Corte europea dei diritti dell'uomo,* 30 ottobre 2009.

procès. Au contraire, la révision pénale impliquerait une certaine automaticité de révision intégrale du procès, car il existe la position du condamné qui doit être revue sur le point de sa responsabilité par rapport au fait qui lui a été reproché et pour lequel il a été jugé coupable. Cette exigence demeure impérieuse dans le but de protéger un bien fondamental de l'individu, à savoir sa liberté personnelle, qui ne peut pas supporter une compression qui ne serait pas légitime[1].

Parmi les derniers projets présentés, il convient de mentionner celui de 2015.[2] Bien qu'il n'ait pas été adopté, il est intéressant d'esquisser ses traits afin de les mettre en comparaison avec le moyen de recours finalement adopté en 2022 par le législateur italien. Le projet de 2015, qui tenait compte de l'arrêt prononcé par la Cour constitutionnelle n° 113/2011, s'inspirait expressément du modèle français. Le législateur italien optait pour insérer un nouvel article 647 *bis* c.p.p. qui aurait été qualifié de « *révision suivant un arrêt de la Cour européenne des droits de l'homme* » et non pas de réexamen, comme le droit français l'avait dénommé. Cela peut se comprendre au vu du risque d'installer une confusion avec le mot « *riesame* » qui, dans la procédure pénale italienne, désigne davantage une voie de recours spécifique à l'encontre des « *misure cautelari* ». Néanmoins le terme réexamen, jadis choisi en France, traduit mieux l'idée qu'il ne s'agit pas d'un moyen de recours impliquant les mêmes fondements et objectifs de la révision pénale.

La révision proposée par le projet de loi de 2015 se caractérisait également par l'établissement d'une procédure séquencée, similaire à la procédure française introduite par la loi 2000-516 du 15 juin 2000 et donc organisée en une phase de filtrage de la requête **(a),** une délimitation de la portée du champ d'application du recours **(b)** et par l'identification des issues possibles à la procédure **(c).**

a. Un filtrage de la demande exigé également en droit italien

Le projet de 2015, s'inspirant de la Commission de réexamen de la Cour de cassation française, envisageait également l'introduction d'une procédure de filtrage des demandes dans le système italien[3]. L'attribution de ce rôle à la Cour de cassation prévoyait que la requête aurait dû être présentée personnellement ou par le biais d'un procureur spécial et aurait dû justifier, sous peine de non-

---

[1]Toutefois, la Cour de cassation italienne considère que la nécessité de procéder à une révision, notamment dans l'hypothèse de la lettre c) de l'article 630 c.p.p. (justifiant la révision par l'apparition de nouvelles preuves démontrant l'innocence de la personne) n'annule pas la portée des éléments déjà acquis. Comme précisé par la jurisprudence, il s'agit alors d'une nouvelle vérification qui ne peut faire abstraction de l'ensemble des éléments déjà vérifiés au cours du précédent procès :« *dans le but de l'issue positive au jugement de révision, la nouvelle preuve doit conduire à la vérification d'un fait dont la démonstration souligne que l'ensemble des éléments de preuves originales n'est plus capable de soutenir l'affirmation de la responsabilité pénale de l'accusé au-delà du doute raisonnable* (en ce sens *Cass.* Sez. 5, n. 24682 del 15/05/2014 - dep. 11/06/2014, Ghiro, Rv. 260005 ; *Cass.* Sez. 5, n. 38276 del 19/02/2016 - dep. 15/09/2016, Dorigo, Rv. 267786).

[2]N. 3009, 2 avril 2015, Modifiche al Codice di procedura penale e alle norme di attuazione, di coordinamento e transitorie del medesimo codice.

[3] Relatif au projet de loi n. p. 5.

admissibilité de la demande, les violations relevées par la Cour EDH ainsi que l'incidence déterminante de la violation sur l'équité de la procédure. La demande aurait dû être présentée dans l'année suivant la date à laquelle la décision de la Cour EDH était devenue définitive à la chancellerie de la Cour de cassation, avec copie authentique de l'arrêt européen.

Les dispositions italiennes ne prévoyaient pas cependant la création d'un organisme spécifique, tel que la Commission de réexamen en France, voué à exercer un rôle de filtre, se limitant uniquement à prévoir une procédure de filtrage par la Cour même dans le respect des critères d'indépendance et d'impartialité des magistrats qui composent la Cour, assurés par l'article 101 de la Constitution. La requête aurait dû être signée par un avocat défenseur ayant l'habilitation à la défense devant la Cour de cassation, en raison du degré de technicité de l'affaire. Selon le projet, un nouvel article 647 *quinquies* c.p.p. aurait prévu que la Cour devait se prononcer sur la demande dans les trente jours suivants après délibération en chambre de conseil.

b. Un champ d'application limité

Dans le souci de respecter l'importance fondamentale de l'autorité de la chose jugée, la proposition législative de 2015 subordonnait la procédure de réouverture à des conditions spécifiques. Notamment, elle imposait l'existence d'une décision interne qui aurait établi la culpabilité de la personne en matière pénale, excluant ainsi la matière civile ou administrative et ayant acquis l'autorité de chose jugée, en accord avec la condition formelle de recevabilité de la demande devant la Cour EDH, sur le fondement du principe de subsidiarité prévu par l'article 35-1 de la Conv. EDH. Pour invoquer la réouverture, l'existence d'une violation conventionnelle constatée par la Cour EDH dans un arrêt de condamnation de l'État partie aurait également été nécessaire. Le texte, contrairement à la discipline française, ne faisait pas référence à une évaluation générale fondée sur la nature et la gravité de la violation, mais limitait le champ de la violation intéressée par la révision européenne au seul paragraphe 3 de l'article 6 : cette limitation, qui apparaissait comme injustifiée[1] sera, à juste titre, abandonnée par la réforme Cartabia en 2022.

Contrairement aux projets de loi précédents, qui exigeaient que la violation ait eu une incidence déterminante sur le sort du procès et que le condamné, au moment de la présentation de la demande de révision, soit placé ou doive être placé en détention ou soit soumis à l'exécution d'une mesure alternative à la détention[2], le projet de loi de 2015 appréciait avec une plus grande souplesse ce lien devant exister entre la violation conventionnelle et la décision définitive. Cela

---

[1]CALLARI F., *La revisione*, cit. pp. 323 ss. ; AIMONETTO M.G., *Condanna "europea" e soluzioni interne al sistema processuale penale: alcune riflessioni e spunti de iure condendo*, dans *Riv. It. dir. proc. pen.*, 2009, p. 1522.

[2]Art.637 bis, alinéa 2 CPP prévu par plusieurs projets de loi, notamment le n. 2781 du 30 octobre 2009 et le projet n. 1440 présenté au Sénat le 20 mars 20 mars 2009, d.d.l Alfano.

semblait préférable aussi à la lumière des indications contenues dans la Rec. (2002)2 du Comité des ministres qui faisait référence à une « *restitutio in integrum* » nécessaire dès lors qu'il fallait éliminer les conséquences dommageables et actuelles dont souffrait l'individu[1]. Finalement, selon le projet de 2015, la révision européenne aurait pu être demandée par les mêmes personnes qui pouvaient présenter la demande de révision classique, à savoir, selon l'article 647 *ter* CPP, le condamné ou la personne qui exerce sur celui-ci une autorité de tuteur, le procureur général près la Cour de cassation (en précisant que dans cette hypothèse les personnes indiquées dans la lettre *a*) peuvent unir leur demande à celle du procureur général)[2].

c. Les issues de la procédure

Dans le projet de 2015, la décision sur la demande de révision « européenne » revenait à la Cour de cassation. Celle-ci devait, avant tout, conclure à la *non-admissibilité* de la demande lorsqu'elle avait été présentée en dehors des conditions posées par le nouvel article 647 *bis* c.p.p., et donc en l'absence d'une condamnation définitive de la Cour EDH affirmant la violation d'une disposition conventionnelle, ou encore si la demande ne respectait pas les formalités imposées par l'article 647 *quater* c.p.p. tel qu'envisagé par le projet.

Si, au contraire, la demande était considérée comme admissible, le renvoi aurait dû être attribué à la Cour d'appel compétente selon les règles classiques du Code de procédure pénale. Le Président de la Cour d'appel compétente aurait donc dû, selon l'article 647 *septies* c.p.p. du projet de loi, citer le condamné dans le délai d'un mois de la réception des actes du procès. L'alinéa 2 de l'article 647 *septies* c.p.p. disait expressément que la Cour d'appel aurait pu décider « *de la répétition des seuls actes auxquels se réfèrent les violations établies par la Cour européenne des droits de l'homme ou de l'acquisition ou rénovation des seules preuves qu'elle considère comme absolument indispensables* », tout en sauvegardant tous les autres actes procéduraux effectués qui continuaient d'être valides et utilisables pour la décision. Ainsi, cette prévision législative aurait permis, une fois traduite la violation conventionnelle en un vice procédural interne, d'intervenir de façon précise et circonscrite sur l'acte ou les actes concernés, sans

[1] Critique au sujet GIUNCHEDI F., *Questioni problematiche della nuova ipotesi di revisione*, op. cit., p.140.

[2] Le projet de 2015 ne s'exprimait pas cependant quant à la nécessité de dissocier la révision européenne de la révision pénale et donc d'éviter l'application des règles prévues pour la révision classique telle celle qui limite la possibilité de présenter la demande de révision au fait que « *les éléments sur la base desquels est demandée la révision doivent, sous peine d'irrecevabilité, être aptes à démontrer, si prouvés, que le condamné devait être acquitté selon les dispositions des articles 529, 530 o 531 c.p.p.* ». Selon certaines doctrines, le droit positif devrait alors expressément affranchir la révision « européenne » par rapport à l'article 631 c.p.p, car, le cas échéant, la disposition pourrait continuer à se présumer applicable en raison du maintien d'une discipline commune avec la révision classique, voir en ce sens LAVARINI B., *Giudicato penale ed esecuzione della sentenza della Corte europea*, cit. p. 14.

bouleverser l'ensemble de la procédure. Une telle prévision n'apparaît pas dans le modèle français qui ne fait pas de référence spécifique à une possible sélection des actes touchés par le réexamen.

Finalement, aucune proposition législative de l'époque n'avait abouti : « *le législateur national* [italien], *[...] comme l'oracle de Delphes,* [a longtemps continué] *d'ignorer le problème : ne dit pas, ne sait pas, mais esquisse* »[1] et cela jusqu'à la réforme Cartabia de 2022 qui, presque 20 ans après la Recommandation (2002)2, a introduit un instrument *ad hoc* pour remédier aux conséquences internes d'une violation conventionnelle constatée par la Cour EDH[2]. Néanmoins, pendant ce temps, le *« court-circuit »* créé par l'absence d'instrument d'exécution d'une condamnation de la Cour EDH a conduit à la nécessaire intervention de la jurisprudence des cours nationales, y compris celle de la Cour constitutionnelle **(2§)**, pour solutionner différents cas problématiques en faisant recours aux instruments processuels déjà présents dans le droit positif, jusqu'au moment où la réforme Cartabia a introduit l'article 628 bis du Code de procédure pénale **(3§).**

2§. La Cour constitutionnelle suppléant à l'inertie législative italienne

L'absence d'un instrument juridique qui aurait permis d'éliminer les conséquences d'une violation conventionnelle établie par un arrêt de la Cour EDH a conduit la Cour constitutionnelle italienne à se positionner sur la question. Ainsi, à partir de l'affaire Dorigo, la Cour constitutionnelle a discrètement invité le législateur italien à intervenir sur la question **(2.1§)** pour, ensuite, face à l'inertie persistante de ce dernier, identifier elle-même avec l'arrêt 113/2001, le moyen que les juges italiens auraient dû employer pour s'aligner à une condamnation rendue par la Cour EDH **(2.2§)**.

2.1§ L'invitation discrète de la Cour constitutionnelle au législateur italien dans l'arrêt n° 129/2007

Dans l'affaire *Dorigo*, la Cour constitutionnelle italienne a manifesté une sensibilité accrue sur la question de l'exécution des décisions de la Cour EDH et, constatant l'absence d'intervention du législateur en la matière, a donc cherché à identifier l'instrument procédural qui aurait permis de garantir l'exécution de l'arrêt supranational[3].

---

[1] GAETA P., *La Corte ritiene superfluo un nuovo giudizio e ridetermina direttamente la pena*, in *Guida dir.*, 2010, n. 24, p. 87.

[2] GERACI R., *Un'attesa lunga vent'anni: il ricorso straordinario per l'esecuzione delle sentenze della Corte di Strasburgo*, in *Processo penale e giustizia*, 1, 2022, pages 188-199.

[3] En Italie, la Cour constitutionnelle possède un pouvoir de contrôle de constitutionnalité des lois, finalement similaire à celui français qui s'exerce par la voie indirecte (dite incidente) et la voie directe (dite d'action ou voie principale). Dans le premier cas, la question doit être posée par le juge – dit juge *a quo* - lors d'une instance en cours. Dans le second cas, l'accès à la garantie constitutionnelle est ouvert par voie d'action à deux sujets de droit seulement : l'État et les Régions, conformément à l'article 127 de la Constitution. Au sujet, DI MANNO T., *Le juge constitutionnel et la technique des décisions interprétatives en France et en Italie*, PUAM, Paris - Aix en Provence, 1997.

En effet, dans l'affaire Dorigo, la Cour d'appel de Bologne recevait de la part du condamné, Paolo Dorigo, une demande de révision de son procès fondée sur l'article 630 c.p.p. En conséquence, le juge d'appel souleva la question de constitutionnalité dudit article 630 c.p.p. par rapport à son alinéa 1, lettre *a)* qui prévoit la possibilité de demander la révision pénale en présence d'une contradiction entre décisions définitives[1]. Le juge s'interrogeait en effet, sur la constitutionnalité d'un tel article « *en ce qu'il exclut comme hypothèse de révision, l'impossible conciliation des faits à la base de la décision ou du décret de condamnation avec la décision définitive de la Cour européenne qui a vérifié l'absence d'équité du procès, conformément à l'article 6 Conv. EDH* » (ordonnance n. 337 de 2007).

Selon la Cour d'appel de Bologne, l'évaluation de la constitutionnalité de l'article 630, alinéa 1 c.p.p., aurait dû être faite à la lumière du respect des principes affirmés par les articles 3, 10 et 27 de la Constitution italienne. Le doute de constitutionnalité concernait, selon le juge « *a quo* », le respect de l'article 3 de la Constitution qui affirme le principe d'égalité, puisque l'exclusion d'une demande de révision suivant un arrêt de la Cour EDH constituerait une discrimination injustifiée. L'inconstitutionnalité pouvait aussi relever de la violation supposée de l'article 10 Cost. qui énonce que « *l'ordre juridique se conforme aux dispositions du droit international généralement reconnues* » en ce que les garanties fondamentales définies par la Conv. EDH seraient comparables à des dispositions coutumières internationales.

La Cour constitutionnelle italienne pouvait soit éviter d'y répondre, soit intervenir sur les rapports entre jugement de constitutionnalité et de conventionnalité notamment à l'égard de l'obligation de se conformer aux obligations européennes[2]. Finalement, avec la décision n. 129 de 2008[3], la Cour rejeta la

---

[1] Sur l'ordonnance du juge qui remet le scrutin de constitutionnalité à la Cour constitutionnelle, voir CARNEVALE T., *I rimedi contro il giudicato tra vizi procedurali e vizi normativi*, dans BIN-BRUNELLI-PUGIOTTO-VERONESI (cur.), *All'incrocio tra Costituzione e C.e.d.u.*, Torino, 2007, p. 57 ; CESARIS L., *Le sentenze della Corte e.d.u. e l'esecuzione della sentenza nazionale*, in IBIDEM, p. 65 ; CORDI' L., *L'efficacia delle decisioni della corte europea dei diritti dell'uomo nell'ordinamento italiano: dalla vanificazione del giudicato alla decostruzione del principio di legalità*, in Riv.Pen., 2008, p. 114 ; RANDAZZO B., *Caso Dorigo. La Cassazione "paralizza" il giudicato penale in applicazione diretta della Cedu senza pregiudicare la rilevanza della quaestio sulla revisione*, in *All'incrocio tra costituzione e Cedu*, Torino, 2007, p. 209.

[2] RANDAZZO B., *Caso Dorigo, la Cassazione "paralizza" il giudicato penale in applicazione diretta della CEDU, senza pregiudicare la rilevanza della Quaestio sui limiti della revisione. Ora la parola alla Corte Costituzionale,* dans AA.VV., *All'incrocio tra Costituione e Cedu*, cit. pp. 209 sa., l'occasion aurait permis à la Cour constitutionnelle italienne de redéfinir son devoir de protection des droits fondamentaux dans le contexte d'un concours entre juges communs et Cour européenne, évitant ainsi de rester bloquée dans un comportement de *self restreint* renforçant l'attitude des juges communs, consistant à résoudre par eux-mêmes les conflits avec les dispositions européennes, ce qui avait alimenté la nombreuse jurisprudence en matière de réouverture de la chose jugée suite à une condamnation de la Cour EDH.

[3] Corte cost., 30 avril 2008 n. 129. Sur la décision, parmi d'autres, voir les commentaires de CAMPANELLI G., *La sentenza n. 129/08 della Corte Costituzionale e il valore delle decisioni della*

question de constitutionnalité de l'article 630, alinéa 1, lettre a) c.p.p. en excluant la violation de l'article 10 Cost. et confirma ainsi la ligne jurisprudentielle déjà affirmée lors des décisions n. 348 et n. 349 de 2007[1]. Elle considérait également comme infondée la censure se référant à l'article 3 Cost., soulignant la différence essentielle entre la révision *« classique »* et l'hypothèse spécifique à la Cour EDH décrétant que « *le contraste, qui légitime – et justifie rationnellement – la révision, demeure dans l'inconciliable alternative reconstructive qu'un fait de la vie, essentiel à la détermination de la responsabilité qu'une personne peut avoir reçue à l'issue de deux jugements pénaux irrévocables* ». Ainsi la Cour excluait que la notion de «*fait*» contenue dans l'article 630, alinéa 1 lettre a) c.p.p. fasse référence à un fait différent du fait historique, tel qu'il a été reconstruit à l'issue de la procédure judiciaire. Tels étaient les arguments retenus par la Cour constitutionnelle pour justifier le rejet.

La décision mettait toutefois en évidence la carence dont l'ordre juridique italien souffrait à l'égard de l'hypothèse spécifique de la réouverture conséquente à une condamnation supranationale et suggérait la nécessité de procéder à l'identification d'un instrument d'exécution des arrêts de la Cour EDH. La Cour invitait le législateur italien à adopter des mesures plus adaptées pour permettre à l'ordre juridique de se conformer aux décisions de la Cour EDH face à l'évidente et impérative nécessité que l'ordre juridique prédispose des mesures capables de réparer, sur le plan processuel, les conséquences des violations à la Convention européenne. La décision de 2008 constituait donc un avertissement à l'adresse du législateur italien afin qu'il intervienne rapidement en la matière vu les engagements pris avec la ratification de la Convention. La Cour laissait entendre que si la question avait été posée différemment, notamment par l'invocation de la violation du paramètre constitutionnel de l'article 117 Cost., la décision aurait pu déjà aboutir à des conséquences sensiblement différentes, et non pas à un simple arrêt de rejet, ce qui fut le cas quelques années plus tard.

2.2§. L'arrêt n° 113/2011 de la Cour constitutionnelle italienne introduisant la « révision européenne »

La procédure sur le fond dans l'affaire Dorigo, à partir de laquelle la décision de 2008 avait été prononcée, avait entre-temps repris son cours devant les

---

Corte europea dei diritti delll'uomo: dalla ragionevole durata alla ragionevole revision del processo, dans *Foro. It.*, 2009, p. 621 ; CIUFFETTI C., *Prime osservazioni sula sentenza della Corte Costituzionale n. 129/2008*, sur www.federalismi.it , n. 10/2008 ; GIALUZ M., *Il caso Dorigo: questione mal posta, ma con qualche (tenue) speranza di essere accolta*, in *All'incrocio tra Costituzione e CEDU*, cit. p.123 ss. ; MANTOVANI G., *La sentenza n. 129 del 2008 e la riparazione della violazione dell'art. 6 CEDU*, in *Giur. Cost.*, 2008, p. 2679 ; VALENTINI C., *La Corte costituzionale e il caso Dorigo: sense and sensibility*, in *Giust. pen.* 2008, I, c. 206.

[1] Dans ses arrêts, la Cour constitutionnelle italienne avait affirmé que les dispositions de la Convention européenne ne peuvent pas entrer dans l'ordre juridique italien par le biais de l'article 10 Cost. puisqu'elles ne sont pas des dispositions coutumières, mais des normes issues d'un accord et donc réputées « norme pattizie ».

juridictions de droit commun. Cependant, la Cour d'appel de Bologne, qui avait à nouveau été investie de deux demandes de révision (l'une de l'avocat défenseur et l'autre de Paolo Dorigo lui-même) avait soulevé, par ordonnance du 23 décembre 2008, une nouvelle question de constitutionnalité, différente, portant cette fois sur l'article 630 c.p.p. pris en sa totalité[1].

Par rapport à 2008, le grief d'inconstitutionnalité était formulé sur le fondement de l'article 117, premier alinéa, de la Constitution et, notamment au vu de la disposition « *interposée* » représentée par l'article 46 Conv. EDH. La Cour constitutionnelle déclarait alors l'illégitimité constitutionnelle partielle de l'article 630 c.p.p. en considérant cet article inconstitutionnel dans la partie où il « *ne prévoit pas un cas de révision de la décision ou du décret de condamnation ayant pour finalité la réouverture du procès lorsque cela [est] nécessaire, sur le fondement de l'art. 46 Conv. EDH, pour se conformer à une décision définitive de la Cour EDH* »[2].

Par rapport à la décision de 2008, si le but recherché demeurait le même, à savoir obtenir le grief d'inconstitutionnalité de l'article en question, la question était posée de façon différente : premièrement, était soumis au scrutin de la Cour

---

[1] Entre-temps, l'affaire Dorigo semblait néanmoins compromise puisqu'à l'époque le condamné avait quasiment terminé d'exécuter sa peine privative de liberté. Il fut libéré douze ans et cinq mois après, sans pouvoir bénéficier de l'inscription de la décision de la Cour EDH dans son casier judiciaire. Le Comité des ministres, après huit ans pendant lesquels il avait dénoncé l'absence d'intervention de l'Italie dans le cas Dorigo, décidait finalement (ResDH(2007)83, 19 février 2007) de terminer le contrôle sur l'exécution et se contentait de la décision de la Cour de cassation qui avait conclu à l'immédiate libération du détenu, considérant que les autorités italiennes auraient dû tirer les conséquences de la décision de la Cour de cassation et des exigences supranationales. L'avocat de Dorigo adressa une demande de supervision de l'exécution de la décision à la Direction générale des droits de l'homme du Conseil de l'Europe, le cas Dorigo exige ainsi la tenue d'un nouveau procès.

[2] Corte Costituzionale, 4-7 avril 2011, n.113, publiée sur G.U., 1° s.s., 13.04.2011 n. 16. Parmi les nombreux commentaires à cette décision, voir commento sub. *Art. 630 c.p.p.* dans *Codice di procedura penale commentato,* (cur.) GIARDA-SPANGHER G., 2017, Tomo II, p. 2896 ; parmi plusieurs, CANZIO G., *Passato, presente (e futuro?) dei rapporti tra giudicato "europeo" e giudicato penale italiano,* dans *Leg. pen.*, 2011, p.465 ; GAETA P., *Al decisore interno la singola valutazione sul grado di "contaminazione" delle prove,* dans APAP, 2011, p.17 ; LONATI S., *La Corte costituzionale individua lo strumento per adempiere all'obbligo di conformarsi alle condanne europee: l'inserimento delle sentenze della Corte europea tra i casi di revisione*, cit., pp.1557 ss. ; MUSIO C., *La riapertura del processo a seguito del processo a seguito di condanna della Corte Edu: la corte costituzionale conia un nuovo caso di revisione*, dans *Cass. Penale,* fasc.10, 2011, pag. 3321 ; PARLATO L. *Revisione del processo iniquo, la corte costituzionale « getta il cuore oltre l'ostacolo »,* in Diritto penale e processo, 2011, vol. II, p. 833; RUGGERI A., *La cedevolezza della cosa giudicata all'impatto con la convenzione europea dei diritti umani ... ovverosia quando la certezza del diritto è obbligata a cedere il passo alla certezza dei diritti,* dans AA.AV. *Gli effeti dei giudicati europei sul giudicato italiano dopo la sentenza n. 113/2011 della Corte Costituzionale*, Rivista AIC, 2/2011 ; QUATTROCOLO S., *Violazione di convenzioni internazionali e giudicato penale interno,* in *Riv. Dir. proc.,* 2012, 3, p. 647 ; VALENTIINI C., *La Corte costituzionale e il caso Dorigo: sense and sensibility,* dans *G.pen*, 2008, I, p.207 ; TABASCO G., *Decisioni CEDU, processo iniquo e nuovo giudizio*, Dir. pen. proc., 011, 1405 ; UBERTIS G., *La revisione successiva a condanne della Corte di Strasburgo*, dans *Giur. cost.* , fasc.2, 2011, pag. 1542.

constitutionnelle l'article 630 c.p.p. entier, et non pas son seul alinéa 1, lettre a) comme cela avait été le cas en 2008. Ensuite, le paramètre de constitutionnalité invoqué était celui de l'article 117 Cost. qui assure la primauté du droit européen sur le droit interne avec, comme norme interposée, l'article 46 Conv. EDH qui porte sur l'obligation d'exécution des arrêts européens. Enfin, les arguments au soutien de l'inconstitutionnalité de l'article 630 c.p.p. étaient différents et imposaient à la Cour une analyse approfondie de la question.

La Cour, dans la décision n° 113/2011, s'attache particulièrement à l'article 46 Conv. EDH en tant que disposition centrale pour la préservation de l'effectivité du système de protection des droits fondamentaux. Elle s'attarde notamment sur l'évolution de l'obligation de conformité aux arrêts supranationaux au cours des années qui impose, désormais, d'assurer la *restitutio in integrum* du requérant par l'adoption de mesures générales ou individuelles capables de réparer les violations constatées et appelle à la responsabilité de l'État pour éliminer les obstacles qui s'interposent à la réalisation de cet objectif[1].

La Cour prononçait une décision définie comme « *additiva di principio* », c'est-à-dire une typologie de décision par le biais duquel la Cour déclare l'inconstitutionnalité de la disposition dans la partie où elle ne prévoit pas un certain principe qu'elle aurait dû prévoir[2]. Cette solution permet aux juges de se référer à ce principe pour identifier la règle qu'il faut appliquer aux cas concrets tant que le législateur n'interviendra pas pour la codifier. Ainsi, la Cour constitutionnelle instaure un dialogue avec le législateur qui est appelé à combler le vide législatif, mais également avec les juges qui ont le devoir de mettre en œuvre le principe dans les cas concrets en attente d'une intervention législative.

La Cour déclarait donc l'inconstitutionnalité de l'article 630 c.p.p. en ce qu'il ne prévoit pas une hypothèse spécifique de révision qui, au contraire, aurait dû être envisagée afin que l'article soit considéré conforme aux principes et valeurs constitutionnels. Il appartenait donc aux juges de droit commun de tirer de cette

---

[1] MALFATTI E., *Quando perseverare non è diabolico. Dalla vicenda Dorigo un fondamentale stimolo alla possibile «revisione » del giudicato interno*, cit., p.11, qui indique que cet effet serait la conséquence directe de l'ordre d'execution de la loi avec laquelle la conv. EDH a été intégrée à l'ordre juridique italien. Aussi CATALDI N., *La natura self-executing delle norme della CEDU e l'applicazione delle sentenze della Corte europea negli ordinamenti nazionali*, in CALIGIURI-CATALGI-NAPOLETANO (cur.), *La tutela dei diritti umani in Europa. Tra sovranità statale e ordinamenti sovranazionali*, Padova, 2010, p. 565 et pp. 570.

[2] Parmi les types de décisions rendues par la Cour constitutionnelle italienne, la « sentenza additiva » (additionnelle) fait référence au cas où l'inconstitutionnalité de la disposition législative porte sur ce qu'elle ne prévoit pas. L'arrêt veut donc contester une omission du législateur qui aurait dû prévoir quelque chose qui, concrètement, fait défaut. Dès lors, l'illégitimité de la disposition est déclarée « dans la partie dans laquelle elle ne prévoit pas quelque chose ». Parmi ce type d'arrêt, dernièrement la jurisprudence a créé également des « sentenze additive di principio » (additionnel de principe). Il s'agit des cas où la décision, d'une part, reconnaît une marge d'action pour le législateur, qui va donc être appelé à intervenir par une discipline de droit positif, et d'autre part, la Cour déclare l'illégitimité d'un texte normatif en ce qu'il ne prévoit pas un principe constitutionnel nécessaire que la Cour rappelle et que le législateur devra donc codifier. RUGGERI A.-SPADARO A., *Lineamenti di giustizia costituzionale*, Torino, 2009, p. 147 ss..

décision des conséquences applicatives en utilisant les instruments interprétatifs dont ils disposent, alors qu'il appartenait au législateur de prévoir, éventuellement, la codification des aspects qui nécessitent d'être réglementés. La Cour constatait en effet une blessure constitutionnelle tenant aux droits fondamentaux et, compte tenu de l'insensibilité manifestée par le législateur italien, souhaitait y remédier. La décision est donc importante en ce qu'elle entend aller bien plus loin que l'ajout d'un principe et jusqu'à constituer une décision complémentaire d'une institution juridique, plus précisément une nouvelle hypothèse de révision au caractère spécifiquement « *européen* »[1]. La Cour avait donc voulu esquisser un moyen de recours devant trouver son espace d'application parmi les autres voies de recours extraordinaire déjà existantes.

Avec l'arrêt de 2011, la Cour constitutionnelle esquisse les traits de la révision européenne au sein de l'ordre juridique italien : la Cour excluait la possibilité d'user du moyen de la révision pénale, étant donné que l'hypothèse en question ne relève d'aucun des cas actuellement envisagés par l'article 630 c.p.p.. Également, le refus se basait sur le fait que la révision pénale est un instrument visant le règlement du désaccord entre la « *vérité procédurale* », consacrée par le jugement, et la « *vérité historique* », résultant d'éléments factuels extérieurs au jugement lui-même et en fonction uniquement de l'acquittement de la personne déjà condamnée. La Cour souligne comment, dans le cas du constat par la Cour de Strasbourg d'une violation de l'article 6 de la Conv. EDH, il s'agit de remédier à un « vice » interne du procès même, en rouvrant le procès afin de placer l'intéressé dans les conditions dans lesquelles il se serait trouvé en l'absence de la violation.

Après avoir constaté l'absence, dans l'ordre juridique italien, d'un recours spécifique pour la protection des droits fondamentaux, la Cour a jugé l'article 630 c.p.p. contraire à la Constitution, précisément parce que (et dans la mesure où) il ne prévoit pas un cas de révision différent de ceux qui sont actuellement réglementés. La décision n° 113 est importante, car elle offre des points de réflexions sur les aspects que la future révision européenne devra garantir. Notamment, la nécessité de réouverture du procès devra être appréciée sur la base de la « *nature objective de la violation* », ainsi que des « *indications contenues dans la décision qu'il faut exécuter* ». La Cour semble donc considérer que l'instrument de la révision, sauf exception[2], pourra être utilisé pour tout type de violation et ne pourra pas se limiter aux violations relevant de l'article 6 Conv. EDH.

---

[1] GIALUZ M. l'appelle ainsi *Una sentenza « additiva di istituto » : la Corte costituzionale crea la revisione europea,* dans *Cass. penale,* fasc.10, 2011, pag. 3308 ; REPETTO G., *Corte costituzionale e CEDU al tempo dei conflitti sistematici,* in Giur. cost., 2/2011, p. 1553-1554.

[2] C'est notamment le cas si la violation concerne le non-respect du délai raisonnable de la procédure ou la violation des règles de publicité des audiences, qui pourraient être difficilement restaurées par la réouverture du procès.

Apparaît ensuite comme étant fondamental le passage dans lequel la Cour constitutionnelle envisage le rapport entre les vices procéduraux et la chose jugée : le juge va devoir en effet évaluer comment les violations conventionnelles doivent se traduire en vices procéduraux dans le droit interne. Cela va conduire à des cas de réouverture au sens strict du terme, dans les cas de violation tellement graves qu'ils ont conditionné l'issue du procès, ou à un simple réexamen de la procédure. Les effets produits par la révision européenne pourront donc soit impliquer l'élimination des effets d'une condamnation allant jusqu'à l'acquittement du requérant, soit déterminer la simple modification des contenus d'une décision nationale, sans impliquer une activité juridictionnelle différente de celle qui est strictement nécessaire[1]. La décision de la Cour constitutionnelle de 2011 a donc été, dans le paysage italien, une prise de position nécessaire et importante en raison des solutions, jusque-là partielles et inadaptées, fournies par le système juridique italien.

3§. La consécration législative de la réouverture consécutive à l'arrêt de la Cour EDH avec la réforme Cartabia

Le 17 octobre 2022, le décret législatif n° 150/2022 mettait en œuvre la loi n° 134/2021 portant une réforme importante de la justice pénale italienne, connue sous le nom de réforme « *Cartabia* », du nom de la ministre de la Justice[2]. La réforme, qui apportait des nouveautés dans presque toutes les phases de la procédure pénale, avait pour objectif principal l'accélération et l'amélioration de l'efficacité du procès pénal. Parmi les nombreuses innovations, la réforme a

---

[1] Ce cas est identifié par GIALUZ M., *Revisione europea*, in *Dig. Pen.*, 2012, p. 21 comme correspondant à la réouverture au sens strict du terme ; GIUNCHEDI F., *La tutela dei diritti fondamentali previsti dalla CEDU,: la Corte europea dei dirritti dell'uomo come giudice di quarta istanza?,* Arch. Pen., 2013, f. 1, 113.

[2] La réforme du procès pénal est l'un des objectifs convenus avec l'Union européenne pour accéder aux ressources du Plan national de redressement et de résilience (PNR). Le Parlement italien avait donc approuvé la loi n° 134 de 2021, qui déléguait au gouvernement le soin de réaliser, dans un délai d'un an, une réforme importante du Code de procédure pénale dans le but d'accélérer le procès pénal, également par le biais d'instruments de déflation pénale et de sa numérisation. En application du pouvoir délégué, le gouvernement a donc émis le décret législatif n° 150 du 10 octobre 2022, publié au Journal officiel le 17 octobre 2022. L'entrée en vigueur du décret, initialement prévue pour le 15e jour suivant sa publication, a été reportée au 30 décembre 2022 par l'article 6 du décret-loi n° 162 du 31 octobre 2022. Ce même décret a également apporté des modifications aux règles transitoires prévues par le décret législatif n° 150 de 2022, afin de remédier à certains doutes d'interprétation de la loi intertemporelle (articles 5-bis à 5-terdecies), cf. Corte suprema di cassazione, Ufficio del massimari, Servizio penale, relazione su novità normativa la « *Riforma Cartabia* », n. 2/2023, Roma, 5 gennaio 2023 novità normativa la « riforma cartabia », consulté le 17.07.2023. Sur la réforme, parmi les nombreuses contributions, CASTRONUOVO D., *Riforma Cartabia : la nuova giustizia penale,* Milano, Giuffré, 2022 ; BASSI A.,- PARODI C. *La riforma del sistema penale: commento al D.lgs. 10 ottobre 2022 n. 150 (c.d. Riforma Cartabia), in attuazione della Legge delega 27 settembre 2021, n. 134*, Milano: Giuffrè, 2022; GIALUZ M., *Per un processo penale più efficiente e giusto. guida alla lettura della riforma cartabia, profili processuali, in* Sistema penale, 02 novembre 2022.

introduit à l'art. 628-*bis* du Code de procédure pénale le « *recours pour l'exécution des décisions de la Cour européenne des droits de l'homme* »[1]. Cette disposition, plus de vingt ans après la Recommandation (2000)2 du 19 janvier 20002, était fortement attendue et avait été suggérée par la Commission Lattanzi dans l'Acte délégué n° 134 de 2021, puis insérée dans le D.lgs. 150/2022.

L'article 628 *bis* c.p.p. introduit finalement la voie de recours extraordinaire devant la Cour de cassation pour obtenir l'élimination des effets préjudiciables des décisions adoptées en violation de la Convention EDH et de ses protocoles additionnels[2]. Ce faisant, le législateur italien dépasse définitivement la précédente solution de « *révision européenne* », identifiée par la Cour constitutionnelle dans son arrêt de n° 113 de 2011, et rétablit l'ordre dans un domaine de la procédure pénale qui a longtemps été caractérisé par un flou considérable. Il apparaît que la solution adoptée par le législateur italien s'inspire du modèle français du réexamen qui avait été introduit aux articles 622 et suivants du Code de procédure pénale par la Loi du 15 juin 2000. Il s'agit sans nul doute d'un moyen de recours fortement attendu et qui met enfin un point final à des années d'incertitude et de risques liés à l'utilisation par la Cour constitutionnelle des recours prétoriens développés par la Cour de cassation

Le nouveau moyen a été inséré par le législateur italien au sein du Livre IX c.p.p., consacré à l'appel, dans un nouveau titre III-bis, intitulé « *Requête pour l'élimination des effets préjudiciables des décisions adoptées en violation de la convention européenne des droits de l'homme et des libertés fondamentales ou de ses protocoles* ». Le nouveau titre est placé entre les titres III et IV consacrés, respectivement, au recours en cassation et à la révision pénale. Ainsi est prévu un titre spécial permettant de différencier ce moyen par rapport à celui notamment de la révision pénal[3]e. Cela permet de classifier le nouveau recours comme moyen

---

1.Sur l'introduction de l'article 628 bis c.p.p., LONATI S. *Richiesta per l'esecuzione delle sentenze di condannadella corte europea dei diritti dell'uomo: il nuovo art. 628-bis c.p.p.*, in Sistema penale, 27 avril 2023; RAPISARDA L., *Il nuovo art. 628-bis c.p.p.: l'ordinamento italiano dispone finalmente di un istituto per l'esecuzione dei provvedimenti della Corte di Strasburgo*, dans Giurisprudenza Penale Web, 2023, p. 1; GRAMUGLIA V. *Un nuovo strumento per dare attuazione alle sentenze della Corte EDU: osservazioni a prima lettura sull'art. 628 bis c.p.p.*, dans Diritti comparati, 7 mars 2023; LAVARINI B., *Un nuovo rimedio "bifasico" per l'esecuzione delle decisioni della corte di strasburgo*, dans Leg. Pen., 11 mai 2023.

2 Article 628-bis Codi ce procedura penale, trad. « *Le condamné et la personne faisant l'objet d'une mesure de sûreté peuvent demander à la Cour de cassation de révoquer le jugement pénal ou le décret de condamnation pénale prononcés envers eux, d'ordonner la réouverture des débats ou, en tout état de cause, de prendre les mesures nécessaires pour éliminer les effets préjudiciables résultant de la violation constatée par la Cour européenne des droits de l'homme, lorsqu'ils ont introduit un recours voué à faire constater une violation des droits reconnus par la Convention de sauvegarde des droits de l'homme et des libertés fondamentales ou par les protocoles additionnels à la Convention et que la Cour européenne a fait droit à ce recours par une décision définitive, ou a ordonné la radiation du recours en vertu de l'article 37 de la Convention à la suite de la reconnaissance unilatérale de la violation par l'État* ».

3 Selon un souhait quasi unanime de la doctrine qui a toujours plaidé pour une voie de recours autonome, pas dépendante de la révision pénale, ainsi, *ex multis*, AIMONETTO M.G., *European*

de type extraordinaire, portant sur un jugement ou un arrêt pénal irrévocable à l'encontre duquel a suivi une condamnation de la Cour européenne, ou la radiation du recours en vertu de l'article 37 de la Conv. EDH. Il diffère néanmoins de la révision, dont il est séparé, qui vise uniquement l'acquittement de l'accusé en présence des conditions spécifiques indiquées à l'article 630 c.p.p. Le système italien a finalement choisi d'introduire un recours spécifique, avec un caractère exclusif et doté d'une autonomie propre par rapport aux autres recours et notamment par rapport à la révision pénale, contrairement à la codification française issue de la réforme de 2014 qui a fait exactement le contraire en couplant, au sein d'un même remède, la révision et le réexamen.

En ce qui concerne la terminologie choisie pour définir le nouveau moyen, l'article 628-*bis* c.p.p. ne parle ni de réexamen ni de révision, mais se dénomme comme une *« demande d'élimination des effets préjudiciables des décisions prises en violation de la Convention de sauvegarde des droits de l'homme et des libertés fondamentales ou de ses protocoles additionnels ».* Dans le corps du texte de l'article, on emploie néanmoins les expressions de *« révocation »*, de *« réouverture »* ou encore d'*« adoption »* des mesures nécessaires afin d'éliminer les effets préjudiciables provenant de la violation établie par la Cour EDH, ce qui équivaut à une obligation de neutralisation des effets de l'arrêt interne[1]. L'usage de ces mots permet d'apprécier la distinction entre le moyen introduit par l'article 628-*bis* c.p.p. et la révision pénale, non seulement par la dénomination et la compétence confiée à la Cour de cassation, mais aussi par le fait qu'il s'agit d'une mesure capable de s'adapter en fonction des besoins suivant la violation de la Conv. EDH à une révocation, à une réouverture ou à la simple élimination des effets préjudiciables. Il faut donc saluer comme le législateur a codifié un moyen capable de prendre en considération le cas judiciaire concret à la base de la condamnation européenne et adapter sa réponse pour se mettre en adéquation[2].

3.1§. Les sujets pouvant user du nouveau moyen de recours

Le législateur italien précise que seul le condamné, c'est-à-dire la personne ayant fait l'objet d'une décision définitive de condamnation ainsi que la personne faisant l'objet d'une mesure de sûreté, peut introduire un recours sur la base de

---

sentencing and solutions within trial trial some reflections and ideas de iure condendo, dans Riv. it. dir. proc. pen. 2009, p. 1523 ; CAIANIELLO C., *La riapertura del processo per dare attuazione alle sentenze della Corte europea dei diritti: verso l'affermarsi di un nuovo modello*, dans Quaderni cost., n. 3, 2011. 668 ss.; CHIAVARIO M., *La Corte costituzionale ha svolto il suo compito: ora tocca ad altri*, in Leg. pen., 2011, p. 495 ss; FALATO F., cit. p. 167 ss.; GIALUZ M., *Le opzioni per l'adeguamento del codice di procedura penale italiano all'obbligo di restitutio in integrum previsto dalla Corte di Strasburgo*, in F. SPILATERI (a cura di), L'incidenza del diritto comunitario e della CEDU sugli atti nazionali definitivi, Milano, 2009, pp. 230 ss.; . LORENZETTO E., *Violazioni convenzionali e tutela post iudicatum dei diritti umani,* in Leg. pen., Approfondimenti, 25 novembre 2016, p. 25 ss..

[1] MITJA G., *Per un processo penale più efficiente e giusto. Guida alla lettura della riforma Cartabia (profili processuali)*, op. cit, p.84.

[2] LONATI S., *cit.* p. 8 ss.

l'article 628 *bis* c.p.p. pour demander la révocation de la condamnation pénale ou du jugement pénal prononcé à son encontre, dans la mesure où cela est nécessaire pour éliminer les effets préjudiciables résultant de la violation constatée par la Cour EDH[1].

L'article de loi précise, par ailleurs, que ces mêmes personnes doivent être à l'origine de l'introduction du recours, ce qui exclut les tiers qui, tout en se trouvant dans une situation similaire appelant à la même violation des droits et libertés garantis par la Conv. EDH, n'auraient cependant pas présenté un recours à la Cour de Strasbourg[2]. Toujours en ce qui concerne la légitimité du moyen de recours, l'article 628-*bis*, alinéa 2 c.p.p. prévoit qu'en cas de décès du condamné ou de l'acquitté faisant l'objet d'une mesure de sûreté, la demande pourra être présentée par un conjoint du condamné avec l'intermédiaire d'un défenseur muni d'une procuration spéciale. La disposition semble suggérer que sont compris dans cette hypothèse soit le cas où la personne jugée dans le cadre du procès national serait décédée après avoir obtenu gain de cause à Strasbourg, soit celui où le conjoint aurait déjà représenté la personne décédée pendant le jugement à Strasbourg.

Enfin, le moyen de recours *ad hoc*, contrairement aux propositions législatives présentées par le passé et aux solutions adoptées par la plupart des Pays européens, n'a pas reconnu la légitimité du ministère public. Le choix est cohérent avec les indications de la jurisprudence de la Cour de Strasbourg et des résolutions du Comité des droits de l'homme qui visent à subordonner la réouverture du procès interne jugé inéquitable à une demande expresse de l'intéressé en ce sens[3]. Par ailleurs, l'article 4 du 7e protocole à la Convention et l'article 14 du Pacte

---

[1] Sont donc exclus c.p.c., le requérant qui a été acquitté dans la procédure nationale, mais aussi pour celui qui a été acquitté par une formule qui n'est pas totalement exonératoire comme « l'assoluzione per tenuità del fatto », le « perdono giudiziale » o encore en cas d'extinction de l'infraction. Sont également exclue les victimes, cfr. LAVARINI B. cit. p. 7 ss.

[2] Il s'agit des « frateli minori ». Cette exclusion est ainsi confirmée par le rapport illustratif du décret législatif qui précise que *« les sujets légitimes sont exclusivement le plaignant devant la Cour européenne, en excluant les tiers non-demandeurs qui auraient pu revendiquer la même infraction »*, le rapport est consultable dans Supplemento straordinario n. 5 alla Gazzetta ufficiale, Série générale - n. 245 du 19.10.2022, p. 341 ss. Voir RAPISARDA L., *cit.,* p.16 qui souligne par ailleurs comme la situation des tiers pourrait en réalité se résoudre, comme indiqué dans le Dossier final à la loi, sur le fondement de l'article 673 c.p.p. qui prévoit qu'« en cas d'abrogation ou de déclaration d'illégitimité constitutionnelle de l'infraction, le juge de l'exécution révoque la condamnation ou le jugement pénal en déclarant que l'acte n'est pas considéré par la loi comme une infraction et adopte les mesures qui en découlent ». La Cour de cassation pourrait alors soulever la question de la légitimité constitutionnelle de la règle interne affectée par la décision de Strasbourg dans l'hypothèse où celle-ci identifierait un problème de portée générale du système national. Les tiers pourraient alors se tourner vers le juge de l'exécution italien en vertu de l'art. 673 c.p.p. Aussi LAVARINI B. cit. p. 5.

[3] Cfr. Résolution Comité des ministres dans le cas Lucà c. Italia 12 ottobre 2005 n. 86. Cfr. LONATI S., cit. p. 14 qui souligne, en effet, qu'il ne faut sous-estimer que le condamné bien que victorieux dans la procédure devant la Cour EDH, puisse ne pas avoir la volonté de revenir sur le procès à cause des effets néfastes - économiques et/ou moraux – qu'il aurait à subir. Dans le même sens, GRAMUGLIA V., cit. p. 5.

international relatif aux droits civils et politiques définissent la réouverture du procès comme étant un « *droit de la personne* » et non un instrument de protection d'une valeur considérée objectivement.

3.2§ Conditions de présentation de la demande

L'article 628 *bis* c.p.p. prévoit que la demande, sous peine d'irrecevabilité, doit contenir « *l'indication précise des motifs justifiant la demande* ». Il s'agit d'une formulation ample qui implique la possibilité pour l'intéressé d'indiquer tous les éléments qu'il estime utiles pour obtenir la révocation de la condamnation ou de l'ordonnance pénale, l'obtention de la réouverture de la procédure interne ou encore, l'adoption de toutes autres mesures nécessaires pour éliminer les effets préjudiciables résultant de la violation constatée. Cela implique que le requérant devra aussi indiquer le type de violations des garanties conventionnelles constatées par le juge européen, qui pourront être substantielles ou procédurales, selon la référence générique à la « *violation des droits reconnus par la Convention [...] ou ses Protocoles additionnels* » figurant au paragraphe 1 de l'article 628-*bis* c.p.p. En effet, à la différence de toutes les propositions législatives antérieures qui s'étaient obstinées à proposer des solutions limitées quant au type de violation admissible, l'article 628 bis c.p.p. parle généralement de violations des droits reconnus par la Conv. EDH. D'autre part, la Cour constitutionnelle elle-même, dans l'arrêt 113/2011 n'avait pas manqué de souligner comme l'exécution d'une mesure de la Cour de Strasbourg est nécessaire pour respecter l'obligation contenue dans l'article 46 de la Conv. EDH et cela indépendamment d'une violation éventuellement limitée aux seules dispositions de l'article 6 de la même convention ou, voir, de quelques-uns de ses paragraphes.

La requête doit ensuite être déposée avec la condamnation pénale, la décision rendue par la Cour européenne et tous les autres actes et documents qui peuvent justifier la demande, au greffe de la juridiction qui a rendu la sentence ou le jugement de condamnation pénale, dans les formes prévues à l'article 582 c.p.p., dans un délai de *quatre-vingt-dix jours* à compter de la date à laquelle la décision de la Cour européenne qui a constaté la violation ou de la date à laquelle la décision ordonnant le retrait de l'affaire a été rendue. Par ailleurs, les décisions définitives de la Cour EDH ne sont pas les seules à justifier l'utilisation du recours extraordinaire, puisque le législateur a également envisagé que la demande pourra être aussi présentée dans le cas où la Cour EDH aurait ordonné la radiation du recours en vertu de l'article 37 de la CEDH, c'est-à-dire suite à la reconnaissance unilatérale de la violation par l'État[1].

---

[1] Le législateur italien, en prévoyant que l'objet de la demande de réouverture ex. article 628 bis c.p.p. puisse aussi porter sur l'hypothèse de reconnaissance unilatérale de violation (article 37 Conv. EDH), confirme la jurisprudence qui considérait la déclaration du gouvernement comme impliquant une reconnaissance de la violation de la disposition conventionnelle, tout en ne constituant pas une condamnation, et emporte pour l'État l'obligation de se conformer à la décision européenne selon les instruments processuels internes cf. Cass.Sez. 5, n. 16226 du 04.02.2022, Frascati, Rv. 283395 ; Sez.

3.3§ La compétence de la Cour de cassation et l'objet du recours

Selon les règles contenues dans l'article 628-*bis* § 4 c.p.p., la Cour apprécie la recevabilité de la demande, à la lumière des conditions de légitimité, forme et délai, en chambre du Conseil conformément à l'article 611 c.p.p., c'est-à-dire sans l'intervention de l'avocat de la défense et sur la base d'un simple contre-interrogatoire écrit.

La Cour de cassation qui reçoit un tel recours dispose de pouvoirs précis : en premier lieu, il s'agit de vérifier que la demande réponde à des exigences de forme telles que précisées par le troisième alinéa de l'article, sous peine d'irrecevabilité de celle-ci : la demande doit nécessairement être présentée en personne par l'intéressé, sauf en cas de décès, auquel cas la demande d'un proche est recevable si elle est présentée par l'intermédiaire d'un avocat qui a reçu une procuration spéciale. La requête ne doit pas, par ailleurs, être présentée au greffe de la Cour de cassation, mais au greffe de la juridiction qui a rendu le jugement et doit également répondre aux exigences imposées en général pour les recours prévus par l'article 582 Cpp. Elle sera par ailleurs irrecevable en cas d'absence d'« *indication précise des motifs qui la justifient* » ou si elle n'est pas faite dans un délai de 90 jours à compter de la date à laquelle la décision de la Cour de Strasbourg est devenue définitive, ou, dans l'hypothèse de l'article 37 de la Conv. EDH – c'est-à-dire dans le cas d'une reconnaissance unilatérale par l'État de la violation de la Convention – à partir de la décision par laquelle l'action a été effacée par le registre[1].

Comme dans le cas français, l'alinéa 5 de l'article 628-*bis* cpp, précise qu'en dehors des cas d'irrecevabilité de la demande, la Cour de cassation doit faire droit à la demande de réouverture lorsque l'infraction constatée par la Cour européenne, par « *sa nature et sa gravité* », a eu une « *incidence effective* » sur le jugement ou le décret pénal de condamnation prononcé à l'encontre du requérant. Ce qui indique que la réception de la demande par la Cour est subordonnée surtout à la vérification de l'impact de la violation conventionnelle sur le jugement pénal, en tenant compte de la nature et de la gravité de la violation elle-même comme l'indiquait aussi la *Recommandation Rec(2000)2* du Comité des ministres. Au contraire, le législateur italien n'a pas exigé une autre condition évoquée par la Recommandation, c'est-à-dire la persistance et l'actualité des effets négatifs sur la victime de la violation.

Par ailleurs, est reconnue à la Cour de cassation une certaine marge d'interprétation : celle-ci a le devoir, en premier lieu, de vérifier l'incidence de la violation sur l'issue du procès : il s'agit ici d'exercer la notion de marge d'appréciation

V, 27 aprile 2022, n. 16226, cf. MORI M. S., *Revisione europea e dichiarazione unilaterale del Governo: una pronuncia innovativa della Cassazione*, in *Giurisprudenza Penale Web*, 2022, 5

[1] Par ailleurs, les règles transitoires prévoient que la même période de quatre-vingt-dix jours doit être respectée, toujours sous peine d'irrecevabilité de la demande, par les personnes qui ont obtenu une ordonnance de la Cour de Strasbourg avant la date d'entrée en vigueur du décret législatif 150/2022. Dans ce cas, le *dies a quo* commence à partir de ce moment même.

réservée aux juridictions internes[1]. Puis, en deuxième lieu, elle doit apprécier si la mise en place d'une *restitutio in integrum* va être porteuse d'une solution plus intéressante pour le requérant à Strasbourg. Le choix d'attribuer une telle tâche à la Cour peut paraître l'expression d'une sorte de résistance « *silencieuse* » à la reconnaissance du caractère contraignant de la juridiction européenne. Ceci constitue un risque d'autant plus que la nécessaire évaluation de l'incidence de la violation conventionnelle sur l'issue de la procédure pénale et de la nature et gravité de la violation peut s'avérer problématique, étant donné que les indications fournies par la Cour EDH pour les violations qui justifient la réouverture du procès sont assez générales et de nature indicative.

D'autre part, le choix du législateur italien d'attribuer un tel rôle à la Cour de cassation apparaît comme respectueux de la nécessité d'assurer un équilibre entre les exigences contradictoires qui sous-tendent le nouveau recours : d'un côté, la stabilité du jugement interne, c'est-à-dire la « *res iudicata* », qui comme nous l'avons démontré, est un institut procédural important du droit interne dans ses multiples fonctions et, d'autre part, la nécessité d'assurer le respect des garanties conventionnelles[2]. Par ailleurs, le fait d'attribuer un tel rôle à la Cour suprême est un choix assez répandu parmi les pays européens dans une logique de dialogue et de coopération entre juges internes et européens. Dès lors, ce sera l'application pratique qui montrera jusqu'où la Cour de cassation ira dans l'évaluation de l'incidence effective de la violation conventionnelle et du lien de causalité avec la décision pénale rendue.

3.4.§ Les issues possibles

Une fois établie la recevabilité de la demande au titre de l'article 628-bis du code de procédure pénale, les issues possibles à disposition de la Cour dépendent du type de violation constatée et de l'identification des modalités qui permettent le mieux d'éliminer les effets préjudiciables subis par le requérant.

À cet égard, l'article 628-bis, alinéa 5 CPP indique trois possibilités lors de cette phase (dite « *rescissoria* »). Dans le cas où il n'est pas nécessaire d'approfondir les faits ou s'il n'est pas nécessaire de procéder à un renvoi, la Cour va prendre elle-même les mesures appropriées pour supprimer les effets préjudiciables résultant de la violation, en ordonnant, si nécessaire, la révocation de la sentence ou du décret pénal de condamnation. Une telle éventualité procédurale semble possible par exemple dans le cas où la Cour EDH aurait constaté l'illégitimité conventionnelle de la peine, en violation de l'article 7 Conv. EDH

---

[1] Selon ce qui a été expliqué par la Cour EDH dans l'affaire Moreira Ferreira c. Portugal: « *a finding by the Court of a violation of Article 6 of the Convention does not automatically require the reopening of the domestic criminal proceedings. Nevertheless, this is, in principle, an appropriate, and often the most appropriate, way of putting an end to the violation and affording redress of its effects. [...] The reopening of proceedings [...] is subject to admissibility criteria, whose observance is supervised by domestic courts, which have a broader margin of appreciation in that sphere* » (Cour EDH, *Moreira Ferreira c. Portugal,* 11 juillet 2017 §52-53).

[2] LAVARINI B. *Un nuovo rimedio,* cit. p. 12.

dès lors qu'elle peut recalculer la peine sur la base des conclusions du jugement ou du décret de condamnation en application de l'article 620, paragraphe 1, point l, du Code de procédure pénale. Si, au contraire, des investigations supplémentaires s'avèrent nécessaires, la Cour de cassation, soit transmet les actes au juge de l'exécution, soit, en troisième lieu, ordonne la réouverture du procès devant le juge du fond au stade où se trouvait la procédure au moment où la violation s'est produite : la régression de la procédure éventuellement jusqu'à la première instance, permet de rendre effectif la *restitutio in integrum* du droit conventionnel[1]. Il s'agit de permettre de poursuivre cette *restitutio in integrum* effective que la « révision européenne » n'a pas réussi à garantir puisqu'elle attribuait toujours la compétence du procès à la cour d'appel et ainsi de sauvegarder le droit du défendeur au double degré de juridiction[2].

La Cour établit, par ailleurs, que les actes accomplis dans le procès qui a eu lieu restent valables. Ainsi, l'article 628 *bis* c.p.p. innove par rapport aux précédentes propositions législatives non pas dans l'identification de la Cour de cassation comme organe compétent, mais dans l'attribution de pouvoirs à celle-ci qui vont décidément au-delà de la simple vérification des motifs d'irrecevabilité de la demande.

Néanmoins, faudrait-il se demander si le renvoi devant la juridiction du fond, une fois la réouverture du procès ordonnée, présuppose toujours la révocation préalable de la décision qui a été critiquée par la Cour européenne, ou bien si cette révocation ne peut intervenir qu'à la fin du procès extraordinaire ? Effectivement, l'article 628 bis c.p.p. semble prévoir la révocation de la condamnation ou du décret pénal seulement dans l'hypothèse où la Cour considère qu'il n'y a pas lieu de faire un renvoi devant le tribunal du fond. Néanmoins, selon certains, lorsque la Cour européenne ou le Comité des ministres prescrivent l'adoption d'une mesure individuelle, ils ont déjà décidé que l'équilibre entre la valeur de l'arrêt définitif et la nécessité de réparer la violation d'un droit fondamental prescrit la prépondérance de cette dernière. Et pareillement, la transmission des actes à la juridiction de jugement par la Cour de cassation suppose qu'elle ait déjà jugé recevable la demande de l'intéressé ayant ainsi apprécié que la violation présente une telle gravité qu'elle affecte le jugement ou l'arrêt pénal de condamnation, ce qui demande que celui-ci soit révoqué dès l'appréciation du renvoi de la Cour[3].

Finalement, le renvoi au juge du fond pourra se terminer soit par un acquittement, soit par une nouvelle condamnation, mais l'article 628 *bis* du code ne précise pas si la personne bénéficie en conséquence de l'interdiction de *reformatio*

---

[1] Le type d'acte au moyen duquel ce renvoi est fait n'est pas précisé par la disposition législative. Selon notamment LONATI S., cit. p. 30, celle-ci pourrait employer une ordonnance.

[2] R. CASIRAGHI, *Uno specifico rimedio per l'esecuzione delle sentenze della Corte di Strasburgo*, cit., p. 198, l.

[3] Selon LONATI S., cit. p. 29 ss, plusieurs arguments permettent de considérer que la révocation du jugement jugé inéquitable doit avoir lieu déjà au moment du renvoi, notamment le fait qu'en cas de violation processuelle, celle-ci affecte souvent l'ensemble de la procédure, si bien qu'il est difficile de ne pas concevoir la révocation de la décision.

in peius. Admettre néanmoins que le nouveau procès puisse avoir une issue préjudiciable pour l'accusé se heurte avec le fait qu'il est ici nécessité d'éliminer une violation conventionnelle subie par l'accusé et que les recours extraordinaires poursuivent généralement une fin *in bonam partem*[1]. Par ailleurs, enfin, la réouverture du procès ne pouvant être demandée, en vertu de l'article 628-bis du code de procédure pénale, que par le condamné ou par la personne faisant l'objet d'une mesure de sûreté, renforce la conviction selon laquelle le recours extraordinaire ne peut être utilisé in *malam partem.*

CHAPITRE II
LA PRATIQUE DE DÉPASSEMENT DE LA CHOSE JUGÉE EN EXÉCUTION DE L'ARRÊT DE LA COUR EDH

En Italie, l'intervention de la Cour constitutionnelle avec l'arrêt n° 113/2011 a marqué un premier apport significatif de la jurisprudence vers la nécessité de prévoir un outil procédural permettant la réouverture de la procédure pénale interne suite à une condamnation par la Cour EDH. Cette décision de la Cour constitutionnelle a été prise dans le cadre d'une jurisprudence italienne abondante qui a fleuri à cause de l'exécution problématique des décisions de la Cour EDH de par le défaut d'instrument procédural spécifique. Par de multiples décisions, se focalisant sur différents types de violations, les cours italiennes ont cherché à identifier parmi ceux prévus par le Code de procédure pénale, le moyen procédural adapté pour assurer la réouverture consécutive à un arrêt de la Cour EDH. De façon analogue aussi, en France, la pratique jurisprudentielle liée au réexamen a offert des décisions dont l'analyse peut être conduite en référence aux types de violations[2]. Les violations qui ont dû être réparées par les moyens procéduraux appartiennent au rang procédural **(Section 1)** comme substantiel **(Section 2)**.

SECTION 1.
LE DÉPASSEMENT DE LA CHOSE JUGÉE EN PRÉSENCE DE VIOLATIONS PROCESSUELLES

L'exigence de réouverture est souvent nécessaire en conséquence de la violation de l'article 6 de la Conv. EDH qui régit le droit à un procès équitable et dont le respect est essentiel pour assurer que le procès ait lieu de façon conforme

---

[1] En faveur de l'exclusion d'un risque de *reformatio in pejus*, voir LAVARINI B.cit., p.22 ; LONATI S. cit. p. 34. En sens opposé néanmoins R. CASIRAGHI, *Uno specifico rimedio,* cit., 199 « *le manque d'équité, établi par la Cour européenne, porte préjudice à l'ensemble de la procédure, y compris à son issue ; en conséquence, aucune position favorable ne peut être considérée comme acquise ou obtenue par le défendeur du fait d'un arrêt rendu à l'issue d'une séquence procédurale viciée dans son déroulement* ».

[2] KOSTORIS R., *La revisione del giudicato iniquo*, cit. p. 8.

aux exigences des droits et libertés affirmés conventionnellement. La protection des garanties issues de l'article 6 Conv. EDH exige que la protection des droits ainsi établis ne soit pas illusoire et théorique, mais concrète et effective[1].

La notion d'équité procédurale, contenue dans le texte de l'article 6 Conv. EDH, est donc constituée par le respect des multiples garanties qui la composent et que la jurisprudence de la Cour EDH a interprétées au sein de sa jurisprudence[2]. Les garanties du procès équitable sont donc tout naturellement un champ privilégié pour la mise en place d'une réouverture de la procédure, si bien que la pratique des tribunaux, tant français qu'italiens, offre un large éventail d'exemples (**1**§). Néanmoins, les violations substantielles justifient aussi la nécessité de réouverture de la procédure, ce qui a permis le développement d'une ample casuistique dans ce domaine **(2§)**.

1§. La violation du caractère équitable du jugement dans la casuistique française

L'article 6§, alinéa 1 Conv. EDH réglemente le droit de l'individu à avoir accès à une procédure équitable[3]. En particulier, l'accès à la juridiction implique le devoir pour toute juridiction nationale de vérifier si, par sa composition, elle constitue un « *tribunal impartial* » au sens de cette disposition. La Commission de réexamen de la Cour de cassation française a prononcé le réexamen de plusieurs décisions définitives entachées de violation à l'article 6, alinéa 1 Conv. EDH. Cette garantie a été jugée violée dans les affaires françaises *Remli*[4] et *Farhli*[5]. Dans la première affaire, la Cour d'assises n'avait pas vérifié des propos racistes tenus par l'un des jurés alors que « *les faits allégués sont de nature à jeter un très fort doute sur l'impartialité de l'un des jurés* »[6]. Dans la deuxième affaire, le requérant se plaignait du fait que la Cour d'assises n'avait pas vérifié si l'avocat général avait communiqué de manière illicite avec des jurés au cours de la délibération. La Cour EDH constatait qu'« *en refusant de donner acte à la défense*

---

[1] Cour EDH, *Axen c. Allemagne*, §28

[2] Cour EDH, *Borgers c. Belgique*, 30.10.1991 §24 « [le principe du procès équitable] *a connu dans la jurisprudence de la Cour une évolution des plus notables, marquée en particulier par l'importance attribuée aux apparences et à la sensibilité accrue du public aux garanties d'une bonne justice* ». Voir aussi le Guide sur l'article 6 Conv. EDH, mis à jour le 30 avril 2018.

[3] Cour EDH, *Golder c. Royaume-Uni*, 21.02.1975, §28 ; partie intégrante à l'équité de la procédure Cour EDH, *Zubac c. Croatie*, 05.04.2018 ; Cour EDH, *Remli c. France*, 23 avril 1996. req. 16839

[4] Cour EDH, *Remli c. France*, 23 avril 1996, req.16839/90.

[5] Cour EDH, *Farhi c. France*, 23 mai 2007, req. n.17070/05.

[6] Cour EDH, *Remli c. France, précité*, §48 : *« la Cour considère que l'article 6 par. 1 (art. 6-1) de la Convention implique pour toute juridiction nationale l'obligation de vérifier si, par sa composition, elle constitue "un tribunal impartial" au sens de cette disposition lorsque, comme en l'espèce, surgit sur ce point une contestation qui n'apparaît pas d'emblée manifestement dépourvue de sérieux. Or, dans la présente affaire, la cour d'assises du Rhône n'a pas procédé à une telle vérification, privant ainsi M. Remli de la possibilité de remédier, le cas échéant, à une situation contraire aux exigences de la Convention. Cette constatation, eu égard à la confiance que les tribunaux d'une société démocratique se doivent d'inspirer au justiciable, suffit à la Cour pour conclure à la violation de l'article 6 par. 1 (art. 6-1) »*.

de ce qu'au cours d'une suspension d'audience, certains jurés étaient entrés en communication avec l'avocat général sans ordonner d'enquête pour vérifier le fait ainsi dénoncé et, le cas échéant, en donner ensuite acte à la défense, la Cour d'assises avait violé les dispositions de cet article »[1]. La Commission de réexamen ordonnait alors le réexamen des deux affaires en conséquence de la nature et de la gravité de la violation[2]. Récemment, la Cour de révision et de réexamen s'est également prononcée sur la violation du droit à un tribunal impartial, notamment dans une affaire où le requérant se plaignait de la violation des articles 10 et 6§ 1 Conv. EDH dans l'affaire *Morice c. France*[3]. La Cour EDH, statuant en sa Grande Chambre, considérait que « *les craintes de M. Z... sur le manque d'impartialité de la formation de jugement de la chambre criminelle pouvaient passer pour objectivement justifiées* », avait constaté la violation de l'article 6§ 1 de la Conv. EDH considérant *« que la condamnation de M. Z... s'analysait en une ingérence disproportionnée dans son droit à la liberté d'expression qui n'était donc pas nécessaire dans une société démocratique au sens de l'article 10 de la Convention* », elle concluait ainsi à la violation de cette disposition. La Cour du réexamen affirmait que, par leur nature et leur gravité, les violations constatées entraînaient pour le requérant des conséquences dommageables, auxquelles la satisfaction équitable ne mettait pas un terme et renvoyait l'affaire devant l'Assemblée plénière de la Cour de cassation.

Certaines affaires françaises concernaient plus spécifiquement le droit d'accès à un tribunal, notamment dans l'affaire *Labergère c. France,* la Cour EDH avait constaté la violation de l'article 6§1 Conv. EDH du fait que le requérant n'avait pas pu interjeter appel de sa condamnation par la Cour d'assises dans les délais, puisqu'il avait été placé d'office dans un centre psychothérapique[4]. La Commission jugea que le réexamen devait être accordé au vu de la nature et de la gravité des violations pour garantir au requérant le rétablissement dans ses droits[5].

Cependant, la violation qui consiste dans l'empêchement à accéder à un tribunal a été considérée comme rétablie dès lors que les requérants ont pu y avoir accès, sans que cela puisse garantir le succès de leurs prétentions : dans les affaires concernant *Christian Goth, Faouzi Khalfaoui, Hubert Morel* et *Maurice Papon*[6], la Commission jugeait les demandes de réexamen fondées et renvoyait au jugement devant la Cour de cassation en Assemblée plénière, qui pourtant rejetait

---

[1] Cour EDH, *Farhi c. France,* précité, 12§.
[2] Commission réexamen, 6 décembre 2001, Said André REMLI ; Comm. réexamen, 22 novembre 2007, Redouane FARHLI.
[3] Cour EDH, *Morice c. France*, 24 mai 2015, req. 29369/10.
[4] Cour EDH, *Labergere c. France*, 26 septembre 2006, req. n.16846/02.
[5] Commission de réexamen, 1er mars 2007, *Labergere.*
[6] Cour EDU, *Goth c. France*, 16.05.2002, req.53613/99 ; *Khalfaoui c. France*, 14.12.1999, req. 34791/97 ; *Morel c. France*, 06.06.2000, req. n.34130/96 ; *Papon c. France*, 25 juillet 2002, req.5421/00.

les pourvois[1]. Une affaire similaire s'était produite dans la condamnation de la France dans l'affaire *Cheniti, Hasane, Kamel Omar*[2] où l'irrecevabilité du pourvoi en cassation était fondée sur le fait que les condamnés n'avaient pas respecté le mandat d'arrêt émis à leur encontre. La Commission de réexamen avait donc justifié la nécessité d'une réouverture qui, finalement, s'était conclue devant l'Assemblée plénière qui, à l'issue du nouveau jugement, rejetait leur pourvoi[3].

Dans le cas *Voisine*, *Richen*, et *Adoud,* il s'agissait pour la Commission de réexamen de se prononcer dans le cadre de violations tenant au droit à la communication des pièces lors de la procédure : les requérants avaient été condamnés à une peine d'amende et de suspension du permis de conduire pour excès de vitesse. La Commission de réexamen, même en présence d'une violation de l'article 6§ 1 Conv. EDH constatée par la Cour de Strasbourg, niait toutefois le réexamen parce que la violation « *n'a pas entraîné pour le condamné d'autres conséquences dommageables que celles auxquelles la Cour européenne a déjà mis un terme par le biais d'une satisfaction équitable* »[4]. Au contraire, dans d'autres hypothèses où la violation constatée concernait également le défaut de communication des conclusions de l'avocat général aux défendeurs, mais où la peine appliquée était la réclusion, le réexamen avait été autorisé. Notamment, dans l'affaire *Fabre,* la Cour EDH considérait qu'il y avait eu violation des dispositions conventionnelles relevant de l'article 6 Conv. EDH suite à la communication au seul avocat général du rapport du conseiller rapporteur[5]. La Commission de réexamen, même en présence d'une loi d'amnistie qui aurait pu faire penser que le requérant ne souffrait finalement plus de conséquences dommageables auxquelles seul le réexamen pouvait mettre fin, avait alors jugé que la demande de réexamen était recevable

[1] Commission de réexamen, *Goth*, 24 avril 2003 avec renvoi à l'Assemblée plénière du 24 octobre 2003, n° 97-85-753 qui a confirmé la condamnation hormis la peine complémentaire d'interdiction des droits civiques, civils et familiaux qui a été cassée et annulée. Comm. réexamen, *Khalfaoui*, 26.05.2005, renvoi devant l'Assemblée plénière, rejeté le 14 février 2003 ; *Morel*, 26.02.2004, renvoyé à l'Assemblée plénière, rejeté le 2 décembre 2005 ; *Papon,* 26.02.2004, renvoyé à l'assemblée plénière, rejeté le 11 juin 2004.

[2] Cour EDH, *Omar c. France*,29.07.1998, req. n.24767/94 : 42§ « d*éjà dans son arrêt Poitrimol, la Cour a dit que « l'irrecevabilité du pourvoi, pour des raisons liées à la fuite du requérant, s'analysait (..) comme étant une sanction disproportionnée, eu égard à la place primordiale que les droits de la défense et le principe de la prééminence du droit occupent dans une société démocratique* ». Le réexamen a abouti à un rejet par la Cour de cassation, Assemblée plénière, le 4 octobre 2002.

[3] Commission de réexamen, 14 mars 2002, *Cheniti, Hasane Kamel Omar*, et Assemblée plénière, 4 octobre 2002, pourvoi n. 93-81533.

[4] Commission de réexamen, Remy VOISINE, 15 février 2001 ; François RICHEN, 29 avril 2004 ; Alain ADOUD, 28 novembre 2002. D'autre cas : *Claude Le Duigou*, 7 décembre 2006, non-communication avant l'audience des conclusions de l'avocat général empêchant au requérant d'y répondre ; *Réné Pascolini,* 25 novembre 2004, communication au seul avocat général du rapport du conseiller rapporteur ; *Quesne Michel*, 25 novembre 2004, communication au seul avocat général du rapport du conseiller rapporteur et de la présence de l'avocat général au délibéré de la chambre criminelle ; *Slimane Kaid Mohamad*, 30 mai 2002, communication au seul avocat général de l'intégralité du rapport ; *Michel Louis*, 20 février 2008.

[5] Cour EDH, *Fabre c. France*, 02.11.2004, req. n.69255/01.

puisque la gravité de la violation était telle que le rétablissement du requérant était nécessaire. Dans ce cas d'espèce, la Cour de réexamen avait ensuite jugé la violation si grave qu'il était forcément nécessaire de faire primer les droits de la défense sur la chose définitivement jugée, concluant ainsi que « *l'amnistie appliquée par l'effet de l'article 6 de la loi du 6 août 2002 ne rend pas l'examen sans objet dès lors que celui-ci fait perdre à la condamnation son caractère définitif* »[1].

Il appartient également à l'équité du procès le fait que le requérant puisse avoir une pleine compréhension du verdict rendu à la suite du jugement, selon les règles de l'alinéa 1 de l'article 6 Conv. EDH. Dans certains arrêts, en effet, la Commission doit décider d'une demande de réexamen à la suite d'une condamnation de la Cour EDH ayant constaté le non-respect de certaines garanties qui, en conséquence, ne permettent pas au condamné de comprendre le verdict de la condamnation. Dans l'affaire concernant *Agnelet*, la Cour d'assises des Bouches-du-Rhône avait déclaré le requérant coupable d'assassinat et condamné à vingt ans de réclusion criminelle. La Cour EDH avait cependant jugé que celui-ci n'avait pas disposé de garanties suffisantes lui permettant de comprendre la décision de condamnation puisque le verdict n'avait pas été motivé et qu'il n'avait ainsi pas bénéficié d'un procès équitable[2]. Pareillement, dans l'affaire *Fraumens,* le requérant contestait devant la Cour de Strasbourg avoir été condamné à trente ans de réclusion pour tentative d'assassinat alors que l'arrêt de la décision de la Cour d'appel n'avait pas été motivé. La Cour de Strasbourg constata également que la violation des garanties du droit équitable avait eu un effet sur la compréhension du verdict de la part du condamné[3]. La Commission de réexamen, dans les deux cas, avait donc jugé utile la réouverture de la procédure en conséquence de la nature et de la gravité des violations et a même déclaré la suspension de l'exécution de la peine[4].

En 2015, la Cour EDH a condamné la France dans l'arrêt *Peduzzi* pour absence de motivation suffisante du verdict de condamnation prononcé à son encontre[5]. Ayant d'abord été acquitté en 2005 par la Cour d'assises des Bouches-

---

[1] Commission de réexamen, Fabre, précité : le requérant invoquait le réexamen de la décision de la Cour d'appel de Douai du 20 décembre 2001, qui le condamnait à une peine d'emprisonnement avec sursis pour tentative d'escroquerie. Sa requête a cependant été rejetée par la Cour de cassation, assemblée plénière, du 18 janvier 2006.

[2] Cour EDH, *Agnelet c. France*, 10 janvier 2013, req. n. 61198/08, §56 ss. « *La Cour rappelle que la Convention ne requiert pas que les jurés donnent les raisons de leur décision et que l'article 6 ne s'oppose pas à ce qu'un accusé soit jugé par un jury populaire même dans le cas où son verdict n'est pas motivé. L'absence de motivation d'un arrêt qui résulte de ce que la culpabilité d'un requérant avait été déterminée par un jury populaire n'est pas, en soi, contraire à la Convention. [.] Il n'en demeure pas moins que pour que les exigences d'un procès équitable soient respectées, le public et, au premier chef, l'accusé doivent être à même de comprendre le verdict qui a été rendu* ».

[3] Cour EDH, *Fraumens c. France*, 10 janvier 2013, req. n. 30010/10, §35 ss.

[4] Commission réexamen, Maurice Agnelet, 31 janvier 2013 ; Comm. Réexamen, 25 avril 2013, David Fraumens.

[5] Cour EDH, *Peduzzi c. France*, req. 23487/12, 21 mai 2015.

du-Rhône, le requérant avait été condamné à nouveau, en 2010, par la Cour d'assises d'appel des Alpes-Maritimes à vingt années de réclusion criminelle pour meurtre. La Cour européenne constatait la violation de l'article 6§ 1 Conv. EDH dès lors *« que le requérant a été acquitté en première instance puis déclaré coupable en appel, qui plus est en se voyant infliger une peine très lourde, il devait disposer d'éléments susceptibles de lui permettre de comprendre le verdict de condamnation : tel ne pouvait être le cas avec un examen conjugué de l'acte de mise en accusation et des cinq questions posées au jury en l'espèce ».* Dans la mesure où la violation constatée par la Cour était susceptible d'entraîner pour le requérant des conséquences dommageables auxquelles la satisfaction équitable allouée par la Cour sur le fondement de l'article 41 de la Convention ne pouvait mettre un terme, le requérant, représenté par son conseil, déposait le 24 novembre 2015 une requête en réexamen sur le fondement des dispositions des articles 622-1 et suivants du Code de procédure pénale.

1.1§. Le respect de la présomption d'innocence

Le principe de la présomption d'innocence, dicté par l'article 6, alinéa 2 Conv. EDH constitue une des conditions générales de la procédure équitable[1]. La Commission de réexamen française s'est confrontée à une demande de réouverture dans le contexte d'une procédure qui avait été jugée inéquitable sous l'angle d'un tel principe. Dans l'affaire *Klouvi*, la requérante avait dénoncé des faits de viol et harcèlement sexuel. La plainte avait donc donné lieu à une procédure judiciaire qui s'était conclue par un non-lieu faute de preuves à l'encontre du supérieur hiérarchique de la requérante. Celui-ci citait à son tour la requérante devant le Tribunal correctionnel de Paris qui la condamnait à trois mois de prison avec sursis pour dénonciation calomnieuse, décision confirmée par la suite en appel. En effet, les juridictions appliquaient l'article 226-10, al. 2 du Code pénal selon lequel la décision définitive d'acquittement, de relaxe ou de non-lieu déclarant que la réalité du fait n'est pas établie ou que celui-ci n'est pas imputable à la personne dénoncée, atteste de la fausseté du fait dénoncé. La Cour européenne, saisie de l'affaire, a considéré *« qu'en l'espèce, le tribunal a fait une application stricte de ce texte en estimant que, de la décision de non-lieu du 22 janvier 1998, résultait "nécessairement" la fausseté des faits dénoncés et que, dans la mesure où la requérante s'était plainte de viols répétés et de harcèlement sexuel, elle ne pouvait ignorer la fausseté de ces faits, d'où il résultait que l'élément intentionnel était caractérisé »*, il en suit que *« la requérante se trouvait ainsi confrontée à une double présomption qui réduisait de manière significative les droits garantis par l'article 6 de la Convention, le tribunal ne pouvant peser les diverses données en sa possession et devant recourir automatiquement aux*

[1] Cour EDH, *Konstas c. Grèce*, 24.05.2011, §29 ; *Marziano c. Italy*, 28.11.2002, cfr. AMBROISE-CASTEROT C., Entrée *Présomption d'innocence*, dans *Rep. droit pén. proc. pén.* Dalloz, actualisation 2022.

présomptions légales posées par l'article 226-10 du Code pénal »[1]. La Commission de réexamen avait donc fait droit à la demande de réexamen estimant que, du fait de l'impossibilité pour la requérante d'apporter des preuves à soumettre au débat contradictoire pour établir la réalité des faits, la violation par sa nature et sa gravité entraînait des conséquences dommageables auxquelles la satisfaction équitable ne pouvait pas mettre fin[2].

1.2§ Les droits de la défense

Les droits de la défense, prévus par l'alinéa 3 de l'article 6 Conv. EDH constituent un domaine où se manifeste comme évidente la nécessité de réouverture de la procédure, même en présence d'une décision ayant force de chose jugée. Notamment, dans le cas de violation au droit à participer à son procès, seule la répétition d'actes spécifiques ou de l'ensemble du procès permettrait de respecter les indications supranationales[3].

L'un des aspects essentiels du droit de la défense est le droit de l'accusé de participer aux audiences qui statuent sur le fond de l'imputation dont il fait l'objet. Ce droit est essentiel puisqu'il permet à l'accusé d'être présent et d'exercer sa défense vis-à-vis des accusations qui sont formulées contre lui conformément à la lettre d) de l'alinéa 3 de l'article 6 Conv. EDH, qui reconnaît le droit de se défendre et d'interroger les témoins qui portent l'accusation contre l'accusé. Le droit à la participation au procès peut néanmoins faire l'objet d'une renonciation, ce que la Cour considère comme compatible avec les exigences du procès équitable, mais cette renonciation doit être faite expressément ou de façon non équivoque pour permettre de vérifier que l'accusé a pu prévoir les conséquences de son comportement.

Le droit à participer à son propre procès a fait notamment l'objet de plusieurs cas importants en Italie.

a. La casuistique italienne : les cas Somogyi et Sejdovic

L'article 175 c.p.p. prévoit le relevé en forclusion, c'est-à-dire un principe général selon lequel, si avait été prononcée une décision « *contumaciale* » ou un décret pénal de condamnation, l'accusé qui aurait prouvé ne pas avoir eu une connaissance effective de la décision à son encontre pouvait demander la réintégration dans le délai pour saisir le moyen de recours, et cela à certaines conditions[4]. Cela aurait permis au requérant d'être réintégré dans le délai pour

---

[1] Cour EDH, *Klouvi c. France*, 20.06.2011, n. 30754.

[2] Commission réexamen, Agnés Klouvi, 20 décembre 2012.

[3] Cour EDH, *Ocalan c. Turquie*, [GC], req. n. 46221/99 12.05.2005 ; *Unsal c. Turquie*,20.02.2017, req. n.24632/01, §36 ; *Drassich c. Italie*, 11.12.2007, req. n. 25575/04, § 46 ; *Lorefice c. Italie*, 29/06/2017, 63446/13, §52.

[4] Notamment à condition que le recours n'ait pas été déjà proposé par le conseil de l'accusé ou que l'absence de recours n'ait pas été imputable à la faute du condamné ou que l'accusé, lorsque la décision lui a été régulièrement notifiée, soustrait volontairement à la connaissance des actes de la procédure.

faire appel contre la décision rendue « *in absentia* » qui l'avait condamné. La jurisprudence a donc posé la question de savoir si le relevé en forclusion prévu par l'article 175 c.p.p. aurait pu être utilisé, de façon extensive, pour obtenir la réouverture du procès à l'encontre d'un individu également dans l'hypothèse où les juges de Strasbourg auraient établi que le procès avait eu lieu sans que le requérant n'ait effectivement connaissance du procès ou n'ait exprimé sa volonté de renoncer à y comparaître. Les affaires *Somogyi* et *Sejdovic* relèvent toutes les deux, en effet, du problème de la violation du droit de l'individu à participer au procès[1].

Bien que le droit du prévenu à participer aux audiences où l'on débat sur le fond des faits lui étant reprochés ne soit pas explicitement considéré par l'article 6 Conv. EDH, il peut être déduit de l'ensemble des garanties que l'article prévoit en faveur de la personne[2]. Toutefois, la Cour de Strasbourg, dans l'interprétation qu'elle fait du procès équitable, n'affirme pas une incompatibilité expresse de la procédure *in absentia* avec les garanties du procès équitable, ce qui semble d'ailleurs cohérent avec le fait que le droit à participer au procès est également un droit auquel l'individu peut renoncer, selon des modalités précises et non pas par *facta concludentia.*

Dans l'hypothèse italienne, des profils de conflit entre le système juridique italien et européen pouvaient toutefois exister sous l'angle de l'article 6 Conv. EDH en présence d'une procédure *in absentia* lorsque l'information fournie ne satisfaisait pas à certaines conditions, induisant donc le risque d'une connaissance hypothétique des accusations portées au procès et, donc, ne permettant pas au prévenu d'exercer ces mêmes garanties affirmées par l'article 6 Conv. EDH. Si bien que la conformité conventionnelle de la procédure *in absentia*, pouvant manifester lesdites carences, aurait pu être retenue uniquement par le biais du droit à la tenue d'un nouveau procès en faveur du prévenu absent. Comme la Cour l'a précisé, une procédure se déroulant en l'absence du prévenu n'est pas en soi incompatible avec l'article 6 de la Convention, cependant un déni de justice est constitué lorsqu'un individu condamné *in absentia* ne peut obtenir ultérieurement qu'une juridiction statue à nouveau, après l'avoir entendu alors qu'il n'est pas établi qu'il a renoncé à son droit de comparaître et de se défendre[3].

L'affaire *Somogyi* souligne deux aspects importants : l'obligation pour le juge italien de conformer sa décision à la vérification faite à Strasbourg portant sur l'article 6 Conv. EDH et l'impossibilité pour ce même juge de se soustraire à la

---

[1] APRILE E., *I meccanismi di adeguamento del sistema penale nella giurisprudenza della corte di cassazione, cit.* p.515 ss.

[2] Cf. Cour EDH, 12 février 1985, *Colozza c. Italia*, § 27, dans *Cass. pén.*, 1985, p. 1241 ss. obs. UBERTIS G., *Latitanza e contumacia secondo la Corte europea dei diritti dell'uomo* ; Cour EDH, 25 mars 1998, *Belziuk c. Polonia*, §37. À la différence de l'article 14 Pacte international droits civils et politiques. Le Comité des ministres a cependant établi une série de dispositions à garantir pour sauvegarder l'équité de la procédure : Résolution 1975, n 11 sur les critères à suivre dans la procédure de jugement en l'absence du prévenu.

[3] Cour EDH, [GC], *Sejdovic c. Italie*, précité, §82.

contrainte supranationale par l'invocation de l'autorité de la chose jugée. Le prévenu dans l'affaire Somogyi, dans le cadre d'une enquête pour trafic d'armes ne s'étant pas présenté en audience, fut déclaré absent et défendu par un avocat commis d'office dans une procédure par défaut (*procedimento in contumacia*) et condamné à huit ans de réclusion, selon une décision devenue définitive. Somogyi fut arrêté en Autriche le 15 août 2000 et extradé en Italie pour y purger sa peine. Il affirmait toutefois n'avoir jamais eu connaissance des accusations qui lui étaient reprochées ni du procès, car il contestait avoir signé le document le convoquant au procès. Il déposa alors, auprès du tribunal de Rimini, une demande de relevé de forclusion (*istanza di rimessione in termini)* fondée sur l'article 175 c.p.p. qui prévoit qu'« *en cas de condamnation par défaut (...), l'accusé peut demander la réouverture du délai d'appel contre le jugement, lorsqu'il peut établir qu'il n'a pas eu connaissance [du jugement] (...) sans qu'il y ait eu faute de sa part ou, si le jugement prononcé par défaut a été notifié (...) à son avocat (...), lorsqu'il peut établir qu'il n'a pas volontairement refusé de prendre connaissance des actes de la procédure* ». Le requérant considérait que le jugement du 22 juin 1999 était invalide au motif que la convocation en justice de l'accusé était nulle, car le destinataire de l'action pénale n'avait pas été identifié correctement par les autorités italiennes et que, par ailleurs, l'avis de l'audience avait été expédié à une adresse incorrecte.

Par une ordonnance du 24 octobre 2000, le Tribunal de Rimini rejeta la demande du requérant affirmant que le juge de l'exécution ne pouvait pas s'intéresser à des causes de nullité apparues au cours du procès et concernant le bien-fondé de l'accusation, car ces nullités avaient de toute manière été purgées au moment où le jugement du 22 juin 1999 était devenu définitif. De plus, il soulignait que, selon la jurisprudence de la Cour de cassation, une demande de relevé de forclusion pouvait être acceptée seulement si un accusé alléguait qu'il n'avait pas pu avoir connaissance d'une condamnation dans un cas de force majeure ; en l'espèce, par contre, cette demande était irrecevable si l'intéressé se plaignait de la nullité d'une notification et qu'il aurait, qui plus est, dû former un « *appel tardif* », faisant valoir que les délais pour attaquer la décision litigieuse n'avaient pas commencé à courir. Le 27 novembre 2000, le requérant interjeta appel devant la Cour d'appel de Bologne contre le jugement du 22 juin 1999, soutenant que ce dernier, basé sur des actes invalides, n'avait pas pu acquérir l'autorité de la chose jugée et réitérait sa demande visant à l'obtention d'une expertise graphologique. Par un arrêt du 24 mai 2001, la Cour d'appel de Bologne déclara l'appel du requérant irrecevable, M. Somogyi se pourvoyait donc devant la Cour de cassation qui, par un arrêt du 23 avril 2002, estimant que la Cour d'appel avait motivé de façon logique et correcte tous les points controversés, débouta l'intéressé de son pourvoi.

Ainsi, le condamné, ayant épuisé les voies de recours internes, se retourna vers la Cour européenne, arguant d'une violation de l'article 6 Conv. EDH quant au droit du requérant à connaître l'existence d'un procès à son encontre que les juges de Strasbourg confirmèrent le 18 mai 2004[1]. Après la décision de la Cour de Strasbourg, le requérant adressa à la Cour d'appel d'Ancône une demande de révision demandant la révocation de la condamnation du Tribunal de Rimini sur le fondement de l'article 46 Conv. EDH. Toutefois, la Cour d'appel d'Ancône déclarait inadmissible la demande de révision affirmant que l'instrument le plus correct était la « *rimessione in termini* » prévue par l'article 175 c.p.p., alinéa 2 dans la nouvelle formulation introduite par le Décret de Loi du 21 février 2005, n. 17[2]. Somogyi saisit dès lors la Cour d'appel de Bologne sur le fondement de l'article 175 c.p.p. en expliquant tous les arguments déjà avancés ainsi que ceux développés à Strasbourg et demandant qu'ils soient remis dans les délais pour contester la décision de 1999, mais sa demande a été déclarée inadmissible.

Saisie par le requérant, suite à la décision d'inadmissibilité prononcée par la Cour d'appel de Bologne, la Cour de cassation[3], après avoir rappelé que l'influence des dispositions conventionnelles a largement été reconnue par la jurisprudence, concluait que, en présence de graves violations aux droits de la défense, le juge national italien doit se conformer à la jurisprudence de Strasbourg *« même si cela amène à remettre en discussion, par le biais du réexamen ou de la réouverture, l'intangibilité de la chose jugée »* (§11). Les juges affirment que la Cour d'appel ne peut pas nier la réouverture du procès à cause de la formation de la chose jugée, car, non seulement le juge italien ne peut pas contrevenir à la décision de la Cour de Strasbourg, mais la logique qui impose de saisir la Cour européenne après l'épuisement des voies de recours internes amène n'importe

---

[1] Cour EDH, *Somogyi c. Italie*, 19 mai 2004, req. 67972/01 : §72 « *la Cour considère que, eu égard à la place éminente que le droit à un procès équitable occupe dans une société démocratique, l'article 6 de la Convention implique pour toute juridiction nationale l'obligation de vérifier si l'accusé a eu la possibilité d'avoir connaissance des poursuites à son encontre lorsque, comme en l'espèce, il surgit sur ce point une contestation qui n'apparaît pas d'emblée manifestement dépourvue de sérieux [.]* » et §73-74 *« dans la présente affaire, la Cour d'appel de Bologne et la Cour de cassation n'ont pas procédé à une telle vérification, privant le requérant de la possibilité de remédier, le cas échéant, à une situation contraire aux exigences de la Convention. Ainsi, aucun contrôle scrupuleux n'a été effectué pour déterminer, au-delà de tout doute raisonnable, si la renonciation à comparaître du condamné était dénuée d'équivoque. Il s'ensuit qu'en l'espèce, les moyens mis en place par les autorités nationales n'ont pas permis d'atteindre le résultat voulu par l'article 6 de la Convention »*.

[2] Cour d'appel d'Ancône, 10 mars 2005, confirmé par Cass. 2 novembre 2005

[3] Il s'agit de l'arrêt Cour de cassation, Sez. I., 12.07.2006, n.32678, *Somogyi : « très difficilement et dans des temps plus récents, a commencé à se manifester le principe selon lequel le juge national italien, en matière de droits de l'homme, est tenu de se conformer à la jurisprudence de la Conv. EDH, bien que la capacité contraignante des arrêts ait été déjà établie depuis longtemps par l'article 46 de la Conv. EDH »* toutefois, précisent les Hauts Juges italiens, *« à cette évolution dans la structure et dans les mécanismes de contrôles de la Cour correspond une évolution dans sa capacité incisive à l'égard de la protection des droits et dans l'identification des remèdes à leur violation, si bien que les arrêts de la Cour constatant une violation de l'article 6 Conv. EDH ont évolué d'une condamnation au paiement d'une somme d'argent à titre de satisfaction équitable à une demande explicite de rétablissement intégral réalisable uniquement par la nouvelle tenue du procès » (9§).*

quelle décision de Strasbourg « *inévitablement* » et « *physiologiquement* » à heurter l'autorité de la chose jugée du droit interne.

Par la suite, avec l'affaire *Sejdovic*, la Cour européenne fera à nouveau face au vide législatif italien. Il s'agissait, là encore, d'un cas de violation constatée par la Cour européenne dans le contexte d'une procédure *in absentia*. En effet, M. Sejdovic, soupçonné d'être l'auteur d'un meurtre ayant eu lieu dans un campement de gens du voyage à Rome, s'était rendu injoignable après les faits. Représenté par un avocat d'office, il fut condamné par la Cour d'assises de Rome à une peine de vingt-et-un ans et huit mois d'emprisonnement. Le 22 septembre 1999, le requérant fut arrêté à Hambourg par la police allemande, qui toutefois refusa de l'extrader en Italie au motif que le droit interne du pays demandeur ne garantissait pas au requérant, avec un degré suffisant de certitude, la possibilité d'obtenir la réouverture de son procès. Entre-temps, le 22 novembre 1999, le requérant avait été remis en liberté : il n'avait jamais soulevé, en Italie, un « *incident d'exécution* » (*incidente d'esecuzione*) ni introduit une demande en relevé de forclusion au titre de l'article 175 c.p.p. lui permettant la réouverture du délai pour interjeter appel contre l'arrêt de la cour d'assises de Rome, devenu définitif. Ayant saisi la Cour européenne le 22 mars 2000 en arguant la violation de l'article 6 Conv. EDH par les autorités italiennes pour avoir été condamné *in absentia* sans avoir eu la possibilité de se défendre et de participer à son procès, la Cour de Strasbourg reconnaissait la violation de son droit au procès équitable dans un arrêt du 10 novembre 2004[1]. Les conclusions auxquelles parvenait la Cour impliquaient que la violation du droit du requérant ait tiré son origine d'un problème de la législation italienne en matière de procès par contumace, « *qui peut encore toucher d'autres personnes à l'avenir* »[2]. Ainsi la Cour concluait que les faits révélaient l'existence d'une défaillance dans l'ordre juridique italien si bien que l'Italie, sur la base de l'article 46 Conv. EDH, n'avait pas seulement l'obligation de verser aux intéressés les sommes allouées au titre de la satisfaction équitable prévue par l'article 41, mais aussi de choisir, sous le contrôle du Comité des ministres, les mesures générales et/ou, le cas échéant, individuelles à intégrer dans son ordre juridique interne afin de mettre un terme à la violation constatée. En l'espèce, ces mesures « *consistaient dans le fait de supprimer tout obstacle légal qui pourrait empêcher la réouverture du délai [...] pour interjeter appel ou la tenue d'un nouveau procès pour toute personne condamnée par défaut mettant en place au moyen de la réglementation appropriée une nouvelle procédure qui puisse assurer la réalisation effective du droit en question, dans le respect des droits découlant de l'article 6 de la Convention* »[3].

Dans les deux jurisprudences ici évoquées, la Cour EDH estimait que la reconnaissance de la violation en elle-même constituait une indemnisation morale et que « *le rétablissement le plus approprié serait en principe de faire rejuger*

[1] Cour EDH, *Sejdovic c. Italie*, 10 novembre 2004, n° req. 56581/00.
[2] Cour EDH, *Sejdovic c. Italie*, précité, §44.
[3] Cour EDH, *Sejdovic c. Italie*, précité, §46-47.

l'intéressé ou de rouvrir la procédure en temps utile et dans le respect des exigences de l'article 6 de la Conv. EDH ».

Le législateur italien ne demeura pas sourd à ces suggestions : dans un premier temps, il modifia l'article 175 c.p.p. par le biais de la loi n° 60 de 2005[1], ainsi l'article prévoyait alors que le délai pour attaquer un jugement prononcé par contumace était plus long à la demande du condamné et que, finalement, la charge de prouver le manque de connaissance de la procédure revenait à l'autorité judiciaire et non plus de l'individu. Il ne faisait aucun doute que la modification de l'article 175 c.p.p. était faite par le législateur italien dans le but primordial d'harmoniser l'ordre juridique italien et la jurisprudence de la Cour européenne, comme le soulignait expressément le Rapport illustratif à la Loi de 2005.

La France a connu un problème analogue suite à l'arrêt de condamnation *Krombach c. France,* car les avocats n'avaient pas pu plaider à l'audience où le requérant était absent, concluant ainsi que « *sanctionner la non-comparution du requérant par une interdiction aussi absolue de toute défense apparaissait manifestement disproportionné »*[2]. L'assemblée plénière de la Cour de cassation[3] avait subitement tenu compte de cette condamnation pour abroger la procédure de contumace avec la Loi dite Perben II[4]. L'Italie a été encore condamnée par la Cour EDH pour la violation de l'article 6§ 1 Conv. EDH dans l'affaire *Hu c/ Italie :* la Cour rappelait l'exigence, dans le cas de violation du droit à participer au procès, à offrir la possibilité d'une réouverture du procès[5].

Toutefois, à l'époque, aucune préoccupation n'était portée à la procédure *par défaut* elle-même : on affirmait, en effet, que la modification législative aurait permis à l'Italie de maintenir le procès *par contumace* et, en même temps, d'assurer des résultats positifs sur le plan de la conformité de l'ordre juridique italien à la Convention européenne des droits de l'homme. Ce n'est qu'avec la réforme apportée par la Loi n° 67 de 2014 que l'Italie a formellement supprimé la procédure « *par défaut* », cherchant ainsi un alignement sur les conditions requises par les standards européens par l'introduction du « *giudizio in assenza* »[6]. La réforme du procès pénal a donc introduit un remède *post-judicatum* spécifique

---

[1] Il s'agissait du Décret de Loi du 21.02.2005 n.17, G.U. 22.02.2005, n.43 converti en Loi 22.04.2005 n.60, G.U., 23.04.2005 qui a ainsi modifié l'alinéa 2, article 175 c.p.p. *« S'il a été prononcé une condamnation par défaut ou "decreto di condanna" le prévenu obtient à sa demande, le délai pour se pourvoir ou s'opposer, sauf s'il avait eu connaissance effective du procès ou de la décision et s'il a volontairement renoncé à comparaître ou à proposer le pourvoi ou l'opposition à la décision ».* Pour une analyse en français : LYN F., *La procédure italienne par contumace confrontée aux exigences européennes du procès équitable, dans Gazette du Palais,* 22 septembre 2007, n° 265.

[2] Cour EDH 13 fév. 2001, *Krombach c. France,* req. n° 29731/96, D. 2001. 3302, § 90, note MARGUENAUD J.P. ; RSC 2001. 429, MASSIAS F.

[3] Cour de cassation, Assemblée plénière, 2 mars 2001, n° 00-81.388.

[4] Loi du 9 mars 2004.

[5] Cour EDH, *Hu c. Italie,* 28.09.2006.

[6] Loi n. 67 du 28 avril 2014, G.U. 2.05.2014, n. 100.

désormais prévu à l'article 629-bis c.p.p. appelé « *rescision de la chose jugée* »[1]. L'article dispose que « *le condamné [...] avec décision passée en force de chose jugée envers lequel on a procédé en son absence pour toute la durée du procès, peut obtenir la rescision de la chose jugée lorsqu'il prouve que l'absence a été due à une méconnaissance involontaire de la tenue du procès* ». À la base de l'introduction de ce remède spécifique, il y avait la volonté de modifier la cadence typique de la dynamique processuelle en prévoyant un instrument dont le condamné puisse user pour récupérer la possibilité de se défendre au cours du procès auquel il n'a pas pu participer. La jurisprudence était d'accord pour qualifier la rescision en tant que remède extraordinaire si son objectif est, de façon similaire à la révision, d'annuler l'autorité de chose jugée afin d'instaurer *ab initio* le procès[2]. C'est donc cette hypothèse « *spéciale* » qui doit être préférée à la « *révision européenne* », introduite par la prononciation additionnelle de la Cour constitutionnelle italienne en 2011, à laquelle il faudrait faire recours en tant qu'instrument de violation du droit à la participation au procès.

En matière de droit à la participation au procès, l'Italie a été condamnée par la Cour européenne dans l'affaire *Huzulneanu c/ Italie*[3] pour la violation de l'article 6 Conv. EDH au motif que le requérant avait introduit un recours devant la Cour de cassation après avoir obtenu, en application de la législation pertinente, la réouverture des délais. Par l'arrêt du 7 février 2008, la Cour de cassation a estimé que le requérant ne pouvait pas bénéficier de la réouverture du procès et y participer pour présenter sa défense, étant donné que l'avocat commis d'office avait déjà épuisé les recours disponibles. La Cour supranationale constatait qu'avait été violé le droit du requérant à obtenir un nouveau jugement sur sa condamnation, du fait que l'interprétation que l'Assemblée plénière avait fournie sur la règle relative au délai de forclusion privait le requérant de la possibilité de

---

[1] La rescision de la chose jugée, a été introduite par l'article 11, al. 5 de la Loi n. 67 de 2014 par l'effet de l'article 1, al. 70 de la Loi n. 103 du 23.06.2917, GU 04.072017, n.154 l'article a été abrogé, désormais déplacé à l'article 629 bis CPP, voir note n° 169.

[2] En ce sens, Cass. Sez. Un. 17 juillet 2004, n. 36848 ; RANALDI G., *La rescissione del giudicato : esegesi di una norma imperfetta, in Processo penale e giustizia*, n.1/2015, p. 123 ss. affirme que bien qu'elle soit insérée au sein du livre dédié au moyen de recours, la nature de la rescision serait plutôt celle de l'accident d'exécution ; l'argument est tiré du fait que celle-ci détermine la révocation de la condamnation et la transmission des actes au juge de premier degré afin que l'accusé puisse exercer son activité défensive, qu'il n'a pas pu légitimement exercer avant, dès lors elle peut être pleinement assimilée à la réintégration dans le délai de forclusion.

[3] Cour EDH, *Huzuneanu c. Italie,* 1.09.2016, req. N° 36043/08. Aussi dans l'affaire *Cafagna c. Italie,* 12.10.2017, la Cour avait constaté la violation de l'article 6, al. 1 et 3 lett. d) affirmant au point 61 : *le requérant a subi un préjudice moral certain, auquel le constat de violation figurant dans le présent arrêt (paragraphe 57 ci-dessus) ne suffit pas à remédier. La Cour rappelle que, lorsqu'elle conclut que la condamnation d'un requérant a été prononcée malgré l'existence d'une atteinte aux exigences d'équité de la procédure, un nouveau procès ou une réouverture de la procédure, à la demande de l'intéressé, représente en principe un moyen approprié de redresser la violation constatée (voir, mutatis mutandis).* Cependant « *elle constate qu'eu égard aux circonstances de la cause et statuant en équité comme le veut l'article 41 de la Convention, elle décide toutefois d'octroyer à l'intéressé la somme de 3 000 EUR* ».

faire appel, puisque le recours avait déjà été présenté par l'avocat défendeur. Dès lors, son droit de participer au procès ainsi que le droit de se défendre avaient été violés.

À cet égard, la Cour rappelait que *« le Code de procédure pénale [italien] ne prévoit pas la possibilité de demander la révision du procès pénal à la suite d'un arrêt de la Cour concluant à la violation de l'article 6 de la Convention. Pour ce motif, dans son arrêt n. 113 du 7 avril 2011, la Cour constitutionnelle a déclaré inconstitutionnel l'article 630 du Code de procédure pénale – disposition énumérant les cas où il est possible de demander la révision du procès. Par l'effet de cet arrêt (ayant un "effet addictif"), l'article 630 du Code de procédure pénale a été modifié : il est désormais possible d'introduire une demande en révision du procès en s'appuyant sur un arrêt de la Cour ayant constaté le caractère inéquitable de la procédure »*[1]. À la suite de la condamnation, le requérant, le 29 décembre 2016, présentait une demande de révision « européenne » fondée sur l'article 630 c.p.p. devant la Cour d'appel de Pérouse qui l'admettait et remettait le requérant en liberté pendant la procédure de révision[2].

1.3§ Le principe de l'égalité des armes

Le respect du principe du contradictoire qui implique le respect du principe de la parité des armes est au cœur de l'équité procédurale[3]. Le contradictoire est un principe essentiel dans « *l'approche dialectique au procès pour établir la vérité des éléments factuels, dans n'importe quel champ, spécialement dans celui judiciaire* ».[4] Les garanties de l'alinéa 1 de l'article 6 Conv. EDH s'articulent avec la prévision de la lettre d) de l'alinéa 3 Conv. EDH qui affirme que « *tout accusé a droit [...] d) d'interroger ou de faire interroger les témoins à charge et d'obtenir la convocation et l'interrogation des témoins à décharge dans les mêmes conditions que les témoins à charge* ».

a. La casuistique française

La Commission de réexamen français s'est confrontée à de nombreuses demandes de réexamen concernant la violation de l'égalité des armes, notamment lors de la communication de pièces entre les parties au procès. Dans l'affaire

---

[1] Cour EDH, *Huzuneanu c. Italie*, cit. §32.

[2] Communication de l'Italie concernant l'affaire *Huzuneanu c. Italie*, Requête n° 36043/08, Plan d'action, 1288e réunion (juin 2017) (DH)

[3] CHENAL R. – TAMIETTI A., *Sub. art. 6*, dans BARTOLE-CONFORTI - RAIMONDI G. (cur.), *Commentario alla Convenzione europea per la salvaguardia dei diritti dell'uomo e delle libertà fondamentali*, Padova, 2001, p. 213 ; RUIZ-FABRI H., *Égalité des armes et procès équitable dans la jurisprudence de la Cour européenne des droits de l'homme*, dans LAMBERT T., *Egalité et équité, Antagonisme ou complémentarité ;* Cour EDH, *Foucher c. France*, 18.03.1997§ 34 ; *Bulut c. Autriche*, 22.06.1996 ; *Bobek c. Pologne*, 17.07.2017 § 56 ; *Klimentyev c. Russie*, § 95, 16.11.2006.

[4] UBERTIS G., *Ricostruzione del sistema, giusto processo, elementi di prova,* in ID, *Sisifo e Penelope, Il nuovo codice di procedura penale dal progetto preliminaire alla ricostruzione dei sistemi,* Torino, 1993, p. 268.

Abderrazak Makhfi, la Cour EDH avait constaté la violation des articles 6§1 et 6§3 de la Conv. EDH en conséquence de la durée excessive des débats qui, causant une fatigue pour les juges et les jurés, avait déterminé des conditions dans lesquelles les exigences du procès équitable, notamment le respect des droits de la défense, ne pouvaient pas être assurées[1]. La Commission de réexamen avait donc conclu que « *ces violations, par leur nature et leur gravité, entraînent pour le condamné des conséquences dommageables auxquelles seul le réexamen de l'affaire peut mettre un terme* »[2]. Également, dans l'affaire *Gacon*, l'inégalité des armes entre les parties découlait du délai d'appel différent imparti au procureur et à la défense. La Commission de réexamen estima que la prévision d'un délai différent pouvait placer le requérant dans une situation désavantageuse et ouvrait donc au réexamen du pourvoi[3]. La Commission de réexamen a fait droit notamment à la demande de Abdelfettah Rachdad dans une affaire où le requérant avait été condamné pour trafic de stupéfiants à six années d'emprisonnement et à l'interdiction du territoire français[4]. La Cour européenne constatait que le requérant n'avait pu, à aucun moment de la procédure, interroger ou faire interroger les témoins. La Commission fit donc droit à sa demande, renvoyant l'affaire devant la Cour d'appel de Nancy. Encore, dans l'affaire Vaturi, la Cour européenne reconnaissait la violation du droit d'interroger ou de faire interroger les témoins de son choix, et la Commission de réexamen a accepté sa demande[5].

b. L'affaire Dorigo

L'affaire Dorigo a eu des répercussions très importantes sur le système italien en ce qui concerne la nécessité d'exécuter un arrêt de la Cour EDH[6]. Le ressortissant avait été condamné par la Cour d'appel d'Udine à la peine de treize ans et six mois de réclusion, plus une peine pécuniaire, pour l'infraction de participation à une association de malfaiteurs aggravée par la finalité de terrorisme et une série d'autres infractions. Suite au passage en chose jugée de la décision de condamnation, il faisait recours à la Commission européenne affirmant la violation de l'article 6, al. 3 lettre d) Conv. EDH puisqu'il considérait avoir été condamné en raison des déclarations faites pendant l'enquête par trois prévenus qui, au débat contradictoire, s'étaient prévalus de la possibilité de ne pas répondre, empêchant ainsi Dorigo et son avocat de les entendre et de les interroger.

La Commission reconnaissait le caractère non équitable du procès et, le 15 avril 1999, le Comité des ministres du Conseil de l'Europe sanctionnait la violation de l'article 6 Conv. EDH par une décision ayant la même valeur que les

---

[1] Cour EDH, *Makhfi c. France*, 19 octobre 2004, req. n° 59335/00, §40 ss.

[2] Comm. Réexamen, Abderrazak Makhfi 24 novembre 2005.

[3] Comm. Réexamen Claude Gacon, 8 octobre 2009.

[4] Cour EDH, *Rachdad c. France*, req. 71846/01, 13 fevrier 2004

[5] Comm. Réexamen, Clément Vaturi, 7 décembre 2006.

[6] APRILE E., *I meccanismi di adeguamento*, cit. , p. 519 ; GERACI R.M., *Sentenze Corte Edu,* cit. pp.100.

arrêts de la Cour européenne[1]. En droit interne, le Procureur de la République près le Tribunal d'Udine avait proposé un accident d'exécution sur la base de l'article 670 c.p.p. à la Cour d'assises d'Udine, qui devait juger de l'exécution de la décision[2] pour vérifier l'efficacité du titre exécutoire et donc, en conséquence, la légitimité de la détention du condamné, avec une demande contextuelle de suspendre l'exécution de la peine. La Cour d'assises rejeta la demande sur le constat que l'ordre juridique italien offrait, comme remède à la nécessité d'exécuter un arrêt supranational, le relevé de forclusion de l'article 175 alinéa 2, c.p.p., modifié par la Loi n° 60 de 2005, mais uniquement pour le cas du procès *in absentia* et non pas pour les hypothèses de non-équité du procès issues de la violation de l'article 6 Conv. EDH[3]. En conséquence, l'absence d'un remède spécifique pour rouvrir la procédure non équitable empêchait de libérer le condamné. Le procureur agit alors devant la Cour de cassation qui, accueillant le recours, déclarait l'inefficacité de l'ordre d'incarcération envers Dorigo et donc la libération du détenu. La Cour constatait en effet que le droit à un nouveau procès a été reconnu à Dorigo par la Cour européenne des droits de l'homme relativement à une garantie essentielle de l'accusé qui est d'interroger ou de faire interroger les témoins à charge, et que sa violation a été réputée exercer une influence déterminante sur l'issue du jugement. Donc, selon les juges, s'applique le principe de droit suivant : « *le juge de l'exécution doit déclarer, sur la base de l'article 670 CPP, la non-exécution de la chose jugée quand la Cour européenne de sauvegarde des droits de l'homme et des libertés a vérifié que la condamnation a été prononcée en violation des règles sur les procès équitables établies par l'article 6 CEDH, et a reconnu le droit du condamné à la répétition du jugement, et cela même si le législateur a omis d'introduire dans l'ordre juridique un moyen adapté à l'instauration d'un nouveau procès* »[4].

---

[1] Il ne s'agissait pas d'une décision de la Cour de Strasbourg mais d'un rapport du 9 septembre 1998 de la Commission européenne des droits de l'homme dans le régime de la Conv. EDH avant l'entrée en vigueur du Protocole n°11. Le Comité des ministres, ayant pris connaissance du fait que la controverse n'était pas transférée à la Cour avec une résolution DH [99]258, avait reçu ce rapport, lui donnant ainsi la même valeur juridique obligatoire qu'une décision de la Cour de Strasbourg au sens de l'article 32 du texte original de la CEDH : v. UBERTIS G., *L'adeguamento italiano alle condanne europee per violazione dell'equità processuale,* dans CORSO-ZANETTI (cur.), *Studi in onore di Mario Pisani,* II, pp. 601.

[2] Dans la procédure pénale italienne, le juge qui a prononcé la décision qu'il faut exécuter possède la compétence de juge de l'exécution, sur la base de l'article 665 CPP.

[3] Telle était la solution retenue dans Cat Berro, Somogyi et Sejdovic.

[4]Cass. Sec. I., 1 septembre 2006, n. 2800, *Dorigo*, §8, dans Foro it. 2007, pp. 278 ; dans *Corr. Giur.* 2007 p. 684, obs. CONTI, *La corte dei diritti dell'uomo e la Convenzione prevalgono sul giudicato – e sul diritto – nazionale ;* GUAZZAROTTI A., *Il caso Dorigo,: una piccola rivoluzione nei rapporti tra CEDU e ordinamento interno?*, dans *Quest. Giustizia*, 1/2007, p. 159 ; PLASTINA N., *Caso Dorigo, la Cassazione torna sui rapporti tra giudicato penale interno e sentenza della corte europea dei diritti dell'uomo. Aspettando la Consulta e (forse) il Parlamento*, dans *Dir. umani*, 1/2007, p. 82. Conforme à Trib. Roma, ord. 2 septembre 2006, *Bracci ;* contra Assise App. Milano, sez. I., 30 janvier 2006, *Cat Berro.*

Cette prise de position forte de la part de la Cour de cassation s'explique en lisant la décision elle-même qui, donnant acte de la capacité des Hauts Juges de retracer les itinéraires législatifs, jurisprudentiels et doctrinaux au sein d'une décision, relate les nombreuses censures reçues par l'Italie de la part du Comité des ministres et de l'Assemblée des États membres à cause de son manquement à l'obligation d'exécuter les décisions de la Cour européenne[1]. En conséquence, si l'on admettait, comme l'avait fait la Cour d'assises, qu'il était impossible d'exécuter la décision européenne à raison de l'absence de moyen procédural dans le droit interne qui permette la répétition de la procédure, on fonderait la détention de Dorigo sur un manquement manifeste aux obligations issues des conventions supranationales.

Le Comité des ministres, dans la résolution finale faisant suite au contrôle sur l'exécution de l'affaire, saluait les conclusions de l'arrêt rendu par la Cour de cassation et se disait satisfait des solutions apportées, soulignant que désormais, le devoir de tirer les conséquences de cet arrêt reposait sur le législateur italien. Néanmoins, même face à cette affaire, la Cour n'a pas offert une solution pratique au problème du moyen pour exécuter la décision européenne puisqu'elle s'est limitée à affirmer la cristallisation de l'arrêt, tout en privant sa décision de la capacité d'atteindre le résultat recherché qui correspond, finalement, à celui de réintégrer l'individu dans ses droits violés, par la répétition du procès[2]. L'affaire Dorigo ne se termine pas à ce stade, puisque l'avocat défenseur va saisir la Cour d'appel de Bologne ouvrant une phase importante conduisant ensuite à l'arrêt 113 de 2011. À la suite de la décision de la Cour constitutionnelle n° 113/2011, le requérant a donc présenté une demande de révision européenne fondée sur l'article 630 c.p.p. auprès de la Cour d'appel de Bologne, en juin 2012 et a

[1] L'Italie a été destinataire de nombreuses *Résolutions* suite à l'affaire *Dorigo c. Italie* : *ResDH (2002)30*, le 19 février 2002, constatant que l'absence de moyens pour rouvrir la procédure contestée avait rendue impossible la pleine rectification des conséquences graves et continues de cette violation, et encourageant les autorités italiennes à adopter rapidement une nouvelle législation en conformité avec les principes dégagés dans sa Recommandation Rec(2000)2 sur la réouverture de procédures internes. *ResDH (2004)13* du 10 février 2004, constatant que les travaux législatifs en question n'avaient pas encore abouti et invitant instamment les autorités italiennes à veiller, dans les plus brefs délais, à l'adoption de mesures permettant d'effacer les conséquences de la violation pour le requérant dans cette affaire. *ResDH (2005)85,* 12 octobre 2005, rappelant fermement l'obligation de toutes les autorités concernées d'assurer l'adoption de mesures adéquates en faveur du requérant et appelant l'adoption, à très brève échéance, d'une législation permettant le réexamen interne de l'affaire Dorigo dans des conditions conformes à la Convention. *Résolution finale CM/ResDH* (2007)83, 19 février 2007, adoptée par le Comité des ministres le 20 juin 2007 lors de la 997e réunion des Délégués des ministres, où le Comité décide de clore l'examen des mesures prises par l'Italie en exécution de la décision *Dorigo c. Italie* : « *Notant, de plus, avec satisfaction les conclusions de la Cour de cassation sur la nécessité urgente d'une intervention du législateur afin d'introduire en droit italien la possibilité de réouverture de procédures pénales à la suite d'arrêts de la Cour européenne* » et laissant aux autorités italiennes le soin d'en tirer les conséquences avec des travaux législatifs. Elle est aussi la destinataire des Résolutions de l'Assemblée parlementaire du Conseil de l'Europe : n. 1516(2006), 2 octobre 2006 ; 1787(2011) ; 1914(2013) ; 2075(2015).

[2]GERACI R.M., *Sentenze corte edu e revisione*, cit, p.104.

bénéficié d'une condamnation réduite à douze ans et quatre mois, condamnation confirmée par la Cour de cassation[1].

1.4§. Le droit de connaître l'accusation qui est portée à son encontre

Existent également des cas où la réouverture du procès pénal découle de l'exigence de réintégrer l'individu dans la connaissance des éléments d'accusation portés à son encontre.

a. L'affaire Drassich

L'affaire Drassich a marqué un autre temps dans l'évolution jurisprudentielle italienne vers la réouverture de la procédure pénale suite à une condamnation de la Cour EDH. Si, jusqu'à l'arrêt de la Cour EDH *Drassich c/ Italie* n°1, il semblait que le juge pénal pouvait unilatéralement attribuer au fait contesté un *nomen iuris* différent de celui identifié par le ministère public[2], à la suite de l'arrêt de la Cour EDH, on considère comme étant fondée la thèse selon laquelle la possibilité de requalification offerte au juge doit aussi être soumise au contradictoire entre les parties. Le cas échéant, il existerait une violation de l'article 6, al. 1 et 3 lettres a) et b) Conv. EDH[3]. Le ressortissant était un magistrat italien auprès de la section faillite du Tribunal de Pordenone : il avait notamment été condamné, en premier degré par le Tribunal de Venise pour des faits de corruption (art. 319 Cod. pén.) et faux idéologique, à la peine de trois ans d'emprisonnement. Ensuite, la Cour d'appel de Venise, faisant droit au recours présenté par le ministère public, le condamnait pour d'autres faits de corruption que le juge du premier degré avait

---

[1] Cassazione penale, sez. V, 19/02/2016, (ud. 19/02/2016, dep.15/09/2016), n. 38276.

[2] Sur l'affaire Drassich et les problèmes de requalification des faits, voir QUATTROCOLO S., *Riqualificazione del fatto nella sentenza penale e tutela del contraddittorio,* Jovene, Napoli, 2011. En droit français, de façon similaire, l'arrêt Cour EDH 25 mars 1999, *Pélissier et Sassi c. France*, D. 2000, p.357 avec note ROETS D., *Le pouvoir de requalification du juge pénal à l'épreuve de la Convention européenne des droits de l'homme*, D. 2000 p.357 : « *la requalification ne saurait avoir pour conséquence d'empêcher la personne mise en cause de connaître en détail l'accusation portée contre elle ou de préparer efficacement sa défense* ». La Cour EDH a eu l'occasion de se prononcer plusieurs fois sur le problème de la requalification vis-à-vis du procès équitable, parmi d'autres, Cour EDH, 21.02.2002, *Sipavicius c. Lituanie ; Dallos c. Hongrie* ; Cour EDH, 5.3.2013, *Varela Geis c. Spagna* ; Cour EDH, 7.1.2010, *Penev c. Bulgarie.*

[3] La Cour EDH interprète l'article 6, 3§ dans le sens que la requalification n'est pas interdite, cfr. Cour EDH, 8.12.2009, *Previti c. Italie, n.2*, mais exige que l'accusé soit mis dans la situation d'en avoir connaissance selon des modalités qui lui permettent d'exercer ses droits de défense, cfr. Cour EDH, 19.03.2013, *Diallo c. Suisse* ; *Backstrom e Andersson c. Suède*, 5 septembre 2006. La notion de « *requalification* » est appréhendée largement par la Cour EDH qui inclut dans cette notion le changement du *nomen iuris* qui ne comporte pas de conséquence sur la description du fait et celui qui s'accompagne d'une description différente du fait. Sur les rapports entre pouvoir de requalification et droits de la défense : CASIRAGHI R., *Corte europea dei diritti dell'uomo e iura novit curia*, in *Proc. pen. giust.* 2012, p.119 ss ; CASSIBBA F., *Commento sub. Art. 6 CEDH,* dans UBERTIS G. – VIGANÓ F., *Corte di Strasburgo e giustizia penale*, Giappichelli, Torino, 2016, p. 177-186 ; BONFILS PH., *Évolution de la qualification,* dans l'entrée *Concours d'infractions*, dans *Rep. Dr. Pén. Proc.*, Dalloz, 2016 ; RENUCCI J.F., *Conventionalité du pouvoir de requalification,* RSC 2009 p.925.

considérés comme prescrits ou pas prouvés, et redéfinissait la peine à trois ans et huit mois de réclusion[1].

Contre cette décision, Drassich déposa un recours devant la Cour de cassation, afin d'obtenir une déclaration de prescription des infractions de corruption. Cependant, la Cour de cassation, bien qu'elle considérât comme possible en théorie la prescription de l'infraction de corruption « *simple* » selon l'article 319 du Code pénal, requalifiait les faits en examen de « *corruption en actes judiciaires* » prévu par l'article 319 ter Cod. pén.[2], conformément au pouvoir de requalification consenti par l'article 521 c.p.p.[3].

Ainsi, la requalification des faits empêchait la Cour de cassation de déclarer l'extinction de l'infraction puisque le délai prévu pour la prescription, en appliquant la nouvelle infraction requalifiée, n'était pas encore expiré[4]. La Cour de cassation considérait l'opération de requalification comme simple *emendatio* (et non pas *mutatio*) et excluait qu'elle puisse violer l'interdiction *de reformatio in peius* puisque la peine n'avait pas pour autant subi d'aggravation.

Le requérant, suite à l'arrêt de la Cour de cassation en 2004, agissait devant la Cour européenne en critiquant les conditions dans lesquelles cette requalification avait été effectuée, puisqu'il n'en avait pas eu connaissance et n'avait pas pu préparer sa défense, ce qui constituait une violation de l'article 6§ 3 Conv. EDH. Alors que, si la requalification n'avait pas eu lieu, l'infraction de corruption aurait été prescrite : dès lors, il était clair que la requalification avait eu une incidence

---

[1]Cour d'appel de Venise, 12 juin 2002.

[2] Au cœur de la question, il y a donc les opérations de requalification qui avaient été effectuées par la Cour de cassation en 2004 entre le délit de corruption simple (article 319 c.p.,) et celui de corruption en actes judiciaires (article 319 ter c.p.). Les deux articles prévoient le fait que « *l'officier public qui, pour omettre ou retarder ou pour avoir omis ou retardé un acte de son propre office ou pour accomplir ou avoir accompli un acte contraire à des devoirs d'office reçoit, pour lui-même ou pour un tiers, de l'argent ou autre ou qu'il en accepte la promesse* ». Dans l'article 319 ter c.p.p. il y a un *quid pluris* représenté par la nécessité que la conduite délictuelle a été effectuée avec l'objectif précis de favoriser ou de défavoriser une des parties en cause, dès lors elle demande que soit établi un dol spécifique ; néanmoins, l'article 319 c.p. et l'article 319 ter c.p. décrivent deux faits délictuels séparés et autonomes.

[3] L'art. 521 c.p.p. prévoit que « *dans la décision le juge peut donner au fait une définition juridique différente de celle affirmée dans l'imputation à condition que l'infraction ne dépasse pas sa compétence ni qu'il en résulte d'appeler à la compétence du tribunal en composition collégiale au lieu de monocratique* », v. commentaire sub. Article 521 c.p.p. dans *Codice di procedura commentato,* (cur.) GIARDA A. -SPANGHER G., op. cit. p.2564. L'article, expression du principe de corrélation entre l'imputation contestée et la décision prononcée, résulte de l'application du principe « *iura novit curia* » selon lequel le juge connaît le droit applicable au cas concret : v. CORDERO F., *Procedura penale*, Giuffré Milano, 2006, p. 462 ; QUATTROCOLO S., *Riqualificazione del fatto* cit. p. 241.

[4]Cass., Sez. VI, 4 febbraio 2004, n. 23024, Drassich, in Giust. pen., 2006, 333 ; QUATTROCOLO S., *Giudicato interno e condanna della Corte europea dei diritti dell'uomo: la Corte di Cassazione « inaugura » la fase rescissoria,* dans *Cass. pen.* 2010, p.2622 ss.

importante sur la peine appliquée[1]. La Cour EDH reconnaissait dans l'arrêt *Drassich c/ Italie* n° 1, la violation de l'article 6, al. 1 et 3 a) et b) de la Conv. EDH affirmant « *qu'un nouveau procès ou une réouverture à la demande de l'intéressé se présente, en ligne de principe, comme une modalité adaptée à réparer la violation* »[2]. Ainsi, le requérant agissait devant la Cour d'appel de Venise en tant que juge de l'exécution[3], sur la base de l'article 670 c.p.p. (qui prévoit l'accident d'exécution) affirmant que « *lorsque le juge de l'exécution vérifie que la décision manque ou n'est pas devenue exécutoire, il le déclare par une ordonnance et suspend l'exécution en disposant, si nécessaire, la libération de l'intéressé [...]* ». La Cour d'appel déclarait, sur le fondement de l'article 670 c.p.p., l'impossibilité de l'exécution partielle de la chose jugée. En effet, elle ne considérait pas que l'article 670 c.p.p. était l'instrument adapté pour exécuter la décision des juges de Strasbourg[4], la décision était alors contestée devant la Cour de cassation qui était donc sollicitée afin d'identifier un instrument pour donner exécution à la décision de Strasbourg. Celle-ci faisait, finalement, l'application extensive de l'article 625 bis c.p.p. qui prévoit que le « *recours extraordinaire pour erreur matérielle ou de fait* » affirme « *qu'il est admis, en faveur du condamné, la demande de correction de l'erreur matérielle ou de fait contenue dans les décisions énoncées par la Cour de cassation* »[5].

La Cour de cassation italienne estimait que le cas d'espèce était différent de celui où l'accusé avait été jugé par contumace et qu'il n'était dès lors pas nécessaire de rouvrir la procédure sur le fond, puisqu'il suffisait de corriger l'erreur procédurale en donnant à l'accusé la possibilité de débattre de la

---

[1] L'opinion du Gouvernement italien était opposée considérant qu'il s'agissait simplement d'une requalification du « *nomen iuris* » et non pas une modification des faits contestés à Drassich, ce qui entre parfaitement dans les attributions de la Cour de cassation.

[2] Cour EDH, 11 décembre 2007, *Drassich c. Italia,« il n'est pas établi que le requérant fût averti de la possibilité d'une requalification de l'accusation portée contre lui et, encore moins, qu'il eût l'occasion de débattre contradictoirement la nouvelle accusation », elle conclut « qu'une atteinte a été portée au droit du requérant à être informé d'une manière détaillée de la nature et de la cause de l'accusation portée contre lui, ainsi qu'à son droit à disposer du temps et des facilités nécessaires à la préparation de sa défense* » dans *Cass. pen.*, 2008, 1646, obs. DE MATTEI L. §36 ; aussi IACOBACCI D., *Riqualificazione giuridica del fatto ad opera della Corte di Cassazione: esercizio di una facoltà legittima o violazione del diritto di difesa*, dans *Giur. it.*, 2008, 2581 publiée également en *Giust. pen.* 2007, I, c. 165, obs. CAIANELLO M., *Mutamento del nome iuris e diritto a conoscere la natura e i motivi dell'accusa ex. art. 6 CEDU: le possibili ripercussioni sul sistema italiano,* in *Giust. Pen* 2008, pp. 165 –, 176.

[3] La compétence de la Cour d'appel de Venise en tant que juge de l'exécution découle de l'article 665 CPP qui identifie le juge compétent à connaître de l'exécution d'une décision, celui qui l'a prononcé.

[4] La question à l'époque était déjà ouverte au sein de la doctrine : CHIAVARIO M., Un *quadro di luci ed ombre sotto lo sguardo del Consiglio d'Europa,* in *Guida dir.*, 2007, p. 21 ; CAIANELLO M., *Mutamento del nomen iuris e diritto a conoscere la natura e i motivi dell'accusa ex art. 6 c.e.d.u.: le possibili ripercussioni sul sitema italiano*, in *Giust. pen.*, 2007, I, 167 ; UBERTIS G., *L'adeguamento italiano alle condanne europee per violazioni dell'equità processuale,* in AA.VV., *Giurisprudenza europea e processo penale italiano*, (cur.) BALSAMO A. – KOSTORIS R., Torino, 2008, p. 99 ss.

[5] Cass. pen., 11 dicembre 2008 (ud. 12 novembre 2008), Drassich, § 2.

requalification des faits de corruption : « *ici la non-équité du procès de légitimité s'est réalisée avec la modification ex officio de la définition juridique du fait [...]* » (§3.3.). Elle concluait alors à l'analogie des deux moyens de recours, à savoir, le recours pour erreur de fait et la réouverture du jugement ayant pour but commun de réparer non seulement les erreurs de fait, mais aussi les violations du droit de la défense. La Cour annulait uniquement la partie définitive de la décision contenant la violation des droits de la défense, celle qui portait sur les faits requalifiés dans le jugement de légitimité qui avait, effectivement, acquis valeur de chose jugée qualifiant[1], en estimant que « *dans la mise en balance entre, d'une part, la valeur constitutionnelle de la chose jugée et, de l'autre le droit à un procès équitable à une décision dans le respect des principes fondamentaux garants du droit au contradictoire sur l'accusation, ne peut que prévaloir ce dernier* » (§3.3.). Elle tenait donc à nouveau le procès par la réintégration du contradictoire et concluait à la qualification des faits en tels que « *corruption en actes judiciaires* » excluant, par ailleurs, la prescription de l'infraction[2].

Cette décision marquait une première étape de la Cour de cassation vers une véritable réouverture de la procédure en exécution de l'obligation de se conformer aux décisions supranationales[3]. La doctrine italienne a généralement critiqué le raisonnement de la Cour qui amena, finalement, à utiliser l'instrument de l'art. 625 bis c.p.p. pour garantir la *restitutio in integrum* de l'individu en exécution du *dictum* européen[4].

Après la décision de la Cour constitutionnelle de 2011 ayant introduit, par voie jurisprudentielle, la révision européenne, Drassich présentait une demande de révision de l'arrêt de la Cour d'appel de Venise du 12 juin 2002 sur la base de l'article 630 c.p.p. La Cour d'appel de Trento déclarait néanmoins la demande

---

[1]« *Du titre originaire – s'étant formé avec le passage en chose jugée de la décision de 2004, sur la base duquel on avait commencé l'exécution – une partie avait été révoquée en 2008 avec par conséquent le renouveau du recours en cassation qui avait été présenté par le condamné contre la condamnation de la Cour d'appel de Venise* », ainsi l'auteure parle d'une sorte de « *chose jugée à deux vitesses* » qui, cristallise à nouveau la responsabilité du condamné pour les mêmes faits, déjà objet d'une exécution antérieure (la décision de la Cour d'appel de Venise). Toutefois, des réserves sur la validité de la peine appliquée sont émises, voir ainsi QUATTROCOLO S., *Giudicato interno e condanna delle Corte europea dei diritti dell'uomo, la Corte di Cassazione inaugura la fase rescissoria,* op. cit. p. 2622.

[2]Cass., Sez. VI, 25 mai 2009, n.36323, *Drassich.,* obs. LONATI S., *Il «caso Drassich »: continua l'opera di supplenza della giurisprudenza di fronte alla perdurante (e sconcertante) inerzia del legislatore italiano in tema di esecuzione delle sentenze della Corte europea dei diritti dell'uomo,* dans *Cass. pen.* 2011, p. 263.

[3] En termes plutôt positifs : QUATTROCOLO S., *Giudicato interno*, op. cit. p. 2622. ; voir aussi GERACI R.M., *Sentenze della Corte EDU e revisione del processo penale*, op. cit. pp. 114 ss.

[4] Dans un sens critique : GIALUZ M., op. cit. p.9 ; GERACI R.M., *Sentenze Edu*, op. cit. p. 122. Néanmoins, dans l'affaire Drassich, la Cour de cassation, elle, va innover au lieu de s'aligner sur d'autres solutions jurisprudentielles qui faisaient notamment usage du remède de l'accident d'exécution de l'article 670 c.p.p. pour exécuter les décisions européennes cfr. AIMONETTO M.G.,*Condanna europea e soluzioni interne al sistema processuale penale: alcune riflessioni e spunti de iure condendo,* dans *Riv. It, dir. proc. pen.* 3/2009, p. 1510

inadmissible[1] : le condamné saisissait alors la Cour de cassation[2], celle-ci se prononçait avec l'arrêt du 12 septembre 2013 en rejetant la demande de révision européenne[3]. Le raisonnement suivi par les juges permettait, encore une fois, de s'interroger sur la notion de « *réouverture* » : Drassich, par le recours devant la Cour de cassation, se plaignait essentiellement de l'inaptitude de l'article 625 *bis* c.p.p. vis-à-vis de la notion de *restiutio in integrum* exigée par Strasbourg en présence de violations qui affectent la procédure interne et cela à cause des caractéristiques spécifiques de ce moyen extraordinaire. En effet, selon le requérant, la procédure empêche la participation personnelle de l'accusé et exclut la possibilité de réajuster sa stratégie défensive ainsi que de demander l'acquisition de nouvelles preuves alors que, selon le requérant, tel est l'objectif à la base de la réouverture imposée par la Cour EDH.

La question posée consistait donc, dans le fait, à s'interroger sur l'aptitude de l'article 625 *bis* c.p.p., moyen choisi par la Cour de cassation pour exécuter le *dictum* de Strasbourg, à garantir la réintégration du requérant dans ses droits sans oublier, aussi, que le contexte avait changé puisqu'existait désormais, au sein de l'ordre juridique italien, la révision européenne. La décision, revenant en arrière, identifiait la violation dans la modification de la qualification juridique des faits contestés à Drassich : le vice processuel s'était vérifié dans la phase de légitimité, il appartenait alors à la Cour de cassation d'intervenir. En effet, si l'iniquité de la procédure touchait à une requalification inattendue des faits, en absence de contradictoire, lors du jugement de légitimité, la réouverture de la procédure ne pouvait avoir lieu que dans la même *sedes* dans laquelle la violation, établie au niveau européen, avait eu lieu. En outre, le droit au contradictoire n'aurait pas pu se concrétiser, si ce n'est de permettre au requérant, par le biais de son propre conseil, d'expliquer ses observations et conclusions sur la prétendue requalification.

En février 2018, la Cour EDH, saisie à nouveau par le requérant qui avait présenté un recours contre la décision de la Cour de cassation de 2013, prononçait un arrêt *Drassich/ Italie n°* 2 excluant, cette fois-ci, l'existence d'une violation de l'article 6 Conv. EDH[4].

Le requérant se plaignait du fait que, dans la procédure nationale qui suivit l'arrêt de violation de la Cour, ses droits à la défense, en particulier le droit d'être informé en temps utile de la nature et des causes de l'accusation portée contre lui ainsi que le droit à une défense effective, avaient été à nouveau violés. Selon le requérant, la Cour de cassation aurait dû décider d'office le renvoi de la procédure devant la Cour d'appel, même en l'absence d'une demande explicite en ce sens,

[1] Cour d'appel de Trento, 18 janvier 2012.

[2] Sur la base de l'article 606, lett. e) CPP c'est-à-dire à cause du manque, de la contradiction ou du manquement manifeste de logique dans la motivation de la décision, lorsque le vice résulte du texte de la décision contestée ou d'autres actes spécifiquement indiqués dans les motifs.

[3] Cass. Sez. II pen., 12 septembre 2013, n. 37413. avec note de QUATTROCOLO S., *La « vicenda » Drassich si ripropone come crocevia di questioni irrisolte*, cit. p. 161 ss.

[4] Cour EDH, *Drassich c. Italie*, 22.02.2018, req. n. 65173/09.

car seule la réouverture des débats aurait été une option respectueuse de son droit à une défense effective, car elle aurait permis de présenter de nouveaux moyens de preuve à l'appui de sa défense. La Cour EDH concluait néanmoins à la non-violation de l'article 6 § 1 et §3 Conv. EDH [1] considérant comme équitable la procédure à laquelle le requérant avait été soumis après 2009.

b L'affaire Mattei

De façon similaire, certaines affaires portant sur la violation des droits de la défense du requérant quant à l'opération de requalification des faits contestés ont intéressé la France. Suite à la condamnation dans l'affaire Mattei[2], la requérante se plaignait de la violation de son droit à connaître la nature et la cause de l'accusation portée dès lors que « *les juges doivent s'assurer que les accusés ou prévenus ont eu l'opportunité d'exercer les droits de la défense d'une manière concrète et effective, en étant informés, en temps utile, de la cause de l'accusation tant sur les faits matériels que sur la qualification juridique donnée à ces faits, et ce d'une manière détaillée* »[3]. La requérante saisit la Commission de réexamen par le moyen du réexamen consécutif à une condamnation de la Cour EDH en se fondant sur la décision européenne qui avait constaté que l'opération de requalification des faits d'une tentative d'extorsion à une complicité dans ce délit avait été effectuée au moment du délibéré de la Cour d'appel, violant ainsi le droit à se défendre du condamné et justifiant le réexamen de la procédure[4].

---

[1] La Cour affirme que « *pendant les cinq mois qui ont suivi la révocation partielle de la condamnation et la réouverture du procès, l'intéressé a pu déposer devant la Cour de cassation deux mémoires écrits. En outre, l'avocat du requérant a discuté oralement de l'affaire lors de l'audience du 25 mai 2009* » (§71) ; que « *le requérant n'a pas démontré avoir présenté des arguments qui n'auraient pas été pris en considération par la Cour de cassation, ou que celle-ci s'était fondée sur des éléments de droit ou de fait qui n'auraient pas été débattus pendant le procès* » (§72) et enfin, quant à l'impossibilité de comparution devant la Cour de cassation, elle rappelle que « *cette cour est consacrée exclusivement à des points de droit et qu'elle ne s'est pas penchée sur des questions de fait, qui auraient nécessité la présence du requérant à l'audience* ». (§76).

[2] Cour EDH, *Mattei c. France*, précité, §4 : « *Quant aux peines prononcées à l'encontre de la requérante, la Cour ne saurait souscrire aux arguments développés par le Gouvernement. En effet, elle considère tout d'abord qu'on ne peut pas affirmer que la requalification a été sans incidence sur la condamnation au motif, qu'en tout état de cause, la requérante a été condamnée pour participation à une entente en vue de préparer des actes de terrorisme puisqu'on ne peut spéculer sur la peine qui aurait été effectivement prononcée si la requérante avait pu se défendre utilement sur la nouvelle qualification retenue de complicité de tentative d'extorsion de fonds* » cf. SAAS C., *Qualification juridique et respect des droits de la défense*, dans *AJ Pénal*, 2007, p. 332.

[3] Cour EDH, *Mattei c. France*, précité, §43 « *Eu égard à tous ces éléments, la Cour estime qu'une atteinte a été portée au droit de la requérante à être informée d'une manière détaillée de la nature et de la cause de l'accusation portée contre elle, ainsi qu'à son droit à disposer du temps et des facilités nécessaires à la préparation de sa défense. 44. Partant, il y a eu violation des paragraphes 3 a) et b) de l'article 6 de la Convention, combiné avec le paragraphe 1 du même article, qui prescrit une procédure équitable* ».

[4] Commission de réexamen, 11 octobre 2007, *Mattei*, qui suspendait l'exécution de la peine à laquelle Mme Mattei était soumise depuis le 19 juillet 2007 et renvoyait – jugeant la nature et la gravité de la violation nécessitant du réexamen - à la Cour d'appel de Paris qui se prononçait le 14 mai

En conclusion, on peut considérer que la nécessité de revenir sur la chose jugée en présence de violations tenant aux droits du procès équitable a été perçue aussi bien par les juridictions italiennes que françaises. Cependant, l'expérience de l'Italie qui, pendant longtemps, n'a pas eu d'instrument juridique spécifique de réouverture consécutif à un arrêt de la Cour EDH montre clairement que les droits des justiciables n'étaient pas garantis avec le même degré de sécurité offert par la procédure juridictionnelle du réexamen. En effet, un aléa important suivait la décision de condamnation de la Cour EDH, ce qui mettait à mal l'effectivité recherchée par le système conventionnel. Au contraire, la pratique française du réexamen est une procédure qui, tout en remettant l'appréciation sur l'existence des conditions légales permettant la réouverture à une Commission d'instruction, offre aux justiciables la sécurité d'une définition rapide de leur demande tout en sauvegardant également la stabilité des décisions.

SECTION 2. LE DÉPASSEMENT DE LA CHOSE JUGÉE EN PRÉSENCE DE VIOLATIONS SUBSTANTIELLES

La violation des garanties substantielles a également justifié la réouverture de la procédure interne définitivement conclue[1]. Il s'agit de situations qui touchent essentiellement aux droits protégés par la Conv. EDH, à savoir, la liberté d'expression (Art. 10), le principe de légalité des délits et des peines (Art. 7), le droit au respect à la vie privée et familiale (Art. 8), le droit à la vie (Art. 2 et 3 dans son volet procédural). Parmi ces hypothèses, figurent le cas Scoppola c. Italie **(1§)** et le cas Contrada **(2§)**.

1.§ Le rétablissement de l'individu dans ses droits par l'application rétroactive de la lex mitior

Le cas *Scoppola c. Italie* a été précurseur du problème de l'exécution du *dictum* européen constatant une violation d'un droit substantiel. Le cas d'espèce concernait l'application rétroactive de la *lex mitior*[2]. Franco Scoppola, jugé pour

2009 en relaxant la requérante des faits d'extorsion de fonds et la condamnait à 3 ans de prison avec sursis pour association de malfaiteurs en relation à une entreprise terroriste, voir *infra, p.*

[1] Sur ce point, voir: GRASSO G. - GIUFFRIDA F.-GIUFFRIDA, *L'incidenza sul giudicato interno interno delle sentenze della Corte europea che accertano violazioni attinenti al diritto penale sostanziale*, in *Diritto penale contemporaneo*, 25 mai 2015, online sur www.penalecontemporaneo.it. LAVARINI B., *I rimedi post iudicatum alla violazione dei canoni europei*, dans *I principi europei del processo penale*, op. cit. p. 104 ; LAFOURCADE M., *La réouverture*, cit., pp. 92 ss.

[2] Sur l'affaire Scoppola, en général, APRILE E., *I « meccanismi » di adeguamento*, cit, 3216 ss. ; BUZZELLI S., *Il caso Scoppola davanti alla Corte di Strasburgo – parte I*, in *Riv. it. Dir. e proc. pen.*, 2010, 389 ss. ; ICHINO G., *L'affaire Scoppola c. Italia » e l'obbligo dell'Italia di conformarsi alla decisione della Corte Europea dei Diritti dell'Uomo*, in *Cass. pen.*, 2010, 2, 841 ss. ; PECORELLA C., *Il caso Scoppola davanti alla Corte di Strasburgo – parte II*, in *Riv. it. Dir. e proc.*

homicide, tentative d'homicide, maltraitance et port abusif d'armes, avait décidé de se prévaloir du *jugement abrégé* (*rito abbreviato*), c'est-à-dire d'une procédure spéciale, prévue par la procédure pénale italienne, conduisant à un jugement anticipé de l'affaire et dont la caractéristique principale est de conduire à une réduction de la peine sur la base de l'article 442, al. 2 c.p.p.[1]. tel qu'en vigueur à cette date, l'article 442 § 2 du c.p.p. prévoyait que, si le crime commis par l'accusé appelait la réclusion criminelle à perpétuité, l'intéressé qui avait choisi le jugement abrégé devait être condamné à une peine de réclusion de trente ans[2].

Le 24 novembre, Scoppola fut donc condamné en premier degré à trente ans de réclusion ; sauf que, le jour même de sa condamnation, entra en vigueur le Décret-Loi 241/2000[3] (après avoir été converti dans la Loi n. 4 de 2001) dont l'article 7 venait interpréter l'article 442 du c.p.p., qui prévoyait, qu'en cas de procédure abrégée, la réclusion à « *perpétuité* » devait remplacer la réclusion à « *perpétuité avec isolement diurne* » lorsqu'il y avait « *concours d'infractions* » (*concorso di reati*) ou « *délit continu* » (*reato continuato*). La non-application de ce texte par le juge de l'audience préliminaire (GUP) s'analysait en « *une erreur de droit manifeste* » (*evidente errore di diritto*)[4]. La disposition prévoyait expressément que les prévenus pouvaient révoquer leur demande de se faire juger par la procédure abrégée en faveur du jugement ordinaire.

En février 2001, Scoppola faisait appel et demandait, à titre principal, l'acquittement et, à titre subsidiaire, une réduction de peine. La Cour d'assises de

---

in *Cass. pen.*, 2011, 1, 208, ss ; dans un sens critique, sur la nécessité de préserver la stabilité de la chose jugée face à la lex mitior : TOLOMELLI M., *Giudicato penale e lex mitior art. 7 CEDU : argomenti a difesa della stabilità della preclusione,* in *Cass. Pen.*, 7/8, 2014, p.2716B

[1] Dans le *rito abbreviato*, prévue aux articles 438 ss. c.p.p., le juge de l'audience préliminaire statue de façon définitive sur la base des actes existants. En cas de condamnation, le recours à cette procédure permet au condamné de bénéficier de la réduction d'un tiers de la peine : en Italie, l'audience préliminaire fait suite à l'acte d'accusation émis par le ministère public. Le juge de l'audience préliminaire doit déterminer s'il existe suffisamment d'éléments pour la tenue d'un procès pénal. L'audience impose la présence du ministère public et du défenseur de l'accusé. Au terme de l'audience, le juge décide de la mise en accusation ou du non-lieu. C'est lors de l'audience préliminaire que l'accusé peut demander d'avoir recours au giudizio abbreviato : article 442 c.p.p. : « *en cas de condamnation, la peine que le juge détermine tenant compte de toutes les circonstances est diminuée d'un tiers. À la peine de condamnation à perpétuité est substituée celle de la réclusion pour trente années* ».

[2] Le *rito abbreviato* n'était pas admis pour les délits punis avec la réclusion à perpétuité, mais le prévenu avait quand même pu y accéder en raison d'une loi n. 479/1999 (la Loi Carotti : Loi n° 479 du 16 décembre 1999, in GU n° 296 du 18 décembre 1999) qui avait réadmis la procédure spéciale pour une quelconque infraction si bien que, dans le cas de condamnation à la perpétuité dans le contexte du jugement abrégé, la peine aurait été réduite en trente ans de réclusion.

[3] Décret-loi n° 341 du 24 novembre 2000, in GU n° 275 du 24 novembre 2000, converti par la Loi n° 4 du 20 janvier 2001, in G. U. n° 16 du 20 janvier 2001.

[4] Article 7, loi 4/2001 : « *dans l'article 442, alinéa 2, dernière période, l'expression « peine de perpétuité » doit s'entendre référer à la perpétuité sans isolement journalier. 2. Dans l'article 442, alinéa 2 CPP est ajouté, à la fin, la phrase suivante : « à la peine de la perpétuité avec isolement journalier, dans le cas de concours d'infractions et d'infraction continuée, est substituée celle de la perpétuité* ».

Rome le condamna en janvier 2002 à la perpétuité puisque, selon la Cour, l'article 442 c.p.p. était une norme processuelle et, ainsi, soumise au principe *tempus regit actum.* La Cour observait de plus que le requérant aurait pu retirer sa demande de vouloir bénéficier du jugement abrégé, basculant ainsi vers un procès ordinaire. Le requérant se pourvut alors devant la cassation, mais dans un premier temps son recours fut rejeté. Ensuite, il proposa un recours pour *erreur de fait* sur le fondement de l'article 625 *bis* c.p.p., affirmant que l'application rétroactive du D.L. 341/00 violait les articles 6 et 7 Conv. EDH, mais son recours fut à nouveau déclaré irrecevable.

Le requérant saisit alors la Cour EDH, arguant de la violation des articles 6 et 7 Conv. EDH. Ce recours, partiellement admissible, a ensuite été soumis à la Grande Chambre qui, en septembre 2009, condamnait l'Italie pour violation de l'article 6 et 7 de la Conv. EDH[1]. La Cour de Strasbourg affirmait que l'article 7 Conv. EDH implique non seulement le principe de non-rétroactivité de la Loi pénale, mais aussi celui de sa rétroactivité in *mitius.* En conséquence, dit la Cour : *« l'obligation d'appliquer, parmi plusieurs lois pénales, celle dont les dispositions sont les plus favorables à l'accusé s'analyse en une clarification des règles en matière de succession des lois pénales, ce qui satisfait à un autre élément essentiel de l'article 7, à savoir celui de la prévisibilité des sanctions »*[2]. Il en suivait que, lorsque le prévenu avait décidé de se prévaloir du jugement abrégé, il nourrissait l'attente légitime d'un traitement favorable. Donc, lui imposer un traitement plus défavorable par l'application rétroactive de la disposition contenue dans le D.L. n° 341/2000 équivalait à modifier en cours les règles du jeu, déterminant ainsi une lésion du procès équitable[3]. La Cour a donc condamné l'Italie à reconnaître à Scoppola une réparation pécuniaire et surtout, l'a invitée à adopter les mesures nécessaires pour que la peine de la perpétuité soit réduite à

---

[1] Cour EDH, *Scoppola c. Italie*, 17 septembre 2009, req. n° 10249/03, dans Aa. Vv., *Les grands arrêts de la Cour européenne des droits de l'homme,* Thémis, 2017, particulièrement, pp. 469, point 10 ; pp. 904 ss. ; sur les rapports entre procédures spéciales, système conventionnel et constitutionnel en Italie : PUGIOTTO G. *Scoppola e i suoi fratelli. (L'ergastolo all'incrocio tra giudizio abbreviato, CEDU e Costituzione), in AIC*, n. 4/2013 aussi dans *Giur. Cost.*, n. 4/2013 ; PAONESSA C., *Condizioni e limiti della retroattività della lex mitior. A proposito della riquantificazione in executivis dell'ergastolo inflitto all'esito di giudizio abbreviato*, in Giur. Cost., n. 3/2013, 2956 ss.

[2] Cour EDH, *Scoppola c. Italie*, precité, §108 : *« il paraît cohérent avec le principe de la prééminence du droit, dont l'article 7 constitue un élément essentiel, de s'attendre à ce que le juge du fond applique à chaque acte punissable la peine que le législateur estime proportionnée. Infliger une peine plus forte pour la seule raison qu'elle était prévue au moment de la commission de l'infraction s'analyserait en une application au détriment de l'accusé des règles régissant la succession des lois pénales dans le temps. Cela équivaudrait en outre à ignorer tout changement législatif favorable à l'accusé intervenu avant le jugement et à continuer à infliger des peines que l'État, et la collectivité qu'il représente considèrent désormais comme excessives ».*

[3] Cour EDH, *Scoppola c. Italie*, précité, § 139 : la Cour européenne spécifiait d'ailleurs que l'article 442 c.p.p. devait être considéré comme une disposition de droit pénal matériel et non processuel, puisqu'il concerne la sévérité de la peine pouvant être appliquée en cas de jugement abrégé.

une peine de trente ans de réclusion. La Cour EDH considérait qu'« *à la lumière de ce qui précède, la Cour estime que l'article 442 § 2 c.p.p. est une disposition matérielle de droit pénal concernant la sévérité de la peine à infliger en cas de condamnation selon la procédure abrégée. Elle tombe donc dans le champ d'application de la dernière phrase de l'article 7 § 1 de la Convention*[1]. »

La Cour de cassation italienne, saisie par le requérant sur la base de l'article 625 *bis* c.p.p., devait régler le problème de réajuster la peine définitive à laquelle le requérant avait été condamné[2]. Sur ce point, les juges précisaient que « *l'iniquité dans cette hypothèse concerne la sanction* », dès lors, il faut en déduire qu'il était nécessaire de restaurer le droit du requérant à obtenir la modification de la peine, sans pour autant qu'il soit nécessaire de procéder à la répétition du jugement. La Cour de cassation italienne a finalement identifié le moyen pour exécuter le jugement de la Cour de Strasbourg dans l'accident d'exécution (*incidente di esecuzione*) prévu par l'article 670 c.p.p. Toutefois, elle soulignait qu'« *en raison de l'extrême clarté de la décision européenne et de l'exigence de donner reconnaissance immédiate à l'efficacité des décisions européennes dans notre ordre juridique*, [elle] *prend acte de l'iniquité et de l'impossible exécution de la chose jugée à cause de la décision de la CEDH qui constate la violation des articles 6 et 7 Conv. EDH* ». Elle révoquait ainsi la décision rendue en 2002 et annulait sans renvoi la décision de la Cour d'assises d'appel quant à la peine appliquée rendue sur le point de la peine. Cette dernière est donc modifiée en trente ans de réclusion[3]. La jurisprudence de l'affaire Scoppola mettait en lumière, à nouveau, l'inertie du législateur italien en matière d'exécution des arrêts européens.

2§. La prévisibilité de la norme pénale : l'affaire Contrada

Bruno Contrada, agent secret et officier de police, avait été condamné de façon définitive par la Cour d'appel de Palerme, le 25 février 2006, pour « *concorso esterno in associazione mafiosa* » sur le fondement des articles 110 et 416 *bis* Cod. pén.[4] italien pour avoir, dans le cadre de ses fonctions, *« contribué de façon*

---

[1] Cour EDH, *Scoppola c. Italie*, précité, § 113.

[2]Cass. Sez. V., 11.02.2010, n. 16507, dans *Cass. pen.* 2010, 3389 et *Foro it.*, II, 2010, 446 ; pour les itinéraires processuels qui peuvent dès lors être considérés à la suite de cette décision : DI PAOLA C., *Gutta cavat lapidem in assenza del legislatore*, in *Riv. it. dir. proc. pen.* 2010, 1409 ss. ; GAMBARDELLA M., *Il «caso Scoppola»: per la Corte europea l'art. 7 CEDU garantisce anche il principio di retroattività della legge penale più favorevole,* in *Cass. pen.* 2010, 2030 ; INCHINO, *op. cit.*, p. 841 ; MUSIO C., *Il caso Scoppola dalla Corte europea alla Corte di Cassazione*, dans *Cass. pen.* 2011, 1, p. 208 ; SCACCIANOCE C., *La retroattività della lex mitior nella lettura della giurisprudenza interna e sovranazionale: quali ricadute sul giudicato penale,* in *Arch. pen.*, 2013, p. 84 ss.

[3]Cass. Sez. V., 28 avril 2010 (ud. 11.02.2010), n. 16507, *Scoppola ;* décision définie « singulière » en ce que la Cour force l'instrument de l'article 625 bis c.p.p. pour accélérer la procédure et la définition du procès pour une protection efficace et le rétablissement des droits du requérant.

[4] Le concours externe en association mafieuse implique une forme de coparticipation au délit d'association mafieuse prévu par l'article 416 bis c.p.p. Il se réalise lorsque l'agent apporte une

systématique aux activités et à la réalisation des objectifs criminels de l'association "Cosa Nostra" en fournissant aux associés des informations confidentielles sur les investigations et les opérations de police en cours les concernant ». Le requérant faisait recours à la Cour européenne en arguant la violation de l'article 7 Conv. EDH, puisque l'infraction sur laquelle reposait sa condamnation était le fruit d'une évolution jurisprudentielle complexe et postérieure aux faits[1]. En effet, l'article 7 Conv. EDH ne se limite pas à interdire la rétroactivité in *malam partem* de la disposition pénale, mais affirme, plus généralement, le principe de la légalité pénale qui fait interdiction d'une application extensive ou analogique d'une disposition légale pénale à des faits antérieurement non punissables. En particulier, le requérant estimait que l'infraction du concours externe en association de type mafieux était le résultat d'une évolution que la norme avait connue suite à la jurisprudence postérieure aux faits pour lesquels il avait été condamné. Ainsi la Cour de Strasbourg était appelée à vérifier si, « *compte tenu des divergences de jurisprudence sur l'existence de ladite infraction »,* le requérant n'aurait pas pu prévoir avec précision la qualification juridique des faits qui lui étaient reprochés et, par conséquent, la peine sanctionnant ses agissements[2].

En effet, comme le rappelle également la Cour de Strasbourg, l'infraction de « *concorso esterno in associazione mafiosa »,* dont il est fait mention pour la première fois dans l'arrêt *Cillari (*14 juillet 1987 n. 8092)[3] et ensuite dans l'arrêt

contribution effective à la poursuite des objectifs illicites d'une association de type mafieux, sans pour autant prendre part à l'organisation criminelle. Dès lors, il ne constitue pas une forme autonome de délit, mais fait partie du concours de personnes dans un délit. cf. VENTUROLI M., *Au-delà de la participation à l'association de type mafieux : le concours externe,* RSC 2017, p. 27 ; de manière plus générale, NAPPI A., *Manuale di diritto penale, Parte generale*, Giuffré, 2010, p. 1030.

[1] La Cour européenne des droits de l'homme s'était prononcée une première fois sur l'affaire touchant Bruno Contrada : Cour EDH, *Contrada c. Italie,* 24 août 1998 en concluant à la non-violation de l'article 5 CEDH ; puis avec l'arrêt Cour EDH, *Contrada c. Italie* n° 2, du 11 février 2014, req. 7509/08 et *Contrada c. Italie, n° 3,* 14 avril 2015, req. 66655/13.

[2] Cour EDH, *Contrada c. Italie* n°3, precité, § 64 : « *La Cour estime que la question qui se pose en l'espèce est celle de savoir si, à l'époque des faits reprochés au requérant, la loi applicable définissait clairement l'infraction de concours externe en association de type mafieux. Il y a lieu d'examiner donc si, à partir du libellé des dispositions pertinentes et à l'aide de l'interprétation de la loi fournie par les tribunaux internes, le requérant pouvait connaître les conséquences de ses actes sur le plan pénal* ».Cfr. MAGGIO P., *Nella "revisione infinita" del processo Contrada i nodi irrisolti dell'esecuzione delle sentenze cedu e del concorso esterno nel reato associativo,* in Cass. Pen., 9/2016, p.3432.

[3] Cour EDH, *Contrada c. Italia,* n° 3, precité, §28 : dans les arrêts *Abbate* et *Clementi*, n° 2342 et 2348 du 27 juin 1994, la Cour démentit également l'existence en droit interne de l'infraction de concours externe en association de type mafieux. Dans l'arrêt *Altivalle,* (n° 3492 du 13 juin 1987), la Cour de cassation reconnut l'existence du concours éventuel en association de type mafieux dans la limite des infractions dites *« d'accord »*, c'est-à-dire les infractions de type associatif dans lesquelles les volontés de l'ensemble des individus impliqués dans les faits ont pour but la réalisation d'un objectif commun. L'arrêt *Barbella* (n° 9242 du 4 février 1988) fit également référence à l'infraction en cause, en mettant l'accent sur la nature épisodique des agissements de l'auteur des faits. Les arrêts *Altomonte* (n° 4805 du 23 novembre 1992), *Turiano* (n° 2902 du 18 juin 199) et *Di Corrado* (31 août 1993), confirmèrent en substance cette approche. La Cour ne prit pas en considération d'autres

Demitry (Cass. sez. Un. 5 octobre 1994 n° 16) cette infraction est reconnue dans l'ordre juridique interne[1]. La censure de la Cour EDH concernait le défaut de prévisibilité pour le requérant, qu'au moment où il l'avait, son comportement comportait, par rapport à la caractérisation pénale, des faits à titre de « *concorso esterno* »[2]. La Cour EDH reconnaissait la violation de l'article 7 Conv. EDH puisque le requérant ne pouvait pas connaître la peine qu'il encourait du chef de la responsabilité pénale découlant des actes qu'il avait commis (§75). Elle confirmait qu'interpréter la disposition conventionnelle dans le sens de la loi pénale devait non seulement être prévisible, mais également accessible et intelligible, concernant de plus l'aspect formel ou pratique résultant de son application judiciaire[3] : pour autant, la jurisprudence complexe et contrastée établie en Italie ne garantissait pas de telles conditions au requérant, elle concluait donc à la violation de l'article 7 Conv. EDH dans l'arrêt du 14 avril 2015.

Cette décision peut d'ailleurs être rapprochée de l'affaire *Pessino c/ France* où la Cour EDH condamnait le revirement de la jurisprudence qui avait été jugée défavorable au requérant dans un secteur spécifique du droit d'urbanisme concluant au constat que « *même en tant que professionnel qui pouvait s'entourer de conseils de juristes, il était difficile, voire impossible, pour le requérant de prévoir le revirement de jurisprudence de la Cour de cassation et donc de savoir qu'au moment où il les a commis, ses actes pouvaient entraîner une sanction pénale* »[4]. Suite à cet arrêt du 14 octobre 2015, le conseil de Contrada activait deux lignes de défense : d'un côté, il agissait devant la Cour d'appel de Caltanissetta où elle faisait demande de révision du procès pénal, d'autre part elle proposait l'accident d'exécution devant la Cour d'appel de Palerme.

Avant même que la décision de la Cour européenne ne soit prononcée, le requérant avait déjà formé un recours en révision devant la Cour d'appel de Caltanissetta fondé sur de nouvelles preuves prouvant l'innocence du condamné. Néanmoins, la défense de Contrada avait ajouté également, au vu de la décision de la Cour EDH, la nécessité de se conformer aux *dictums* européens, ouvrant

---

affaires – en raison de la différence des cas – qui, à partir des années 60, avaient reconnu l'existence de l'infraction : Cass. pen., 27 novembre 1968, *Muther*, Cass. pen., 1 giugno 1977, Cucco, en matière de terrorisme ; Cass. pen., 18 marzo 1978, *Zuffada ;* Cass. pen., 25 ottobre 1983, *Arancio.*

[1] Confirmée par Mannino (n° 30 du 27 septembre 1995), Carnevale (n° 22327 du 30 octobre 2002) et Mannino (n° 33748 du 17 juillet 2005), prononcés également par les Sections unies de la Cour de cassation.

[2] VIGANÓ F., *Il caso contrada e il tormento dei giudici italiani: sulle prime ricadute di una scomoda sentenza della Corte EDU,* in *Dir. pen. cont.* 26 aprile 2016, sur www.penalecontemporaneo.it.

[3] En ce qui concerne l'accessibilité de la jurisprudence interne qui interprète un article de la loi, Cour EDH, *Kokkinakis c. Grèce*, 25.05.1993, § 40 ; *G. c. France*, 27.09.1995, § 25. Le justiciable doit pouvoir savoir, à partir du libellé de la disposition pertinente, au besoin à l'aide de l'interprétation qui en est donnée par les tribunaux et le cas échéant après avoir recouru à des conseils éclairés, quels actes et omissions engagent sa responsabilité pénale et quelle peine il encourt de ce chef (cfr. *Cantoni c. France*, 15.11.1996, § 29 ; *Kafkaris c. Chypre* [GC], § 140 ; *Del Río Prada c. Espagne* [GC], § 79).

[4] Cour EDH, *Pessino c. France*, 10 octobre 2006, req. n° 40403/02, §36.

ainsi à la « *révision européenne* » sur le fondement de l'article 630 c.p.p. La Cour d'appel de Caltanissetta affirmait néanmoins la non-admissibilité de la demande de révision[1] et considérait que « *la réouverture des débats contradictoires ne pourrait pas avoir comme objet l'analyse nouvelle de toutes les questions de faits qui ont été l'objet de la vérification juridictionnelle définitive, sauf le seul point sur lequel* (au point n° 73 de l'arrêt de la Cour EDH) *les juges nationaux ne s'étaient pas exprimés, c'est-à-dire la violation du principe de non-rétroactivité et de prévisibilité de la disposition pénale* ». Or, la Cour d'appel concluait dans le sens que Bruno Contrada ne pouvait pas, considérant sa profession, ignorer la perspective d'un concours externe et de la sanction qui visait ce type de comportement. Elle conclut que « *l'existence, la définition et les conséquences du concours externe étaient bien claires pour le requérant, si bien qu'il n'existe pas de raisons pour revenir sur la chose jugée* »[2]. Contre la décision de la Cour d'appel de Caltanissetta, Contrada proposait un recours en cassation, déclaré irrecevable le 20 janvier 2017.

Le raisonnement conduit par la Cour d'appel oubliait que l'arrêt de la Cour de Strasbourg était devenu définitif, en raison du rejet du recours du gouvernement italien devant la Grande Chambre, et donc juridiquement obligatoire pour l'Italie qui doit, non seulement assurer une « *satisfaction équitable* » sur le fondement de l'article 41 Conv. EDH, mais également exécuter la décision supranationale sur la base de l'article 46 Conv. EDH.

À côté de la demande de révision que Contrada formulait devant la Cour d'appel de Caltanissetta, il existait aussi une procédure qui, après l'échec de la révision européenne et du recours extraordinaire pour erreur de fait ou de droit[3], tentait la révocation de la décision de condamnation sur la base de l'article 673 c.p.p.. Cet article prévoit, en effet, que « *dans l'hypothèse d'abrogation ou d'une déclaration d'inconstitutionnalité d'une disposition qui incrimine des faits, le juge de l'exécution révoque l'arrêt de condamnation ou de décret pénal en déclarant que le fait n'est pas prévu par loi comme délit et adopte les décisions qui en suivent (al.2.). Il agit de la même manière lorsqu'est prononcée une décision d'acquittement ou de non-lieu pour extinction du délit ou absence d'imputabilité* »[4]. Selon la défense, le requérant, même s'il avait terminé d'exécuter sa peine en 2012, continuait à subir des conséquences dommageables du fait de la violation de la disposition conventionnelle relevée par la Cour EDH, comme

---

[1]Corte d'appello di Caltanissetta, 18 novembre 2015, dep. 17 mars 2016, Pref. Romeo, Est. Toma, ric. Contrada. Voir MARINO G., *Nuove incongruenze giurisprudenziali sul concorso esterno in associazione mafiosa: gli effetti della sentenza Contrada della Corte EDU*, in *Dir. pen. cont.*, 6 mai 2016 et VIGANÓ F., *Il caso Contrada e i tormenti dei giudici italiani: sulle prime ricadute interne di una scomoda sentenza della Corte Edu*, in *Dir. pen. cont.*, 26 avril 2016.

[2] Corte d'appello, Caltanissetta, cit. p. 17.

[3] En effet, le recours avait été présenté, fondé sur l'article 625 bis CPP, rejeté par Cass. pen., Sez. II, sent. 6 luglio 2016 (dep. 17 ottobre 2016), n° 43886, Contrada.

[4] Art. 673 CPP dans *Codice di procedura penale commentato*, GIARDA A.-SPANGHER G. (cur.), 2017, T. III, p. 1.

l'interdiction dans ses droits civils et politiques, l'inscription au casier judiciaire, l'accusation de récidive dans un procès ultérieur, l'impossibilité de se prévaloir de certains avantages. Néanmoins, la Cour d'appel de Palerme rejetait la demande, jugeant que l'article 673 c.p.p. pouvait uniquement s'appliquer aux cas d'abrogation et de déclaration d'inconstitutionnalité et ne pouvait donc pas être utilisé pour donner exécution à l'arrêt de la Cour EDH[1].

La Cour d'appel concluait à l'impossible utilisation de l'article 673 c.p.p, car le juge italien, n'étant pas un simple exécutant des dispositifs de la Cour EDH, mais étant soumis uniquement à la loi, devait utiliser le seul remède possible qui était celui de la révision pénale. La décision de la Cour d'appel de Palerme attestait d'une attitude manifestement réticente des juges italiens à reconnaître les effets de la décision supranationale au sein de l'ordre juridique italien.

Finalement, la Cour de cassation, saisie à nouveau par Contrada, concluait autrement dans une décision du 6 juillet 2017[2] : elle reconnaissait, en premier lieu, que l'État italien a une obligation de se conformer à la décision de la Cour EDH. En conséquence, la Cour se questionnait sur le moyen d'exécuter l'arrêt de la Cour européenne : avec un raisonnement et une motivation concise, mais efficaces, la Cour de cassation excluait l'application de l'article 673 c.p.p., qui avait été invoqué devant la Cour d'appel de Palerme, puisque celui-ci était un remède spécifique au cas d'abrogation et de déclaration d'inconstitutionnalité et ne pouvait donc pas être utilisé. Au contraire, elle considérait que le moyen apte à l'exécution de l'arrêt de la Cour européenne était l'accident d'exécution de l'article 666 c.p.p. qui réglemente la procédure d'exécution des peines et l'article 670 c.p.p. qui réglemente les pouvoirs et les compétences reconnues au juge de l'exécution[3].

---

[1] Corte Appello Palermo, Sez. I, ord. 11 octobre 206 n. 466 ; Cass. sez. Sez. III, n° 30591 du 3.06.2014, voir commentaire de BERNARDI S., *Continuano i tormenti dei giudici italiani sul caso Contrada: la Corte d'appello di Palermo dichiara innamissibile l'incidente d'esecuzione proposto in attuazione del « giudicato europeo »*, in *Dir. pen. cont.*, 24 janvier 2017.

[2] Cass. pen., sez. I, sent. 6 luglio 2017 (dep. 20 settembre 2017), n° 43112, Pres. Di Tomasi, Est. Centonze, Ric. Contrada avec commentaire de VIGANÓ F., *Strasburgo ha deciso, la causa è finita : la cassazione chiude il caso Contrada*, in *Dir. pen. cont. – Riv. Trim*, n. 9/2017, 26 septembre 2017.

[3] L'article affirme à son al. 1 « *lorsque le juge de l'exécution constate que l'ordonnance manque ou n'est pas devenue exécutoire, en appréciant également sur le fond le respect des garanties prévues en cas d'indisponibilité du condamné, il le déclare par ordonnance et suspend l'exécution en ordonnant, s'il y a lieu, la mise en liberté de l'intéressé et le renouvellement de la signification qui n'a pas été valablement effectuée.* » L'introduction de cet article par le Code de 1988 a été considérée comme la fin du « *mythe* » de la chose jugée puisqu'il reconnaît un éventail très large de pouvoirs au juge de l'exécution que le Code précédent méconnaissait, en prédéterminant la structure et les rapports de la phase d'exécution et en marquant, désormais, son autonomie : voir la très complète reconstruction de CANZIO G., *La giurisdizione e l'esecuzione della pena*, Relation du 19 avril 2016 au colloque « *Stati generali dell'esecuzione penale* », publiée dans *Dir. pen. cont.* 26 avril 2016 ; NORMANDO R., *Il giudicato: forza esecutiva ed effetti*, in SPANGHER G.-GARUTI-KALB L.-MARANDOLA A., *Procedura penale*, IV, Utet, 2015, p. 507. Parmi les manuels sur la phase de l'exécution dans le procès pénal italien, voir CAPRIOLI F.-VICOLI D., *Procedura penale*

L'identification de l'accident d'exécution comme instrument permettant l'exécution du *dictum* européen ne s'oppose ni au fait que dans le cas Contrada il s'agissait d'une violation de type substantielle ni à la constatation que l'exécution de la peine n'était plus d'actualité puisque le requérant avait été concrètement libéré en 2012. La jurisprudence italienne avait toutefois déjà affirmé que l'intérêt de faire déclarer la non-légitimité de l'exécution de la peine subsistait même après que son exécution était terminée et que pouvaient demeurer, comme c'était le cas en l'espèce, des conséquences néfastes pour l'individu. Au contraire, la révision européenne prévue par l'article 630 c.p.p. n'était pas, selon la Cour, un moyen utile dans le cas d'espèce, puisque les raisons pour lesquelles la décision de condamnation à l'encontre du requérant avait été déclarée non conventionnelle ne pouvaient pas être corrigées par une répétition processuelle ou probatoire.

L'arrêt de la Cour de cassation du 6 juillet 2017 était important à une époque où demeurait encore l'incertitude quant à l'instrument d'exécution des arrêts de la Cour EDH et représente un rappel significatif de la force des décisions de Strasbourg sur les États parties et aux contraintes qui s'en suivent.

3§. La pratique du réexamen appliquée aux violations substantielles dans la pratique française

Il existe également une pratique de la Commission française de réexamen concernant les violations des droits substantiels constatées au niveau supranational. Plusieurs requêtes ont en effet été considérées comme recevables : comme ce fut le cas de la requête de *Dominique Pessino*, qui alléguait que le fait de continuer des travaux entrepris, malgré une décision du juge administratif ordonnant un sursis à exécution du permis de construire, ne constituait pas une infraction pénale au moment des faits.

La Cour de Strasbourg ayant constaté la violation de l'article 7 Conv. EDH[1], la Commission de réexamen a déclaré recevable la demande du requérant et a ordonné son renvoi devant l'Assemblée plénière de la Cour de cassation[2]. Comme on a pu le rappeler lors de l'affaire Contrada, dans le cas français, la violation d'une garantie processuelle est soumise aux modalités du réexamen tel qu'introduit par la Loi de 2000. Ainsi, la demande de réexamen était soumise à l'évaluation de la commission de réexamen qui se limitait à constater que la nature et la gravité de la violation justifiaient le réexamen de la procédure.

Dès lors, la Commission faisait droit au réexamen de l'arrêt de la Cour de cassation qui avait rejeté le pouvoir du requérant et renvoyait à l'Assemblée plénière de la Cour de cassation pour qu'elle statue à nouveau sur ce pourvoi dans le respect des indications conventionnelles. L'assemblée plénière se vouait donc au réexamen du pourvoi et, affirmant que la Cour d'appel avait violé les

---

dell'escuzione, Giappichelli, Torino, 2009 ; GAITO A.-RANALDI G., *Esecuzione penale*, Giuffré, Milano, 2016.

[1] Cour EDH, *Pessino c. France*, 10 octobre 2006, req. N°40403/02.

[2] Commission de réexamen, Pessino.17 janvier 2008,

dispositions de droit, cassait et annulait la décision de la Cour d'Aix-en-Provence sans renvoi, puisque les faits n'étaient pas susceptibles de qualification pénale. L'avocat général dans son avis soulignait que les juges de la Cour de cassation devaient se prononcer sur l'analyse de la compatibilité de la disposition conventionnelle avec le droit interne vis-à-vis des dispositions pénales.

De façon analogue, dans l'affaire *Mamère c. France*, alors que les requérants alléguaient la violation de l'article 10 Conv. EDH, la Cour EDH avait condamné la France en raison de la condamnation prononcée pour diffamation qui, vu le débat d'intérêt général dans lequel les propos s'inscrivaient, ne pouvait pas être considérée comme proportionnée et donc nécessaire, dans une société démocratique[1]. La Commission de réexamen faisait droit au réexamen[2], tout comme dans une affaire du 25 septembre 2014, où la Commission renvoyait le requérant devant la Cour d'appel de Saint-Denis à la suite de la condamnation européenne, en raison du fait qu'un juste équilibre n'avait pas été aménagé entre la nécessité de protéger le droit du requérant à la liberté d'expression et celle de protéger les droits et la réputation du plaignant[3].

Le 14 avril 2016, la Cour de révision et réexamen faisait droit à la demande de réexamen présentée par M. Morice à la suite de la condamnation prononcée par la Cour EDH à l'encontre de la France pour violation de l'article 6§1 et 10 Conv. EDH et le renvoyait devant l'Assemblée plénière de la Cour de cassation afin que soit réexaminé le pourvoi que le requérant avait formé contre la décision de la Cour d'appel de Rouen du 16 juillet 2008, qui l'avait condamné pour complicité de diffamation, et qui avait été rejeté le 10 novembre 2009.

La Cour de cassation cassait et annulait la décision de la Cour d'appel de Rouen au motif que « *viole l'article 10 CEDH, la Cour d'appel qui refuse le bénéfice de la bonne foi et condamne pour complicité de diffamation envers des magistrats un avocat alors que les propos litigieux tenus par celui-ci, qui portaient sur un sujet d'intérêt général relatif au traitement judiciaire d'une affaire criminelle ayant eu un retentissement national et qui reposaient sur une base factuelle suffisante, ne dépassaient pas les limites admissibles de la liberté d'expression d'un avocat dans la critique et le jugement de valeur portés sur l'action des magistrats et ne pouvaient être réduits à la simple expression d'une animosité personnelle envers ces derniers* »[4].

---

[1] Cour EDH, *Mamère c. France*, 7 novembre 2006, req. n° 12697/03.

[2] Commission de réexamen, 7 novembre 2006, *Mamère, Tessier, Société France 2.*

[3] Commission de réexamen, renvoi, 25 septembre 2014, B. 1, n° de pourvoi 14 RDH 001.

[4] Cour Cass. Ass. Plen. 16 décembre 2016, n° 08-86.295 dans Bulletin Ch. Cr. 10 décembre 2016

TITRE 2.

L'EFFECTIVITÉ DE L'ÉQUILIBRE ENTRE DÉCISION NATIONALE ET DROITS FONDAMENTAUX

La recherche d'un point d'équilibre entre la stabilité des décisions et l'exécution des décisions de la Cour EDH a demandé la mise en place d'un mécanisme de réouverture du procès pénal s'étant conclu avec un jugement ayant acquis autorité de chose jugée.

Il apparaît de l'analyse conduite sur le cas italien et français que les États membres ont reconnu la valeur des décisions de la Cour EDH et leur contribution au renforcement des droits et libertés selon des modalités et des temps différents. L'influence des arrêts de la Cour supranationale justifie donc une modification de la topographie qui caractérise les systèmes de justice pénale des États membres : désormais, la justice pénale s'exprime par un système réticulaire, où la centralité des droits fondamentaux impose de reconsidérer la place de certaines institutions procédurales jusque-là considérées comme fondamentales, telle que l'autorité de chose jugée.

Il ressort aussi des développements jusque-là conduits que la mise en œuvre de mécanismes permettant aux requérants d'obtenir une réintégration dans leurs droits violés en exécution d'un arrêt de la Cour EDH demande la volonté et la coopération des pouvoirs nationaux. À la lumière des indications contenues dans la Recommandation (2000)2 et de la pratique du réexamen et de révision qui a suivi en France, en Italie et dans les autres pays européens, il est possible de mettre en perspective certains nœuds fondamentaux du mécanisme d'exécution de l'arrêt de la Cour EDH **(Chapitre 1)** et de vérifier son élargissement potentiel **(Chapitre 2)**.

CHAPITRE 1.

RETOUR SUR LES NŒUDS ESSENTIELS DU MÉCANISME DE RÉEXAMEN OU RÉOUVERTURE

La pratique française du réexamen de la décision en conséquence d'une condamnation de la Cour EDH offre également des éléments de réflexion : en particulier, la doctrine souligne que le réexamen a subi une forte désaffection de la part des condamnés. Alors que l'on pensait que l'introduction de cette hypothèse spécifique de réexamen aurait augmenté de façon exponentielle le nombre de requêtes, cela n'a pas été le cas. Bien au contraire, il est possible d'établir un bilan en baisse quant aux demandes présentées par les condamnés, notamment après la réforme de 2014 sur la révision et le réexamen[1].

La désaffection envers cet instrument serait due à plusieurs raisons : les requérants peuvent en effet se considérer comme satisfaits d'une compensation financière, ou se contentent d'une victoire morale représentée par la condamnation européenne. Ils peuvent ainsi redouter un nouveau procès qui leur ferait courir le risque d'une aggravation de la peine[2]. La première de ces explications se heurte heurte au constat logique que la *restitutio in integrum* de l'individu est vouée à l'élimination de conséquences dommageables auxquelles la satisfaction équitable ne saurait pas mettre fin, conformément à ce que prévoyait la Recommandation du Comité des ministres. En principe donc, le paiement d'une somme ne saurait redresser l'injustice subie. Néanmoins, il est vrai aussi qu'il existe en réalité une divergence importante entre le fonctionnement idéal du mécanisme de réouverture et son exécution réelle : essentiellement, lorsque le temps nécessaire pour que la requête soit examinée à Strasbourg fait que le condamné peut avoir déjà purgé sa peine ou une bonne partie de celle-ci, ou peut également ne plus se trouver en situation de privation de liberté, si bien que la réouverture d'une procédure ne pourra pas redresser l'injustice que celui-ci a subie. On peut alors comprendre la volonté de se satisfaire d'un remboursement économique et de la valeur morale d'une reconnaissance de la violation.

Quant au risque d'une *reformatio in peius*, celle-ci ne s'est jamais concrètement réalisée ni dans la pratique française ni dans la pratique italienne, bien qu'elle demeure potentielle puisque les juridictions françaises ont rappelé qu'aucune disposition légale ou conventionnelle n'interdit d'aggraver le sort de l'accusé lors du réexamen de la décision pénale[3]. Si on se fie au texte législatif, soit en France, soit en Italie, la voie offerte pour se prévaloir de la condamnation va clairement au bénéfice de la personne requérante[4], dès lors, il faut exclure toute toute aggravation de son sort.

Cependant, un argument intéressant semble tenir à l'incompréhension de la portée de l'instrument de réouverture : les condamnés attendraient vraiment un changement du verdict de culpabilité ou une réduction de leur peine, alors que l'opposition à une disposition conventionnelle ne porte pas forcément de telles conséquences. Néanmoins, cela ne peut pas être un argument généralisé, car les attentes des condamnés varient : dans l'affaire *Drassich*, bien que le condamné ait purgé sa peine d'emprisonnement, la victoire obtenue à Strasbourg a représenté une motivation supplémentaire pour agir devant les juridictions internes. Dans le cas *Contrada,* le souhait d'éliminer les conséquences de la condamnation déjà

---

[1] Cour de cassation française, Rapport d'activité 2022, p. 259.

[2] Sur ces hypothèses, la Cour de cassation dans son rapport annuel de 2011 ; aussi LAFOURCADE M., *La réouverture*, cit, p. 340 ss.

[3] Cour de cassation, Chambre criminelle, 7 décembre 2005, n° 05-80.988.

[4]Ceci, soit dans le droit français où il est dit clairement que le réexamen est demandé au bénéfice de de la personne, soit dans la discipline en matière de révision qui s'applique en droit italien, vouée à une amélioration du sort du condamné

purgée a amené le condamné à opérer pour obtenir un rétablissement complet de sa situation. Pareillement, en France, la Commission de réexamen a été appelée à statuer sur la demande de personnes qui avaient été condamnées à des peines d'amendes pour des infractions routières, alors que dans d'autres cas, bien que le Comité des ministres chargé de la surveillance de l'arrêt révélait la possibilité pour le requérant d'introduire une demande de réexamen dans des cas plus graves, le condamné finalement n'y faisait pas recours et se contentait de la satisfaction équitable.

Il résulte donc que la codification d'un moyen permettant l'exécution de la décision de la Cour EDH est nécessaire pour tout État de droit : celui-ci doit également répondre à des conditions de rapidité, de définition précise de ses conditions d'accès et de définition claire de la séquence suivie par la procédure. Il est donc intéressant – en se fondant aussi sur une analyse comparée des pratiques existant dans les autres États membres du Conseil de l'Europe, de s'intéresser aux législations tierces autres que française et italienne. Ainsi, l'amélioration possible du mécanisme de réouverture consécutif à un arrêt de la Cour EDH peut avoir lieu par rapport aux types de violations justifiant la réouverture **(1§)**, l'identification des conséquences dommageables **(2 §)** et l'incidence de la violation sur l'ordre interne **(3§)**.

1§. L'identification des types de violations conventionnelles justifiant la réouverture

Quand la violation concerne un droit substantiel, l'exécution de la décision de la Cour EDH implique l'adéquation de la décision issue du jugement supranational. Par conséquent, la réouverture devient l'un des moyens par lequel il est possible de neutraliser les effets négatifs de la chose jugée au plan national, mais pas forcément le seul.

En effet, dans le contexte d'une violation substantielle établie, peuvent être utilisées d'autres mesures réparatoires qui éliminent les conséquences préjudiciables à la suite de la décision interne, sans pour autant toucher à l'arrêt définitif. Dans ce contexte, la nouvelle tenue du procès n'aurait pas une réelle utilité et ne serait pas profitable sous l'angle de l'économie processuelle et de la certitude des rapports juridiques. Il serait alors bénéfique d'user d'autres mesures, telles que la révocation des peines accessoires, la restitution des biens séquestrés, l'effacement de la condamnation du casier judiciaire. Néanmoins, il est utile de conserver, dans le domaine de la révision ou du réexamen européen, la référence aux violations substantielles, car, il s'avère que lorsque la Cour EDH n'a pas constaté l'illégitimité absolue de la décision interne, mais uniquement une atteinte disproportionnée, le réexamen est l'instrument le plus adapté pour permettre à nouveau, via la répétition du procès, le respect du droit en question.

La révision ou le réexamen du procès restent, au contraire, les moyens les plus sûrs pour garantir la réintégration du condamné, en cas de violation des droits processuels, dans la situation où il se serait trouvé si la violation n'avait pas eu lieu. Par conséquent, il faut saluer que le législateur italien, à la différence des précédents projets, ait finalement admis la demande de l'article 628 bis c.p.p. pour toute condamnation, non pas limitée à certains types de violations conventionnelles. Le cas échéant, l'Italie aurait été l'un des rares pays à poser des limitations sur le type de violations, car la plupart des pays européens se contentent de faire une référence générique aux dispositions de la Convention et de ses protocoles[1].

Normalement, une attention plus grande est prêtée à d'autres paramètres, tels que la gravité de la violation mesurée à l'aune des conséquences subies par le requérant, l'impossibilité d'éliminer de telles conséquences sauf à passer par la réouverture de la procédure, le lien de causalité entre la violation et le jugement définitif[2].

Parfois, néanmoins, la législation spécifie que la réouverture peut être demandée si l'arrêt européen a constaté une violation d'un droit substantiel ou d'un droit procédural : en Grèce, l'article 525, al 1. n° 5 du Code de procédure pénale prévoit que le procès qui s'est conclu avec une décision révocable est rouvert en faveur du condamné [...] lorsqu'une décision de la CEDH a constaté la violation, soit d'un droit relatif au caractère équitable de la procédure, soit d'une disposition substantielle appliquée au cas d'espèce. Également, l'article 525A, introduit en 2002, a permis la réouverture de la procédure pour compenser la détention illégitime, dès lors qu'il a été constaté une violation du droit à une procédure équitable. En Belgique, l'article 442 *quinquies* du Code d'instruction criminelle spécifie aussi que la décision européenne doit constater que la décision attaquée « *est contraire sur le fond à la Convention européenne, soit que la violation constatée est la conséquence d'erreurs ou de défaillances de procédure [...]* ». En Norvège, il est fait référence au fait que la décision « *conflicts with a rule of international law that is blinding on Norway [...] or the procedure on wich the decision is based conflicts with a rule of international law that is blinding on Norway* [.] »[3] De même en Suède, qui parle de « *Relief for substantive defects* « (chapitre 58, sez. 1 et 2 Code de procédure judiciaire) et « *Relief for grave procedural errors* » (sez. 59, art. 1) ; en Hongrie, on fait référence aux violations

---

[1] Pour une comparaison : SACCUCCI A., *Obblighi di riparazione e revisione dei processi nella Convenzione europea dei diritti umani,* in *Rivista di diritto internazionale,* 2002, p. 618 ss *;* SCIARABBA V., *Il giudicato e la CEDU, cit. ;* également MANGIARANCINA A., *La revisione del giudicato penale a seguito di una pronuncia della Corte europea dei diritti dell'uomo, I) La progettualità italiana e l'esperienza del Regno Unito*, dans *Riv. it. dir. e proc. pen., fasc.*3, 2006, p. 982 ; PIRRONE P., *L'obbligo di conformarsi alle sentenze della Corte europea dei diritti dell'uomo,* cit. p. 92 ss.

[2] En général, tous les pays évoquent en général la possibilité d'utiliser la révision pour tout type de violations : par exemple la Suisse (article 410, al. 2 de 2007 code de procédure pénale), l'Allemagne (article 359, n. 6 du StrafprozenBordnung) : cfr. PARLATO L., *La revisione del giudicato penale a seguito di pronuncia delle Corte europea dei diritti dell'uomo. II) L'esperienza della Repubblica federale tedesca e di altri Paesi dell'Europa continentale,* in *Riv. it. dir. e. proc. pen.*, 2006, pp. 1016-1032, spec. p. 1011 ; SCIARABBA V., *Il giudicato e la CEDU,* cit. p. 168 ss.

[3] Article 391 du de la Norvège.

déterminées par le procès et celles déterminées par la décision finale, faisant allusion aux violations substantielles présentes dans le contenu de la décision[1].

2§. L'identification tenant aux conséquences dommageables

Un autre aspect à composer dans l'adaptation du remède concerne la capacité de la violation à générer des conséquences dommageables pour la victime. Sur ce point, il faut préciser que la nature de la violation doit, notamment lorsqu'il s'agit d'une violation procédurale, être appréciée au cas par cas. Il semble donc que la gravité a une incidence limitée, la nature de la violation devant davantage être prise en considération.

En droit français, l'article 622-1 C.P.P. identifie comme condition au réexamen l'existence d'un arrêt de la CEDH constatant une violation qui, par sa « *nature et sa gravité* », a entraîné des « *conséquences dommageables* » pour le requérant auquel la satisfaction équitable ne saurait pas mettre fin. Il avait cependant été observé que l'identification de la nature et de la gravité de la violation, couplée à l'existence de conséquences dommageables, représente des critères dont la Commission de réexamen française faisait une appréciation souvent trop large, fondée sur la simple existence d'une condamnation.

L'article 628 bis, alinéa 5 du Code de procédure pénal italien ajoute que la violation, par sa nature et gravité, doit avoir eu une incidence « effective » sur la décision, ce que la Cour de cassation doit apprécier. Elle n'évoque pas, contrairement à l'article 622-1 CPP français, la condition selon laquelle ces conséquences ne peuvent pas être palliées par la satisfaction équitable.

On peut estimer, comme l'a fait le législateur italien, qu'il serait souhaitable de dissocier l'idée de réouverture de l'idée de satisfaction équitable de l'article 41 Conv. EDH, car la nécessité de réparer les conséquences d'une violation par le biais de la réouverture ne doit pas être perçue comme un choix alternatif - une solution *accessoire* - au paiement d'une indemnisation[2]. En supprimant toute référence à l'indemnisation pécuniaire, on rétablit la juste coordination entre la réouverture et la satisfaction équitable.

Par ailleurs, d'autres pays n'évoquent pas l'alternative avec la satisfaction équitable, tels que la Belgique qui indique que « *la Cour de cassation ordonne la réouverture de la procédure, pour autant que la partie condamnée ou les ayants droit prévus à l'article 442ter, 2°, continuent à souffrir des conséquences*

---

[1] Article 406, §1, lett. b), hongrois de 2003.

[2] LAFOURCADE M. proposait également une redéfinition du texte législatif, *La réouverture*, cit. p. 385 ss. L'autorité judiciaire pourrait être tentée de juger elle-même qu'une telle violation peut être réparée par le biais de la satisfaction équitable, ainsi v. RENUCCI J-F-, *Le réexamen d'une décision de justice définitive dans l'intérêt des droits de l'homme,* cit. p. 659 qui souligne aussi qu'il serait curieux de laisser finalement à l'appréciation de l'État, qui a été condamné pour la violation et qui aura très certainement minimisé cette violation dans les débats à Strasbourg, un choix alternatif entre réouverture et paiement d'une somme.

négatives très graves que seule une réouverture peut réparer »[1], ou encore la Lituanie dont l'article 456 dit que la réouverture est soumise à la condition que « *the continuation of a violation can be remedied only by the reopening of procedingg* » et la Roumanie dont l'article 465 fait référence à « *the serious consequences of such a violation continue to be produced and cannot be redressed by other means than by the revision of the case* ».

3§. L'appréciation de l'incidence de la violation conventionnelle sur le jugement interne

Le lien de causalité qui doit exister entre la violation vérifiée au niveau européen et le sort du jugement interne correspond finalement à une évaluation quant à l'« *incidence* » de la violation sur le jugement interne.

Comme nous l'avons indiqué, la plupart des législations ne limitent pas le type de violation pouvant engendrer une demande de réouverture ou réexamen de la procédure interne, mais se limitent tout au plus à une distinction entre violation substantielle et processuelle. Néanmoins, vis-à-vis des violations de type procédurales, surgit l'exigence d'évaluer leur impact sur la décision finale : la recommandation (2000)2 précise que celles-ci doivent présenter « *une gravité telle qu'un doute sérieux est jeté sur le résultat de la procédure interne attaquée* » et que « *la partie lésée continue de souffrir de conséquences négatives très graves à la suite de la décision nationale, conséquences qui ne peuvent être compensées par la satisfaction équitable et qui ne peuvent être modifiées que par le réexamen ou la réouverture* » *(§II)*.

En France, l'appréciation du lien de causalité est remise à la Commission de réexamen dont la portée, trop ample, serait critiquable. D'ailleurs, à cet égard, il a été observé que l'utilisation du verbe « *entraîner* » par l'article 622-1 CPP conduit à deux lectures possibles : soit la lettre de la loi impose la nécessité de vérifier un véritable lien de causalité entre la violation et le résultat du jugement[2], soit la

---

[1] Article 442 *quinquies* du Code d'instruction criminel belge issu de la Loi du 1er avril 2007, n° 48 aux articles 442 bis – 442 *octies* i intitulé « *de la réouverture de la procédure* » qui prévoit que « *s'il a été établi par un arrêt définitif de la Cour européenne des Droits de l'homme que la Convention européenne de sauvegarde des droits de l'homme et des libertés fondamentales ou des protocoles additionnels, ci-après "la Convention européenne", ont été violés, il peut être demandé la réouverture, en ce qui concerne la seule action publique, de la procédure qui a conduit à la condamnation du requérant dans l'affaire devant la Cour européenne des Droits de l'homme ou à la condamnation d'une autre personne pour le même fait et fondée sur les mêmes moyens de preuve* ». CEDH : PIRRONE P., *L'obbligo di eseguire le sentenze*, cit. p. 97 ; SACCUCCI A., *Obbligi di riparazione e revisione dei processi nella Convenzione europea dei diritti umani, in Rivista di diritto internazionale*, cit., p. 618 ss. ; SCIARABBA V., *Il giudicato e la CEDU*, cit. p. 186 ss.

[2] En doctrine, considèrent nécessaire la vérification du lien de causalité, SACCUCCI A., *Revisione dei processi in ottemperanza alle sentenze della Corte europea: riflessioni de iure condendo,* in *Dir. pen. proc.* 2002, p. 251 et TEGA D., *Il seguito delle sentenze di condanna delle Corte dei diritti di Strasburgo: è nato un quarto grafo di giudizio,* in www.forumcostituzionale.it ; SCIARABBA V., *Il giudicato e la CEDU,* cit. p. 195 parle d'une possible lecture du verbe utilisé par le législateur français.

disposition est une norme floue pour permettre d'établir l'incidence de la violation sur la décision interne[1]. En conséquence de cette incertitude excessive concernant le lien existant entre violation et *decisum*, la commission française a appliqué de manière assez large et généreuse le critère et semblerait se concentrer plutôt sur le type de violation, au lieu d'évaluer également sa gravité, comme l'indique le texte qui propose les deux critères de façon cumulative. Cependant, une appréciation trop large serait néfaste, car elle risque de conduire à un manque d'uniformité dans la prise en compte des circonstances qui justifient la réouverture[2]. D'autre part, il y a lieu aussi de corriger le style trop essentiel avec lequel la Cour de réexamen se limite à affirmer que « *par sa nature et sa gravité, la violation constatée entraîne pour M. X... des conséquences dommageables auxquelles seul le réexamen de son affaire par une juridiction du fond peut mettre un terme* ». Au contraire, il faudrait que la Cour chargée de se prononcer sur la nécessité de réexamen puisse davantage fournir une motivation plus complète.

Au contraire, dans le régime prévu par l'article 628-*bis* du Code de procédure pénale italien, le juge interne, en l'espèce la Cour de cassation, doit vérifier l'impact de l'infraction constatée sur la décision finale. Le terme employé par le législateur italien laisse moins d'espace au doute : on ne parle pas de violation ayant entraîné, mais plutôt d'une incidence qui doit être effective de la violation sur la décision finale prononcée[3]. La Cour italienne doit donc vérifier les interférences entre la condamnation européenne et la « qualité » de la vérification juridictionnelle pénale et apprécier la mesure dans laquelle la violation des garanties fondamentales a pollué le jugement en droit interne. Aussi, le choix linguistique dans le droit italien laisse la porte ouverte à une interprétation discrétionnaire, susceptible de porter atteinte à l'uniformité des décisions en la matière, bien que le texte de la loi parât néanmoins plus précis et, en tout cas, nécessaire pour assurer un équilibre entre la stabilité de la chose jugée et l'efficacité du moyen de recours[4].

Par rapport à l'appréciation de l'incidence de la violation, une catégorisation peut être tentée : alors que dans le cas de violations substantielles, celles-ci ont toujours, de par leur nature et leur type, des répercussions sur la décision pénale[5], cela n'est pas forcément le cas pour les violations procédurales où il est souvent difficile d'identifier l'impact véritable du vice sur le contenu de l'arrêt. Il y a, en effet, tout d'abord, des cas où l'on peut exclure a priori que la violation conventionnelle ait affecté la justesse de la décision finale, ce qui est le cas, par exemple, du non-respect du droit à une durée raisonnable de la procédure. Il s'agit

---

[1] Ce qui rend la disposition trop générique dans l'accès au moyen de recours selon SCALFATI A., *Libertà fondamentali e accertamento giudiziario: la revisione del processo a seguito di pronunce della Corte europea dei diritti dell'uomo*, p.461, note 38.

[2] Comme le relate LAFOURCADE M., *La réouverture*, cit. p. 387.

[3] En ce sens LONATI S., *cit.* p. 23 ; LAVARINI B. *cit.* p. 12 :

[4] Ainsi dans la *Relazione illustrativa al decreto legislativo* 10 octobre 2022, n° 150, in GU, 19.10.2022, n° 245, suppl. ord. n° 5, 342.

[5] LAVARINI B. *cit.* p. 13.

évidemment d'un manquement grave à une garantie prévue par l'article 6 Conv. EDH, mais qui n'affecte pas la qualité des conclusions. En conséquence, l'affaire n'a pas besoin d'être réexaminée et la personne qui a subi le préjudice devra se contenter de la satisfaction pécuniaire équitable imposée par l'arrêt européen. Il existe aussi des situations dans lesquelles la violation est tellement grave qu'elle touche à l'ensemble du processus si bien que la décision finale a été certainement altérée en son équité. C'est typiquement le cas de violation des droits de la défense dans ses différentes déclinaisons - le droit de participer à son propre procès, le droit au temps et aux conditions pour préparer sa défense, l'égalité des armes, la qualité et l'efficacité de la défense – ou encore le défaut de l'impartialité et de l'indépendance du juge, l'absence d'interprète ou de traduction.

Néanmoins, peuvent aussi se présenter des situations intermédiaires où l'élément atteint par la condamnation de la cour EDH concerne une ou plusieurs preuves recueillies dans le cadre de la procédure pénale.

L'affectation du jugement final ne saura donc pas, dans un tel cas, une conséquence automatique de la condamnation européenne, mais il nécessitera de préciser la mesure dans laquelle l'utilisation de preuves touchées par la violation conventionnelle a atteint la décision finale. Ainsi, la Cour européenne condamne normalement l'État contractant pour le caractère inéquitable de la procédure si la preuve touchée par la violation conventionnelle est déterminante pour établir la culpabilité et que l'absence de cette garantie n'a pas été compensée par d'autres garanties tout au long du procès[1]. Dans ces hypothèses, le juge est alors appelé à une intervention chirurgicale sur l'acte ou les preuves dont la rénovation est nécessaire, sauf si une telle violation se traduit par une nullité capable de renverser tous les actes conséquents du procès, comme pourrait l'être classiquement l'impossibilité de participer à son propre procès.

Il existe aussi des cas où l'appréciation que les Cours internes devraient donner de l'incidence de la violation sur le jugement interne est pilotée par la Cour européenne : nombreux sont les cas où l'arrêt européen sert lui-même à prescrire une certaine mesure telle que la réouverture de la procédure interne comme étant

[1] Cour EDH [GC], 15 décembre 2011, *Al-Khawaja et Tahery c. Royaume-Uni*, n° 26766/05 et n° 22228/06 ; Cour EDH 10 février 2022, *Al Alo c. Slovaquie*, n° 32084/201 où la Cour a réitéré qu'il y a violation de l'article 6(3)(d) de la CEDH lorsque le défendeur est condamné sur la base des déclarations faites unilatéralement au cours de la phase d'enquête par des personnes ayant connaissance des faits, qui ne sont ensuite pas examinées au cours du procès parce qu'elles ont été déclarées introuvables, sans que des mesures compensatoires appropriées aient été prises pour l'absence de contre-interrogatoire. Sur la notion de « preuve unique ou décisive » développée par les juges européens, voir également, pour les références bibliographiques, M. AURIEMMA, *Sulla prova "unica o determinante". Il caso Al Khawaia e Tahery v. Regno Unito*, in Arch. pen. 2012, pp. 571 ; PELOSO, C., *Vers un assouplissement du principe du contradictoire dans la formation de la preuve : l'utilisation comme preuves d'enregistrements de conversations téléphoniques d'un témoin absent au procès n'a pas rendu le procès inéquitable en présence d'autres preuves*, sous Cour EDH, Seton c. Royaume-Uni, 31 mars 2016, req. n° 55287/10, dans *Journal d'actualité des droits européens* (JADE).

« *la seule solution appropriée* »[1]. Dans ces hypothèses, la marge d'appréciation, pourtant reconnue aux juges internes de rejeter le pourvoi de l'article 628-*bis* du Code de procédure pénale, serait réduite : en effet, un rejet de la demande pourrait exposer l'Italie à la procédure d'infraction prévue par l'article 46 § 4 de la Conv. EDH[2]

Les mécanismes nationaux mis en place pour exécuter l'arrêt de la Cour EDH attribuent ainsi l'appréciation de l'impact de la violation conventionnelle sur la décision définitive aux juges internes : la Cour EDH a d'ailleurs refusé tout automatisme entre la constatation d'un tel type de violation et l'obligation d'y remédier[3]. Une application correctement encadrée permet alors de préserver le véritable caractère exceptionnel du moyen de recours et de sauvegarder son efficacité[4].

D'autres législations en Europe ont plutôt adopté des formules visant à établir que la décision définitive doit être « *fondée* » ou « *basée* » sur la violation et proposent de faire recours à une évaluation plutôt subjective et pragmatique du cas d'espèce. La loi belge suit la logique de la vérification d'incidence effective de la violation sur le jugement définitif : ainsi, elle indique que la réouverture est autorisée lorsque la violation est « *la conséquence d'erreurs ou de défaillances de procédure d'une gravité telle qu'un doute sérieux existe quant au résultat de la procédure attaquée* » (art. 442 *quinquies*). De même, le modèle de la Bosnie-Herzégovine, article 327, lett. f) du Code de procédure pénale, fait référence à la nécessité que la décision soit fondée sur la violation[5]. En Bulgarie, l'article 422 du Code de procédure pénale indique que la violation doit être importante pour la procédure[6] ; en Lituanie, l'article 456 affirme que la réouverture est permise « *if the nature and seriousness of a violation raise doubts regarding the conviction of a person* ». L'article 363a du Code autrichien est particulier en ce qu'il prévoit que la réouverture est possible « *dans la mesure où l'on ne peut pas exclure qu'une violation puisse avoir, pour la personne concernée, une incidence*

---

[1] C. EDH, [Gr. C.], 11.7.2017, *Moreira Ferreira c. Portogallo*, § 92 ss.; C. EDH [Gr. C.], 11.7.2022, *Kavala c. Turchia*, §§ 146-148.

[2] Voir la procédure d'infraction ouverte à l'encontre de la Turquie et tranchée par la C. EDH [GC]., 11.7.2022, *Kavala c. Turquie* au motif que l'État membre n'avait pas procédé à la libération du requérant à Strasbourg, pourtant expressément indiquée comme mesure par la Cour EDH dans le dispositif ainsi que dans les motifs dans la décision C.EDH, II, 10.12.2029, *Kavala c. Turquie*, cfr. LAVARINI, cit. p. 13.

[3] C. EDH [Gr. C]., 11.7.2017, *Moreira Ferreira c. Portogallo*, cit., § 52; C. EDH, è[Gr. C.[, 9.11.2018, Beuze c. Belgio, §§ 199- 200.

[4] DE GOUTTES R., *La procédure de réexamen des décisions pénales après un arrêt de condamnation de la Cour EDH*, in *Liberté, justice, tolérance, Mélanges en hommage au doyen Gerard Cohen-Jonathan*, Bruylant, Vol. 1, pp. 563 ss.

[5]La réouverture est possible si « *The constitutional Court of Bosnia Harzegovina, Human Rights Chamber or European court of human rights estimates that the during the trial the human rights and basic freedoms has been violated and the judgement was instituted on it* ».

[6] Selon la traduction de PIRRONE P., *L'obbligo di conformarsi alle sentenze*, cit. p. 95

négative sur la décision prise par la juridiction pénale »[1] : la pratique autrichienne démontre que le critère essentiel de réouverture est donc la vérification, *in concreto*, du lien entre la violation et le résultat final du jugement[2]. Parmi l'hétérogénéité des solutions proposées par les autres législations, figurent aussi des formules larges, comme c'est le cas de la Hongrie, de la Lettonie ou de la Moldavie, où la référence est faite à une violation qui peut être réparée par la révision du procès ou qui a rendu non équitable le procès.

Par ailleurs, la réouverture de la procédure pourrait être mise en place dans le seul but de procéder à la modification de la peine appliquée par la décision de justice définitive dans un sens plus favorable au condamné. En Italie, cette hypothèse a eu notamment lieu avec l'affaire « *Scoppola* » et a conduit à s'interroger sur la possibilité d'attribuer au juge de l'exécution des peines le pouvoir de procéder à la correction, sans pour autant avoir recours au processus de révision. Nonobstant, la question s'est posée dans le cadre complexe de l'intervention sur une décision définitive lorsque la Cour EDH a déclaré la violation du principe de légalité. La jurisprudence italienne avait donc reconnu la possibilité pour le juge de l'exécution des peines, selon le principe voulant que la peine soit légitime tout au long de sa durée, d'intervenir sur la « *res iudicata* » afin de garantir la conformité aux droits et libertés fondamentaux affirmés au niveau européen[3]. Il s'agirait dès lors du cas où le dépassement de la chose jugée est justifié, non pas en conséquence de violations procédurales qui se traduisent sur la validité de la vérification juridictionnelle définitive ni par non-conformité à la Conv. EDH issue de l'application de dispositions garantissant le rôle punitif de l'État. Il s'agirait plutôt d'un détachement uniquement lié aux conséquences de la vérification juridictionnelle, que l'on assume correctement relativement à la reconstruction des faits et à son développement processuel. L'objectif est donc uniquement, en ce qui concerne la peine, de vérifier et corriger les « *excès* » punitifs[4]. À cette fin, les mêmes dispositions spécifiques introduites pour permettre l'exécution de l'arrêt de la Cour EDH doivent offrir la possibilité de demander uniquement la modification du jugement en ce qui concerne la peine appliquée. Une solution différente a été retenue par la jurisprudence de la Cour fédérale allemande, qui utilise la nouvelle détermination de la peine comme un instrument pour remédier

---

[1] PIRRONE P., L'*obbligo di conformarsi alle sentenze*, cit. p.94 ; LAFOURCADE M., *La réouverture*, p.394

[2] La Cour autrichienne a fait application de la réouverture dans le cas Cour EDH, *L et V. c. Autriche,* 9 janvier 2003, où la CEDH déclarait la violation de l'article 14 combiné avec l'article 8 de la CEDH. La Cour suprême autrichienne a donc déclaré la disposition 209 du Code pénal autrichien inconstitutionnelle contraire à la CEDH, ce qui a justifié la réouverture. Sur le modèle autrichien, voir TRETTER, *The implementation of judgments of the European Courts of Human Rights in Austria,* in BARKHUYSEN, VAN EMMERIK, VAN KEMPN, *The execution of Strasbourg and Geneva Human rights decisions in the National legal order,* Nijhodd, The Hague, 1999, pp. 167-182.

[3] Notamment, Cour de cassation, sez. Un. 24 octobre 2013, *Ercolano* qui exclut qu'un État de droit puisse tolérer l'exécution d'une peine pas conforme à la CEDH ou à la Constitution.

[4] SCIARABBA V., *Il giudicato e la CEDU*, cit. p. 190-191

à des violations de la Conv. EDH par une solution pragmatique qui, au lieu de viser la nouvelle tenue du procès, compense la violation conventionnelle par une atténuation de la peine permettant, de façon exceptionnelle, de déterminer la peine sous le seuil minimal prévu par la loi[1].

CHAPITRE 2
L'ÉLARGISSEMENT POTENTIEL DE LA RÉOUVERTURE

L'aménagement d'une procédure de réouverture de la procédure interne est donc un formidable outil qui permet à l'État partie de respecter ses engagements internationaux. Souvent, la doctrine s'est interrogée sur la possibilité d'une application extensive de la réouverture à des personnes autres que le condamné qui a proposé et obtenu une décision de condamnation par la Cour EDH **(1§)** ce qui a donné lieu à des décisions judiciaire en Italie **(2§)**.

1§. L'élargissement subjectif de la réouverture en France

La non-conformité conventionnelle du jugement interne a également posé la question de savoir si le contraste entre une décision interne et la condamnation européenne peut générer des conséquences envers des personnes qui, bien que condamnées, n'ont pas saisi la juridiction supranationale et se trouvent cependant dans les mêmes conditions qu'une personne qui l'a saisie.

De telles hypothèses sont apparues en France à l'égard notamment des coauteurs du demandeur au réexamen : dans un cas relatif à la condamnation pour des faits de diffamation pour lesquels avaient été jugées responsables plusieurs personnes, seul Marc Tessier, qui avait présenté une requête à la Cour européenne, a bénéficié de la demande de réexamen. De même, dans l'affaire Gérard Gacon, seul son frère Jean-Claude, condamné en même temps que lui, avait pu bénéficier de la demande de réexamen puisqu'il avait saisi victorieusement la Cour européenne, alors que Gérard Gacon avait vu sa demande déclarée irrecevable par la Commission de réexamen au motif qu'il n'avait pas saisi la Cour EDH à la suite de l'arrêt rendu par la Cour de cassation le 25 juin 2003[2].

L'opportunité d'une extension pourrait alors être retenue lorsqu'il s'agit de violations de type substantiel, quand la condamnation de la Cour EDH intéresse, bien que de façon indirecte, une disposition générale dont il a été fait une application correcte. Dans cette hypothèse, le constat de sa non-conventionnalité devrait ouvrir le droit d'obtenir une réouverture à n'importe quelle autre personne condamnée sur le fondement de cette même règle. Au contraire, l'application

---

[1] La Cour fédérale permet d'ailleurs déjà une réduction de peine pour la longueur des temps processuels selon une pratique reconnue par la cour de Strasbourg, qui peut être assimilée à la loi Pinto qui, en Italie, aménage la possibilité d'obtenir une restauration économique de la durée excessive de la procédure. Voir PARLATO L., *La revisione del giudicato penale*, op .cit. 1030.

[2] Comm. réexamen, 8 octobre 2009, Gerard Gacon.

extensive de la violation procédurale à d'autres cas semblerait plus difficile puisque la condamnation européenne a opéré ce constat dans une procédure spécifique, visant la situation concrète. Mais de tels constats ne sont en effet pas absolus et s'exposent à la nécessité d'apprécier au cas par cas la situation particulière qui justifie la condamnation par la Cour EDH[1].

L'ouverture de la procédure à des personnes autres que le requérant devant la Cour EDH permettrait pourtant de concilier l'intérêt à la sauvegarde des décisions de justice et la nécessité de consacrer une approche plus pragmatique capable de répondre aux nécessités des requérants et aux objectifs poursuivis par le syncrétisme entre ordre national et européen. À cet égard, il a été proposé d'insérer dans l'article 612-1 C.P.P., qui régit l'extension du pourvoi en cassation, un alinéa spécifique prévoyant que *« lorsque l'intérêt des droits de l'homme ou d'une bonne administration de la justice le commande, la réouverture prononcée par la commission de réouverture de la décision pénale aurait effet également envers l'un ou les autres condamnés que le demandeur qui n'ont pas saisi la Cour européenne des droits de l'homme, si ces derniers le souhaitent* ».[2] Sur le fondement de la nécessité de reconnaître une plus grande cohérence entre le niveau européen et interne ainsi que pour garantir une plus grande crédibilité du système judiciaire européen, s'est manifestée une faveur envers la nécessité de reconnaître au réexamen une portée plus ample permettant de justifier, plus généralement, un pourvoi dans l'intérêt des droits de l'homme ou de la Conv. EDH[3].

Néanmoins, la solution d'envisager automatiquement la possibilité que tout requérant puisse saisir la procédure de réouverture dès lors que la Cour EDH a condamné l'État, même lorsque le requérant est différent de celui auquel l'arrêt bénéficie, semble excessive notamment vis-à-vis de l'exigence de stabilité des décisions de justice. Elle risquerait, par ailleurs, d'être difficilement applicable, car, au contraire, les législations internes souhaitent encadrer assez strictement les conditions d'accès au réexamen. Il s'agit toutefois de propositions qui n'ont jamais été insérées dans la lettre de la loi, car l'article 622-1 C.P.P. continue

---

[1] SCIARABBA V., *Il giudicato e la CEDU*, cit. p.193 constate que le contraire serait vrai aussi : si la condamnation pour violation d'une disposition substantielle de la CEDH découle d'une application incorrecte de la disposition générale dans le cas spécifique, il faudrait exclure que cela conduise à une extension de ces effets à des tiers ; au contraire, une violation procédurale constatée dans une certaine procédure pourrait être susceptible d'une application généralisée lorsqu'elle résulte de l'application d'une disposition processuelle contraire à la CEDH et que la situation de la personne se rapproche de celle du condamné victorieux à Strasbourg.

[2] En ce sens, LAFOURCADE M., *La réouverture*, cit. p. 402 ;

[3] En ce sens, voir LAMBERT ABDELGAWAD E., *La réouverture des procédures judiciaires internes suite à un arrêt de la Cour européenne des droits de l'homme* : *un droit éclaté* », dans COHEN-JONATHAN G. – FLAUSS – LAMBERT ABDELGAWAD E., *De l'effectivité des recours internes dans l'application de la convention européenne des droits de l'homme*, Nemesis/Bruylant, 2007 ; HOTTELIER M., *La procédure suisse de révision consécutive à un arrêt de condamnation pour la Cour EDH*, dans RTDH, 2001, N. 47MO, 746 SS, spec. P. 762.

d'évoquer seulement le condamné comme demandeur au réexamen[1]. Cette problématique a été également au centre des débats en Italie.

2§. Le cas des « fratelli minori » à la réouverture européenne en Italie

En Italie, la question du sort des personnes qui, se trouvant dans la même situation du requérant qui a bénéficié d'une condamnation de la Cour EDH à son encontre, mais qui n'ont pas fait recours à la Cour EDH, a fait débat. Dans un contexte où la procédure de « *révision européenne* » n'était pas encore définie par le législateur, la jurisprudence italienne a essayé de répondre à ce questionnement en marge des affaires Scoppola **(2.1§)** et Contrada **(2.2§).** Désormais, l'article 628 bis c.p.p. tranche la question en évoquant une demande qui peut être présentée uniquement par la personne

2.1§ I « fratelli minori » dans l'affaire Scoppola c. Italie

Dans l'affaire *Scoppola c. Italie* la question s'est en effet posée de savoir quel devait être le sort des personnes qui avaient également été condamnées à la perpétuité en raison de la modification législative *in peius* dans le cadre du *rito di giudizio abbreviato*, mais qui n'avaient pas pour autant fait recours à la Cour de Strasbourg. Pour ces tierces personnes, les arguments que la Cour de cassation avait utilisés dans le cas du défendeur, Scoppola, ne pouvaient pas être retenus : en effet, pour autoriser la réouverture de la procédure, même en présence de l'autorité de chose jugée du jugement définitif, avait été invoquée l'exigence d'exécuter un titre exécutoire européen sur le fondement de l'article 46 Conv. EDH, titre exécutoire qui n'existait cependant pas dans les cas des autres personnes, car l'arrêt n'avait pas été prononcé contre eux. Néanmoins, un certain nombre de recours avaient de même été présentés pour obtenir la modification de la perpétuité en une peine de trente ans d'emprisonnement[2].

Sur la base de l'arrêt *Scoppola c. Italie*, analysé dans son intégralité plus haut, M. Ercolano[3], prétendant se trouver dans la même situation que celle examinée,

---

[1] Outre qu'évidemment la révision et le réexamen peuvent être demandés par le ministre de la Justice, par le procureur général près la Cour de cassation, par le condamné ou, en cas d'incapacité, par son représentant légal, après la mort ou l'absence déclarée du condamné, par son conjoint, le partenaire lié par un pacte civil de solidarité, son concubin, ses enfants, ses parents, ses petits-enfants ou arrière-petits-enfants ou ses légataires universels ou à titre universel. La révision peut, en outre, être demandée par les procureurs généraux près les Cours d'appel (art. 622-2 CPP).

[2]VIGANÒ F., *Figli di un dio minore? Sulla sorte dei condannati all'ergastolo in casi analoghi a quello deciso dalla Corte edu in Scoppola c. Italia*, in *Dir. pen. contemp*, 10 aprile 2012; G. ROMEO, *L'orizzonte dei giuristi e i figli di un dio minore. Ancora sui "fratelli minori" di Scoppola, aspettando le Sezioni Unite*, in *Dir. pen. contemp.*, 16 aprile 2012,aussi LAVARINI B., *Il sistema*, cit., p. 99 ss.

[3] Salvatore Ercolano avait été condamné à la perpétuité par la décision de la Cour d'assises d'appel de Catane du 10 juillet 2001, devenue irrévocable le 14 novembre 2001. M.Ercolano avait demandé au cours de son jugement en appel d'être admis au jugement abrégé prévu par l'article 442, al .2 c.p.p. en acquérant, en cas de condamnation, le droit à être puni par une sanction plus souple de trente ans d'emprisonnement au lieu de la perpétuité (avec ou sans isolement diurne). L'article 7 du D.l. 341/2000, entré en vigueur avant la condamnation et ayant un effet défavorable, n'aurait donc pas dû

avait demandé au juge de l'exécution de recalculer la peine qui lui avait été infligée, en remplaçant la peine de prison à perpétuité par une peine de trente ans d'emprisonnement. Suite au recours contre le rejet de la demande, l'affaire a été portée devant l'Assemblée plénière de la Cour de cassation qui a donc été saisie de la question de l'iniquité substantielle suivant l'application d'une peine jugée conventionnellement illégale et cela même en l'absence d'un arrêt de la Cour européenne portant sur le cas concret.

Tout en considérant que la valeur de chose jugée devait céder face à l'exigence de protection des droits fondamentaux de la personne, par crainte d'ouvrir la voie à une application incontrôlée de la jurisprudence de la Cour de Strasbourg par les juges d'exécution, la Cour de cassation italienne a finalement décidé d'emprunter plutôt la voie de la constitutionnalité de la règle interne à l'origine de la violation structurelle : elle soulevait ainsi la question de la constitutionnalité de l'article 7 du décret législatif n. 341 de 2000[1].

La Cour constitutionnelle italienne a donc prononcé l'arrêt n° 210 de 2013[2] par lequel elle déclara l'illégitimité de l'article 7, al. 1 d.l. n° 341/2000 en référence à l'article 117 Cost. pour violation de l'article 7 Conv. EDH, en confirmant les argumentations indiquées par l'Assemblée plénière de la Cour de cassation.

En particulier, la Cour soulignait que « *la position du requérant est essentiellement équivalente à celle de Scoppola, si bien qu'il y a eu violation du droit fondamental à la liberté personnelle* ». En conséquence, « *cette situation - même au risque de mettre en crise le dogme de la chose jugée - ne peut pas être tolérée, car elle légitime l'exécution d'une peine considérée comme objectivement illégitime et détermine une violation du principe d'égalité de traitement entre condamnés qui sont dans une même position* ».

À la suite de la décision 210/2013 de la Cour constitutionnelle, la Cour de cassation – à nouveau réinvestie de l'affaire *Ercolano* en assemblée plénière – constatait que – à la lumière de l'arrêt constitutionnel n° 210 de 2013 – il fallait s'interroger sur la possibilité d'éliminer les conséquences de l'application d'une peine à une personne qui n'a pas fait de recours à la Cour EDH[3]. La solution fut

avoir effet rétroactif. Voir LAMARQUE-VIGANÓ F., *Sulle ricadute interne della sentenza Scoppola*, dans *Dir. pen. cont.* 21.03.2014, p. 1 ss. ; VIGANÓ F., *Pena illegittima e giudicato. Riflessioni in margine alla pronuncia delle Sezioni Unite che chiude la saga dei "fratelli minori" di Scoppola*, in *Dir. pen. contemp.- Riv. Trim.*, 1/2014, p.1 ss. Aussi BIGIARINI A. *La crisi del giudicato penale*, cit.,p.102 ss.

[1] CAPRIOLI F., *Giudicato e illegalità della pena: riflessioni a margine di una recente sentenza della Corte Costituzionale*, in M. BARGIS (a cura di), *Studi in ricordo di Maria Gabriella Aimonetto*, Milano, 2013, 267 ss.;

[2] Cour constitutionnelle, 18 juillet 2010, n. 210, Pres. Gallo, Rel. Lattanzi avec commentaire de LAMARQUE E.-VIGANÓ F., *Sulle ricadute interne della Sentenza Scoppola. Ovvero: sul gioco di squadra tra Cassazione e Corte costituzionale nell'adeguamento del nostro ordinamento alle sentenze di Strasburgo*, in Giur. it., n. 2/2014, p. 392-408.

[3] Cass., Sez. Un. pen., 24 ottobre 2013 (dep. 7 maggio 2014), n. 18821, Pres. Santacroce, Rel. Milo, Ric. Ercolano avec commentaire de BIGNAMI M., *Il giudicato e le libertà fondamentali : le Sezioni*

donc identifiée dans les dispositions de l'article 670 du Code de procédure pénale et de l'article 30 §4 de la loi n° 87 de 1953, ce qui en faisait l'instrument approprié pour opérer la redétermination et la substitution de la peine conventionnellement et constitutionnellement illégitime[1]. La Cour exclue l'utilisation de la révision européenne prévue par l'article 630 c.p.p., car ici il n'y avait pas lieu de procéder à une nouvelle constatation sur le fond, nécessitant la réouverture du procès, mais il s'agissait plutôt de modifier simplement le titre exécutoire, afin de remplacer la sanction imposée par celle qui est conforme à la Conv. EDH.

L'affaire *Ercolano* fait apparaître une certaine prudence appréciable de la part de la Cour de cassation sur la question de l'exécution des jugements de la Cour de Strasbourg dans des affaires similaires – ou plutôt identiques – à celles déjà soumises à son examen. Le passage par le contrôle de constitutionnalité indique le refus d'une application généralisée des décisions de la Cour européenne, au profit d'une intervention ciblée du juge de l'exécution - par le biais de l'incident d'exécution[2].

Le choix de la Cour constitutionnelle de faire recours à l'article 30, paragraphe 4, de la loi 87/1953, qui impose la cessation des effets pénaux résultant d'un tel jugement déclaratif lui assure, d'une part, un contrôle contre une application trop extensive des effets des arrêts supranationaux et, d'autre part, le plein respect du principe de légalité procédurale sans devoir recourir à des interprétations analogiques des moyens de recours existants dans le système procédural italien.

La question s'est ensuite également posée par rapport aux personnes se trouvant dans la même situation que le requérant dans l'affaire *Contrada c. Italie.*

Unite concludono la vicenda Scoppola-Ercolano, in Dir. pen. cont., 16 mai 2014 ;VIGANÓ F., op. cit., p. 250 ss.

[1] L'article 30§4 de la Loi 87/1953 affirme que « *quand, en application de la règle déclarée inconstitutionnelle, a été prononcée une condamnation irrévocable, son exécution et tous les effets pénaux cessent* ». Selon la Cour, ici, le recours à l'article 673 du Code de procédure pénale devait être exclu, car la déclaration d'illégitimité constitutionnelle avait affecté non pas une règle portant incrimination, mais une règle affectant uniquement le montant de la peine. Le recours à l'article 30 alinéa 4 de la loi n° 87 du 11 mars 1953 est préférable, car celui-ci ne se réfère pas exclusivement à la disposition incriminante, mais fait une référence générique à la règle déclarée inconstitutionnelle, dont les effets pénaux doivent être considérés comme ayant cessé, cfr. BIGIARINI A. *La crisi del giudicato penale*, cit.,p.105 ss.

[2] De façon critique vis-à-vis de quelques points de la décision de la Cour de cassation, BIGIARINI A. *cit.* p. 106-107.

2.2§. Les « fratelli minori » de l'affaire Contrada c. Italie

L'efficacité *ultra partes* ou *erga alios* de l'arrêt *Contrada c. Italie* concernait le sort qui devait être réservé aux personnes qui, comme Contrada, ont été condamnées pour complicité externe d'association mafieuse pour des faits antérieurs à l'intervention des sections unies Demitry en 1994[1]. Cette question a fait l'objet d'un arrêt de la Cour de cassation qui, reconnaissant la pluralité de jurisprudences contradictoires, a été renvoyé à l'Assemblée plénière « *pour déterminer si l'arrêt de la Cour européenne des droits de l'homme du 14 avril 2015 dans l'affaire Contrada a une portée générale, extensible à ceux qui, indépendamment de cet arrêt, se trouvent dans la même situation, en ce qui concerne la prévisibilité de la condamnation ; et, par conséquent, lorsqu'il est nécessaire d'exécuter cet arrêt à l'égard de ces derniers, quel est le recours applicable* »[2].

Finalement, selon le principe de droit établi par la Cour de cassation en assemblée plénière, « *les principes affirmés par l'arrêt de la Cour européenne des droits de l'homme du 14 avril 2015, Contrada c. Italie, ne s'étendent pas à ceux qui, étrangers à cet arrêt, se trouvent dans la même situation en ce qui concerne la prévisibilité d'une condamnation pour le délit de participation extérieure à une association de malfaiteurs de type mafieux, dès lors que l'arrêt n'est pas un arrêt pilote et ne peut être considéré comme l'expression d'une jurisprudence européenne établie* »[3].

D'autres cas avaient suivi l'arrêt Contrada, notamment celle relative à Marcello Dell'Utri. Celui-ci avait présenté à la Cour d'appel de Palerme, dans sa qualité de juge de l'exécution, une demande directe tendant à obtenir la révocation de la condamnation définitive qui l'avait reconnu responsable du délit de concours externe en association mafieuse[4]. Sa demande se fondait notamment sur la

---

[1] Parmi les personnes qui ont cherché, sans y parvenir, à utiliser la décision *Contrada c. Italia* pour obtenir la révocation de la condamnation : Cass. pen., Sez. I, sentenza del 10 aprile 2017 (dep. 27 novembre 2017), n. 53610, Gorgone, comm. BERNARDI S., *Ancora sui "fratelli minori" di Bruno Contrada: un nuovo diniego della Cassazione*, in *Dir. pen. cont.*, 11 décembre 2017; Cass. pen., Sez. 1, 12 janvier 2018 (dep. 22 février 2018), Esti, n. 8661; Cass. pen., Sez. 1, 12 juin 2018 (dep. 20 juillet 2018), n. 36505, Corso; Cass. pen., Sez. 1, 12 juin 2018 (dep. 30 juillet 2018), n. 36509, Marfia; Cass. pen., Sez. 1, 4 décembre 2018 (dep. 2 janvier 2019), n. 37, Grassia; Cass. pen., Sez. 1, 19 février 2019 (dep. 9 aprile 2019), n. 15574, Papa.

[2] Cass., Sez. VI, ord. 22 mai 2019 (dep. 17 mai 2019), n. 21767, Dir. Pen. Cont., 13 juin 2019, commentaire BERNARDI S., *Troppe incertezze in tema di "fratelli minori": rimessa alle Sezioni Unite la questione dell'estensibilità erga omnes della sentenza Contrada c. Italia,* Dir. Pen. Cont., 13 juin 2019.

[3] Cass. pen., SS.UU., sentenza 24 ottobre 2019 (dep. 3 marzo 2020), n. 8544, Pres. Carcano, rel. Boni, ric. Genco, commentaire BERNARDI S., *Le sezioni unite chiudono la saga dei "fratelli minori" di bruno contrada: la sentenza contrada c. italia non può produrre effetti erga omnes,* Sistema penale, 11 mars 2020.

[4]Marcello Dell'Utri avait été condamné pour concours externe dans l'association mafieuse pour des comportements relevant d'un apport conscient et volontaire au renforcement et à la conservation de l'association mafieuse « *Cosa Nostra* » en effectuant une activité continue de mise en relation entre celle-ci et le chef d'entreprise Silvio Berlusconi, à partir duquel il s'était enrichi. Il avait été condamné

décision de la Cour européenne *Contrada c. Italie*, qui avait reconnu que la notion du concours externe en association mafieuse était le fruit d'une évolution jurisprudentielle commencée vers la fin des années 80 et achevée en 1994 avec l'arrêt Demitry.

Les avocats de Marcello Dell'Utri justifiaient la demande en affirmant que la condamnation subie par leur client entrait pleinement dans le champ d'application de la décision européenne. Dès lors, celui-ci devait être considéré comme une personne qui se trouvait dans la situation identique déjà examinée et décidée par la Cour européenne. Il s'en suivait qu'envers Marcello dell'Utri existait aussi une obligation, sur le fondement de l'article 46 Conv. EDH, d'adopter toutes les mesures générales visant à éliminer les conséquences négatives que celui-ci subissait du fait d'une condamnation rendue en violation de l'article 7 Conv. EDH. La Cour d'appel de Palerme déclarait la demande irrecevable : en effet, bien qu'une analogie sur le plan temporel ait été relevée entre l'affaire de Contrada et celle de Dell'Utri, il était impossible de lui faire application au motif de l'absence d'une indication législative permettant au juge de l'exécution de révoquer la décision lorsque l'arrêt de la Cour EDH a été prononcé envers une personne et dans une procédure différente[1].

Par ailleurs, la Cour d'appel de Palerme s'interrogeait sur la question de la possible inconstitutionnalité de l'article 673 c.p.p. en ce qu'il ne permet pas la révocation de l'arrêt de condamnation passé en chose jugée en présence d'une violation identique à celle déjà constatée par la Cour de Strasbourg. Néanmoins, cette question de constitutionnalité ne pourrait, selon le juge, être accueillie qu'en présence d'un arrêt *pilote,* c'est-à-dire d'une décision qui exprime une jurisprudence solide de la Cour européenne, que n'est pas la décision *Contrada c/ Italie*[2].

---

par le Tribunal de Palerme le 11 décembre 2004 à neuf ans d'emprisonnement pour « *concorso esterno in associazione semplice e concorso esterno in associazione mafiosa* ». La Cour d'appel de Palerme, par sa décision du 29 juin 2010, confirme la culpabilité de Dell'Utri pour « concorso esterno in associazione mafiosa », mais ramène sa peine à sept ans d'emprisonnement. Le 9 mars 2012, la Ve section pénale de la Cour de cassation annule partiellement avec renvoi la décision du deuxième degré. La Cour d'appel de Palerme se prononce à nouveau, le 25 mars 2013 en confirmant le jugement de culpabilité à sept ans. Finalement, la Cour de cassation confirme le 9 mai 2014 la condamnation de Dell'Utri prononcée par la cour d'appel. Cf. BERNARDI S., *I fratelli minori di Bruno Contrada Cfr.* SANTORIELLO C., *Perché l'intervento delle Sezioni unite sulla sorte dei fratelli minori di Contrada è superfluo ed inutile, in Arch. pen., 2, 2019 davanti alla Corte di Cassazione*, in *Dir. pen. cont. Riv. Trim.* n. 2/2017, p. 257.

[1] Corte d'appello, Palermo, ordinanza 18.11.2015, dep. 23.11.2015, n. 639.

[2] Déjà ainsi décision Cour constitutionnelle, 26 mars 2015, n° 49 où l'efficacité *ultra partes* des décisions de la Cour de Strasbourg est fortement réduite. Elle ne concernerait que les arrêts dits pilotes ou exprimant un « droit établi », alors que « *cette obligation n'existe pas pour les arrêts qui n'expriment pas une ligne de conduite qui ne sont pas l'expression d'une orientation devenue définitive* ». Cfr. ZAGREBELSKY V. Corte cost. n. 49 del *2015, giurisprudenza della Corte europea dei diritti umani, art. 117 Cost., obblighi derivanti dalla ratifica della Convenzione*, in Riv. AIC, maggio 2015; RUGGERI A., *Fissati nuovi paletti dalla Consulta a riguardo del rilievo della Cedu in ambito interno*, Dir. Pen. Cont., 2 aprile 2015.

Contre la décision de la Cour d'appel, un recours devant la Cour de cassation était formé : il arguait de l'exigence d'adopter une interprétation conventionnellement conforme de l'article 673 c.p.p. et d'assimiler la position de Dell'Utri à celle de Bruno Contrada. Le requérant affirmait que, sur la base de la jurisprudence interne de l'Assemblée plénière et de la Cour constitutionnelle[1], l'accident d'exécution prévu par l'article 673 c.p.p. était le seul moyen utilisable pour exécuter la décision de la Cour européenne qui avait établi une violation « structurelle » de l'ordre interne.

Était ensuite également soulevée une question de légitimité constitutionnelle des articles 673 et 670 c.p.p. en ce qu'ils ne permettent pas de procéder à la révocation ou, du moins, à une déclaration de non-exécution, du titre exécutoire en présence d'une décision de la Cour européenne ayant comme objet la violation du principe de légalité même si prononcée à l'encontre d'une personne différente et dans le cadre d'une autre procédure.

La Cour de cassation considérait cependant que le recours était non fondé[2]. En premier lieu, elle rappelait que, à l'époque où il était impossible d'accéder à la révision européenne pour garantir la conformation des décisions internes aux arrêts de la Cour EDH, la Cour de cassation avait fait usage de l'instrument d'exécution. Depuis l'introduction de la révision européenne à l'article 630 c.p.p., la voie de l'accident d'exécution n'est normalement pas préférable. En effet, les juges expliquaient que la phase de l'exécution est uniquement vouée à la mise en exécution de la décision irrévocable, en conséquence, au sein de celle-ci, les interventions pour corriger des vices causés par des violations conventionnelles qui se sont vérifiées au cours du jugement sur le fond ne peuvent pas avoir lieu. Dès lors, aucun pouvoir discrétionnaire ne peut être reconnu au juge de l'exécution des peines qui agit uniquement sur la base des règles qui prescrivent son action selon le *principio di tassatività*.

La Cour traite ensuite le problème relatif à l'altérité de Dell'Utri par rapport à la personne de Contrada : selon la Cour, en soi, l'altérité subjective du condamné n'est pas un obstacle à l'utilisation de la révision européenne, à condition qu'il existe une portée générale de la violation et une identité substantielle du cas d'espèce[3].

Puis, elle analyse si, à la lumière des critères établis par la jurisprudence *Ercolano*, il est possible d'utiliser l'accident d'exécution dans le cas d'espèce et conclut à son exclusion en constatant, relativement au point de l'identité entre les situations des condamnés, que le fait que les deux personnes aient été condamnées pour des faits similaires n'est pas suffisant, car la violation conventionnelle, en l'espèce celle de l'article 7 Conv. EDH, doit s'apprécier à l'égard de l'histoire

[1] Corte di Cassazione, Sez. Un., *Ercolano*, 24 ottobre 2013 et Corte Cost. n. 210/2013.

[2] Corte di Cassazione, sez. I, 11 octobre 2016, dep. 18 octobre 2016, n. 44193, Pres. Mazzei, Rel Magi, Ric. Dell'Utri avec commentaire de BERNARDI S., *I fratelli minori di Bruno Contrada davanti alla Corte di Cassazione*, in *Dir. pen. cont. Riv. Trim.*, pp. 257 ss.

[3] LAVARINI B.*Il sistema*, cit: p. 147 ss.

processuelle, de la condition subjective de l'accusé au moment des faits et des modalités d'exercice du droit de défense de la personne. Dans le cas d'espèce, la Cour concluait que Dell'Utri n'avait jamais contesté le défaut de prévisibilité de la qualification des faits commis avant 1994, alors que Contrada s'était attendu à une alternative entre les deux qualifications[1].

En définitive, l'apport de cette décision réside dans l'affirmation explicite que l'accident d'exécution est un remède purement résiduel par rapport à la révision européenne qui est le remède adapté à l'exécution d'un arrêt européen. Le sort des tiers au condamné victorieux à Strasbourg semble encore incertain.

Pour l'instant, la seule solution à une violation substantielle de la Convention résultant d'un défaut structurel du système serait alors de faire appel à la Cour européenne : il sera alors possible de demander l'annulation de l'arrêt en vertu de l'article 673 du code de procédure pénale suite à l'inconstitutionnalité de la règle sur laquelle s'est fondée leur condamnation. Dans le cas d'une violation procédurale, le tiers devraient en tous cas saisir la Cour européenne de leur cas concret.

[1]En ce sens BERNARDI S., *I fratelli minori di Bruno Contrada davanti alla Corte di Cassazione*, cit. p. 265 ss.

CONCLUSION

Le système conventionnel de protection des droits de l'homme, par sa particularité et son incidence sur l'ordre juridique interne, a profondément modifié la conception des rapports entre ordres juridiques supranationaux. La démarche entreprise lors de cette étude s'est concentrée, en particulier, sur le système conventionnel fondé sur la Convention EDH et sur l'œuvre interprétative de la Cour EDH, qui a considérablement enrichi l'ensemble des droits et libertés protégés par ce texte.

En définitive, notre démarche a tenté de contribuer à la compréhension du rôle que l'autorité de chose jugée, expression typique du pouvoir juridictionnel d'origine étatique, est susceptible d'avoir au sein de l'enchevêtrement des ordres juridiques.

Le résultat auquel nous parvenons est que la notion de chose jugée reste un pilier essentiel de la procédure pénale : elle assure la protection d'intérêts essentiels à la structuration du système juridique ainsi qu'à la société et à l'individu lui-même. Cette notion ne saurait être abandonnée ou déclarée inexistante à cause de la divergence avec une condamnation européenne. Cela semble d'ailleurs cohérent avec la position affichée par les organismes conventionnels et communautaires mêmes qui reconnaissent à la chose jugée un rôle essentiel dans l'architecture de la procédure pénale. Néanmoins, la chose jugée étant à la croisée des exigences de stabilité du droit et de justice, son caractère, prétendu immuable, ne saurait – dans le contexte d'affirmation d'un standard des droits fondamentaux par les niveaux supranationaux – empêcher de réaliser le rétablissement de l'individu dans ses droits violés.

En conséquence, la notion de chose jugée doit se réajuster pour s'adapter au « *pluralisme juridique* » dans laquelle elle évolue désormais : tout en restant une notion fondatrice destinée à clore définitivement la procédure et assurer la sécurité juridique tout en empêchant la réouverture indéfinie de la vérification juridictionnelle, elle doit adapter son rôle au sein d'un ordre juridique renouvelé par la primauté des droits fondamentaux proclamés au niveau supranational.

Ainsi, les espaces de relativité de l'autorité de chose jugée doivent se reconfigurer face à des impératifs conventionnels tels que l'exigence d'exécuter les arrêts de la Cour EDH.

Dans ce contexte, la mise en place de procédures de réouverture, en dépit de leur incidence sur la stabilité des décisions définitives, a été perçue dans l'expérience italienne et française comme une démarche nécessaire et inévitable. Bien que selon des modalités et temps propres à chacun, tant l'Italie que la France reconnaissent de façon similaire la valeur de l'autorité de chose jugée et les valeurs y étant rattachées, telles que la certitude du droit et la stabilité des relations juridiques. Elles limitent d'ailleurs strictement les hypothèses d'une brèche possible à la force immuable de la décision.

Cela néanmoins est la conséquence obligée de l'engagement supranational de l'État et de la conviction que la réouverture peut être, parfois, le seul moyen efficace pour permettre la « *restitution in integrum* » recherchée et justifiant, ainsi, le dépassement de l'autorité de chose jugée dans l'objectif de rétablissement des droits fondamentaux. Ainsi, comme le constate le Comité des ministres même, « *l'ampleur et la nature des réformes montrent toute l'importance du processus d'exécution pour assurer que la compréhension commune des exigences de la Convention en matière d'État de droit, de droits de l'homme et de démocratie en Europe se traduise dans les faits dans tous les États membres, confirmant ainsi le rôle unique du système de la Convention pour la stabilité et la sécurité démocratiques du continent européen* »[1].

Ainsi, en consacrant une nouvelle hypothèse de dépassement de l'autorité de chose jugée, la France et l'Italie confirment la volonté d'intégration avec les ordres supranationaux et acceptent l'idée d'une justice pénale éclairée par la force des garanties procédurales : la stabilisation de la décision définitive que l'on évoque telle la chose jugée a lieu, non seulement en conséquence de l'enchaînement des actes procéduraux, mais également en ce que de tels actes respectent la notion de « *justesse* », découlant des garanties affirmées au niveau supranational et intégrées également par les ordres internes, notamment par l'article 111 de la Constitution italienne et par l'article préliminaire au Code de procédure pénale français.

En dépit des difficultés des expériences pratiques, l'aménagement de procédures de réouverture contribue à la progression nécessaire des principes juridiques qui construisent désormais une justice pénale où l'ordre juridique national est constamment intégré par l'œuvre du juge supranational.

---

[1] Rapport annuel Comité des ministres, surveillance de l'exécution des arrêts et des décisions, 2016, p. 12 disponible sur www.coe.int.

BIBLIOGRAPHIE

OUVRAGES

En français

AUBRY C.- RAU C., *Cours de droit civil français*, VIII, Paris, 1878.
BERGER V., *Jurisprudence de la Cour européenne des droits de l'homme*, Sirey, 1994.
BISCARDI A. , *Lezioni sul processo romano antico e classico*, Giappichelli, Torino, 1968.
BOULOC B., *Procédure pénale*, Dalloz, 2016.
CARBONNIER J., *Sociologie juridique*, PUF, Coll. Thémis, 1978.
DESPORTES F. - LAZERGES L., *Traité de procédure pénale*, Economica, 2018.
FAVOREAU L., *Droit constitutionnel*, Dalloz, 2001.
HELIE F., *Traité d'instruction criminelle*, Paris, 1866.
FOURMENT F., *Procédure pénale*, Larcier, 2013.
GAUTHIER C.- PLATON S.- SZYMCZAK D., *Droit européen des droits de l'homme*, Sirey, 2017.
GARET T.- GINESTET C., *Droit pénal Procédure pénale*, Dalloz, 2016.
GUINCHARD S., *Droit processuel, Droits fondamentaux du procès*, Dalloz, 2017.
GUINCHARD S.- BUISSON J., *Procédure pénale*, LexisNexis, 2011.
LEBRETON G., *Libertés publiques et droits de l'homme*, Colin, 2003.
MELIN SOUCRAMANIEN F.– PACTET P., *Droit constitutionnel*, Sirey, 2018.
MERLE R.- VITU A., *Traité de droit criminel*, Paris, Cujas, 2001.
PIERRÉ-CAPS S., *Droits constitutionnels étrangers*, Puf, 2010.
PONTHEREAU M.C., *Droits constitutionnels comparés*, 2010.
PRADEL J., *Procédure pénale*, Cujas, Paris, 2015.
RENUCCI J.F., *Droit européen des droits de l'homme*, LGDJ, 2017.
ROCHE J. *Libertés publiques*, Dalloz, 1987.
SUDRE F., *Droit international et européen des droits de l'homme*, PUF, 1997.
SUDRE F., *Les grands arrêts de la Cour européenne des droits de l'homme*, Thémis, 2017.
VERPEAUX M., *Droit constitutionnel français*, Puf, 2015.

En italien

Aa.Vv. *Procedure penali d'Europa*, CHIAVARIO M., (cur.), Cedam, Torino, 2001.
Aa.Vv. *Manuale dei diritti fondamentali in Europa*, (cur.). ZAGRELESKY-CHENAL-TOMASI Il Mulino, 2016.

Aa.Vv. *Procedura penale, Teoria e pratica del processo*, (cur.) SPANGHER G. MARANDOLA - GARUTI - KALB Utet, 2015.
Aa.Vv. *Diritto processuale penale*, cur. SIRACUSANO-GALATI-TRANCHINA ZAPPALA, 'Giuffré, Milano, 2006.
CHIAVARIO M., *Diritto processuale penale*, Utet, Milano, 2019.
ALLORIO E, *La cosa giudicata rispetto ai terzi*, Milano, 1935.
ARANGIO-RUIZ V., *Storia del diritto romano,* Jovene, Napoli, 2006.
BURDESE A., *Manuale di diritto privato romano*, Utet, Torino, 2002.
CAPRIOLI F. – VICOLI D., *Procedura penale dell'esecuzione*, Giappichelli, Torino, 2011.
CARRARA F. *Programma del corso di diritto criminale*, Il Mulino, 1886
CARNELUTTI F., *Lezioni sul processo penale*, IV, Roma, 1949.
CONSO G. – GREVI V. – BARGIS M., *Compendio di procedura penale*, Cedam, 2016 .
CORDERO F., *Procedura penale*, Giuffré, Milano, 2006 et 2012.
GAITO A.-RANALDI G., *Esecuzione penale*, Giuffré, Milano, 2016.
KOSTORIS R., *Manuale di procedura penale europea*, Giuffré, Milano, 2015.
NAPPI A., *Manuale di diritto penale, Parte generale*, Giuffré, Milano, 2010.
MANZINI V. *Trattato di diritto processuale penale*, Utet, 1932.
PISANI M., *Introduzione al processo penale*, Giuffré, Milano, 1988.
PUGLIESE G., *Istituzioni di diritto romano*, Torino, 1998.
ROMANO S. *L'ordinamento giuridico : Studi sul concetto, le fonti e i caratteri del diritto, Parte I*, Pisa, 1918.
TONINI P., *Lineamenti di diritto processuale penale*, Giuffré, Milano, 2018.

Dictionnaires, Encyclopédies

En français

AMBROISE-CASTEROT C., Entrée *Présomption d'innocence,* dans *Rep. droit pén. proc. pén.* Dalloz.
BONFILS Ph., *Évolution de la qualification*, Entrée *Concours d'infractions*, dans Rép. Dr. Pén. Proc., Dalloz, 2016.
CORNU G., Vocabulaire juridique, Puf, 2018 :
- Entrée *« communautaire »*
- Entrée *« jugement »*
- Entrée « *Chose* »
- Entrée « *Voie de recours* »
- Entrée « *Ordinaire* »
- Entrée « *Extraordinaire* »
- Entrée « *Accusatoire* »
- Entrée « *Inquisitoire* »

- Entrée « *État de droit* »
- Entrée « *Erreur de fait* »
- Entrée « *Cour* »

DANET J., *Chose jugée*, dans Rép. droit pén proc. pén, Dalloz, janvier 2013.

FONTEIX C., *Le jugement par défaut*, dans Rép. droit. pén. proc. pén., Dalloz, 2018.

MERLIN P.A., Entrée *Chose jugée*, Répertoire universel et raisonné de jurisprudence IX, Gernery, Paris, 1813.

SUDRE F., *Convention européenne des droits de l'homme. – Caractères généraux*, JurisClasseur Europe, fasc. 6500.

En italien

Aa.Vv. *Commentario alla Convenzione europea per la salvaguardia dei diritti dell'uomo e delle libertà fondamentali,* sous la direction de Bartole - Conforti – Raimondi (cur.), Padova, 2001.

Aa.Vv., *Il nuovo codice di procedura penale, Dalle leggi delega ai decreti deleganti I, La legge delega del 1974 et il progetto preliminare del 1978*, (cur.GREVI V. - NEPPI MODONA M., Padova, 1989.

Aa.Vv., *Codice di procedura commentato*, GIARDA A.-SPANGHER G., (cur.), Ipsoa, 2017

CHENAL R.-TAMIETTI A., *Commento Sub. art. 6*, dans BARTOLE-DE SENA

ZAGREBELSKY G., *Commentario alla Convenzione europea per la salvaguardia dei diritti*

dell'uomo e delle libertà fondamentali, Padova, 2001.

DELLA MONICA G., Entrée *Giudicato,* in Dig. Disc.Pen. 2008.

DE LUCA G., Entrée *Giudicato (Il diritto processuale penale,* dans Enc. giur., XV, Roma, 1988.

GIOVENE A., Entrée *Giudicato*, in Dig. Disc. Pen. 1991.

LATTANZI G.-LUPO E., *Commento sub. art. 630 c.p.p.*, dans Codice di procedura penale, Vol. VIII, T.II, Libro IX, art. 593 – 647, dans FOLLIERI, NUZZO, SANTALUCIA (cur.), Giuffré, Milano, 2001.

LOZZI G., Entrée "*Giudicato (diritto penale)",* in Enc. dir. XVIII, Milano, 1969.

PUGLIESE G., Entrée "*Giudicato (dir. civile)",* dans Enc. giur. XVIII, Milano.

RUGGERI A., Entrée "*Giudicato penale*", Annali III, 2010.

SANTALUCIA B., Entrée "*Processo penale (dir. rom.)",* dans Enc. del dir. Vol XXXVI.

SPANGHER G. *Commentaire art. 4 Protocollo 7*, dans BARTOLE S., CONFORTI B., RAIMONDI G, Commentario alla Convenzione europea per la salvaguardia dei diritti dell'uomo e delle libertà fondamentali, Padova, 2001.

VANNI R., Entrée *Revisione del giudicato penale*, in Enc. dir. XL, Milano, 1989.

<u>*Thèses – Monographies*</u>

<u>En français</u>

BARAVEAU R., *Influence de la chose jugée sur l'action publique*, Paris, 1894.

BRAUD Ph., *La notion de libertés publiques en droit français*, L.G.D.J., 1968.

BOTTON A., *Contribution à l'étude de l'autorité de la chose jugée au pénal sur le civil*, Thèse LGDJ, 2010.

BORE L. –BORE J., *La cassation en matière pénale*, Dalloz, 2012-2013.

BOUTY C., *L'irrévocabilité de la chose jugée en droit privé*, Thèse, Aix-Marseille, 2007.

COHEN-JONATHAN G., *La Convention européenne des droits de l'homme*, Paris, 1990.

GRIOLET G., *De l'autorité de la chose jugée en matière civile et en matière criminelle*, 1868.

KELSEN H., *Théorie pure du droit*, Dalloz, Paris, 1962.

LACOSTE P., *De la chose jugée en matière civile, criminelle, disciplinaire et administrative*, Paris, 1894.

LAFOURCADE M., *La réouverture des procédures juridictionnelles consécutives à un arrêt de la CEDH*, LGDJ, 2014.

LAMBERT ABDELGAWAD E., *Les effets des arrêts de la Cour européenne des droits de l'homme. Contribution à une approche pluraliste du droit européen des droits de l'homme,* Bruxelles, Bruylant, 1999.

LAZAUD F, *L'exécution par la France des arrêts de la Cour européenne des droits de l'homme*, T. I et II., Thèse, Aix-Marseille, 2006.

MUYART DE VOUGLANS P. F., *Institutes au droit criminel ou principes généraux sur ces matières, suivant le droit civil, canonique et la jurisprudence du Royaume*, Paris, Le Breton, 1768.

PERROT E., *L'appel dans la procédure de l'Ordo judiciourm*, Thèse, Paris, 1907.

RENUCCI J-F., *Introduction à la convention européenne des droits de l'homme : les droits garantis et le mécanisme de protection,* Édition du Conseil de l'Europe, Strasbourg, 2005.

SALAS D., *Du procès pénal, Éléments pour une théorie interdisciplinaire du procès*, PUF, 1992.

TOMASIN D., *Essai sur l'autorité de la chose jugée en matière civile*, Toulouse, LGDJ, 1975.

TULKENS F., *L'exécution et les effets des arrêts de la Cour européenne des droits de l'homme, Le rôle du judiciaire, dans Cour européenne des droits de l'homme, dialogue entre juges*, Conseil de l'Europe, Strasbourg, 2006, p. 12.

VALEMBOIS A.L., *La constitutionnalisation de l'exigence de sécurité juridique en droit français*, LGDJ, 2005.

En italien

AA.VV, *La Corte europea dei diritti dell'uomo e l'esecuzione delle sue sentenze*, Palazzetto SIOI, Venezia, 2003.

Aa.Vv., *Le impugnazioni, Giurisprudenza sistematica del diritto processuale penale*, (dir) Chiavario– Marzaduri E. (cur.), Utet, 2002

Aa.Vv., *Giurisprudenza europea e processo penale italiano : nuovi scenari dopo il caso Dorigo e gli interventi della Corte Costituziona*le, Balsamo–Kostoris R. (dir.) Giappichelli, 2008.

Aa.Vv., *All'incrocio tra Constituione e Cedu, Atti del seminario, Ferrara, 9 marzo 2007*, (cur.) Bin-Brunelli-.Pugiotto-Veronesi (cur.), Giappichelli, Torino 2007.

Aa.VV. *Il processo penale tra politiche della sicurezza e nuovi garantismi*, DI CHIARA (cur.), Giappichelli, Torino, 2003.

BIGIARINI A., *La crisi del giudicato penale nell'esecuzione delle sentenze della Corte europea dei diritti dell'uomo,* Giuffré, 2019.

CALLARI F., *La firmitas del giudicato penale, essenza e limiti,* Giuffré, 2009.

CALLARI F., *La revisione, la giustizia penale tra forma e sostanza*, Giappichelli, Torino 2012.

CARTABIA M., I *diritti in azione : universalità e pluralismo dei diritti fondamentali nelle Corti europee,* Bologna, Il Mulino, 2007.

CHIAVARIO M. *La riforma del processo penale*, Utet, Torino, 1988

CHIAVARIO M. *La Convenzione europea dei diritti dell'uomo nel sistema della fonti normative in materia penale,* Giuffré, 1969

CONSO G., *Il concetto e le specie d'invalidità, Introduzione alla teoria dei vizi degli atti processuali penali*, Giuffré, Milano, 1955.

COPPI F., *Reato continuato e cosa giudicata,* Jovene, Napoli, 1969.

CORBI F., *L'esecuzione nel processo penale*, Torino, Giappichelli, 1992 .

CORDERO F., *Riti e sapienza del diritto*, Bari, 1985.

DE LUCA G., *I limiti soggettivi della cosa giudicata penale*, Milano, 1963,

DE SALVIA M., *La Convenzione europea dei diritti dell'uomo,* Napoli, 2001.

FALATO F., *La relatività del giudicato processuale*, Editoriale scientifica, Napoli, 2016.

FERRUA P., *Studi sul processo penale,* Giappichelli, Torino, 1990;

FERRUA P *Il giusto processo*, Zanichelli, Bologna, 2012.

GAMBARDELLA M., *Lex mitior e giustizia penale*, Giappichelli, Torino, 2013.

GAMBINI R.– SALVADORI M., *Convenzione europea sui diritti dell'uomo: processo penale e garanzie,* Edizioni Scientifiche italiane, Napoli, 2009.

GERACI R.M., *Sentenze della Corte EDU e revisione del processo penale, I Dall'autarchia giudiziaria al rimedio straordinario*, Dike, Roma, 2012.

GARDINO CARLI A, *Stati e Corte europea di Strasburgo nel sistema di protezione dei diritti dell'uomo. Profili processuali*, Giuffré, Milano, 2005.

LAVARINI B., *Il sistema dei rimedi post-iudicatum in adeguamento alle decisioni della Corte europea dei diritti dell'uomo*, Quaderni del dipartimento di giurisprudenza dell'Università di Torino, n. 14/2019

MALFATTI E. *I livelli di tutela dei diritti fondamentali nella dimensione europea*, Giappichelli, Torino, 2015.

MANCUSO E.M., *Il giudicato nel processo penale,* in Trattato di procedura penale, (cur.) UBERTIS G. –VOENA, XVI1, Giuffré, Milano, 2012, p.39.

MANES V. – ZAGREBELSKY G., *La Convenzione europea dei diritti dell'uomo nell'ordinamento penale italiano,* Giuffré, Milano, 2011.

PIRRONE P., *L'obbligo di conformarsi alle sentenze della Corte europea dei diritti dell'uomo,* Giuffré 2004.

PLATONE, *Critone*, Bompiani, 2000

PETRALIA V., *Equo processo, giudicato nazionale e convenzione europea dei diritti dell'uomo*, Giapichelli, Torino, 2012.

PUGLIESE G., *Il processo civile romano, I, Le legis actions*, Edizioni Richerche, Roma, 1962

QUATTROCOLO S., *Riqualificazione del fatto nella sentenza penale e tutela del contraddittorio*, Jovene,Napoli, 2011.

RAIMONDI G., *Il Consiglio d'Europa e la Convenzione europea dei diritti dell'u*omo, Napoli, 2008.

RICCIO S., *La preclusione processuale penale*, Milano, 1951.

ROCCO A., *Trattato della cosa giudicata come causa di estinzione dell'azione penale*, Roma, Soc. del Foro italiano, 1932.

RUGGERO S., *Giudicato penale e accertamenti non definitivi*, Giuffré, 2004.

SANTALUCIA B., *Diritto e processo penale nell'antica Roma*, Giuffré, 1998.

SANTORE E., *Fondamenti dell'esecuzione penale*, Roma, 1931.

SCIARABBA V., *Il giudicato e la Cedu*, CEDAM, 2012.

SCIARABBA V *Tra fonti e Corti, diritti fondamentali in Europa: profili costituzionali e comaprati degli sviluppi sovranazionali*, Cedam, Pavia, 2008.

SPITALERI F., *L'incidenza del diritto comunitario e della Cedu sugli atti nazionali definitivi*, Giuffré, Torino, 2009.

TUOZZI P., *L'autorità della cosa giudicata nel civile e nel penale*, Torino, 1900.

VASSALLI V., *La potestà punitiva*, Utet, Torino, 1941.

VIGONI D., *Relatività del giudicato ed esecuzione della pena detentiva*, Giuffré, Torino.

<u>En anglais</u>

BUCKLEY C.M., KAMBER K., MCCORMICK P., *The European Convention on Human Rights – Principles and Law,* Council of Europe, 2022.

KELLER, H., STONE SWEET, A., *A Europe of Rights. The Impact of ECHR on National Legal Systems*, Oxford University Press, Oxford, 2008

Articles dans revues

En français

BARBEROT C., *Réexamen d'une décision pénale définitive consécutif au prononcé d'un arrêt de la Cour européenne des droits de l'homme,* dans Jurisclasseur, Proc. pen., fasc. 20, 2007.

BENOIT-ROHMER F., *Il faut sauver le recours individuel*, D., 2003.

BLERY C., *Qu'est-ce que l'autorité de chose jugée ? Une question d'école ?* dans Procédures, n°8-9, août 2007, Étude n.11.

CHAVANNE A. *Les effets du procès pénal sur le procès engagé devant le tribunal civil*, Revue de Sciences Criminelles, 1954.

COMMARET N., *La procédure de réexamen.* RSC, 2002.

DELMAS MARTY M., L*a jurisprudence de la Cour EDH et la « logique du flou »*, dans Revue de droit pénal et de criminologie, 1992.

DREYER E., *A quoi sert le réexamen des décisions pénales après condamnation à Strasbourg ?* Recueil Dalloz, 2008.

DI MANNO T., *Le juge constitutionnel et la technique des décisions interprétatives en France et Italie,* dans Revue internationale de Droit comparé, 50/1998.

DOROY F., *Le réexamen d'une décision pénale consécutif au prononcé d'un arrêt de condamnation de la CEDH. Mise en œuvre de la réforme du 15 juin 2000. Questions juridiques et problèmes pratiques,* dans Droit pénal, n.6/2003, chr. 18.

FRICERO N., *L'autorité de chose jugée des décisions de la CEDH* – Étude, Procédures n° 8-9, août 2007, étude 21.

GERACI R., *Un'attesa lunga vent'anni: il ricorso straordinario per l'esecuzione delle sentenze della Corte di Strasburgo,* in Processo penale e giustizia, 1, 2022.

GIUDICELLI A., *Principe de l'autorité de la chose jugée au pénal sur le civil, RSC,* 2003.

HOTTELIER M., *La procédure suisse de révision consécutive à un arrêt de condamnation pour la Cour EDH,* dans RTDH, 2001, n. 47, 762,

HENRION H., *L'article préliminaire du Code de procédure pénale : vers une « théorie législative » du procès pénal ?* Arch. pol. crim. 2002.

LE BARS T., *Autorité positive et autorité négative de la chose jugée*, Procédures, n°8/9, 2007, étude 12.

LEPAGE C., *Le principe de sécurité juridique est-il devenu un principe de valeur constitutionnel* dans Gaz. du Palais, juin 1999.

LUCHAIRE F. *La sécurité juridique en droit constitutionnel français*, dans Les Cahiers du Conseil constitutionnel, n. 11/2001.

MARGUENAUD J.P, *Subsidiarité du réexamen en matière pénale*, RSC, 2017.

MASSIAS F., *Le réexamen des décisions définitives intervenues en violation de la Convention européenne des droits de l'homme*, RSC 2001 p. 123 ; Obs. sous Cour EDH 13 février 1996 , Krombach c/ France, req. n° 29731/96, D. 2001. 3302.

MAURO C., *Le défaut criminel, réflexions à propos du droit français et du droit comparé*, RSC, 2006.

MAZZA O., *Verità reale e verità processuale*, dans Dig.disc. pen., Utet, 2014

PETTITI C., *Le réexamen d'une décision pénale française après un arrêt de la Cour EDH : la loi du 15 juin 2000,* RTDH, 2001.

RENUCCI J-F, *Conventionalité du pouvoir de requalification*, RSC 2009.

RENUCCI J-F, *Le réexamen d'une décision de justice définitive dans l'intérêt des droits de l'homme*, D. 2000.

RENUCCI J-F, *La portée des arrêts de la Cour européenne des droits de l'homme sur les procédures de droit interne*, D. 1993. 515

RENUCCI J-F, *Les décisions rendues par la Cour européenne des droits de l'homme n'ont aucune incidence directe en droit interne sur les décisions des juridictions nationales*, D. 1995,

RIBEYRE C., *La réforme des procédures de révision et de réexamen ou comment mieux corriger l'erreur judiciaire*, dans Dr. Pénal, n. 10, octobre 2014, étude 17.

ROETS D, *Le pouvoir de requalification du juge pénal à l'épreuve de la Convention européenne des droits de l'homme,* D. 2000.

ROMEIRO F., *La révision comme facteur d'ennoblissement de la justice*, RS crim. 1970.

SAAS C., *Qualification juridique et respect des droits de la défense*, dans AJ Pénal, 2007.

SUDRE F.*, À propos de l'obligation d'exécution d'un arrêt de condamnation de la Cour européenne des droits de l'homme,* RFDA 2013.

TELLIER-CAYROL V., *La constitutionnalisation de la procédure pénale*, AJ Pénal, 2011.

VENTUROLI M., *Au-delà de la participation à l'association de type mafieux : le concours externe*, RSC 2017.

<u>En italien</u>

AIMONETTO M.G., *Condanna europea e soluzioni interne al sistema processuale penale: alcune riflessioni e spunti de iure condendo,* Rivista italiana diritto e procedura penale, 2009.

AIMONETTO M.G., *European sentencing and solutions within trial trial some reflections and ideas de iure condendo*, dans Riv. it. dir. proc. pen. 2009.

BERNARDI S., *La Grande Camera di Strasburgo sulle competenze della Corte in materia di esecuzione delle sentenze europee da parte degli Stati: una scelta di self restaint?,* in Dir. pen. cont. – Riv. Trim., n. 11/2017.

BERNARDI S., *I fratelli minori di Bruno Contrada davanti alla Corte di Cassazione,* Dir. Pen. Cont. Riv. Trim., n. 12/2017.
BERNARDI S., *Troppe incertezze in tema di "fratelli minori": rimessa alle Sezioni Unite la questione dell'estensibilità erga omnes della sentenza Contrada c. Italia*, Dir. Pen. Cont., 13 juin 2019.
BERNARDI S., *Le sezioni unite chiudono la saga dei "fratelli minori" di bruno contrada: la sentenza contrada c. italia non può produrre effetti erga omnes*, Sistema penale, 11 mars 2020.
BIGNAMI M., *Il giudicato e le libertà fondamentali : le Sezioni Unite concludono la vicenda Scoppola Ercolano,* in Dir. pen. cont, 16 mai 2014.
BUZZELLI S.,*Il caso Scoppola davanti alla Corte di Strasburgo – parte I,* in Riv. it. Dir. e proc. pen., 2010.
CAIANIELLO M., *La riapertura del processo ex. art. 625 bis c.p.p. a seguito di condanna della Corte europea dei diritti dell'uomo*, Cassazione Penale, 2009.
CAIANIELLO C., La riapertura del processo per dare attuazione alle sentenze della Corte europea dei diritti: verso l'affermarsi di un nuovo modello, dans Quaderni cost., n. 3, 2011.
CAIANIELLO M., *Mutamento del nomen iuris e diritto a conoscere la natura e i motivi dell'accusa ex art. 6 c.e.d.u. : la possibili ripercussioni sul sitema italiano*, in Giust. pen., 2007.
CAMPANELLI G., *La sentenza n. 129/08 della Corte Costituzionale e il valore delle decisioni della Corte europea dei diritti delll'uomo: dalla ragionevole durata alla ragionevole revisione del processo,* dans Foro. It., 2009.
CANTARINI L, *Lealtà dell'esecuzione e composizioni sulla pena : la sorte dei fratelli minori di Scoppola ?,* in APen., 2013.
CANZIO G., *La giurisdizione e l'esecuzione della pena*, Relation du 19 avril 2016 au colloque « Stati generali dell'esecuzione penale », publiée dans Dir. pen. cont. 26 avril 2016.
CANZIO G., *Passato presente (e futuro?) dei rapporti tra giudicato "europeo" e giudicato penale italiano,* in Leg. pen. 2011.
CAPRIOLI F., *Giudicato e illegalità della pena: riflessioni a margine di una recente sentenza della Corte Costituzionale,* in *Studi in ricordo di Maria Gabriella Aimonetto* a cura di Bargis M., Giuffré 2013.
CAPRIOLI F., *Verità e giustificazione nel processo penale*, in Riv. It. Dir. e Proc. Pen., 2013, n.2;
CASIRAGHI R., *Corte europea dei diritti dell'uomo e iura novit curia*, in Proc. pen. giust. 2012.
CERINO CANOVA A., *La garanzia costituzionale del giudicato civile*, in Riv. Dir. civ., 1977,
CIUFFETTI C., *Prime osservazioni sula sentenza della Corte Costituzionale n. 129/2008,* sur www.federalismi.it, n. 10/2008.
CONSO-GUARINIELLO, *L'autorità della cosa giudicata penale*, in Riv. it. dir. proc. pen., 1975.

CARNELUTTI F., *Contro il giudicato penale*, dans *Riv. Dir. proc.*, 1951.
CHIAVARIO M., *Giudicato e processo iniquo*, in Giur. Cost, 2008.
CHIAVARIO M., *Un quadro di luci ed ombre sotto lo sguardo del Consiglio d'Europa*, in Guida al diritto, 2007.
DE STEFANO M., *Dopo la Corte di Strasburgo, la revisione del processo penale in Italia: une sentenza epocale della Corte Costituzionale,* dans I diritti dell'uomo, 2011, n.1.
D'ORAZI M., *Revisione della condanna penale e violazione dell'articolo 6 CEDU*, dans Cass. pen., 2006.
D'ORAZI M., *La revisione del giudicato pénale. Percorsi giurisprudenziali e requisiti di ammissibilità ; Revisione della condanna penale e violazione dell'articolo 6 CEDU,* dans Cass. pen., 2006.
DI PAOLA C., *Gutta cavat lapidem in assenza del legislatore*, in Riv. it. dir. proc. pen. 2010.
FERRUA P., *Garanzia del contraddittorio e ragionevole durata del processo*, in Questione giustizia, 2003.
FLICK M., *Costituzione e processo penale tra il principio di ragionevolezza e uno sguardo verso l'Europa* [Relazione svolta presso la Corte di Cassazione, Roma, 17 novembre 2009], dans QG, 2010, fasc. n.1.
FURFARO S., *L'esecuzione delle decisioni europee di condanna : riflessioni sullo "stato dell'arte" anche in prospettiva di scelte normative,* in Giur. it., 2010.
GAETA P., *La Corte ritiene superfluo un nuovo giudizio e ridetermina direttamente la pena*, in Guida dir., 2010, n. 24.
GAETA P *Al decisore interno la singola valutazione sul grado di "contaminazione" delle prove*, dans APen., 2011.
GAMBARDELLA M., *Il caso « Scoppola » per la Corte europea l'art. 7 CEDU garantisce anche il principio di retroattività della legge penale più favorevole*, Cassazione Penale, 2010, Vol. II, p. 2012.
GAMBARDELLA M *Le conseguenze di diritto intertemporale*, 21 giugno 2011, in www.penalecontemporaneo.it.
GIALUZ M., *Il caso Dorigo: questione mal posta, ma con qualche (tenue) speranza di essere accolta,* in All'incrocio tra Costituzione e CEDU, p.123.
GIALUZ M., *Il riesame del processo a seguito di condanna della Corte di Strasburgo, modelli europei e prospettive italiane*, Riv. It. Dir. e proc. Pen., 2009, Vol. II.
GIALUZ M *Una sentenza « additiva di istituto » : la Corte Costituzionale crea la revisione europea,* in Cassazione Penale, 2011, Vol. IV.
GIOSTRA G., *Punti fermi in tema di giusto processo penale*, in Giur. it., n.3/2004.
GIUNCHEDI F., *Questioni problematiche della nuova ipotesi di revisione,* in Osservatorio del processo penale, 2009, n.2.

GIUNCHEDI F *La tutela dei diritti fondamentali previsti dalla CEDU,: la Corte europea dei dirritti dell'uomo come giudice di quarta istanza?*, Arch. Pen., 2013.

GRAMUGLIA V. *Un nuovo strumento per dare attuazione alle sentenze della Corte EDU: osservazioni a prima lettura sull'art. 628 bis c.p.p.*, dans Diritti comparati, 7 mars 2023.

GRASSO G.-GIUFFRIDA F., *L'incidenza sul giudicato interno delle sentenze della Corte europea che accertano violazioni attinenti al diritto penale sostanziale*, in Diritto penale contemporaneo, 25 mai 2015, online sur www.penalecontemporaneo.it.

GREVI V., *Il principio della ragionevole durata come garanzia oggettiva del giusto processo penale*, in Cass. pen., 2004.

GROPPI T., *Riformare la giustizia costituzionale : dal caso francese indicazioni per l'Italia ?*, dans Astrid Rassegna, 19 juin 2009, n. 94.

GUAZZAROTTI A., *La Cedu et l'ordinamento nazionale : tendenze giurisprudenziali e nuove esigenze teoriche*, dans Quaderni Costituzionali, 2006, p. 491

GUAZZAROTTI A., *Il caso Dorigo, : una piccola rivoluzione nei rapporti tra CEDU e ordinamento interno ?*, dans Quest. Giustizia, 1/2007, p. 159

IACOBACCI D., *Riqualificazione giuridica del fatto ad opera della Corte di Cassazione: esercizio di una facoltà legittima o violazione del diritto di difesa*, dans Giurisprudenza italiana, 2008, p. 2581.

ICHINO G., *L'affaire Scoppola c/ Italia e l'obbligo dell'Italia di conformarsi alla decisioni della Corte europea dei diritti dell'uom*o, dans Cass. pen. 2/2010, p. 841.

KOSTORIS R., *La revisione del giudicato iniquo e i rapporti tra violazioni convenzionali e regole interne, Gli effetti dei giudicati "europei" sul giudicato italiano dopo la sentenza n.113/2011 della Corte Costituzionale*, Associazione italiana dei costituzionalisti, Rivista n° 2/2011.

KOSTORIS R., *Processo penale, diritto europeo e nuovi paradigmi del pluralismo giuridico postmoderno,* dans Riv. It. Dir. Proc. Pen., fasc.3, 2015.

LAVARINI B., *Un nuovo rimedio "bifasico" per l'esecuzione delle decisioni della corte di strasburgo,* dans Leg. Pen., 11 mai 2023.

LEONE G., *Il mito del giudicato*, in Riv. Proc. Pen, 1956.

LONATI S.,*La Corte Costituzionale individua lo strumento per adempiere all'obbligo di conformarsi alle condanne europee : l'inserimento delle sentenze della Corte europea fra i casi di revisione*, in Giurisprudenza costituzionale, 2011, vol.1.

LONATI S., *Il «caso Drassich »: continua l'opera di supplenza della giurisprudenza di fronte alla perdurante (e sconcertante) inerzia del legislatore italiano in tema di esecuzione delle sentenze della Corte europea dei diritti dell'uomo*, dans Cass. pen. 2011.

LONATI S. *Richiesta per l'esecuzione delle sentenze di condannadella corte europea dei diritti dell'uomo: il nuovo art. 628-bis c.p.p.,* in Sistema penale, 27 avril 2023.

LORENZETTO E., *Violazioni convenzionali e tutela post-iudicatum dei diritti umani*, in Leg. Pen., 2016.

LUCIANI M., *Alcuni interrogativi sul nuovo corso della giurisprudenza costituzionale in ordine ai rapporti fra diritto italiano e diritto internazionale*, in Corriere giuridico, 2008, I.

MAGGIO P., *Nella "revisione infinita" del processo Contrada i nodi irrisolti dell'esecuzione delle sentenze cedu e del concorso esterno nel reato associativo*, in Cass. Pen., 9/2016..

MALFATTI E., *Quando perseverare non è diabolico. Dalla vicenda Dorigo un fondamentale stimolo alla possibile "revisione" del giudicato interno,* in Rivista Associazione Italiana Costituzionalisti, n. 4/2011.

MANGIARACINA A., *La revisione del giudicato penale a seguito di una pronuncia della Corte europea dei diritti dell'uomo,* in Rivista italiana diritto processuale penale, 2006.

MANTOVANI G., *La sentenza n. 129 del 2008 e la riparazione della violazione dell'art. 6 CEDU*, in Giur. Cost., 2008.

MANTOVANI G., *Giudicato e processo equo,* LP, 2008, fasc. 3.

MARCHINI M., I*l protocollo n. 16 alla Cedu : affinità e divergenze con il rivio pregiudiziale alla Corte di Giustizia*, Eurojus, 13 novembre 2014.

MARINO G., *Nuove incongruenze giurisprudenziali sul concorso esterno in associazione mafiosa: gli effetti della sentenza Contrada della Corte EDU,* in Dir. pen. cont., 6 mai 2016

MASERA L. - VIGANÓ F., *Addio art. 14, Considerazioni sulla sentenza della Corte di giustizia UE, 28 aprile 2011, El Dridi (C-61/11 PPU) e sul suo impatto nell'ordinamento italiano,* Diritto penale contemporaneo, 4 mai 2011.

MASIERO A.F., L'adesione dell'Unione europea alla CEDU. Profili penali – Parteprima: prospettive sul futuro sistema di tutela dei diritti fondamentali in Europa, *Diritto penale contemporaneo,* n°7-8/2017.

GIALUZ M, *Per un processo penale più efficiente e giusto. Guida alla lettura della riforma Cartabia (profili processuali),* dans Sistema penale, 2 novembre 2022.

MUSIO C., *Il caso Scoppola dalla Corte europea alla Corte di Cassazione*, dans Cass. pen. 2011, 1.

MUSIO C.,*La riapertura del processo a seguito del processo a seguito di condanna della Corte Edu: la corte costituzionale conia un nuovo caso di revisione*, dans Cass. Penale, fasc.10, 2011.

PAONESSA C., *Condizioni e limiti della retroattività della lex mitior. A proposito della riquantificazione in executivis dell'ergastolo inflitto all'esito di giudizio abbreviato,* in Giur. Cost., n. 3/2013.

PARLATO L., *Revisione del processo iniquo, la Corte Costituzionale « getta il cuore oltre l'ostacolo »*, in Diritto penale e processo, 2011, vol. II;.
PARLATO L., *La revisione del giudicato penale a seguito di pronuncia della Corte europea dei didell'uomo, II) L'esperience della Repubblica federale tedesca e altri paesi dell'Europea contiinentale,* in Riv. it. dir. e. proc. pen., 2006, 1010 ss..
PECORELLA C., *Il caso Scoppola davanti alla Corte di Strasburgo – parte II,* in Riv. it. Dir. e proc. pen., 2010.
PIRRONE P. *Il caso Papamichalopoulos dinanzi alla Corte europea dei diritti dell'uomo: restitution in integrum ed equa soddisfazione*, in Riv. Dir: Int., 1997.
PLASTINA N., *Caso Dorigo, la Cassazione torna sui rapporti tra giudicato penale interno e sentenza della corte europea dei diritti dell'uomo. Aspettando la Consulta e (forse) il Parlamento*, dans Dir. umani, 1/2007.
PUGIOTTO A., *Scoppola e i suoi fratelli. (L'ergastolo all'incrocio tra giudizio abbreviato, CEDU e Costituzione)*, in AIC, n. 4/2013.
QUATTROCOLO S., *Giudicato interno e condanna delle Corte europea dei diritti dell'uomo, la Corte di Cassazione inaugura la fase rescissoria*, dans Cass. pen. n.7/8, 2010.
QUATTROCOLO S., *La "vicenda Drassich" si ripropone come crocevia di questioni irrisolte, sous Cass., Sez. II pen., 12 settembre 2013, n. 37413*, dans *Dir. pen. cont. Riv. Trim*, 4/2013.
QUATTROCOLO S.,*Corte europea dei diritti dell'uomo e partecipazione al processo*, in *Dir. pen. proc.*, Speciale CEDU e ordinamento interno, suppl. n. 12/2014.
QUATTROCOLO S., *Violazione di convenzioni internazionali e giudicato penale interno*, in *Riv. Dir. proc.*, 2012.
QUATTROCOLO S., *Il contumace cede la scena, processuale all'assente, mentre l'irreperibile l'abbandona,* in *Dir. pen. cont.*, n. 2/2014.
RAPISARDA L., *Il nuovo art. 628-bis c.p.p.: l'ordinamento italiano dispone finalmente di un istituto per l'esecuzione dei provvedimenti della Corte di Strasburgo,* dans Giurisprudenza Penale Web, 2023.
REPETTO G., *Corte costituzionale e CEDU al tempo dei conflitti sistematici*, in Giur. cost., 2/2011.
RUGGERI A..,*La cedevolezza della cosa giudicata all'impatto con la Convenzione europea dei diritti umani .. ovverosia quando la certezza del diritto è obbligata a cedere il passo alla certezza dei diritti, Gli effetti dei giudicati "europei" sul giudicato italiano dopo la sentenza n.113/2011 della Corte Costituzionale,* Rivista Associazione italiana dei costituzionalisti, n° 2/2011.
RUGGERI A..,*Corte europea dei diritti dell'uomo e giudici nazionali, alla luce della più recente giurisprudenza costituzionale (tendenze e prospettive*, in

Osservatorio costituzionale, 2018, fasc. 1 pag. 20. Itinerari di una ricerca sul sistema delle fonti, XIX, Studi dell'anno 2015, Giappichelli, Torino, 2016.

SACCUCCI A., *Revisione dei processi in ottemperanza alle sentenze della Corte europea : riflessioni de iure condendo,* in Diritto penale processo, 2002.

SACCUCCI A., *L'entrata in vigore del Protocollo n. 14 le nuove regole procedurali per la sua applicazione,* in Dir. Umani e diritto internazionale, 2010.

SACCUCCI A.,*Obblighi di riparazione e revisione dei processi nella Convenzione europea dei diritti umani,* in Rivista di diritto internazionale, 2002.

SCACCIANOCE C., *La retroattività della lex mitior nella lettura della giurisprudenza interna e sovranazionale: quali ricadute sul giudicato penale*, in Arch. pen., 2013.

SERGES G., *Il valore del giudicato nell'ordinamento costituzionale,* in Giur. It, 2009.

SAPIENZA R., *Sul margine di apprezzamento statale nel sistema della Convenzione europea dei diritti dell'uomo*, in Riv. dir. int., 1991.

TABASCO G., *Decisioni CEDU, processo iniquo e nuovo giudizio*, Dir. pen. Proc pen. 2011.

TARUFFO M., *Giustizia, procedure e processo*, in Ragion Pratica, 1997, n° 9.

TEGA D., *La Cedu nella giurisprudenza della Corte Costituzionale*, in Quaderni Costituzionali, 2007.

TEGA D., *Il seguito delle sentenze di condanna delle Corte dei diritti di Strasburgo : è nato un quarto grafo di giudizio*, Forum Costituzionale (online).

TOLOMELLI M., *Giudicato penale e lex mitior art. 7 CEDU : argomenti a difesa della stabilità della preclusione,* in Cass. Pen., 7/8, 2014.

TONINI P. – CONTI C., *Il tramonto della contumacia, l'alba radiosa della sospensione e le nubi dell'assenza "consapevole",* in Dir. pen. proc., 2014.

UBERTIS G.,*La revisione successiva a condanne della Corte di Strasburgo*, Giur. Cost., 2011.

UBERTIS G *Conformarsi alle condanne europee per violazione dell'equità processuale : doveroso e già possibile*, in Corr. merito, 2007.

UBERTIS G *Latitanza e contumacia secondo la Corte europea dei diritti dell'uomo* obs sous Cour EDH, 12 février 1985, Colozza c. Italia, § 27, dans Cass. pen., 1985.

VANNI R., *La revisione in pejus del giudicato penale: frana il tradizionale divieto?,* LP, 1993, 1993.

VALENTINI C., *La Corte costituzionale e il caso Dorigo: sense and sensibility*, in Giust. pen. 2008.

VEZZANI S., *L'autonomia dell'ordinamento giuridico dell'unione europea. Riflessioni all'indomani del parere 2/13 della Corte di Giustizia*, dans Riv. Dir. int., XCIX, 1/2016.

VIGANÓ F.,*Pena illegittima e giudicato. Riflessioni in margine alla pronuncia delle Sezioni Unite che chiude la saga dei "fratelli minori"*, in Dir.pen. cont. – Riv. Trim. n. 1/2014.
VIGANÓ F.,*Sulle ricadure interne della Sentenza Scoppola. Ovvero: sul gioco di squadra tra Cassazione e Corte costituzionale nell'adeguamento del nostro ordinamento alle sentenze di Strasburgo,* in Giur. it., n. 2/2014.
VIGANÓ F.,*Il caso Contrada e i tormenti dei giudici italiani: sulle prime ricadute interne di una scomoda sentenza della Corte Edu*, in Dir. pen. cont., 26 avril 2016.
VIGANÓ F.,*Strasburgo ha deciso, la causa è finita: la cassazione chiude il caso Contrada*, in Dir. pen. cont. – Riv. Trim, n. 9/2017, 26 septembre 2017.
VIGANÓ F., *Giudicato penale e tutela dei diritti fondamentali*, dans Dir. pen. cont., 18 avril 2012, sur www.penalecontemporaneo.it..
.

CHAPITRES DANS OUVRAGES - Mélanges

En français

CASSESE S., *La globalisation du droit, dans Mélanges en l'honneur de Jean-Paul Costa*, Dalloz,
DELMAS MARTY M., *Réflexions sur l'hybridation en procédure pénale, une nécessité du droit comparé à l'heure de l'internalisation pénale*, dans *Mélanges en l'honneur de Bernard Bouloc*, Dalloz, 2006.
DELMAS MARTY M., *Procès pénal et droits de l'homme. Vers une conscience. Européenne*, dans Les voies du droit, PUF,1992.
DE GOUTTES R., *La procédure de réexamen des décisions pénales âpres un arrêt de condamnation de la Cour EDH*, dans Libertés, justice, tolérance : Mélanges en homme au Doyen Cohen-Jonathan, Bruylant, Vol I., 2004.
FRAISSE R., *L'article 16 de la Déclaration, clef de voûte des droits et libertés*, dans Les nouveaux cahiers du Conseil constitutionnel, 44/2014.
GUTMANN D., *Les droits de l'Homme sont-ils l'avenir du droit ?*, dans Mélanges F.Terré, Dalloz-Montchrestien-Puf, 1999.
LAMBERT ABDELGAWAD E., *La réouverture des procédures judiciaires internes suite à un arrêt de la Cour européenne des droits de l'homme : un droit éclaté*, dans G. Cohen-Jonathan, J.F. Flauss, E. Lambert Abdelgawad (dir.), L'effectivité des recours internes au service de la CESDH, Bruxelles, Bruylant, Nemesis, 2006.
MARCOU G., *Réflexions sur l'origine et l'évolution des droits de l'homme*, dans Mélanges Lambert, Bruylant, 2000.
MAYER D., *Évolution de l'attitude criminelle de la Cour de cassation française à l'égard de la Convention européenne des droits de l'homme*, dans Mélanges Levasseur, Gaz. Pal./Litec, 1992, p. 239 s.

PARIZOT R., *Utilité et méthode du droit pénal comparé*, dans *Humanisme et justice, Mélanges en l'honneur de Geneviève Giudicelli-Delage*, Dalloz, 2016, p. 795 ss.

PELLET A., *La mise en œuvre des normes internationales des droits de l'homme – 'Souveraineté du droit' contre souveraineté de l'État*?, in CEDIN, La France et les droits de l'Homme, Montchrestien, Paris 1990, pp. 101-140

PRADEL J., *L'incidence de la jurisprudence de la Cour européenne des droits de l'homme sur le droit pénal français*, Colloque Univ. Poitiers/Nimègue, Poitiers mai 1991, PUF, 1992, p. 183 s

<u>En italien</u>

AIMONETTO M.G., *Il riesame delle sentenze penali irrevocabili a seguito di uns decisione di condanna dela Corte europea*, in AIMONETTO M.G., Le recenti riforme della procedura penale francese, Torino, 2002, p. 156.

ALLEGREZZA S., Violazioni della Cedu e giudicato penale: quali contaminazioni? Quali rimedi?, in R. BIN - G. BRUNELLI - A. PUGIOTTO - P. VERONESI (a cura di), All'incrocio tra Costituzione e Cedu. Il rango delle norme della Convenzione e l'efficacia interna delle sentenze di Strasburgo, Torino, 2007,

APRILE E., *I meccanismi di adeguamento del sistema penale nella giurisprudenza della corte di cassazione,*dans MANES-ZAGREBELSKI V., in La convezione europea dei diritti dell'uomo e nell'ordinamento penale italiano, Giuffé, Milano, 2011.

BARGIS M., *Impugnazioni*, in CONSO G.-GREVI V.-BARGIS M., *Compendio di procedura penale*, 2016, p. 801

BELLUTA H., *Le impugnazioni come rimedi ripristinatori: verso il giusto processo in assenza dell'imputato,* in PAULESU –DANIELE (cur.), Strategie di deflazione penale e rimodulazioni in absentia, Giappichelli, Torino, 2015, p. 267.

CAIANELLO M., *Profili critici e ipotesi di sviluppo nell'adeguamento del sistema interno alle sentenze della Corte europea dei diritti dell'uomo*, dans MANES V. -ZAGREBELSKI V. (cur.), La Convenzione europea dei diritti dell'uomo e l'ordinamento penale italiano, Giuffré, Milano, 2011.

CANZIO G., *Giudicato "europeo" e giudicato penale italiano, dans Gli effetti dei giudicati "europei" sul giudicato italiano dopo la sentenza n. 113/2011 della Corte Costituzionale,* Rivista AIC, n°2/2011.

CARNEVALE S., *I rimedi contro il giudicato tra vizi procedurali e vizi normativi*, dans BIN-BRUNELLI-PUGIOTTO-VERONESI (cur.), All'incrocio tra Costituzione e CEDU, Giappichelli, Torino, 2007, p. 57.

CARTABIA M., *La Convenzione europea dei diritti dell'uomo e l'ordinamento italiano*, in AA.VV. Giurisprudenza europea e processo penale italiano, a cura di BALSAMO-KOSTORIS, Giappichelli, Torino, 2008, p. 49.

CASSIBBA F., *Commento sub. Art. 6 CEDH*, dans UBERTIS – VIGANÓ F., Corte di Strasburgo e giustizia penale, Giappichelli, Torino, 2016, p. 177-186.
CATALDI N., *La natura self-exécuting delle norme della CEDU e l'applicazione delle sentenze della Corte europea negli ordinamenti nazionali,* in CALIGIURI-CATALGI-NAPOLETANO (cur.), La tutela dei diritti umani in Europa. Tra sovranità statale e ordinamenti sovranazionali, Padova, 2010, p. 565 et pp. 570
CAVALLARO P., *Un nuovo caso di revisione del processo penale*, in PENNISI (cur.), Verso un nuovo processo penale. Opinioni a confronto sul progetto di Riforma Dalia, Milano, 2008, pp. 159 ss..
CATELANI E., *Tutela nazionale e sovranazionale dei diritti umani*, dans Bilancia P. – De Marco (cur.), La tutela multilivello dei diritti,Punti di crisi, problemi aperti, momenti di stabilizzazione. Giuffré, Milano,2004, p. 159.
CERESA GASTALDO M., Esecuzione, dans CONSO-GREVI-BARGIS, Compendio di diritto processuale penale, Cedam, 2016, p. 949-985.
CESARIS L., *Le sentenze della Corte e.d.u. e l'esecuzione della sentenza nazionale*, dans BIN-BRUNELLI-PUGIOTTO-VERONESI (cur.), All'incrocio tra Costituzione e C.e.d.u., Giappichelli, Torino, 2007, p.165.
CHIAVARIO M., *La lunga marcia dei diritti dell'uomo nel processo penale, in Giurisprudenza europea e processo penale* italiano, Giappichelli, Torino, 2008, p.
CORTESE B., *L'incidenza del diritto comunitario sulle sentenze nazionali definitive: esclusività del sistema giurisdizionale comunitario e nuovi limiti al principio di autonomia procedurale - il caso Lucchini,* dans L'incidenza del diritto comunitario e della CEDU sugli atti nazionali definitivi, SPITALERI (cur.), Giuffré, Milano, 2009, p. 35.
DE SALVIA M, *L'obbligo di conformarsi alle decisioni della Corte europea e del Comitato dei ministri del Consiglio d'Europa*, in BALSAMO A. - KOSTORIS R. (a cura di), Giurisprudenza europea e processo penale italiano, Giappichelli, Torino, 2008, p. 67 .
FERRUA P., *Il giudizio penale : fatto e valore giuridico*, in AA.VV., La prova nel dibattimento penale, Giappichelli, 2010, p. 96
FURGIUELE A., *Giudicato ed esecuzione*, in AA.VV., Manuale di diritto processuale penale, XIV, Il giudicato, Giappichelli, Torino, 2017, p.
GAJA G., *L'Adesione della Comunità europea alla Convenzione europea dei diritti dell'uomo : obiettivi e problemi,* in UNGARI- PIETROSANTI MALINTOPPI (cur.), in L'adesione dell'Unione europea alla Convenzione di Roma, Roma, 1995, p. 29
GIANNITI P., *I diritti fondamentali nell'Unione europea : la Carta di Nizza dopo il Trattato di Lisbona,* (cur), dans Commentario al Codice Civile e codici collegati Scialoja-Branca-Galgano, Zanichelli, Roma, XLVI, 2013.

GREVI V., *Presunzione di non colpevolezza, garanzie dell'imputato ed efficienza del processo nel sistema costituzionale*, in ID, Alla ricerca di un processo penale giusto: itinerari e prospettive, Giuffré, Milano, 2000, p. 105-106.

GROPPI T., *Alla ricerca di un modello europeo di giustizia costituzionale*, in OLIVETTI M., GROPPI T. (a cura di), La giustizia costituzionale in Europa, Giuffré, Milano, 2003, 1 ss.

ILLUMINATI G., L'armonizzazione della prova penale nell'Unione Europea, in Prova penale e Unione Europea, (cur.) ILLUMINATI G. G., Bologna, 2009, p. 9.

JANNELLI E., *La cosa giudicata, in* AA.VV. Le impugnazioni, Giurisprudenza sistematica del diritto processuale penale, CHIAVARIO M.– MARZADURI (cur.) Utet, p. 597.

JANNELLI E.,*Commento agli artt. 636-638 CPP,* in Commento al nuovo codice di procedura penale, CHIAVARIO M. (cur.) vol. VI, Utet, 1991, p. 376.

KOSTORIS R., Vers un processo penale non più statocentrico, in Giurisprudenza europea e processo penale italiano, BALSAMO-KOSTORIS (cur.), Giappichelli, Torino, 2006, p. 3 ss.

LAVARINI B., *Giudicato penale ed esecuzione delle sentenze della Corte europea dei diritti dell'uomo,* in Convenzione europea dei diritti dell'uomo, processo penale e garanzie in GAMBINI R. –SALVADORI M. (cur.), Quaderni del dipartimento di Scienze giuridiche dell'Università di Torino, Edizioni scientifiche italiane, anno, p.14.

LAVARINI B., *I rimedi post iudicatum alla violazione dei canoni europei*, dans I principi europei del processo penale, GAITO A.(cur).), Dike, 2016, pp. 87-128, spec. 99.

MANGIARANCINA A., *La revisione del giudicato penale a seguito di una pronuncia della Corte europea dei diritti dell'uomo, I) La progettualità italiana e l'esperienza del Regno Unito*, dans Riv. it. dir. e proc. pen., fasc.3, 2006..

NEGRI D., *Rimedi al giudicato penale e legalità processuale : un connubio che gli obblighi sopranazionale non possono dissolvere*, dans Bin-Brunelli-Pugiotto-Veronesi (dir), All'incrocio tra Costituzione e Cedu, cit. p. 171.

NORMANDO R.,*Il valore, gli effetti e l'efficacia del giudicato penale*, dans Trattato di procedura penale, dirigé par G. Spangher G., VI, Torino, 2009.

NORMANDO R.,*Il giudicato : forza esecutiva ed effetti,* in Spangher- Garuti-Kalb-Marandola, Procedura penale, IV, Utet, 2015, p. 507.

PUSTORINO P., *Esecuzione delle sentenze della Corte Edu e revisione dei processi penali: sviluppi nella giurisprudenza italiana*, in Diritti umani e diritto internazionale. 1, 2007, pp. 678-693.

RANDAZZO B., *Caso Dorigo, la Cassazione paralizza il giudicato penale in applicazione diretta della CEDU, senza pregiudicare la rilevanza della Quaestio sui limiti della revisione. Ora la parola alla Corte Costituzionale,* dans AA.VV., All'incrocio tra Costituzione e Cedu, Torino, 2007, pp. 209

RUGGERI A., *Crisi dello Stato nazionale, dialogo intergiurisprudenziale tutela dei diritti fondamentali: notazioni introduttive*, in *Crisi dello Stato nazionale, dialogo intergiurisprudenziale, tutela dei diritti fondamentali,* (cur.) D'Andrea L., Moschella G., Ruggeri A., Saitta A., Giappichelli, Torino, 2015, p. 2

SACCUCCI A., *La riapertura del processo penale quale misura individuale per ottemperare alle sentenze della Corte europea*, in BALSAMO A. - KOSTORIS R. (a cura di), Giurisprudenza europea e processo penale italiano, Giappichelli, Torino, 2008, p.81.

SANDRELLI G., *Il giudicato, L'esecuzione dei provvedimenti giurisdizionali. Discplina dell'esecuzione penale e penitenziaria*, FIORENTIN–SANDRELLI (cur.), Padova, 2002, p. 6.

SCALFATI A., *Libertà fondamentali e accertamento giudiziario: la revisione del processo a seguito di pronunce della Cedu,* in Il processo penale tra politiche della sicurezza e nuovi garantismi, a cura di Di Chiara, Giappichelli, Torino, 2003, 447;

TRANCHINA G., *L'esecuzione*, dans SIRACUSANO D- GALATI A.-TRANCHINA G.-ZAPPALÀ, Diritto processuale penale, Milano, 2006, p. 354.

UBERTIS G., *L'adeguamento italiano alle condanne europee per violazioni dell'equità processuale*, in BALSAMO A. - KOSTORIS R. (a cura di), Giurisprudenza europea e processo penale italiano, Giappichelli, Torino, 2008, p. 99.

En anglais

PILKOV K., *Reopening Cases Following Judgments of the European Court of Human Rights: Room for a European Consensus?* (September 1, 2022). Access to Justice in Eastern Europe 2022,

Cour de révision, rejet, 10 décembre 2015
Commission réexamen, renvoi, 25 septembre 2014, B. 1,
Commission intr. révision et réexamen, 24 novembre 2014 ;
Comm. Réexam, 30 novembre 2000, Hakkar
Comm. Réexam.21 juin 2001, Ahmed Allay
Comm. Réexam.21 juin 2001, Djamel Cherakrak
Comm. Réexam.4 octobre 2001, Ridha Bouhacine
Comm. Réexam. 4 octobre 2001, Georges Quemar
Comm. Réexam.4 octobre 2001, Jean Pierre Sterenski
Comm. Réexam. 8 novembre 2011, Maurice Riccobono
Comm. Réexam. 6 décembre 2011, Said André Remli
Comm. Réexam 15 février 2001 Remy Voisine
Comm. Réexam. 24.janvier 2002, Leonardus Van Pelt
Comm. Réexam.14 mars 2002, Cheniti, Hasane et Kamel Omar
Comm. Réexam 30 mai 2002, Mohamed Slimani-Kais
Comm. Réexam. 27 juin 2002, Gabriel Bourisse
Comm. Réexam. 27 juin 2002, Alain Vaudelle, Marcel Vaudelle
Comm. Réexam. 26 septembre 2002 Faouzi Khalfoui
Comm. Réexam. 28 novembre 2002, Alain Adoud
Comm. Réexam. 28 novembre 2002, Joseph Gilbert Garcia
Comm. Réexam. Christian Goth, 24 avril 2003
Comm. réexamen 16 octobre 2003, Maurice Papon,
Comm. Réxam. 5 février 2004, Abdelhamid Hakkar
Comm. Réxam. 26 février 2004, Maurice Papon
Comm. réexamen, 29 avril 2004, Jacques Fontaine
Comm. réexamen, affaire François Richen, 29 avril 2004
Comm. Réexamen, 29 avril 2004, Christian Gaucher
Comm. Réexamen, 29 avril 2004, Francois Richen
Comm. Réexamen 29 avril 2004 René Pascolini
Comm. Réexamen 25 novembre 2004, Michel Quesne
Comm. Réexamen 27 janvier 2005 Abdelfettah Rachdad
Comm. Réexamen 24 février 2005 Hector Zuili
Comm. Réexamen 26 mai 2005 Hubert Morel
Comm. Réexamen 6 octobre 2005 Fréderic Fabre
Comm. Réexamen 24 novembre 2005 Abderrazak Makhfi
Comm. Réexamen 24 novembre 2005 Patrick Mayali
Comm. Réexamen 6 avril 2006 Andrè Subiali

Comm. Réexamen6 avril 2006 Andre Vaudelle
Comm. Réexamen 28 septembre 2006 Bernard Vigroux
Comm. Réexamen 7 décembre 2006 Claude Le Duigou
Comm. Réexamen 7 décembre 2006 Clément Vaturi
Comm. Réexamen, 1er mars 2007, Yannick Labergere
Comm. Réexamen, 28 juin 2007, Jean François et Christian Wisse
Comm. Réexamen 11 octobre 2007, Marie-Hélène Mattei
Comm. Réexamen, 22 novembre 2007, Redouane Farhi
Comm. Réexamen, 22 novembre 2007, Abdelhamid Hakkar
Comm. Réexamen, 17 janvier 2008, Dominique Pessino
Comm. Réexamen, 17 janvier 2008, Mohamed Tais,
Comm. Réexamen 28 février 2008, Michel Louis
Comm. Réexamen, 7 novembre 2006, Mamere, Tessier, Societé France 2
Comm. Réexamen, 27 novembre 2008, Yves Evrard
Comm. Réexamen 27 novembre 2008, Jean-Claude Gacon
Comm. Réexamen 8 octobre 2009, Claude Gacon
Comm. Réexamen, 3 mars 2011, Vladlen Katritsch
Comm. Réexamen 14 mars 2012, Claude Brusco
Comm. Réexamen, 5 juillet 2012, Gisele Mor
Comm. Réexamen, 20 décembre 2012, Agnés Klouvi
Comm. Réexamen 31 janvier 2013, Maurice Agnelet
Comm. Réexamen 18 avril 2013, Florent Casasola
Comm. Réexamen 25 avril 2013, David Frumens

TABLE DES MATIÈRES

Structures éditoriales du groupe L'Harmattan

L'Harmattan Italie
Via degli Artisti, 15
10124 Torino
harmattan.italia@gmail.com

L'Harmattan Hongrie
Kossuth l. u. 14-16.
1053 Budapest
harmattan@harmattan.hu

L'Harmattan Sénégal
10 VDN en face Mermoz
BP 45034 Dakar-Fann
senharmattan@gmail.com

L'Harmattan Cameroun
TSINGA/FECAFOOT
BP 11486 Yaoundé
inkoukam@gmail.com

L'Harmattan Burkina Faso
Achille Somé – tengnule@hotmail.fr

L'Harmattan Guinée
Almamya, rue KA 028 OKB Agency
BP 3470 Conakry
harmattanguinee@yahoo.fr

L'Harmattan RDC
185, avenue Nyangwe
Commune de Lingwala – Kinshasa
matangilamusadila@yahoo.fr

L'Harmattan Congo
219, avenue Nelson Mandela
BP 2874 Brazzaville
harmattan.congo@yahoo.fr

L'Harmattan Mali
ACI 2000 - Immeuble Mgr Jean Marie Cisse
Bureau 10
BP 145 Bamako-Mali
mali@harmattan.fr

L'Harmattan Togo
Djidjole – Lomé
Maison Amela
face EPP BATOME
ddamela@aol.com

L'Harmattan Côte d'Ivoire
Résidence Karl – Cité des Arts
Abidjan-Cocody
03 BP 1588 Abidjan
espace_harmattan.ci@hotmail.fr

Nos librairies en France

Librairie internationale
16, rue des Écoles
75005 Paris
librairie.internationale@harmattan.fr
01 40 46 79 11
www.librairieharmattan.com

Librairie des savoirs
21, rue des Écoles
75005 Paris
librairie.sh@harmattan.fr
01 46 34 13 71
www.librairieharmattansh.com

Librairie Le Lucernaire
53, rue Notre-Dame-des-Champs
75006 Paris
librairie@lucernaire.fr
01 42 22 67 13

www.ingramcontent.com/pod-product-compliance
Lightning Source LLC
LaVergne TN
LVHW010020081026
849535LV00016B/1790